《旅游市场营销》模块化教程

主　编　赵爱婷

副主编　高雪琴　张　惠　张晓玉

重庆大学出版社

图书在版编目（CIP）数据

《旅游市场营销》模块化教程／赵爱婷主编. -- 重
庆：重庆大学出版社，2022.4
ISBN 978-7-5689-2432-0

Ⅰ.①旅…　Ⅱ.①赵…　Ⅲ.①旅游市场—市场营销学
—教材　Ⅳ.①F590.8

中国版本图书馆 CIP 数据核字(2020)第 172913 号

《旅游市场营销》模块化教程
LÜYOU SHICHANG YINGXIAO MOKUAIHUA JIAOCHENG

主　编　赵爱婷
副主编　高雪琴　张　惠　张晓玉
策划编辑:鲁　黎

责任编辑:文　鹏　王　倩　版式设计:鲁　黎
责任校对:邹　忌　　　　　责任印制:张　策

＊

重庆大学出版社出版发行
出版人:饶帮华
社址:重庆市沙坪坝区大学城西路 21 号
邮编:401331
电话:(023) 88617190　88617185(中小学)
传真:(023) 88617186　88617166
网址:http://www.cqup.com.cn
邮箱:fxk@ cqup.com.cn(营销中心)
全国新华书店经销
重庆俊蒲印务有限公司印刷

＊

开本:889mm×1194mm　1/16　印张:18.5　字数:592 千
2022 年 4 月第 1 版　2022 年 4 月第 1 次印刷
印数:1—1 000
ISBN 978-7-5689-2432-0　定价:52.00 元

前　言

　　中国特色社会主义进入新时代,旅游业被赋予更多的责任。在新时代背景下,如何运用科学的市场营销理念、战略和策略指导实践,是旅游企业面临的重要问题。营销是一门理性的科学,也是一门值得寻味的艺术,不仅需要精准的定位和推广,更需要创新和开拓。《旅游市场营销》课程是对旅游企业经营实践的科学总结,面向的行业是广泛意义上的旅行社业、酒店餐饮业、景区业以及相关娱乐接待业等,是培养学生创新创业能力的实务课程。

　　本书是根据旅游类专业本、专科大学生基于酒店、旅行社、景区等旅游企业职业胜任能力而开发的理实一体化教材,本着系统、全面、实用的原则,吸收了旅游行业实践中的最新成果,对传统教材进行了大胆的取舍,以鲜活的旅游企业营销案例或事件诠释发生在我们身边的营销创意与智慧,以训练同学们共创、共赢、共享的思维意识为目的,从"理论认知、市场调研、营销战略、营销策划、营销实践"五个模块入手,试图体现让学生够用、好用及创新的特点。本书适用于旅游管理类专业学生,对目前旅游市场营销应用型本科教材进行了完善。

　　本书的编写具有以下特点:

　　(1)"**教学+项目任务**"**的整体设计**。本书的独特之处是将传统教材中的知识点、能力点进行梳理,分为"理论教学、案例教学、项目教学":理论教学内容结合旅游行业特点,注重学生学习的实用性;案例教学分为"开篇案例、案例导入、同步案例、思维拓展"四种类型,紧密联系行业实际,内容既丰富又接地气;项目教学结合学生的专业特点、时代特性和市场热点对项目训练做了详细的任务化设计,使教材的实用性和落地性更强。

　　(2)**教学内容的**"**模块化+任务化**"**设计**。本书在表现形式上,通过直观形象的方式,对原有内容进行了精心设计,如一级模块设计"学习任务""实践任务""能力要求""开篇案例""思维拓展""自我提升"六大板块的教学内容;二级模块设计"任务导图""案例导入""同步案例""课堂互动""项目训练"等五个类型的辅助环节,帮助学生建构自主探究式学习模式。

　　(3)**突出**"**双创**"**能力培养,强调实用**。本书设计了大量的项目任务、实践任务和训练计划,期望学生们通过"课堂+实践+自我提升"的方式掌握知识点,从而提升创新意识和创业能力。项目训练部分的范例分享均由兰州文理学院旅游学院旅游管理专业的同学们根据自己的实践经历撰写,他们现在均就职于旅游行业,同时本书在撰写过程中也得到了旅游院校专家、行业专家、旅游企业负责人的指导和帮助,使得本书的真实性、科学性、实用性更强。

　　本书由兰州文理学院赵爱婷担任主编,高雪琴、张惠、张晓玉担任副主编。具体分工如下:大纲拟定、课程设计、模块二(任务2)、模块三、模块四(任务1、2、3)、模块五(任务4)由赵爱婷编写;模块一、模块四(任务3、5)由高雪琴编写;模块二(任务1、3)由张惠编写;模块五(任务1、2、3)由张晓玉编写。

　　同时,本书是甘肃省2020年社会实践一流课程《旅游市场营销》(甘肃高函〔2020〕47号)、甘肃省2019年教育教学成果培育项目"旅游管理专业TPP教学模式的构建与创新"、兰州文理学院2018年质量工程在线MOOC项目"旅游市场营销"、兰州文理学院2019年质量工程项目精品资源共享课"旅游市场营销"的阶段性研究成果。

　　书中难免有不足之处,还请专家、学者及广大读者批评指正。

编　者

2021年3月

目　录

《旅游市场营销》"模块化＋任务化"课程设计

一、课程改革原则

(一)以市场需求确定教学内容

结合旅游行业的特点,分析旅游企业的用人需求,对原有的教材内容进行解构与重构,按照旅游企业营销人员的职业技能要素确定教学内容。

(二)以学生需求确定课堂内容

通过调查分析,准确判断学生群体的特征和课堂需求,使用多样化的教学方法,提高课堂效率,以学生能力的训练和提升为主要内容。

(三)以学习成果确定课程成绩

5~7人建立学习小组,采用现实问题虚拟解决的方法,设计课程的学习任务与实践任务,开展阶段性的任务考核,全方位考核学生的学习和实践成果,从而确定课程成绩。

(四)以教学反馈开展教学反思

通过学生对教师授课情况的满意度调查及教学效果调查,同时结合学生的学习成果质量,获取学生关于《旅游市场营销》教学模块及内容的教学反馈,及时进行教学反思,不断优化教学及课堂内容。

二、课程定位

(一)课程性质

《旅游市场营销》课程是旅游管理类专业的专业基础课程。

(二)需求分析

本着从市场需求定教学内容和从学生需求定课堂内容的目标,在课程设计前需要进行行业需求调查、学情分析和学生学习需求及学习效果调查。

首先是行业需求调查,可以通过对中华英才网、51job、智联招聘等招聘网站发布的用人信息进行搜索和总结,寻找与旅游市场营销相关性最大的行业岗位,如产品推广岗、渠道运营岗、营销策划岗、销售代表岗、会员运营岗、运营采购岗,《旅游市场营销》课程中的学习和实践任务的设计中,可以吸纳这些用人单位的具体要求。当然,市场的需求瞬息万变,需要不断对行业需求进行捕捉和调整,让授课内容与时俱进,让学生的学习和训练内容跟得上市场的需求。

其次是学情分析,需要确定《旅游市场营销》的授课计划,了解原有知识、认知能力、情感因素、实践经验方面的特征,针对学生的学情状况,对课程内容进行一些调整,做到因材施教。

再次是学生学习需求和学习效果调查,可针对授课学生设计课程学习需求调查问卷,比如对教学内容板块的重要性程度调查,章节作业的必要性程度调查,课堂内容分布情况调查,教学方法的调查,印象最深、最喜欢的一堂课的调查,对课程的改革意见调查,以及满意度调查等。通过对已完成的学生学习需求和学习效果调查的分析,对教学内容进行一些调整和改进。

(三)课程定位

《旅游市场营销》课程是根据旅游类专业大学生基于酒店、旅行社、景区、交通等旅游企业职业胜任能力而开发的理实一体化课程,以旅游企业市场营销与策划实务为主要内容,以训练学生的市场营销计划、调查、组织、实践以及营销文案撰写、营销作品创作等专业能力为目标,着重培养学生创新创业能力的旅游管理类专业基础实务课程。

(四)课程目标

1. 知识目标

(1)市场营销的发展历程及观念演变;
(2)旅游消费者行为理论;
(3)市场调查的程序和方法;
(4)目标战略、竞争战略、品牌战略;
(5)市场营销4P策略。

2. 能力目标

(1)市场调查能力(企业调查、游客调查、市场研判);
(2)市场细分、目标市场选择、市场定位能力;
(3)行业竞争结构判断、竞争战略选择;
(4)品牌比较、品牌战略选择;
(5)市场营销策略的选择与应用;
(6)旅游市场营销方案写作;
(7)微信公众号等营销平台设计与开发、短视频创作、旅游广告剧本创作等。

3. 素养目标

(1)积极的、正面的从业意识;
(2)与教师关系、团队协作、与同学间关系的正确处理;
(3)逐步培养学生爱岗敬业、细心踏实、实事求是、勇于创新、科学策划的职业精神。

三、课程设计

以开发旅游类专业学生"基础能力、专业能力、创新能力"的三维九项能力为目的,从调研分析旅游行业需求、学生学情及学习需求,同时结合课程性质和特点,对课程内容进行"模块化、项目化"设置,将课程学习内容设置为"理论认知、市场调研、营销战略、营销策划、项目实践"五大模块,同时提炼各个任务模块的知识点与能力点,形成五大模块19个任务单元,79个知识点,同时从可操作性与应用性出发,为学生团队设计具体的实践项目,形成了"模块化+项目化"结构课程。

比如,在18周里,依次进行"理论认知、市场调研、营销战略、营销策划"四大模块中具体任务单元内容的学习,每个子单元分别设计学习、案例、实践三方面的任务内容。从第5周开始,向学生团队推送具体的实践项目任务,学生需要针对自己团队的人员构成及能力需求,选择自己团队的实践项目,在接下来13周中完成从计划、组织、策划、方案撰写到营销推广的整个营销管理过程。

通过以上教学内容的安排与实施,期望完成对学生在基础能力、专业能力、创新能力三个维度9项具体能力的培育。

表0-1 三维九项能力要素

基础能力	专业能力	创新创业能力
学习能力	沟通与协作能力	提出新办法、新思路、新创意的能力
思维能力	计划与创作能力	综合运用知识与技能解决问题的能力
表达与写作能力	谈判与归纳能力	创新意识与创业能力 社会实践能力

四、课程实施

课程实施环节是对教学活动进行统筹安排与综合布局,重构教学过程,以便突出学生职业能力与创业、创新能力的培养,构建"模块化+项目化"课程改革实践。

(一)学生视角

从学生视角来说,主要由成立团队、项目驱动、团队作业这三个环节构成。首先,在课堂正式开始之前,就成立学生项目团队。以40人教学班为例,设定5~7人一组,通过抽签确定6~8个小组,共同完成课前、课堂及课后的教学任务。在教学活动中,模拟设定成员身份,分别承担计划、组织、实施、管理等不同职能。同时,学生通过互为领导、交叉管理,增强集体意识和团队合作精神。

其次,是项目任务的选择,为了增加学生学习的积极性,需要将项目任务设计得更加接近实际,比如针对8个项目小组,参考小组特长及意愿,设计8个不同的实践项目。不同的项目任务,同样的研究过程,在每一次的汇报中,各小组间可以互相学习、取长补短,完成知识和能力的巩固,还能增加课程的趣味性,提高学生的积极性。

(二)教师视角

从教师视角来讲,课程实施主要由课程准备、课堂教学、课后实践、成果展示4个环节组成。

课程准备环节,教师需要提前给学生发送一些教学素材,比如视频、新闻事件、学科前沿信息等,可以发送至QQ群、微信群、雨课堂等平台,让学生进行课前学习与认知。

最为重要的是课堂教学环节,针对不同的教学内容,设计不同的课堂,项目化教学、情景模拟、翻转课堂都是比较常用的教学方法。选择使用最为适合的教学方法和手段即可。

课后实践环节主要是以小组为单位,进行一些户外调查等实践任务,在教师的指导下完成课堂教学活动中设计的实践任务及创业训练项目。

成果展示环节主要是将各小组的实践成果,通过网络平台或以PPT汇报等形式进行成果展示,各团队间展开学习与交流活动,不断提升作品的质量。

（三）课堂教学设计

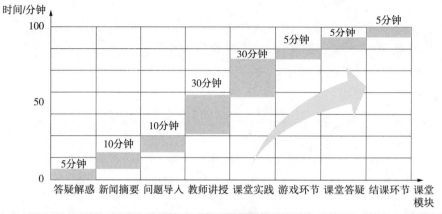

图 0-1　课堂结构设计

为了实现课堂教学的有效性和精确性，可以对课堂教学进行模块化设计。如图 0-1 所示，以 100 分钟课堂教学设计为例，可以将 2 学时的课堂设计为 8 个教学模块，其中，答疑解惑 5 分钟；新闻摘要 10 分钟；问题导入 10 分钟；教师讲授 30 分钟；课堂实践 30 分钟；游戏环节 5 分钟；课堂答疑 5 分钟；结课环节 5 分钟。

1. 答疑解惑

答疑解惑即课堂先导案例的评析，以及解答疑问。完成这个环节，需要教师在授课前将课前学习内容通过自建学习平台发送给学生，让学生自学。如果能利用雨课堂这样的互动平台，则可以完成适时交流，全面掌握学生对自学内容的掌握情况和疑问，在课堂上进行简短的总结和答疑。

2. 新闻摘要

新闻摘要环节可以由两名同学分享自己搜集的近期旅游营销热点新闻，并对新闻事件展开评述与讨论，给出自己的解决办法。教师要根据学生的新闻评述给出专业的点评及学生平时成绩。

3. 问题导入

问题导入即通过提问的方式，让学生自己思考和总结将要进行的教学内容，完成教学内容的理解和记忆。

4. 教师讲授

教师讲授即我们的传统课堂，通过教师讲，学生听的方式，其间穿插一些案例，让学生巩固知识点。

5. 课堂实践

课堂实践环节可以根据不同的能力目标设计不同的教学实践活动，比如市场营销奇葩说实践任务，是模仿综艺节目《奇葩说》，以辩论赛的形式，各小组之间两两对抗，分享课前准备的团队任务，提出各自团队的看法和意见。

6. 游戏环节

课堂游戏环节的设计是通过游戏的方式吸引学生注意力，同时寓教于乐。如课堂接龙、头脑风暴游戏。4 人一组，以接龙的方式回答问题，与之前组的回答内容重复或停顿超过 5 秒的组，接受惩罚，其他组获得奖励。

7. 课堂答疑

课堂答疑环节可以在结课前预留 5 分钟,解决课堂困惑。针对前 90 分钟的授课内容,由同学们向老师提出问题,老师现场解答。

8. 结课环节

结课环节即课堂总结和发布实践任务的环节。首先,可以由两名同学针对两课时的课堂内容各自进行 1 分钟的总结,形式以宣讲或互动为主,提出自己的收获和疑问,教师对比两位同学的表现,给出评价及总结。其次是课后实践任务的集体布置。以学习团队小组为单位,各小组需要结合各自的项目任务,在老师的指导下开展一些项目实践活动,完成实践任务。

五、课程评价

(一)学生评价方式

1. 个人自评

学生根据课程学习与实践中小组的分工与合作,同时针对营销人员的职业素养需要,结合自身的个性特点及对小组的贡献程度,对自己参与学习的经历进行简短阐述,作为个人自评及组间成员互评的依据。

2. 小组自评

小组内部成员间,综合考量每个人在讨论及学习、实践过程中的表现,互相评价与打分。

3. 组间互评

各个小组根据其他小组的阶段性成果及平时合作过程中表现出来的配合程度,进行互相评价与打分。

4. 教师评价

通过对小组分工与合作情况的观察,以及学生个人及小组在课堂问答、案例分析、提交作业方面的总体情况,给予评价并打分。

5. 企业人员评价

各小组将结课项目营销策划文案制作成网络版作品(微信公众号推文,新浪微博热点文章,易企秀、初页视频文件等),邀请五名在旅游行业一线工作的优秀毕业生参与点评,获得结课实践项目的成绩。

6. 加分项:优秀作品班级间展评

根据各个班级《旅游市场营销》实践项目的完成情况,选择优秀作品,在同一年级的班级之间进行展评活动,同时给予相关学生一定的加分。

(二)考核实施设计

如表 0-2 所示,一学期共计实施 2 次个人表现鉴定、4 次团队表现鉴定,以及 6 次阶段性学习成果鉴定、1 次项目成果鉴定。如表 0-3 课程考核分值设定表所示,个人表现、团队表现、阶段性实践成果、项目成果 4 个维度的考核,共同确定学生的《旅游市场营销》学习成绩。获得优秀作品展示机会的团队及有突出贡献的团队成员,给予额外的附加分,直接计入总成绩。

表 0-2 课程考核总体设计

评价方式	评价指标	评价方法	实施时间	评价次数
个人表现	课前、课堂、课后和实践中的表现,以及在团队中的贡献、合作程度	个人自评+组内互评	第9周 第18周	2次
团队表现	团队氛围,活动组织及任务完成效率、效果,分工与协作	教师评价+组间评价	第1—18周	4次
阶段性实践成果	学习任务、案例评析、实践任务在实施过程中阶段性成果的完成度	教师评价+组间评价	第1—16周	6次
项目成果	文案写作的完整性、原创性、合理性;方案展示手段(PPT制作,微信公众号推文,新浪微博热点、文章,易企秀、初页等视频作品)	教师评价+组间评价+企业人员评价	第17—18周	1次

表 0-3 课程考核分值设定

评价维度	个人表现		团队表现		阶段性实践成果		项目成果		
	个人自评	组内互评	教师评价	组间评价	教师评价	组间评价	教师评价	组间评价	企业人员评价
	50%	50%	50%	50%	60%	40%	50%	10%	40%
权重设计	15%		15%		20%		50%		

六、教学方法和策略

以学生为主体、老师为引导,最大限度地发挥学生的主动精神和团队意识。在教学活动中,同时进行理论教学和实践教学,教师起到组织者、指导者和促进者的作用,利用情境、协作、提问、会话等环境要素,充分发挥学生的主动性、积极性和创造精神。

(一)案例分析,启发式教学

在课堂内容的开展中,结合具体知识点,采用了蜡染工艺品的市场营销、杭州服装店的形象设计服务、河南漂流、盛宴后的反思、"阿拉伯之星"迪拜帆船酒店、"网易云音乐·亚朵轻居"主题酒店、故宫博物院的花式IP营销、衰落的滇池、首旅集团的产品组合营销策略、紫金苑景区——戈壁绽放文明花、"印象铁三角"的文化旅游产品开发之路等十多个典型的旅游行业真实案例,开展针对学生的启发式教学。

(二)角色扮演,情境式教学

在现实问题虚拟解决的教学环节,实行项目经理制,推行轮流管理。模拟设定小组成员身份,将团队成员设定为旅游企业市场营销部经理、销售人员、策划人员、接待人员、项目发言人等,学生担任不同职务,分别承担计划、组织、实施、管理等不同职能。同时,通过互为领导、交叉管理,培养学生换位思考、相互尊重、互相配合的工作习惯,增强集体意识和团队合作精神。

(三)团队作业,模拟实践对抗式教学

完成实践任务后,由学习团队选择不同的旅游企业,通过调查研究与分析,判断其所处的生命周期阶段,并为旅游企业模拟提出适当的营销策略,形成营销方案,举办项目团队路演环节,各个学习团队之间两两对抗,优胜劣汰,模拟帮助企业赢得更大的市场机会。通过这种模拟实践对抗式教学,进一步促进学生的自主性学习和探究性学习。

模块一

营销认知——营销是一门艺术

营销,几乎我们身边的任何活动都有它的身影。它是一门理性的科学,建立在对市场需求进行精确的细分及准确的定位基础上;它也是一门艺术,不仅是推销、广告,而更是创造、传播、传递客户价值的思维活动。树立科学的营销理念是旅游市场营销工作的第一步,本模块将从市场及旅游市场的科学理解角度出发,向大家讲述现代旅游市场营销的回顾、发展及展望。

【学习任务】

任务一　市场与市场营销

任务二　旅游市场营销

任务三　市场营销观念的演变

任务四　顾客需求导向

【实践任务】

1. 撰写旅游市场营销新闻评述网络推文;

2. 例证旅游市场营销的独特之处;

3. 编写旅游企业营销观念调查与分析报告;

4. 调查与对比分析旅游企业顾客导向。

【能力要求】

1. 能够准确描述什么是市场营销,熟练掌握市场营销在旅游企业中的地位;

2. 能够准确描述市场营销演变的不同阶段,同时能够根据不同企业的营销手段来准确判断它们所处的营销观念阶段;

3. 能够用举例的方式描述旅游市场营销的独特之处;

4. 能够客观分析企业树立科学的营销理念的必要性,以及旅游市场营销与专业及就业之间的关系;

5. 能够通过调查旅游企业人员的服务属性,判断企业的顾客导向特征,并提出较为专业的意见和建议;

6. 能够以团队协作的方式完成本模块的实践任务。

【开篇案例】

"英国等你来命名"营销活动，获戛纳创意节金狮大奖

2014年12月至2015年2月，英国旅游局通过活动网站和微博、微信社交媒体平台推出了为101个英国美景趣事征集中文名的大型线上活动，邀中国游客为它们想出像"大本钟""巨石阵"一样响亮的中文名。

"英国等你来命名"活动推出9大主题，共101个全英国各地代表性的美景、盛事和奇物，向中国朋友们征集中文名。参与此次征名活动的英国景点包括伦敦地标碎片大厦和著名的史前建筑巨石阵等，其中既有中国人已经熟知的经典英伦地标，也有目前鲜为人知的隐藏宝藏。

这项英国旅游局推出的创意市场宣传活动引发了中国网友的高度关注和积极参与。据伦敦旅游局介绍，该活动意在通过邀请中国游客为英国知名美景趣事命名，增加对中国游客的亲和力并鼓励更多人将英国作为旅游目的地。

截至2015年2月11日（命名结束日），活动网站收到近13 000个中文名，命名总投票数超过43万。此外，前英国驻华大使吴思田，明星胡歌、秦海璐、林依轮，超模刘雯，主持人李晨，作家马伯庸等名人还为九大主题代言，在微博上推荐和点评精彩命名。

英国旅游局收集到的部分精彩命名：

Beafeater：大英锦衣卫

The Shard：摘星塔；伦敦锥；吓耳朵

Llanfair-pwllgwyn-gyllgo-gery-chwyrn-drobwll-llanty-silio-gogo-goch：健肺村

Hadrian's Wall：永恒之脊

Haggis：涵肚生香；羊气食足（布丁）；咩咩布丁

Beachy Head：英吉利云崖

Loch Lomond & The Trossachs：山湖怀抱醉梦乡

Rhossili Bay：若曦湾；落夕湾；柔煦金沙

Castle Howard：蓬莱琼宇；风月山庄

其中，不乏"摘星塔""尼斯湖暗影"等让人浮想联翩的创意命名。此外，还有人建议将伦敦西区著名的高端定制一条街命名为"高帅富之路"；将位于威尔士西北，安格尔西岛上，全英名字最长的一个小镇命名为"健肺村"。一位披头士乐队的忠实粉丝甚至千里迢迢奔赴英国，就为了能成为第一个给披头士乐队相关景点命名的中国人。

面对中国游客的积极参与，英国旅游局首席执行官萨莉·巴尔科姆表示，每新增22位中国游客，就可多支持一个英国旅游业的工作岗位。此项活动充分利用了数字新媒体和社交媒体的优势，有效地吸引了潜在中国游客参与互动。

　　值得一提的是,2015 年 6 月 29 日,由奥美中国策划,英国旅游局在中国举办的"英国等你来命名"营销活动,于 2015 年戛纳创意节上大获全胜,在这个被业界誉为"广告界的奥斯卡"的创意盛会上摘得 2 枚公关类金奖和 1 枚银奖。斥资 160 万英镑的"英国等你来命名"活动,由奥美北京策划并推广,是迄今为止在由国家旅游委在中国国内举行的,作为 GREAT Campaign 一个组成部分的最大规模营销活动。此次活动的范围包括:由数字公司 Brand42 制作微型网站,举行社交媒体活动,以及传统媒体与户外广告联合曝光。活动通过国家旅游局的官方微信和微博触及近 3 亿潜在用户,活动的网站浏览量超过两百万,并有三千万人观看了发布视频。

　　此次营销活动为英国旅游业带来了显著的促进作用。2014 年,中国赴英假日旅游增长 18%,达到历史新高,游客总花销达到 1.38 亿英镑,同比增长了 7%,在英逗留天数增长 26%,累积到达 885 000 天并刷新历史最高纪录。英国旅游局预估,在有力的投资建设和宣传保障下,到 2020 年,中国游客赴英总花费将达到 10 亿英镑,达到上一年英国各类旅行消费总额 4.97 亿英镑的两倍。

【资料来源】

[1] 网易新闻.

[2] 新浪新闻.

[3] 数英网.

任务一　市场与市场营销

　　科学的理念是从对市场和市场营销的科学理解开始的,本任务将从市场及市场营销的角度来分析市场的含义及其演变。与大家共同探讨什么是市场、市场营销,市场与市场营销的关系,以及如何正确地研究现代市场营销。

【任务导图】

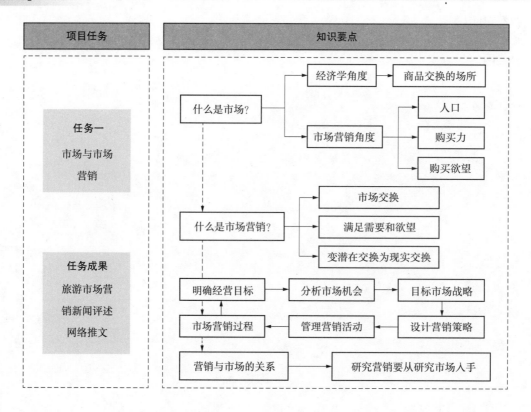

【案例导入】

安慕希希腊酸奶与跑男的成功营销

资料来源:新浪网

讨论:结合案例谈一谈,你认为成功的营销是什么,旅游市场营销又有什么不同。

一、什么是市场?

市场是企业经营活动的起点与终点,也是企业与外界建立协作关系和竞争关系的传导和媒介,同时,还是企业经营活动成功与否的评判者。从经济学的角度讲,市场是商品交换的场所。它对于每个企业来说,都是非常重要的,因为企业必须了解自己的产品和服务销售给哪些消费者,在哪里进行销售。试想,如果联想把它的专卖店开到了一个消费者连电视都无力购买的区域,如果肯德基在一个无力解决温饱问题的城镇开张了,会有人买单吗? 结果是显而易见的。

因此,发现市场,占领市场,满足需求,使企业活动与社会需求协调起来,是市场营销活动的核心。

【同步案例 1-1】

北京巴黎航线"尊尚经济舱"人气持续走高

资料来源:网易旅游

在世博旅游潮、中国经济持续向好和中法交流加速之下,法国航空公司北京巴黎航线"尊尚经济舱"销售持续走高。

头等、公务和经济舱,是飞机客舱设置的三大传统服务舱。乘坐经济舱的旅客大多有这样的感受:座位间距小,双腿难伸直,行李箱空间小,旅客抢着塞行李,环境嘈杂,如果是长途飞行更是不适。于是这种介于公务舱与经济舱之间的"第四类舱位"诞生了。2010 年以来,法航独辟蹊径,在中国市场推出了名为"尊尚经济舱"的第四类舱位,位置介于公务舱和经济舱之间,共有 22 个座位。

乘客稍稍多花点钱,就可以拥有比经济舱多 40% 的专门私人空间,"尊尚经济舱"的 22 个座位平均占用了以前经济舱的 40 个座位的空间,腿可以完全平伸。此外,在机场还可提供和商务舱类似的快捷和便利服务:优先乘机手续柜台,免费行李 30 kg,任意时候登机以及行李优先。乘坐"尊尚经济舱"舱位的乘客同时还能享受欧洲常旅客计划,蓝天飞行等服务。乘坐该舱位可以比相同航班的经济舱全价票多积累 25% 的里程。

一时间,"尊尚经济舱"在中国销售火爆,深受乘客追捧。作为欧洲第一家在中间等级舱位里提供固定外壳座椅的航空公司,法航也是全球第一家为旅客腿部提供宽敞空间的公司。

从市场营销学的角度来讲,市场是由多个因素组成的集合体。可以用一个公式来表示:

$$市场 = 人口 + 购买力 + 购买欲望$$

其中,人口是构成市场的基本因素,哪里有人,有消费者群,哪里就有市场,人口的多少是决定市场大小的前提;购买力是指人们支付货币购买商品或劳务的能力,购买者收入的多少,就决定了其购买力的高低;购买欲望是指消费者购买商品的动机、愿望和要求,它是消费者把潜在的购买愿望变为现实购买行为的重要条件,因而也是构成市场的基本要素。

如果有人口,有购买力,而没有购买欲望,或是有人口和购买欲望,而没有购买力,对于卖主来说,这些都无法形成现实有效的市场,只能构成潜在的市场。人口和购买力均可以通过调研来掌握。比如,我们说中国旅游市场很大,则意味着愿意去旅游的消费者具有数量规模,而且他们都具有购买力。

在市场经济条件下,旅游企业与其他任何类型的企业一样,都在不断地与市场进行着交流:一方面,从外部市场获取信息;另一方面,把旅游企业及其相关产品和服务的信息传递到外部市场。旅游企业只有同外部市场保持良好的信息交流,才能更好地生存和发展。

【课堂互动1-1】

什么是需要？什么是欲望？什么又是需求？

组织方式：以小组为单位，思考以上三个问题，并用举例的方式回答，需要、欲望和需求分别指什么。每组指派一名同学，将本组的答案在班级内分享。

思考提示：人生来就有各种需要，需要表示一种"缺乏"的状态。当特定的需要指向某个特定的事物时，这种需要便分化成更加多样的欲望和渴求。然而，欲望转变为需求，还必须附加另一个重要条件——支付能力。因此，营销学中需求可以用一个公式来表示：需求＝购买欲望＋购买力。毫无疑问，需求是企业经营的出发点和市场经济的基石。

二、什么是市场营销？

营销，几乎我们身边的任何活动都有它的身影，它不仅是现代经济发展中的必然组成部分，也是社会文化中一种有趣的现象。也许你还不能明白营销是什么，但是随处可见的广告、各种造势和推广活动都是营销活动的体现。街道上，随处可见的推销员；商场里，铺天盖地的促销广告；报纸、广播电视上，令人目不暇接的广告；互联网迅猛发展带来的网上购物。营销几乎无处不在。

市场营销又称为市场学、市场行销或行销学，简称"营销"。市场营销包含两种含义：一种是动词理解，是指企业的具体活动或行为，这时称之为市场营销或市场经营；另一种是名词理解，是指研究企业的市场营销活动或行为的学科，称之为市场营销学、营销学或市场学等。

1984年，菲利普·科特勒对市场营销的定义是："认识目前未满足的需要和欲望，估量和确定需求量大小，选择和决定企业能最好地为其服务的目标市场，并决定适当的产品、劳务和计划（或方案），以便为目标市场服务。"

1985年，美国市场营销协会对市场营销的定义是："市场营销是关于构思、货物和服务的设计、定价、促销和分销的规划与实施过程，目的是创造能实现个人和组织目标的交换。"

市场营销是指以满足各种需要和欲望为目的，通过市场变潜在交换为现实交换的一系列活动和过程，理解市场营销的含义，需要把握三个要点：市场营销的核心概念是"交换"；交换的目的是满足顾客的"需要和欲望"；市场营销活动的实质是"变潜在交换为现实交换"的过程。

【同步案例1-2】

2016年，方特发力娱乐营销，强势合作《奔跑吧兄弟》《极限挑战》，成为两大现象级户外真人秀节目唯一指定主题乐园；并冠名爱奇艺自制网剧《最好的我们》，携手金鹰卡通《人偶总动员》等两档综艺节目汇聚

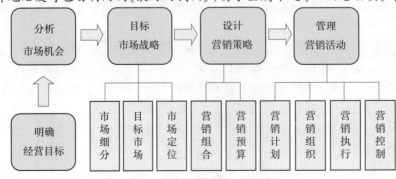

图1-1　市场营销的一般过程

了数十位风格迥异的明星,深受各年龄层受众群体的追捧。而方特旅游度假区旗下同样拥有数个风格鲜明的子品牌,能够一举满足不同年龄群体的需求,且方特旅游度假区的核心宗旨"方特成就欢乐梦想"与两档节目的形式以及节目传递的理念都十分吻合。从环节定制到冠名联动,实现全面的"旅游+娱乐"强强联合。这么强势又十分契合的广告植入,把方特这一品牌"发射"出去了。

　　值得注意的是,市场营销不同于促销或销售。如图1-1所示,现代企业市场营销活动包括市场营销环境分析、市场需求分析与预测、制定目标市场营销战略、新产品开发、定价、分销、广告、销售促进、人员推销、售后服务、公共关系等内容。很显然,企业同竞争对手的"广告战"或明年的销售促进计划不可能构成市场营销的全部。同样,销售也仅仅是市场营销中的一个环节,而且是一项不重要的活动。
　　著名管理学家彼得·德鲁克曾说:"市场营销的目的就是使销售成为不必要!"

【课堂互动1-2】

　　也许你是初次接触营销概念,又或者你经常听说"营销"这个词,请你结合自身经历,思考并回答以下两个问题:
　　1. 如果营销真的那么重要,那么究竟什么是营销?
　　2. 我们为什么需要营销?
　　组织方式:按照班级内座位,前后6人一组,思考以上两个问题,每组指派一名同学,将本组讨论的答案在班级内分享。

三、研究营销为什么要从研究市场入手?

　　在工业时代,大部分制造商强调,首先要制造出高质量的产品,之后再寻求人们来购买产品。因为他们坚信,好产品不愁卖不出去,这也是那个时代非常盛行的一种态度,这种销售理念和我们的古话"酒香不怕巷子深"是一个道理。然而,随着市场经济的发展,这样的观点逐渐被证明,它对产品的销售并无作用,只注重生产出高质量的产品,而不注重市场,显然生产的产品也是没有销路的。

【同步案例1-3】

成功的宝洁,失败的润研

　　世界上最成功的日化企业宝洁,也有它最失败的产品,那就是润研,它是宝洁公司最失败的一个产品。
　　成功如宝洁,居然都有如此失败的时候,宝洁的润研居然舍弃了已经存在的市场,而独辟蹊径,将其目标市场定位为18~35岁的城市高知女性,于是我们看到润研具有唯美的广告形象和唯美的视觉冲击,其包装也是素雅和高贵的,但问题是,这部分人群并不是真正的购买者。
　　润研产品针对的是黑头发护理,黑头发是我们中国人与生俱来的特质,符合他们在基础护理层面的直接效果和心理联想。而反观润研的消费人群,他们属于社会阶层当中的潮流引导者,其行为特点就是改变与创新,随着染发颜色不断地变换,多种颜色中,也许黑色才是最守旧的一种。于是问题就出现了,润研将它的目标人群锁定为这样的潮流人群,却仅仅提供针对黑头发的保守产品,也许就是润研最大的败笔。

　　事实证明,更高质量的产品也并不能保证它的必然成功。营销史上,由于不注重市场而导致的失败比比皆是,仅仅发明出最伟大的新产品是远远不够的。产品必须要在市场调查的基础之上,考虑消费者的愿望和需要,满足市场的需求,然后再做出相应的产品策略。

【同步案例1-4】

<h3 align="center">小米,如何让客户尖叫?</h3>

2010年,雷军成立了小米科技,开始生产售价为1999元的小米手机。刚上市时,市场异常火爆。前两轮开放购买,都在短时间内将备货销售一空,第三轮开放购买,更是引发了抢购的狂潮,小米火热的表现完全超出了人们的想象。

小米好像拥有了一种神奇的力量,一个小公司,当没有资源、品牌和用户的时候,就必须要找到一块最适合的战场,让大公司看着眼馋,却不敢进来。显然,小米找到了这样的一片蓝海。

小米,在不靠硬件赚钱的模式上,发展手机品牌,软硬件一体化,定位中档级市场2000元,价格向下看,配置向高端机靠齐甚至领先。从产品空间以及利益空间的考虑,其他企业确实不太好进入。小米相对于一般的安卓厂商的优势是有多个差异化的竞争手段,而雷军最大的优势是有那么多的关联公司,如金山软件、优视科技、乐淘、凡客诚品等。只要雷军让小米跟这些公司进行服务对接,就能拥有其他手机厂商都不具有的优势——低成本,高效率,整合速度快和双向推动作用,可以形成一个以小米手机为纽带的移动互联网帝国。

手机是目前人们唯一不可或缺、随身携带的电子设备,未来所有的信息服务和电子商务的服务都要通过这个设备传递到用户手上,谁能成为这一入口的统治者,谁就是新一代的王者,而小米正是奔着这个方向走的,这就不难想象为何出生几个月的小米可以引起业界如此的关注,取得这样出色成绩的原因了。

显然,通过以上两个对比性的案例,我们可以发现:研究市场营销,必须从研究市场开始。在顾客至上的商品社会,为顾客创造价值的多少,顾客的满意度和忠诚度的高低就成了衡量营销成功与否的重要指标。追述营销的实质,我们还是应该先从市场和市场营销入手。

【项目训练】

训练设计:选择一则与市场营销有关的新闻事件,可以尝试从经营者、消费者、社会公众三个角度出发,对其进行专业评述,将其整理为1000字左右的Word文档,并制作成PPT在班级内分享,时间控制在5分钟左右。

成果形式:旅游市场营销新闻评述网络推文。

<h3 align="center">范例:从国庆出游看节假日旅游交通</h3>

兰州文理学院 2017级旅游管理本科1班 王林

思考一下:我们该如何缓解节假日交通拥堵?

王林这么认为:

1. 实行配额管理:由有关部门牵头,逐步建立景区人数公示制度,在网络预售全国景点门票,实时公示,这样避免盲目出行,造成拥堵。同时在各个交通入口设立疏导站,把高速进入人数以及拥堵情况公示,并且对出行的居民提供出行建议。

2. 提高居民的自主出行意识,在节假日可以选择更多种的方式出行,以充分利用公共交通设施,从而使全国居民的出行效率提高。

3. 建立大型堵车情况应急机制,一方面疏导交通,查明拥堵原因,一方面进行引导。在发生极端拥堵情况下,建议市民就近下高速公路,绕开拥堵路段再上高速。

任务二　旅游市场营销

　　随着社会经济的发展,社会产品的品种越来越丰富,旅游企业的经营活动也发生了根本性的变化,在市场的主导下,旅游市场营销的作用也就日益凸显。重视营销,成功营销,是旅游企业生存和发展的重要因素,也是旅游企业成功的关键。旅游市场营销是市场营销在旅游业的具体应用。本任务将围绕旅游市场及市场营销的发展历程几个方面来解析旅游市场营销的奥秘。

【任务导图】

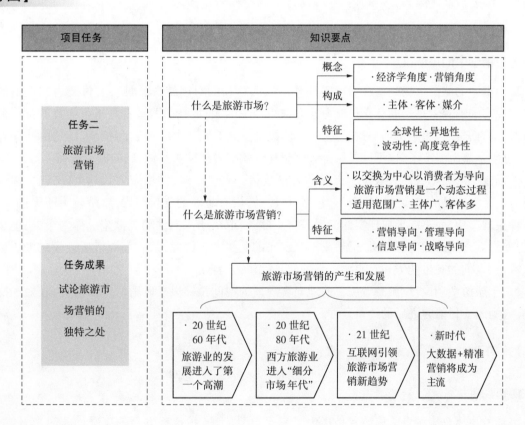

【案例导入】

不丹——软实力包装,讲述幸福感

资料来源:搜狐新闻

问题导入:请大家结合案例,谈一谈不丹的软实力包装给了我们什么样的营销启示?

一、什么是旅游市场？

（一）旅游市场的概念

旅游市场是指一定时期、某一地区中存在的对旅游产品具有支付能力的现实的和潜在的购买者，即旅游需求市场或旅游客源市场。旅游市场通常是一定的时空条件下的旅游消费者群、购买力、出游愿望、出游机会的集合。根据不同研究目的和认识角度，对旅游市场的概念可以从以下几个方面理解：

1.经济学意义上的旅游市场

经济学意义上的旅游市场是指在旅游产品交换过程中所反映的各种经济行为和经济关系的总和。

在旅游市场上，旅游产品的供应者和旅游产品的消费者以市场为纽带紧密地联系在一起。一方面，旅游企业通过市场销售自己的产品；另一方面，旅游者通过市场获得自己需要的产品。旅游市场的各种现象、各种行为都反映着彼此之间的经济联系，这种通过市场交换所反映的关系，实质上表现的是人与人之间的经济关系。

2.市场营销学中的旅游市场

市场营销学中的旅游市场是指在一定时期某一地区存在的对旅游产品具有支付能力的现实的和潜在的购买者。现实的购买者是指既有支付能力又有购买兴趣的人；潜在的购买者是指可能具有支付能力和购买兴趣的人。简而言之，旅游市场是指旅游需求市场或客源市场。由此可见，旅游市场是由购买者即买方组成的，它可以是旅游者本人，也可以是旅游者所委托的购买者或购买组织，即旅游中间商。

一个市场规模的大小，首先，取决于市场的人口数量。人口越多，市场潜力就越大。其次，取决于人们的支付能力。旅游产品的交换是以货币作为支付手段的，没有足够的支付能力，旅游行为便无法实现，旅游只能是一种主观愿望，而不能形成现实的市场需求。此外，取决于人们的购买欲望。作为个人，他虽具有支付能力，但如果缺乏旅游的内在动机，仍然成不了现实的购买者。因此，某一客源市场规模的大小取决于该市场的人数量、人们的支付能力和对旅游产品的购买欲望，三者缺一不可。

此外，由于旅游活动设计、旅游者由目的地向客源地的空间位移以及闲暇时间的有无、长短和交通等因素，也相应成为继支付能力之后的约束条件。

（二）旅游市场构成要素

1.旅游市场主体

旅游市场的主体是旅游者。旅游者是指为了满足自身心理、精神等方面的享受而暂时离开常住地，通过旅游、观光、休闲等方式消费的个人和团体。没有旅游者，旅游市场就失去了存在的基础。

2.旅游市场客体

旅游市场客体是旅游资源。旅游资源是指一切对旅游者构成吸引力的自然景观和人文景观等因素的总和。旅游资源按其属性可分为自然旅游资源、人文旅游资源或自然与人文相结合的旅游资源。旅游资源应具备的条件是：对旅游者要有足够的吸引力和游览价值；对旅游业要能创造出经济效益和社会效益。

3. 旅游市场媒介

旅游业是一个以旅游消费需求为依托、旅游资源为条件、旅游服务为特点,连接旅游消费需求与旅游资源的服务性行业,是为旅游者提供旅游接待、旅游交通、旅游食宿以及开展导游、宣传、咨询、组织等综合服务的行业。它是旅游者与旅游资源发生联系的桥梁。旅游业正是为满足旅游者的消费需求,利用和发挥旅游资源的作用使两者有机结合起来的媒介。

【同步案例 1-5】

颠覆酒店的爱彼迎给我们带来了什么?

【课堂互动 1-3】

尝试根据案例中提到的 Airbnb 在中国区的三大战略举措,分析中国旅游市场的特点。

组织方式:以小组为单位,思考以上两个问题,每组指派一名同学,将本组讨论的答案在班级内分享。

(三)旅游市场的特征(图 1-2)

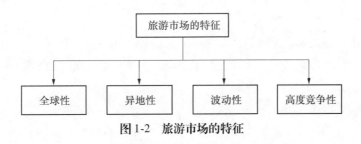

图 1-2 旅游市场的特征

1. 旅游市场具有全球性

随着世界经济的进一步发展,人们也越来越渴望走出国门,了解其他地区、其他国家的文化和风俗,国际旅游在近几十年得到了飞速发展。跨国旅行,尤其是商务旅行已经成为散客旅行的主要部分。如果没有政治或政策方面的约束,一个有旅游动机的旅游者在经济条件允许的情况下可以选择世界五大洲的任何一个地方;一个旅游景点也可以接待来自世界任何一个国家的旅游者。

2. 旅游市场具有异地性

旅游活动的完成通常是伴随着旅游者地理位置的移动而进行的,旅游接待企业的客源地主要是非当地居民,因此,旅游市场通常都远离旅游目的地。所以旅游市场具有异地性的特点。

3. 旅游市场具有波动性

旅游消费属非生活必需品消费,旅游需求受外部环境的影响往往很明显。比如国际局势、突发性事件、季节性、重大社会活动、节假日、汇率、通货膨胀率、物价、工资,以及旅游者心态的变化等,都是影响旅游需求的因素。2008 年受国际金融危机的影响,接待入境游客数量连续下降;2020 年由于新冠疫情的影响,全国旅游业接待量严重下滑。

此外,旅游消费的波动性还体现在因受时间及旅游产品中气候因素约束而导致的季节性变动。比如阿尔卑斯山的滑雪旅游,在入冬之后才会游客爆棚。我国北方海滨度假胜地北戴河,游客就集中在七八月份。

4. 旅游市场具有高度竞争性

旅游市场的竞争性表现在两个方面:一是旅游者对稀缺旅游资源的竞争,二是旅游经营者对旅游者的竞争,主要是旅游业市场进入壁垒较低导致的。人们的旅游欲望愈来愈强,对异域文化的追求越来越多元化和个性化,旅游业发展势头强劲,这无疑是给旅游行业增添了莫大的机会。与此同时,新的进入者不断出现,他们开发出许多相同或不同种类的旅游产品,尤其是许多不具有垄断性的旅游资源,行业的进入门槛较低,旅游产品易于被模仿,最终会使得这类产品越来越多,旅游市场的竞争也越来越激烈。

【同步案例 1-6】

澳大利亚旅游业的制胜法宝——口碑和病毒式网络营销

当很多旅游地还在用铺天盖地的硬广告来宣传迷人的风景时,澳大利亚旅游业已经早早地意识到,在这个社交媒体高度发展的时代,用户更看重的是用户之间互相分享的更为真实的信息,而不是官方发布的几张死板的宣传照片。也就是说,由使用者创造的信息是非常重要的,澳大利亚对使用者创造的信息利用得非常好,使用多种方式对其进行管理。

2013 年,塔斯马尼亚旅游局发起名为"Great Tessie Instagram Journey"的活动。活动聚集了 9 位在 Instagram 极具影响力的用户,环游塔斯马尼亚 8 天,他们在旅途中及时更新照片,在 Instagram 发布的几百张照片吸引了超过 200 万 Instagram 的关注。

另外,塔斯马尼亚旅游局还在 Instagram 上设有官方账号@ DiscoverTasmania,鼓励用户给在塔斯马尼亚拍摄的照片标注#Discover Tasmania#的标签,以便强调这些照片的拍摄地。塔斯马尼亚旅游局局长 John Fitzgerald 说:"景点在社交媒体中的曝光带来了无法估量的价值。通过社交媒体宣传旅游地的优势之一是成本低廉但是却能产生丰富的内容。人们通过社交媒体向亲友推荐景点,增加旅游景点的吸引力。所以,我们为塔斯马尼亚找来世界各地的旅者,让他们通过社交媒体分享他们的故事。"

社交媒体是一种很好的宣传方式,也是和生活在不同地区的人们交流沟通的大好平台。塔斯马尼亚的这个宣传战略非常好,这只是营销战略的开始,John 相信塔斯马尼亚旅游局在未来几年还会将更多精力投入到社交媒体上。除了自身网站以及为一些活动建立专门的营销网站之外,澳大利亚旅游局等还利用全球最有影响力的各类社交媒体进行旅游目的地的营销。

二、什么是旅游市场营销

(一)旅游市场营销的含义

旅游市场营销就是市场营销在旅游业的具体应用,是旅游企业对旅游产品进行构思、定价、促销和分销的计划及执行过程,以满足旅游者需求和实现旅游企业目标为目的。通常来讲,旅游市场营销包含以下三层含义:

1. 以交换为中心，以旅游消费者为导向

旅游企业通过市场交换来协调各种旅游经济活动，力求通过提供有形产品和无形服务使游客满意来实现旅游企业的经济和社会目标。市场营销意味着交换，但并非所有产品都是用金钱交换的，例如，国家4A级乡村旅游景区袁家村不收门票，供游客免费参观。只要这些游客可以选择如何消磨时间，关于交换的中心概念就有效。

2. 旅游市场营销是一个动态过程

旅游市场营销包括分析、计划、执行、反馈和控制，更多地体现旅游经济个体的管理功能。在营销计划中，营销者必须进行目标市场定位；在营销决策中，旅游企业或组织也必须进行市场开发、产品设计、价格制定、分销渠道的选择、信息沟通和销售促进等各项决策。

3. 适用范围较广，主体广，客体多

旅游市场营销的主体包括所有旅游组织，比如政府、非营利性组织和旅游企业；客体包括对有形事物的营销和对无形劳务的营销，适用范围很广。

旅游业是一个特殊的服务性行业，旅游产品是一种特殊的产品，它既包含有形产品，又〔无〕形服务，这就使得旅游产品在很大程度上表现出服务产品的特性。从市场营销学的观点来〔看〕〔，〕〔有形产〕〔品〕与无形服务在表面上体现出不同的物质特征，但实际上并无本质区别，它们都是产品，都能〔提供利〕益和满足感。但另一方面，服务是一种特殊产品，它具有与有形产品不同的特征。因此，旅〔游服务营销〕必然区别于传统产品营销。

（二）旅游市场营销的特征（图1-3）

1. 营销导向

营销导向是指旅游企业根据旅游者的需求，为其提供满意的产品和服务，以获取利润。营销导向要求旅游企业对旅游产品和服务不断改进，以适应市场需求。正确确定目标市场的需要和欲望，理解和满足旅游者流露出的需求，向目标市场创造、传递、沟通消费者价值。

市场营销导向是旅游企业营销管理思想史上一次巨大的突破，与传统的经营观念相比，具有以下区别：第一，传统的导向是以生产和销售为中心，旅游市场营销导向则以旅游消费者需求为中心；第二，传统导向通过强化销售职能、出售产品而实现利润，但市场营销导向则通过全面地满足旅游消费者需求获取利润；第

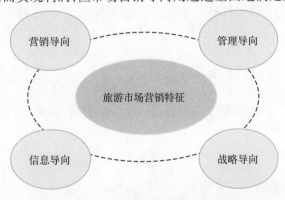

图1-3　旅游市场营销的特征

三,传统导向短期刺激的推销手段,从大量销售中获取利润,利润带有短期特征,而市场营销导向是通过全面满足旅游消费者的需求,赢得长期稳定的利润。

2. 管理导向

市场营销的管理导向是指,旅游企业需要对旅游消费者的需求、旅游中间商的积极性、行业竞争者等相关群体进行有效的管理和引导,这是关系旅游企业兴衰存亡和决定旅游企业整体利益的管理,而不是一般的局部利益的管理。旅游市场营销作为一种高级决策,它是最大限度实现旅游企业整体利益的根本保证。市场有如一个井然有序的排列场,只有管理和决策正确,才能占有一席之地。

旅游市场营销策略的制定,是一种长期性的目标管理,旨在谋求旅游企业长期的生存和发展,它要求营销人员要具有长远发展的战略眼光,高瞻远瞩,特别是不能为了短期利益,采用各种虚假和欺骗的手段形成一时的消费热潮,而造成长期危害。旅游企业要在新的经济形势下立于不败之地,必须要和市场的发展紧密联系起来,只有不断地实践,不断地总结,不断地创新,企业的发展才能稳定长久。

3. 信息导向

市场的不确定因素很多,尤其旅游市场总是千变万化。因此,在开展营销工作时,总会有一定的风险。这种风险主要来自以下几个方面:第一,营销决策者始终无法掌握全部的信息,正如克莱斯勒的总裁雅科尔所说:"你只能在掌握95%的情况下作出决策,否则当你又掌握了剩余的5%时,时机已过。"第二,由于决策者们自身的原因,如教育、经历、成长环境、个性等的不同,在面对同一市场情况时,他们往往会作出不同的决策。很显然,最佳决策只有一个,其他的决策都存在一定的风险性。

显然,若旅游企业能掌握尽可能多的关于消费者、竞争对手、中间商的信息及情报,做出的市场预判则会更准确。因此,旅游市场营销具有鲜明的信息导向,信息的完整性、准确性极大地影响着营销决策。

4. 战略导向

一般来讲,旅游企业在现代市场营销观念下,为实现其经营目标,会对一定时期内旅游市场营销的发展进行总体设想和规划,这就是旅游企业的战略过程。战略是一种思想,一种思维方法,也是一种分析工具和一种较长远和整体的计划规划。旅游市场营销战略的决定性特征要求旅游营销者在作战略规划时,要眼界宽阔,有大局观,对营销系统加以全面把握,使各个局部在营销战略的整体中得到协同发展。

旅游市场营销战略的主旨是提高企业营销资源的利用效率,使企业资源的利用效率最大化。营销在企业经营中对保证企业总体战略实施起到了关键作用。比如,石英表的技术最先是瑞士人发明的,可这项专利却被锁在抽屉里长达十几年后,才被日本人找出来,得以重见天日。日本人大量生产石英表的战略决定,使其企业大受其益,而瑞士的名贵精工机械表受到了很大的冲击。

【同步案例 1-7】

《指环王》带给新西兰的营销奇迹

三、旅游市场营销的产生和发展（图 1-4）

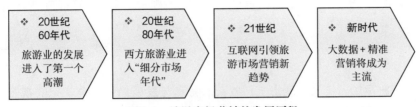

图 1-4 旅游市场营销的发展历程

（一）20 世纪 60 年代:旅游市场营销学理论发轫

国际旅游业实际是 20 世纪 60 年代才开始应用营销学原理的。在这之前,由于旅游业并不是一个独立的行业,它往往能够依附于服务业、商业等行业,因而不可能产生自己的经营理论。后来,旅游业发展成为一门新兴的第三产业,旅游业的设施开始供不应求,造成了以产促销的经营局面。

到 20 世纪 60 年代末,旅游业的竞争日趋激烈,迫使旅游业的经营管理人员开始重视市场营销活动,也开始重视研究市场营销理论,并采用其他行业的研究成果,对旅游企业的组织结构进行了调整。此时,一些饭店成立了销售部,旅行社也成立了营业部,但是这些部门的活动仍然以销售、推销为主,采用的销售手段主要是广告、宣传和推进性营销。整个 70 年代,推销的观点在西方旅游企业的经营思想中一直占据统治地位。

随着生产力的发展和全球经济的迅速增长,旅游业竞争也越来越激烈,不少国家和地区大力发展旅游业,旅游设施迅速增加,旅游者选择的余地也随之增大。这时,旅游经营者认识到除了推销以外,还必须提高产品质量,才能保持足够的竞争力。由于多个企业都相继提高质量,人们终于认识到,即使餐厅能提供最佳的菜肴,酒店能提供最清洁的客房,也不一定能在竞争中压倒对手,因为已经有大量的旅游设施可供旅游者选择。

激烈的竞争缩短了旅游企业进入目标市场之前的准备时间,所以旅游企业在准备阶段就开始分析市场,研究旅游消费者的需求,分析旅游消费者的兴趣、爱好和意见,从而确定企业经营目标。在经营过程中,激烈的竞争也迫使企业经营者们从旅游者的需求出发,改造企业组织,提高产品质量,增加产品种类,改变销售渠道,使竞争对手防不胜防,使企业立于不败之地。这样一来,旅游企业的经营在思考问题的方法上首先考虑的是将"我的企业"转变为"我们的顾客",这就是旅游市场营销学立足点的转变。

（二）20 世纪 80 年代:西方旅游业进入"细分市场年代"

20 世纪 80 年代开始,旅游企业更加清晰地认识到,能否满足旅游者的需求和偏好,是决定旅游企业经营成败的关键。西方旅游业逐渐进入了"细分市场"时代,旅游企业经营者开始根据人口分布的特点、旅游者的兴趣和生活方式等对旅游者进行分类,从而提供相应的旅游产品和服务。在销售过程中,"市场定位理论"逐渐得到推广,使得旅游企业在众多旅游消费者中树立了良好的形象。

20 世纪 90 年代早期,旅游业以 5 亿的年接待人次,3 000 亿美元的年消费额,1.2 亿的就业规模,正式宣告超过石油工业和汽车工业,成为世界上最大的产业并一直独占鳌头。旅游者对旅游产品和服务选择余地的扩大,使得旅游企业之间的竞争进一步加剧。旅游企业的经营者必须注重研究市场竞争、旅游者旅游动机及旅游企业在市场中的不同地位,采取"重新定位"或"渗透已确立的细分市场"的策略,以便在竞争中获胜。

我国的旅游市场营销始于 20 世纪 90 年代,全国各地掀起了发展旅游的热潮,旅游竞争开始激烈,那种

"坐等顾客上门"的形势一去不复返。旅游企业的市场行为也从简单的销售转向了调查、研究、预测市场的需求,设计自己的产品和调整自己的产品结构,确定现实目标市场和促销策略,预测未来潜在市场并进行先期的市场培育,注重旅游者对旅游产品质量的反映和处理,搞好售后服务,旅游市场营销学的研究也更加深入。

(三)21世纪:互联网引领旅游市场营销新趋势

进入21世纪后,旅游市场营销又呈现出了一些新的特点与发展趋势。全球化的视野、反权威的沟通方式、对环境的关注等,在很大程度上也反映了一定的时代特征。旅游市场营销也因此代之以更多的多元化的营销理念。随着计算机的普及和互联网、新媒体的发展,产生了"旅游网络营销";随着人们对环境关注程度的提高和对绿色、低碳产品偏好的增加,出现了"旅游绿色营销";此外,还相继产生了"旅游服务营销""旅游文化营销"和"旅游关系营销"等新的营销理念。

【同步案例1-8】

万豪迎战共享住宿服务商,整合数据打规模牌

资料来源:21世纪经济报道

(四)新时代:大数据+精准营销将成为主流

随着网络的不断普及,网红直播、移动广告、微信、抖音等新兴传播渠道层出不穷,消费者的需求也逐渐变得个性化与碎片化,但企业互联网营销的主旨始终围绕着消费者。所以,大数据时代,谁能迅速有效地找到用户、理解用户、服务用户,谁就能占得先机和商机,而这种分析、预判和洞悉能力就是大数据精准广告营销的价值所在。

在大数据时代,旅游企业借助专业的大数据智能分析技术,对媒体投放渠道进行再分析、再评估,根据不同的品牌推广需求,进行营销策略的整合优化。面向不断变化的市场和用户需求,旅游企业第一时间进行消费者洞察、精准匹配目标受众、智能选择投放渠道,是大数据技术在精准广告营销领域的重要体现。马蜂窝旅游网的营销就是新时代精准营销的典型,广受中国年轻一代追捧。一方面,融合不同渠道投放优势,升级现有媒体渠道,化"线性单向营销"思维为"立体营销"思维,打通媒体产品链,智能匹配流量和广告渠道投放比,得出最优效果的投放渠道策略。另一方面,洞察行业营销动态,通过大数据沉淀,拓展更多的媒体投放渠道,使品牌营销能够在不同属性的媒体上影响消费者,逐步覆盖、触达更多的目标旅游消费者。

在这个新的时代,旅游企业只有通过快速、精准、智能的数据匹配和挖掘,才有可能获得最好的营销效果及价值。时代在发展,企业在发展,思维在创新,营销也在不断进化,与时俱进是每一个营销人员必须具备的姿态。

四、旅游市场营销的作用

1.旅游市场营销是寻找市场机会的钥匙

旅游市场的特殊性、旅游消费者及其购买行为的复杂性决定了在旅游企业的发展中,不易发现新的市场机会。旅游业的国际性质、消费者的多层需求性质,都要求旅游经营者以非凡的眼光和智慧分析市场。

而市场营销的基本任务在于重点分析顾客的各种需求,从社会总需求和总供给的差异中寻找市场机会;从对复杂人群的不同需求的分析中寻找适销对路的市场机会;从对广阔市场的缜密分析中和市场环境的动态变化中寻找市场机会。当今市场,只顾生产、推销而不懂市场营销的旅游企业是无法真正、持久地把握市场机会的。

【课堂互动 1-4】

生活中,你觉得还有哪些旅游消费需求未被满足?是否可以作为旅游企业的新机会?与小伙伴们分析一下吧。

组织方式:以小组为单位,讨论 5 分钟,每组指派一名同学,选择最有说服力的案例在班级内分享。

2. 旅游市场营销是实现旅游企业经营目的的根本保证

旅游市场营销真正树立了"以顾客为中心"的观念,强调以满足顾客需求为企业的根本任务。这就找到了创造利润的唯一正确的途径,即把创造利润的过程建立在满足消费者的需求之上。只有如此,旅游企业才能真正做到自觉改进产品和营销手段,以适应消费者不断变化的新需求。市场营销的根本原则是:市场需要什么,顾客需求什么,企业就提供什么。

3. 旅游市场营销是合理调节旅游市场供求关系的准则

旅游产品无法贮存,顾客需求因时间、地点不同而差异极大。比如,饭店因季节变化出现反差极大的淡季和旺季,从而使饭店供求出现较大的矛盾,高峰时期饭店需求超过供给能力,部分顾客流失,饭店失去市场机会或造成饭店设施紧张;淡季需求低于正常供给,则会导致设施与人员闲置,服务能力过剩,造成极大浪费。因此,调节供求关系是搞好经营、取得最佳效益的关键。而市场营销管理的重心则是研究市场需求,深入分析顾客的各种需求状况,使旅游企业保持相对的最佳经营状态。

【项目训练】

训练设计:以小组为单位,寻找旅游市场营销的案例,通过恰当的营销案例来论证旅游市场营销的独特之处,从而更加了解市场、旅游市场、旅游产品和服务、旅游市场营销。

成果形式:试论旅游市场营销独特之处。

任务要求:1 500 字左右的小论文,含案例。

范例:评纣王妲己为景区"代言人",历史岂容如此轻慢?

兰州文理学院 2016 级旅游管理本科 2 班 曹小兰

任务三　市场营销观念的演变

　　市场营销和旅游市场营销都经历了从理论到实践的循环过程,旅游市场营销观念是社会经济发展的产物,跟旅游经营活动所处的内外部环境有关,是旅游企业在生存与发展中逐渐形成的,研究其演变对于帮助旅游企业在经营过程中树立正确的营销理念、采取科学的营销策略是非常重要的。本任务内容将从市场营销的观念演变及趋势发展两个方面展示旅游市场营销的全貌。

【任务导图】

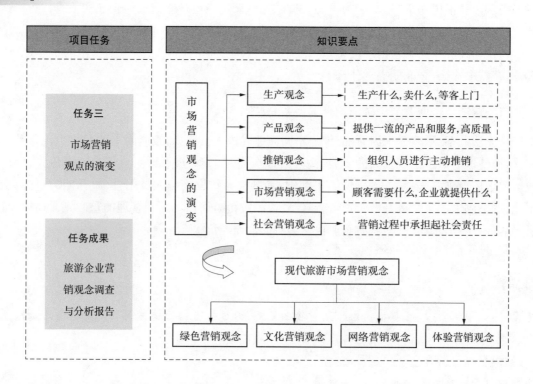

【案例导入】

铁路旅游——亚洲在线旅游平台竞争的下一站

资料来源:环球旅讯

问题导入:请你结合案例材料谈一谈,是什么决定了市场的营销方式,又是什么决定了企业的营销决策。

一、市场营销观念的演变（表 1-1）

市场营销观念指企业从事生产和营销活动时所依据的指导思想和行为准则，是企业所奉行的一种经营哲学或理念。经营的指导思想或观念，又随着生产力水平的提高、商品经济的发展及市场供求状况的变化而演变。市场营销观念不是人为定义的，而是社会经济发展的产物，跟经营活动所处的内外部环境有关，是旅游企业决策者在企业内外部环境的动态影响下，为追求旅游企业的生存与发展，在不断的经营活动中逐渐形成的。

一定的市场营销观念形成后，反过来又会对旅游企业的经营管理工作产生强大的能动作用；当旅游企业的市场营销观念适应特定经济环境后，必将对旅游企业的实践产生正确的指导和推动作用；若旅游企业的市场营销观念不适应它所处的经济环境，则决策者的经营方式和指导思想必将滞后于时代，旅游企业的经营目标也就无法实现，甚至会导致整个企业衰败。

现代营销学是在 20 世纪初的时候起源于美国，后来传播到了西欧和日本等地，在近一个世纪的发展历程当中，现代营销新理念的一个发展趋势是由公司主导转变为市场主导，出现了现代旅游营销的五个理念，分别是生产观念、产品观念、推销观念、市场营销观念和社会营销观念。

（一）生产观念——"生产什么，卖什么，等客上门"

生产观念是指导销售者行为的最古老的观念之一。这种观念产生于 20 世纪的 20 年代之前，当时生产力的发展并不能满足需求的增长，多数的商品都处于供不应求的状态。这种情况下，只要商品的质量过关，价格合理，不愁在市场上找不到销路。在这种观念的指导下，企业便会以产定销，通过扩大生产、降低成本来获取更多的利润。在企业的经营管理当中，企业不太关心消费者的需求，将注意力放在产品上，以生产部门为主体进行管理。生产观念具体表现为：我生产什么，我就卖什么。

我国旅游业在改革开放之初，海外旅游者蜂拥而至，交通、食宿一时供不应求，这样的卖方市场使我国旅游业在原有的计划经济体制下很自然地以生产观念作为营销导向。只是尽力接待好已有的旅游者，至于市场需求的变化和发展趋势则很少去研究。但是，"等客上门"的经营思想最终必定会导致旅游企业及其产品失去市场竞争力，造成了旅游客源的停滞或徘徊。

【同步案例 1-9】

1903—2003 年，美国福特公司的车始终只有黑色，当时美国福特汽车公司生产了一种类型的小轿车非常畅销。福特公司为了扩大生产，获得最高利润，他们不需要考虑顾客对轿车的颜色和款式的兴趣和偏好，只需要大批量生产就能达到目的。于是，亨利·福特说了那句著名的营销语"不管顾客需要什么颜色的汽车，我只有一种黑色的"。但是，现在福特公司再也不会这么做了。

（二）产品观念——"提供一流的产品和服务，高质量"

产品观念产生于 20 世纪 30 年代以前，也是典型的"以产定销"观念，与生产观念几乎同时流行。旅游企业认为消费者喜欢质量最好、操作性最强，创新功能最多、最有特色的产品。于是，在这种情况下，旅游企业就致力于生产高质量的产品，并且不断地改进产品，使之日趋完美，"酒香不怕巷子深"就是这种观念的非常形象的说明。我国的家电企业海尔曾经自砸冰箱的事件，就是属于这种观念的营销思想。

但是，生产观念会导致营销近视症现象的发生，即过分重视产品或服务的质量，看不到市场需求及其变化，只怪顾客不识货，而不反省企业是否根据顾客的需求提供了顾客真正想要的货。

【课堂互动 1-5】

质量应该是谁眼中的质量？质量是不是越高越好？

组织方式：以小组为单位，对以上两个问题讨论 5 分钟，每组指派一名同学，将共同的答案在班级内分享。

【同步案例 1-10】

20 世纪 70 年代以前，中国是计划经济体系。在这个时候，厂商是缺乏营销观念的，因为市场缺少竞争，厂家生产什么样的产品，消费者都得接受。但是 80 年代以来，消费者们就开始有了自己的选择，他们需要的是高质量、多功能和有特色的产品，还得有信得过的厂商，市场上开始出现了竞争，竞争主要集中在产品的质量、产品的功能和产品的差异化等方面。

此时，当张瑞敏发现海尔生产了很多不合格的冰箱之后，他开始开想出了这么一个事件——自砸冰箱。这个事件在海尔内部震醒了全体的员工，于是，这个电冰箱厂建立了零缺陷质量标准。其实，砸冰箱事件也是一个真正意义上的公关事件，张瑞敏利用这个契机，成功地将海尔这个名字牢牢地烙印了消费者的心里。当时又适逢 1986 年，冰箱市场进入了普及前期的爆炸性增长阶段，青岛海尔借时开拓了全国主要大城市的市场。砸冰箱事件也在当时具有了划时代的市场意义。企业的市场营销观念开始逐渐确立，同时也预示着中国的企业真正开始走向了市场。

再如，曾经上海的高档次酒店的硬件和软件质量不可谓不好，但由于"价高和寡"，大量外地客人游上海，却选择住在苏杭一带的酒店，上海高档酒店的平均出租率不但没有提高，甚至还略有下降。而上海锦江集团创建的相当于国外汽车旅馆的经济型酒店却门庭若市，这正显示着低档客源市场的旺盛需求。因此，重视产品是对的，但是在不了解顾客的需求和爱好的前提下，盲目追求质量，就是错误的。若企业不能及早地预测和顺应这种变化，不能树立新的市场营销观念和策略，就将最终导致企业经营的挫败和失败。

【同步案例 1-11】

锦江之星引领国内经济型酒店风潮

曾经，并没有"经济型酒店"这个概念，在那个将平价酒店唤作"招待所"的年代，有这样一群怀揣着梦想的年轻人，打造了一个品牌——锦江之星，创造了给高星级酒店做减法，但强调舒适干净，强调睡眠与沐浴质量的经济型酒店。

20 世纪 90 年代中期，上海正进行"千百万人游上海活动"，很多游客到上海找不到合适自己住的酒店，好的太贵，便宜的又太差。这让当时的锦江（集团）有限公司看到了一个市场"空白"。

1996 年，锦江集团成立了一个公司准备运作"经济型酒店"。

1997 年，锦江之星品牌第一家经济型酒店——上海锦江乐园店开业。

在锦江之星酒店开创了经济型酒店的先河后，如家、7 天、汉庭、格林豪泰、速 8、汉庭等一系列本土经济型酒店迅速崛起，同时也引来了大量的资本青睐与上市风潮。

（三）推销观念——"组织人员进行主动推销"

推销观念是一种以推销为中心的经营思想，流行于 20 世纪三四十年代。1929—1933 年爆发的资本主义世界空前的经济危机导致了大量产品的滞销,很多企业的产品开始卖不出去,再由于科学技术的进步,产能的增加,市场出现了供大于求的局面。此时,许多企业开始奉行一种生产什么就努力推销什么的营销观念。

推销观念具有以下 4 个特点:一是产品不变,但加强了促销宣传;二是开始关心消费者,但主要停留在如何吸引消费者购买,而没有真正关心消费者的需求,重视的是现有产品的推销工作;三是营销工作的中心思想是想方设法把生产出来的产品卖出去;四是企业的销售部门还处于从属地位。现在还有很多企业仍旧停留在这个营销观念阶段而不自知。

【课堂互动 1-6】

材料背景: 某鞋业公司派推销员 A 到东南亚某国去了解公司的鞋是否能在那里找到销路。一个星期以后,这位推销员 A 打来电报说,这里的人不穿鞋,因而这里没有鞋的市场。

接着,鞋业公司的总经理不死心,他又派了市场部经理 B 到这个国家,对此进行仔细的检查。一星期之后,这个经理打电报回来说,这里的人不穿鞋,是一个巨大的市场。

这个鞋业公司的总经理还是不死心,他又派了他的市场营销副总经理 C 去进一步考察。两个星期之后,营销副总来电报说,这里的人不穿鞋子,但是他们有脚疾,穿鞋对脚会有好处。

他说,"我们必须重新设计我们的鞋子,因为他们的脚比较小,我们必须得教育他们穿鞋有益,他们得花一笔钱。但是这里的人没有什么钱,不过他们生产有我们未曾尝过的最甜的菠萝,我们必须得通过和他们部落和首领的合作。我估计鞋的潜在销售量在三年以上,因而我们的一切费用,包括推销菠萝跟我们有合作关系的超市的费用都将得到补偿。算起来,我们还可赚取垫付款 30% 的利润。因而我建议公司应该立即去开辟这个市场。"市场营销副总经理这样说。

提问: 请对以上三位推销人员进行分析,他们都代表了哪些营销观念? 如果是你,你又会怎么做呢?

组织方式: 以小组为单位,对以上问题进行 8 分钟的思考与讨论,每组指派一名同学,将共同的答案在班级内分享。

（四）市场营销观念——"顾客需要什么,企业就提供什么"

市场营销观念形成于 20 世纪 50 年代,买方市场已经逐步形成并稳定,消费者消费欲望逐渐增强,这是营销观念的一次革命。市场营销观念认为,实现企业诸多目标的关键在于正确确定目标市场的需求和欲望,并且比竞争对手更有效、更有力地传送目标市场所期望能得到的东西。

市场营销观念具有以下几个特点:一是企业的经营是以顾客需求的满足为中心;二是企业更加注重长远的发展和战略目标的实现;三是企业必须通过各种营销策略及各部门的整合营销,来实现自己的目标。

【同步案例 1-12】

多伦多四季酒店的门童罗伊曾在目送离店客人的出租车离去后,发现客人的手提包忘在了门口。罗伊在第一时间与已抵达华盛顿的客人取得了联系,告知客人手提包的下落。当得知该客人在第二天上午需要手提包内的文件召开重要会议时,罗伊毫不犹豫地搭上飞机,立即赶往华盛顿,在第二天上午之前把手提包送到了客人手中。罗伊处理这件事情的第一反应并不是考虑酒店经理是否会同意他这样做,而是急顾客之所急,完全以顾客是否满意为标准。当然,罗伊不会受到酒店的批评或惩罚,因为作为世界上屈指可数的酒店连锁集团,四季酒店向来奉行市场营销观念。

（五）社会营销观念——"营销过程中承担起社会责任"

社会营销观念，产生于 20 世纪 70 年代。一个十分出色的企业，是否一定能够满足广大消费者和顾客的长期利益呢？答案自然是不一定。冰箱的生产企业在给人们带来方便的同时，也可能给人类赖以生存的地球带来环境的破坏，长时间连续使用电子产品等很可能会影响人们的健康。当环保和健康等问题日益凸显的时候，出现了一种新的营销观念——社会营销观念。

它认为组织的任务是确定诸多目标市场群的需要、欲望和利益，用保护和提高消费者福利的方式比竞争者更有效、更有力地提供目标市场所期待的满足。比如农夫山泉曾经的"一分钱"公益营销活动便是社会营销观念的典范，是国内由民间企业发起，有广泛好评的持续性公益行为。通过"一分钱"精神，传递一种信念："你每购买一瓶农夫山泉，就给贫困水源地的孩子捐了一分钱。"这个强大的社会责任营销使得农夫山泉的销量扶摇直上，快速地突破了一亿元。社会责任营销不仅为企业，也为整个社会带来了巨大的效益。

表 1-1　市场营销观念的比较

营销观念	出发点	关注重点	营销方法	营销目标
生产观念	企业	生产	扩大生产 降低成本	通过扩大生产 获得利润
产品观念	企业	产品	生产优质 产品	通过扩大生产 获得利润
推销观念	企业	产品	推销、促销	通过销售 获得利润
市场营销观念	市场	消费者需求	整体营销	通过消费者满意 获得利润
社会营销观念	社会	社会长远利益	战略营销	通过社会满意 获得利润

【同步案例 1-13】

视频营销——通过微电影及短片的形式，提升口碑

资料来源：搜狐网

【课堂互动 1-7】

提问：结合澳大利亚旅游的营销案例，请你谈一谈它对全域旅游营销的启示。

提示：

1. 澳大利亚旅游在进行旅游营销活动的时候，都是把澳大利亚作为一个整体品牌在营销，是在传递整个澳大利亚的旅游品牌和形象。

2. 澳大利亚旅游业的营销主体，是旅游局，是政府。而在这个过程中，旅行社、旅游目的地等进行必要

的配合。同时还整合澳大利亚各个产业,把农业、旅游业、服务业(主要为酒店和餐厅)以及环境保护等有机融合起来,实现融合发展。

3.澳大利亚旅游业的营销过程中,践行了社会营销的观念。重视环境的保护与宣传,如曾经的"世界上最好的工作"就在传递保护大堡礁的理念,传递人与自然和谐共生的理念,传递游客与当地居民、环境的友好共处的理念,而不是为单纯为了增加游客的访问量。

4.澳大利亚旅游业营销的方式,是创新跨界社会营销的方式,通过社交媒体、视频等渠道进行创新式的营销,满足游客各方面的体验,提供优质创新有趣的服务。

【课堂互动1-8】

提问:澳大利亚旅游营销对中国推进全域旅游有非常大的借鉴作用。对于全域旅游的营销,我们具体应该从哪几个角度入手?

提示:

1.坚持政府主导模式,进行整合营销,提升大旅游目的地的品牌影响力和知名度。

2.树立公共营销思维,融合产业发展。

3.践行社会营销观念。

4.营销方式多元化和社会化。

二、现代旅游市场营销观念

(一)绿色营销观念

"绿色营销"是随着环境的日益恶化和可持续发展观念的逐步深入人心而产生的,消费者逐渐树立起了环保意识,并以使用无公害产品为荣。绿色营销观念是指在旅游企业生产经营活动的各个阶段减少或避免环境污染,在市场营销过程中注重生态环境保护,旅游企业建立自己的竞争优势,利用各种营销方式赢得社会的认可,制造和发现市场机遇,通过长期满足现有和潜在顾客的需求,来实现自己的目标。它是以旅游消费者的绿色消费需求为基础,综合利用各种资源进行旅游企业的整个营销的过程。旅游企业在营销中,注重强调产品对环境影响的评估可以体现出一个企业的道德水准并能以此赢得消费者的认可。

绿色营销观念不仅有利于旅游企业的长远发展,而且对社会和人们的健康生活起到了很大的作用,是现代人比较推崇的营销观念。因此,在旅游市场营销中,主要表现为旅游企业在进行旅游规划、旅游资源的开发和旅游产品设计时,对环境效益的高度重视。当今,对自然保护区、文化遗产的保护与改善以及"生态旅游"的兴起,都是绿色营销理念在旅游市场营销中的体现。

【同步案例1-14】

酒店"六小件"可取消

20世纪80年代末,90年代初,中国消费人群进入一次性消费用品时代,一时之间各种一次性消费用品,争相出现。由于一次性消费用品,加工制作简易,比传统可多次使用消费品在使用方面更能体现卫生与环保,且生产成本低,在价格方面低。一次性消费用品在上市初期,便得到广大消费者和商家的青睐。

中国各大酒店,为顺应广大消费者的需求,开始推出一次性消费用品,并美其名曰"免费提供"。由于需求量大，给一次性消费品的生产厂家带来了大量的利润，企业规模的扩大，解决了周边劳动力就业问题。

酒店六小件全部为一次性消费用品，使用后就会被丢进垃圾箱，不能反复多次使用，且回收能力相当差，大量浪费了国家不可再生资源。经国家质检总局、国家标准化管理委员会批准，《饭店星级的划分与评定》于2011年1月1日起实施。此标准取消了对牙膏、牙刷、拖鞋、梳子、沐浴液、洗发液等酒店六小件顾客用品的硬性要求。

从免费提供一次性酒店六小件，转为收费洗漱用品，并推出收费套装。目前，欧美一些发达国家、东南亚部分国家以及中国的香港、澳门和内地部分省市，酒店已不再提供一次性用品。在欧美一些国家的宾馆、酒店的客房里，连垃圾桶里的垃圾袋都没有放置。而洗漱用品也不是放在公共区域任意拿取，如果客人向店方索要，是要付费的，所有这些收入都用于支付环保回收所需的费用。

【课堂互动1-9】

以小组为单位，针对国内酒店"六小件"免费与收费的使用情况，完成以下两项任务：

1. 调查一下国内哪些酒店对"六小件"实行免费。

2. 思考：酒店推出什么样的营销措施可以让消费者心甘情愿接受"六小件"收费？可以用个人酒店住宿经验来回答此问题。

（二）文化营销观念

文化营销观念实质上是指充分运用文化力量实现企业战略目标的市场营销活动，旅游企业把旅游产品作为文化的载体，通过市场交换进入消费者的意识，它在一定程度上反映了消费者对物质和精神追求的各种文化要素。在市场调研、环境预测、选择目标市场、市场定位、产品开发、定价、渠道选择促销、提供服务等营销活动流程中主动进行文化渗透，提高文化含量，以文化作媒介与顾客及社会公众构建全新的利益共同体。

一般来讲，文化营销观念包括四层含义：其一是企业借助或适应不同特色的环境文化而展开营销活动；其二是企业在制订市场营销战略时，须综合运用文化因素实施文化营销战略；其三是文化因素须渗透到市场营销组合中，制订出具有文化特色的市场营销组合；其四是企业应充分利用营销战略全面构筑企业文化。对消费心理的研究表明，顾客作为社会个体，扮演着不同的角色，在一定的文化影响下，他们会寻求特定的生活方式，通过文化的感受更加确认对自身形象的认同。每一个体的消费心理都体现了对文化的需求，这种消费心理决定了企业的营销重点是如何满足人们文化心理的需求，即企业将以何种文化作为营销手段去开拓市场。

【同步案例1-15】

到北京旅游的人有三个景点是必去无疑的——故宫、长城、颐和园。除此之外。有一些游客还必定要吃一顿全聚德的烤鸭、逛一逛后海的小胡同。全聚德的烤鸭店早已开遍各地，后海的小胡同，其实也不过是皇城根下的一排排小平房和四合院。

游客趋之若鹜的原因，其实是"醉翁之意不在游，而在于感受老北京的皇城根儿文化"。北京的旅游业经营者，逐渐把皇城根儿文化作为吸引游客消费的重要手段。于是乎，老舍茶馆夜夜爆棚、新中国成立前的老字号小吃店恢复营业，甚至连前清时期专为高官做鞋的内联升布鞋店也在北京四处开花，向游客做推销，这绝不仅是产品和服务,而是文化。

在国内,端城饭店、长城饭店、老舍茶馆等都是国内饭店业中响当当的巨头。以其高品位、高质量、高文化含量、高服务水平成为广大消费者喜欢的著名品牌。尤为引人注目的是,其文化含量远远高于其产品自身的价值。21 世纪是文化营销的时代,市场竞争的加剧和消费者需求的变化使得文化营销具有广阔的发展前景。

(三)网络营销观念

网络营销观念是借助联机服务网络、电脑通信和数字交换式多媒体等来实现旅游营销目标,实质是以计算机互联网技术为基础,通过与潜在消费者在网上直接接触的方式,向消费者提供更好的产品和服务。网络营销观念是在传统营销基础上产生的新的营销观念,是利用网络这种手段来实现营销。但它并非"虚拟营销",而是传统营销的一种扩展,即传统营销向互联网的延伸,所有的网络营销活动都是实实在在的。

互联网的存在拉近了旅游企业和旅游者之间的"距离",无论是旅游企业和团体,还是旅游者,都可以自由地发布和寻找信息,自由地在网上开展交互式的沟通。特别是随着互联网应用的普及,如微博、SNS 社区、论坛、微信、电子杂志等,每一个旅游者都可以成为信息的发布者和传播者,因此,旅游网络营销兼具直接营销、目标营销、双向互动营销、参与式营销的特点。借助网络开展旅游营销,几乎可以不用顾忌媒体的信息容量瓶颈问题,它可以帮助旅游企业或旅游地以最快的传播速度、最大的信息容量和最精确的信息内容实现营销信息传递,显示出了极高效的覆盖面。

【同步案例 1-16】

"朝辞白帝彩云间,千里江陵一日还。两岸猿声啼不住,轻舟已过万重山。"历经千年,诗人李白笔下的峡江美景也在颠覆传统。

三峡人家景区的宣传推广方式也是让人目瞪口呆了一回。借助腾讯播客直播"上刀山,下火海"等特技表演,并用自媒体发布现场图文内容,同时还了联合斗鱼直播平台进行了"网红传播",并利用网络软文进行二次传播,一套网络营销组合拳使得三峡人家获得了许多围观群众的关注。

时代变迁,斗转星移,即便是古老严肃的景区也需要破旧迎新,改变一下古老而传统的营销方式,毕竟这是一个不追随潮流脚步就会被淘汰的大环境。此次三峡人家利用社交传播方式来进行宣传推广,通过粉丝分享传播,获得了非常有效的口碑宣传。

(四)体验营销观念

随着体验经济的来临,体验营销逐渐成了营销界的主流。体验营销观念就是旅游企业诱导旅游者消费,利用消费体验推动消费者认知旅游产品,最终促进产品销售的营销手段。即营销者从消费者的感官、情感、思考、行动和关联五个方面重新设计和定义营销的思考方式,它打破了传统的"理性消费者"假设,认为旅游者消费是理性和感性兼具的,认为旅游者在消费前、消费中和消费后的体验才是研究旅游者行为和品牌经营的关键。

通常,旅游企业可以通过采用让目标顾客观摩、聆听、尝试、试用等方式来亲身体验旅游企业提供的产品或服务,充分刺激和调动消费者感性因素和理性因素,让顾客实际感知产品或服务的品质或性能,从而促使顾客认知、喜好并购买。这种营销观念以满足旅游者的体验需求为目标,以服务产品为平台,以有形产品为载体,生产、经营高质量产品,拉近旅游企业和旅游者之间的距离。体验营销观念的出现突破了传统上

"理性消费者"的假设,认为旅游者消费时兼具理性与感性。因此,旅游体验营销可归结为"创造需求+游客满意+引导消费",并强调旅游消费过程的体验。

【同步案例1-17】

首家太空旅馆开始接客,带你去看一天16次日出

想一天看16次日出吗?想在无重力空间里漂浮吗?想从太空凝视你的家乡吗?美国得州太空公司前天首推太空豪华旅馆,可帮你如愿。不过当太空旅客口袋要够深,入住1晚须备足79.1万美元,还得接受3个月行前训练。

这家公司预计在2021年年底发射曙光站太空旅馆、2022年开始接客。曙光站长10.6米,宽4.2米,内部空间47.26立方米,等同一架湾流G550私人飞机。根据规划,曙光站每次行程12天,可容纳2名太空人和4名旅客,每人收费950万美元,平均1晚79.1万美元。曙光站会在距离地球322公里远的近地轨道绕行,平均90分钟绕地球一圈,相当于每24小时可以看到16次日出和16次日落,估计12天可看到384次日出与日落。该公司现已开放线上预约,报名者必须先付8万美元订金。

创办人邦格表示:"我们想要带人们上太空,因为这是人类文明的终极先锋。"他强调,这不是说走就走的海滩行程,而是要体验太空人的生活,参加者要先到得州休斯敦接受3个月训练,一开始是线上课程,帮助参加者更了解太空飞行概论、航天动力学和太空中的压力环境。邦格解释,游客不用担心无聊,除可饱览地球风光、享受无重力状态、参加科学研究,例如在太空种植食物,还可透过高速网络,跟亲友打视频电话。

【项目训练】

训练设计:通过调查,了解不同的两家旅游企业近几年使用了哪些营销手段。判断他们的营销观念都处于哪一个阶段。

成果形式:旅游企业营销观念调查及分析报告。

任务要求:

1. 旅游企业可以是旅行社、酒店、景区、旅游交通企业、餐厅、文娱企业,或与旅游及服务相关的企业。

2. 调查方式可以是电话、微信、QQ联系,或登录官方网站、App、微信公众号进行网络搜索,或实地走访调查等。

3. 以小组为单位开展实训任务,完成1 000字左右调查报告,制作PPT,在班级内分享汇报。

任务四　顾客需求导向

顾客需求导向是现代旅游企业营销的核心思想,它要求旅游企业的市场营销活动以旅游消费者为中心,树立"顾客第一"的观念,把旅游消费者的需要作为旅游企业营销的出发点和归宿点,把旅游消费者是否满意以及满意的程度作为衡量旅游企业营销工作的标准。本任务将全面介绍顾客导向的核心理念和操作要领。

【任务导图】

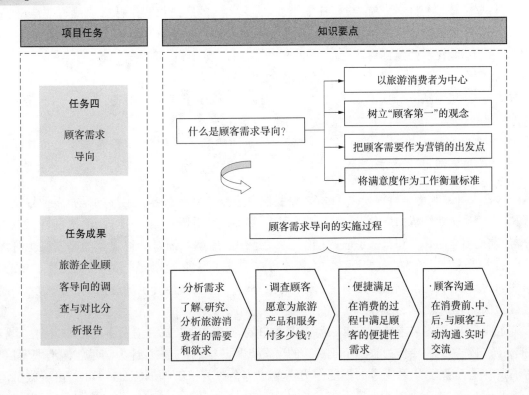

【案例导入】

以游客需求为导向、坚持做健康模式定制游

资料来源:劲旅网

问题导入:作为一名旅游消费者,你会选择盈途假期的产品吗? 为什么? 你认为什么是顾客需求导向?

一、什么是顾客需求导向？

随着经济市场化进程的日益加快,国际和国内市场环境发生了剧烈的变化,我们已经结束了卖方市场和短缺经济的局面,迎来了买方市场和过剩经济。市场经济的变化导致了权力的转移,即在作为整体的消费者与企业的交易谈判中,企业的谈判地位不断下降,由企业主权转变为消费者主权。在我们旅游市场中,决定生产经营何种旅游产品的权力已不再属于旅游企业,而是属于旅游消费者,即旅游企业面对的所有顾客。在旅游企业与旅游消费者的关系中,旅游消费者是起支配作用的一方,旅游企业应根据旅游消费者的意愿及偏好来设计、开发、经营产品与服务,而衡量旅游企业效率以及存在价值的决定权也转移到了旅游消费者手中,旅游企业的市场营销理念面临着变革。

【课堂互动 1-10】

　　背景材料:一位顾客在打烊之前走进了一家餐馆,迎来的问候是,"你要干什么?"顾客很惊讶,于是说想要吃点什么,一个粗暴的声音告诉他,关门了。顾客指着牌子质问不是到9点才关门吗?店员回答:"不错,可是我还要打扫呢,我还要归拢食物,弄完这些就9点了,所以我们现在已经关门了。"

　　提问:让我们思考一下,为什么这位顾客会遭遇如此的待遇?

　　组织方式:按照班级座位,前后4位同学为一组,对以上问题进行思考与讨论,选择一名代表将答案在班级内分享。

　　提示:美国弗洛姆公司的一项调查指出,维持一位忠实的顾客的费用,仅仅是吸引一位新顾客费用的20%;回头客比率每增加5%,就会使公司利润增加25%～125%。

著名的营销大师菲利普·科特勒说,顾客才是我们最重要的人。顾客需求导向是指企业以满足顾客需求、增加顾客价值为企业经营的出发点,在经营过程中,特别注意顾客的消费能力、消费偏好以及消费行为的调查分析,重视新产品开发和营销手段的创新,以动态地适应顾客需求。他强调的是要避免脱离顾客实际需求的产品生产或对市场的主观臆断。顾客需求导向是现代很多企业开展市场营销工作的核心思想,是一切营销活动的基础,在此基础上盯住对手,营销的最终目的是向顾客提供满意的商品、服务,而脱离了顾客导向,营销就成了无源之水、无本之木。

对旅游企业来讲,顾客需求导向要求旅游企业的市场营销活动以旅游消费者为中心,树立"顾客第一"的观念,把旅游消费者的需要作为旅游企业营销的出发点和归宿点,千方百计为满足旅游消费者需要服务,并把旅游消费者是否满意,以及满意的程度作为衡量旅游企业营销工作的标准。同时,由于旅游消费者的需要是不断变化的,旅游企业必须经常研究市场的新动向,及时掌握市场变化的趋势与程度,以保证旅游消费者的需求经常得到满足,使旅游企业在市场营销中立于不败之地。

【同步案例 1-18】

途牛携假日酒店推"多留一天"定制体验——直达用户心理

资料来源于:途牛旅游网

二、顾客需求导向的过程

中国营销大师骆超先生曾说，"产品是道具，服务是舞台，顾客是演员，企业是导演"，"唱主角"的已经不再是企业而是顾客。于是，旅游企业必须广泛认同"顾客就是上帝""一切以顾客为中心""要求最大顾客满意度"等顾客导向的观念，并将之应用于旅游企业的营销实践。在顾客需求导向理念的指导下，旅游企业在市场营销过程中应该做到以下几个方面：

首先，旅游企业需要了解、研究、分析旅游消费者的需要和欲求，而不是先考虑该设计或生产什么产品。

其次，要了解旅游消费者的需要和欲求，愿意为旅行付出多少钱，也就是旅游产品或服务的成本，而不是直接为旅游产品定价即向消费者要多少钱。

再次，旅游企业需要考虑在旅游消费者进行旅游消费或体验的过程中，如何带给顾客方便和快捷，而不是先考虑销售渠道的选择和策略。

最后，旅游企业还需要以旅游消费者为中心，通过互动沟通、实时交流等方式，将旅游企业内外部的营销不断进行整合，把旅游企业和旅游消费者双方的利益无形地整合在一起。（图1-5）

通过实施以上顾客需求导向的市场营销过程，旅游企业可以给旅游消费者提供整体顾客价值，并使价值不断创新，提升产品和服务的质量，以及旅游企业的形象，通过不断提高顾客的满意度而让企业永葆竞争力。

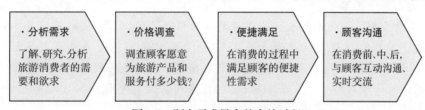

图1-5　顾客需求导向的实施过程

【项目训练】

训练设计：以顾客的身份联系两家旅游企业，可拨打客服中心的电话，也可至门店咨询产品或服务，通过询问两家企业同类旅游产品或服务的价格、服务及产品内容，比较两家企业的顾客导向。

成果形式：旅游企业顾客导向的调查与对比分析报告。

任务要求：

1. 旅游企业可以是旅行社、酒店、景区、旅游交通企业、餐厅、文娱企业，或与旅游及服务的相关企业。

2. 尝试通过电话、微信、QQ联系，或登录官方网站、App、微信公众号等方式，或作为消费者上门体验其产品或服务。

3. 记录身为顾客的体验，包括接听电话的速度、回复信息的速度，工作人员的对客态度等，是否体现了企业以顾客为导向的理念。

4. 根据你的体验、分析、比较，判断出哪家旅游企业的顾客导向更强一些，为什么？他们还能做得更好吗？

5. 以小组为单位开展实训任务，完成1000字左右的调查报告，在班级内口头分享各自的顾客体验经历。

【思维拓展】

人工智能在中国旅游业的应用案例：定制旅游、翻译机、精准营销

资料来源：环球旅讯

随着在处理海量数据、设计高级算法以及改进计算及存储能力等方面技术越来越成熟，中国科技公司

如今能够更好地发展人工智能,并将这项技术广泛地应用。AI技术在旅游行业也有不少应用空间:比如快速制定定制化的旅行行程,提高传统旅行代理商的效率;根据旅客之前的预订或最近的旅行计划行为推荐辅助服务;帮助用户实现安全支付,防范支付诈骗风险等。

一、旅行代理商依靠 AI 引擎制定行程

如今消费者拥有更多的旅游选择,可以通过各种设备进行旅游研究并完成旅游购买,但这也意味着他们面临太多的选择,而从各种各样的选择中进行挑选并不容易。旅行代理商将人工智能及人工服务相结合,能简化消费者的选择并优化旅客的旅行路线安排。

旅游科技公司妙计旅行创始人兼 CEO 张帆表示,旅客的需求不只是去到一个目的地或住进一家酒店。如今的消费者,尤其是"千禧一代",寻求的不仅是观光旅行,他们希望体验当地人生活,比如贴合当地人的兴趣爱好活动(绘画、音乐等)。定制旅游的过程应该实现自动化。妙计旅行希望通过人工智能路线规划平台实现定制旅游的自动化。

妙计旅行成立 4 年,融资总额约 2 600 万美元,公司现有员工约 180 人。

妙计开发了一个工具/界面,用户输入出发城市、旅行天数、人数、目的地和旅行偏好,几秒钟就可以得到定制旅行方案——包括酒店、交通、景点等的行程安排。妙计从 B2B 和 B2C 资源(包括 OTA 和其他中介服务商)搜索产品选择,生成上述方案。妙计团队将数据、快速程序处理和智能算法结合起来,让软件能通过数据模式或功能自动实现机器学习。

妙计旅行销售及营销副总裁张婉燚表示,"根据游客的旅行计划、预算、偏好甚至具体要求(比如只选择特定星级的酒店,或想要在巴黎观看网球赛等),我们会为旅客规划行程并将细节安排制作成 PDF、H5、Excel、Word、Guidebook 等各种版本,方便旅行者修改行程安排。妙计还可提供实时网络价格对比,创建行程及报价,大大提高了旅游代理商的效率。旅客确认后,代理商将为其制作一份方案和报价。妙计还可为旅客自动生成一份电子旅游指南。旅客还可利用这份行程计划来申请签证。"

妙计旅行目前与 Thomas Cook、众信、中国国际旅行社等 50 家旅行机构合作。张帆表示:"我们首先选择服务于这些业务较成熟的旅行社巨头,是为了测试产品功能及可行性。"张帆说妙计还考虑接入 GDS 的旅游产品资源,甚至可能尝试向 GDS 公司推广妙计的定制旅游解决方案。

二、实时语言翻译

中国公司在可佩戴式实时翻译工具方面所取得的进展也令人瞩目。深圳时空壶技术有限公司联合创始人秦子昂表示,"中国游客考虑出国旅行时,最关心的是语言问题"。

时空壶是 ITB China 2018"旅游创业企业大奖"的获奖企业,该公司研发了一款翻译耳机 WT2,用户佩戴其中一个耳机说话,语音通过耳机传到智能手机的 App 并进行翻译,然后译文将会传送至第二个耳机佩戴者。秦子昂称:"我们的设备 WT2 是全球首款实现'1+2'功能的实时翻译耳机,只需借由一副耳机就可与外国人畅谈。相比手持式翻译设备,使用 WT2 进行对话的两个人无须反复传递设备,也无须让对话人下载程序。"

"虽然有当地的导游可以帮忙翻译,但每天 100 美元的服务费用,也让游客望而却步,对大多数旅行者来说,请陪同翻译太贵。而且,导游翻译也不会时刻跟在旅客左右。"秦子昂表示,"通过 WT2 实时翻译耳机进行人工智能机器翻译,旅客需要询问航班信息、问路的时候,只要戴上耳机就可以同外国人交谈。"而在购物或就餐等目的地旅游活动中,这种交流方式会使旅行更加有趣。

三、数字营销

旅行过程涉及不同阶段,购买交易可能在不同环节出现。人工智能通过利用历史数据,分析旅行计划行为的模式,利用这些信息预测旅客的下一步行为,以此精准定位受众广告。大数据集团 Vpon 通过分析中国 6 亿多台移动设备,准确定位护照持有者及高消费人群。

Vpon 认为精准定位受众需要依靠人工智能、大数据和集体智能。人工智能仍要通过大量数据来学习数据模式。Vpon 通过 AI 研究各种算法了解数据,进而划分不同类型的旅客是否持有护照,是否频繁旅行等。此外,精准定位受众还需要人类智能和集体智能的元素。

秦子昂表示:"AI正在融入不同领域的业务运作。不仅是翻译,还包括人脸识别、自动驾驶、聊天机器人、数字营销等。这些技术将使我们的生活和工作更加简便,更加美好。目前,翻译是AI在旅游和商务领域的最佳应用之一。"

然而专家们也指出,人工智能的主要局限性在于它对数据的依赖程度很高,如果数据有缺陷,人工智能服务的性能也会受到影响。

分析与讨论

1. 结合拓展资料中的内容,同时开展一些网络搜索调查,了解一下目前应用在旅游行业内的AI技术都有哪些。

2. 旅游消费者对AI技术提供的旅游产品或服务感兴趣吗?用数据或案例的方式佐证你的结论。

3. 你认为AI技术与人工服务的区别是什么?各自的优缺点又是什么?它会代替人工服务吗?为什么?给出你的理由。

4. 思考一下,作为旅游企业的经营者,我们该如何利用AI技术开展旅游市场营销工作?你有想到哪些创新吗?

【自我提升】

能力训练:自信心建立

虽然几乎所有的营销人员在工作中都曾承受过失败与拒绝,但在处理失败与拒绝的方式上,杰出的营销人员和一般营销人员会表现出很大的差异。自信是营销人员最重要的个人特质。自信是建立在正确地认识自己力量的基础上的,它可以帮助营销人员更快地从挫折中提取经验而获得成功。同时,自信心是在不断获取经验和逐步做到办事胸有成竹的过程中建立起来的。

能力要点	自我提升计划
1. 对自己的能力以及各种挑战充满信心,当面对各项任务时绝不放弃、不懈怠、不逃避。 2. 当发生失败或挫折时,以积极乐观的态度去面对,并能够及时总结自己出现的失误、失败与教训。 3. 能够不断激发出自己在营销任务中的活力和创造力。	1. 尝试坐在班级的中心位置,与他人交谈时正视对方并专注。 2. 增加在小组中或班级内的发言次数,勇敢地表达自己。 3. 常常思考我做了什么、没有做什么;我的伙伴和竞争对手又做了什么。 4. 做出针对自己的改进计划,不要因为困难而放弃或寻找理由为自己辩解。

模块二

营销调研——抓住旅游业的营销机遇

旅游企业的市场营销环境瞬息万变,旅游者的需求及特征也是不断变化的,本模块将围绕旅游市场营销环境和旅游消费者行为,试图从环境、企业、消费者三个维度向同学们讲述它们的科学构成及调研分析方法。

【学习任务】

任务一　旅游市场营销环境分析
任务二　旅游者消费行为分析
任务三　市场调研实施

【实践任务】

1. 某旅游企业 SWOT 分析报告;
2. 游客模拟访谈;
3. 旅游市场实地调查与实践;
4. 针对某旅游企业或产品的市场调查报告撰写。

【能力要求】

1. 能够准确描述旅游市场营销宏观环境和微观环境的内容板块,可以运用 SWOT 分析方法对某旅游企业或旅游产品展开系统的分析与判断;
2. 在实地调查中可以运用 6W1H 的研究模式,进行调研计划的设计;能够运用"心理暗箱"模式解释旅游消费者行为的差异;
3. 能够准确描述旅游消费者购买决策的过程,以及影响消费行为的个人因素和心理因素,并用举例的方式描述其内涵;
4. 能够针对不同的调研项目设计并制作调查问卷、访谈提纲,同时掌握访谈法和德尔菲法等的技巧,能够通过团队协作的方式实施针对企业或游客的网络调查和实地调查,并撰写专业的旅游市场调查报告;
5. 能够运用市场预测的方法,对旅游市场进行较为准确的判断;
6. 能够以团队协作的方式完成本模块的所有实践任务。

【开篇案例】

单身 90 后旅游"大数据"：旅行中拍照、社交 APP "一个都不能少"

资料来源：搜狐新闻　旅游频道

在 90 后逐渐成为旅游市场主流消费群体的当下，还处于单身状态的 90 后的旅游消费又有怎样的特征？近日，途牛发布的《90 后旅游消费报告》作了分析。

——和谁玩比去哪儿玩更重要

90 后生活条件相对优越，在成长过程中享有的物质资源丰富，因此，他们对消费体验有着更高的要求，度假休闲旅游受到 90 后追捧，尤其是对个性化、定制化休闲度假产品情有独钟。

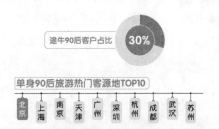

目前，途牛旅游网客户结构中，90 后占比约 30%，这一比例还在持续上升，其中，单身状态的 90 后客群占据了不小比重，主要来自北京、上海、南京、天津、广州、深圳、杭州、成都、武汉、苏州等一二线城市。

在出游群体组合方面，单身 90 后的偏好也与其他年龄段客群有着较大的差异，跟谁去玩远比去哪儿玩更重要。他们更加喜欢和好友组团出游，这一类型出游组合比例高达 71%，与志同道合的小伙伴组团游成为一种潮流。此外，一个人背包旅游也逐渐成为常见现象，其凭借较少行程约束、不用顾虑他人等优势受到不少90后青睐。途牛旅游网数据显示,2018年以来,90后1人出游总人次相比去年同期增长10%。

在出游方式选择上,单身90后较为青睐自由行,同样也不排斥跟团出游,但更多会挑选带有自由活动时间的半自助游线路,并加购当地玩乐项目如门票、餐厅、乐园等来定制自由活动行程,"边走边订"成为其出游消费中的一大特色。此外,微信等社交软件、抖音等短视频APP以及手机、单反等成为其出游过程中必不可少的工具,基于社交和分享的旅行更容易让他们获得认同感。

——体验当地生活为主要目的;更青睐登山、户外、露营等项目

从当下单身90后旅游消费趋势看,传统的观光活动已经无法满足他们的消费需求,体验当地生活逐渐成为大多90后的旅游目标。

途牛旅游网调研数据显示,在体验当地生活的选项中,97%的单身90后会选择走街串巷、逛集市;去往夜市感受当地特色美食的占比高达90%;观看当地特色演出的同样不在少数,占比为87%;约70%的游客会通过与当地人聊天的方式了解当地生活;同时,短时间住在当地也获得了近一半游客的青睐。

在出游主题的选择上,登山、户外、露营、水体娱乐和温泉等项目较受单身90后青睐,其中,户外类项目近几年热度上升较快,也有越来越多的旅游产品逐渐加入户外元素来吸引年轻游客。在途牛热卖的产品中,国内方向,以"青海湖+茶卡盐湖+卓尔山+门源+祁连双飞5日游"为例,行程中除了深入体验当地的美景外,还包含骑行、徒步、摄影、篝火、航拍等诸多项目,这类轻户外线路非常适宜年轻人出游。出境方向,如"日本东京-富士山-京都-大阪6日游""日本京都-奈良-大阪5或6日游"两条线路,截至目前客户满意度分别高达97%和100%,行程中均含有2天自由活动时间,游客可自行参加9月7日起环球影城推出的万圣节特别活动,也可前往当地温泉泡汤放松身心。

——国内长线游、出境游人气旺;错峰游、分期旅游日益流行

从过去一年单身90后的消费情况看,国内长线游、出境游普遍受到青睐。其中,云南、海南、福建、四川、广西、陕西、湖南、西北连线、西藏、广东成为国内长线游人气方向前十名;出境游热门目的地前十名分别为泰国、日本、印度尼西亚、新加坡、土耳其、埃及、德国、法国、瑞士、意大利。

在出游时间安排上,不少单身90后由于自身时间较为自由,因此更倾向于选择错峰游节省开支、提升出游体验,并且愿意利用年假、调休以及周末短途旅游。从具体出游时间分布来看,9月和10月中下旬是单身

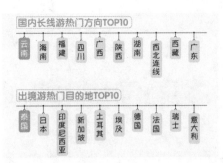

90后错峰出游高峰期。9月气候宜人,比较适合外出度假,同时较暑期旺季而言,旅游产品价格降幅喜人;10月中下旬,赏秋主题的错峰游最受关注;此外,受年底"年假清零"因素影响,12月中上旬错峰游热度也居高不下。

任务一　旅游市场营销环境分析

　　在旅游行业中,旅游企业是否能适应不断变化的旅游市场营销环境,是旅游企业能否生存和发展的关键。本节内容将从宏观及微观两个角度讲述旅游市场营销环境的科学构成,同时向大家讲述旅游市场营销环境分析中所用到的相关方法。

【任务导图】

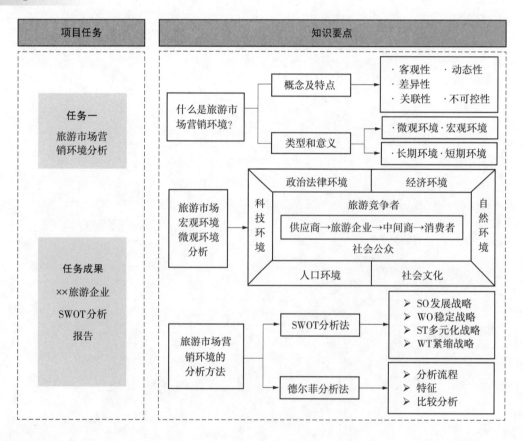

【案例导入】

回归 19 年,澳门旅游吸引力再上台阶

资料来源:人民网-人民日报海外版(2018 年 12 月 28 日)

问题导入:结合案例,请大家谈一谈澳门旅游业的发展都受到了哪些因素的影响,这些影响因素是否也影响着我们的旅游市场营销环境。

一、什么是旅游市场营销环境

(一)旅游市场营销环境的含义

市场上,任何企业个体都生存于一定的环境之中,企业的营销活动不能脱离周围的环境而孤立进行。对旅游企业来讲也不例外,旅游企业的营销活动要以环境为依据,并且需要主动地去适应环境。旅游企业通过了解和预测环境因素,不仅可以主动地适应和利用环境,而且还可以透过营销,努力影响外部环境,使环境有利于旅游企业的生存和发展,有利于提高旅游企业营销活动的有效性。

旅游市场营销环境是指一切影响和制约企业营销活动的外部力量和其他相关因素的集合,是影响旅游企业生存和发展的各种外部条件。简而言之,旅游市场营销环境是指影响旅游企业营销能力和达成目标的各种因素的总和。

【同步案例2-1】

1977年,美国洛杉矶有位名叫布鲁姆的人想要谋求发财之路,于是他以25万元的价格购买了一项专利,生产一种名叫"丽莎"的玩具小熊,它是1980年莫斯科夏季奥运会的吉祥物。此后两年,布鲁姆和他的公司致力于"丽莎"的推销,他们把丽莎的商标使用权出售给58家公司,成千上万的"丽莎"被制造出来,并分销到全国的玩具商店和百货商店,还有十几家杂志上也出现这种小熊的形象。

一切都在布鲁姆的计划中,"丽莎"的销路非常好,布鲁姆预计他这次业务的营业收入有五千多万美元。然而意外的事情发生了,由于苏联入侵阿富汗并拒绝撤军,美国总统宣布不参加在莫斯科举行的奥运会。骤然间,丽莎在美国市场成了一个被美国民众厌恶的象征,市场上再也无人问津,布鲁姆的五千万也化为了泡影。

旅游市场营销环境既包括企业外部因素,也包括企业内部因素。旅游企业所面对的环境因素经常处于变动之中,并且许多变动往往由于其突然性而形成了强大的冲击。旅游企业虽然无法控制这些因素,但并不意味着无所作为,在市场营销理论看来,旅游企业完全可以运用自身的力量和公共关系来影响市场环境,进而改变环境。

【课堂互动2-1】

材料背景:有人说,现在很多旅游企业的寿命越来越短。也有人说,旅游市场的发展就像大浪淘沙,千千万万的中小型旅游企业在大潮中新生、成长又消亡。100年前的日本百强企业,现在只剩下一家。中国在1987年评出来的中国百强,现在还存在的也不到20家。你也许会问:"为什么会出现这样的状况?"答案在于许多企业都无法在环境变化的时候,把握住变化的方向并及时地调整自己。

提问:

1. 你认为什么是环境,环境包括哪些要素?

2. 这些要素有哪些值得关注的变化趋势? 以其中一个要素为例,说明它会对旅游市场营销产生怎样的影响。

3. 怎么把环境中的各种变化和旅游企业的市场营销联系在一起,并能够作出正确的营销决策?

组织方式:以小组为单位开展15分钟的主题讨论,每一组的环境要素举例不可重复,讨论结束后,由小组代表在班级内分享总结内容。

（二）旅游市场营销环境的分类

1. 微观营销环境和宏观营销环境

按照环境对企业营销活动影响因素的范围划分,我们可以将其划分为微观营销环境和宏观营销环境。（图2-1）

宏观环境通常指影响旅游企业营销活动的社会性力量与因素,包括人口、经济、政治法律、科学技术、社会文化及自然等。宏观环境一般以微观环境为媒介去影响和制约企业营销活动,在特定场合,也可直接影响企业的营销活动。

微观环境通常是指与旅游企业营销活动直接相关的各种参与者,包括旅游资源供应者、旅游中间商、顾客群、竞争对手、社会公众及旅游企业内部影响营销协作的各部门。微观环境往往与旅游企业有着直接的经济联系。微观环境和宏观环境之间不是并列的关系,而是主从关系。微观环境受制于宏观环境,微观环境中的所有因素均受到宏观环境的各种力量和因素的影响。

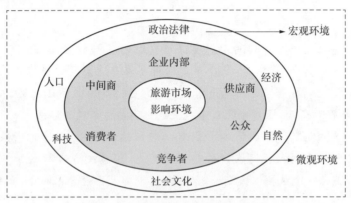

图2-1　旅游市场营销环境的构成

2. 长期环境和短期环境

按照对企业营销活动影响的时间划分,可分为长期环境和短期环境。

一般来说,长期环境是指对旅游企业营销活动的影响时间在一年以上的环境,短期环境是指对旅游企业营销活动影响时间在一年以下的环境。

【课堂互动2-2】

"水可以载舟,也可以覆舟",环境力量的变化既可以带来营销的机会,也可能形成某种环境的威胁。请问大家是怎么理解这句话的?

组织方式:4人一组,以小组为单位开展5分钟的思考与讨论,由小组代表在班级内分享本组的答案,建议用生活中的营销案例来回答这个问题。

（三）旅游市场营销环境的特点

1. 客观性

旅游企业的全部营销活动都不可能脱离它所处的环境而发生,企业只要从事营销活动,就会受到各种因素的制约。旅游企业在从事市场营销活动时,虽然能认识、利用营销环境,但无法摆脱各种环境因素的影响和制约,也无法控制营销环境。因此,旅游企业必须随时准备应付所面临的各种客观存在的挑战并把握环境变化带来的机遇。

2. 差异性

旅游营销环境的差异性主要体现在两个方面:其一,不同的旅游企业受不同环境的影响;其二,同样的环境因素,对不同旅游企业的影响不同。由于环境因素的差异,旅游企业必须采取不同的营销策略才能应付和适应这种情况。比如,中国酒店业曾受亚洲金融危机的影响出现了全行业亏损,很多酒店为了争取客源纷纷采取了低价竞争的策略,整个饭店业效益整体下滑,而凯莱国际酒店集团就率先采用现代价值竞争的手段,提供额外的服务项目,以物超所值的产品和服务赢得了消费者的信任,有效地提高了企业的经济效益。

3. 关联性

旅游市场营销环境是一个多因素的集合体,各种因素之间存在着不同程度的关联性,这种关联性主要表现在两个方面:一方面旅游市场营销环境的各项因素之间不是孤立无关的,而是相互影响、相互制约的。比如同步案例 2-1 中提到的,受美国政治环境的影响,从布鲁姆手中买走了"丽莎"销售权的经销商,也和布鲁姆一样,受到重创。另一方面,旅游企业的营销活动不仅仅受单一环境因素的影响,而是受多个环境因素的共同制约。例如,一个国家的法律环境影响着该国的科技、经济的发展速度和方向,而科技和经济的发展又会引起政治经济体制的变革,进而促进某些法律、政策的相应变革。

4. 动态性

旅游业是一个综合性的产业,受环境的影响尤其明显。市场营销环境的各影响因素随着时间的变化而变化,而多因素变动的各个状态的多重组合,形成了非常复杂的多样化动态环境,导致旅游市场营销环境会不断发生变化。通常来讲,科技、经济等因素对旅游企业的影响相对短暂且跳跃性大,而人口、社会文化、自然等因素对旅游企业营销活动的影响相对长期且稳定。

5. 不可控性

一般来讲,对于旅游市场营销环境的宏观因素,单个旅游企业是根本无法控制的,只能在很小的程度上对某些方面进行影响。而对于微观环境中的外部因素,旅游企业也是不能控制的,只能积极进行引导,或一定程度上对其进行影响。旅游企业能够控制的只有微观环境中的内部因素。旅游市场营销环境虽不可控制,但它对企业营销的成功与否起着重要作用,旅游企业应时时关注环境因素的变化,善于把握机会。当遇到环境威胁时,旅游企业若能准确衡量利弊、运筹得当,则可减轻甚至避免环境威胁,有时甚至能转危为安。

【同步案例 2-2】

海底捞:"小危机"里的"大文章"

2017 年 8 月 27 日,海底捞出事了!然而仅仅几个小时后,危机公关就变成了事件营销。

海底捞是一家在各地拥有百余家直营餐厅的大型跨省餐饮品牌火锅店,生意一直火爆。然而,2017 年,据法制晚报记者在海底捞两家门店暗访近 4 个月发现,其劲松门店、太阳宫门店存在老鼠在后厨地上乱窜,打扫卫生的簸箕和餐具同池混洗,用顾客使用的火锅漏勺掏下水道等问题。记者陆续在海底捞劲松店后厨的配料房、上菜房、水果房、洗碗间、洗杯间等各处均发现了老鼠的踪迹。有的老鼠会爬进装着食物的柜子里。

海底捞的后厨事件曝光后,在网络舆论中心引起了轩然大波。海底捞一直被奉为餐饮界的"神话",如今因为老鼠等食品安全隐患而迅速破灭,很多人表示难以置信和愤怒。这就相当于饮食业的标杆出了问题。海底捞高大上的形象瞬间倒塌。其实,不管是小餐馆,还是明星大牌的餐饮企业,后厨卫生的问题一直都存在。海底捞的食品安全危机的爆发,在另一个层面上也揭示了餐饮界除之不尽的卫生顽疾。

一般来讲,企业一旦爆出丑闻,都会出现其品牌及企业形象会受损,公司的股票及运营会受到打击,利益相关者投诉及要求赔偿等一系列的不良反应。可是,万万没想到的是,海底捞的声明一发布,原本的民怨沸腾瞬间扭转为"当然是选择原谅它"。

从反应速度来看,暗访新闻曝光后,海底捞大约在4小时后发布道歉声明,基本符合舆情处理的"黄金四小时",并在不到3小时内,确定处理方案并公之于众。海底捞除了在时间上做到少时、快速,还在问题处理的态度上做到了真诚。

危机一曝光,海底捞在第一时间内就承认了媒体所曝光的都是事实,主动承认错误。切实地考虑消费者的利益,从而赢得了消费者认可。另外,对于危机发生之后责任人的认定,可以说,海底捞采用的危机公关方案是最佳的。首先表明责任由董事会全程承担,接着公开表明了在此次危机整改措施中,具体负责人的职位、姓名、电话,让危机整改变得透明化。并且还聘请第三方公司对各个角落卫生进行排查,消除了消费者无法监督的焦虑、疑虑心理。侧面加强了消费者对海底捞的信任。

不可否认,海底捞在危机处理中确实有大将风范,不隐瞒、不推卸,勇于承担责任,这并不是每一个企业能做到的。海底捞从消费者利益出发,向消费者诚心、诚意地道歉认错并承诺改过修正;从员工角度出发,安抚涉事员工让其放心,责任由董事会来承担。在诚挚的道歉及一系列处理方案下,海底捞获得了大部分受众的认同感,从而重获消费者对企业的信任。

(四)分析旅游市场营销环境的目的和意义

1.分析旅游市场营销环境是旅游企业开展市场营销活动的前提和基础

旅游企业的营销活动主要围绕两个中心展开,一是通过分析机会选定目标市场,二是科学制订和实施营销组合策略。分析旅游市场营销环境可以为旅游企业正确细分市场、选择目标市场、制订营销策略提供科学的依据。

2.分析旅游市场营销环境能帮助旅游企业发现市场机会、规避风险

旅游市场营销环境的变化对旅游企业可能产生的影响主要有两种:一是环境的变化导致旅游企业新市场机会的产生,即营销机会;二是环境的变化对旅游企业形成新的威胁,即环境威胁。分析旅游市场营销环境可以使旅游企业发现市场机会、规避风险。

3.分析旅游市场营销环境能充分调动旅游企业的主观能动性

分析旅游市场营销环境可以充分调动旅游企业的主观能动性,通过调整内部因素来改善和适应外部某些环境因素,促使其向着有利于企业营销活动的方向转变。在现实生活中,机会和威胁往往并存。有时,环境威胁中也蕴藏着新的发展机会,例如,能源危机引起了对新能源的需求;工业和生活垃圾的增加污染了环境,从而产生了对垃圾处理技术的需求。

4.分析旅游市场营销环境是旅游企业生存和发展的重要保证

旅游企业的生存和发展依赖于它与环境的适应程度,营销者的任务就在于即时关注并研究旅游企业内

外部营销环境的变化趋势并识别由此带来的机会和风险。通过对营销环境的调研和分析,不失时机地抓住机会,减少威胁,并据此不断调整自己的营销目标和营销策略,迎接挑战,才能生存和持续发展。

【课堂互动 2-3】

思考近几年旅游营销的热点事件,分析营销旅游市场营销的外部因素或内部因素。

组织方式:4～5 人一组开展主题讨论。

任务要求:每一组案例不能重复,讨论结束后,派小组代表总结发言。

二、旅游市场营销宏观环境分析

旅游市场营销宏观环境是指影响旅游企业的外部环境,既包括国际环境,也包括国内环境,它对旅游企业的营销活动有着重要的影响。一般来讲,旅游市场营销的宏观环境包括政治法律环境、经济环境、人口环境、社会文化环境、自然环境以及科学技术环境等。

【同步案例 2-3】

(一)政治法律环境

旅游企业的营销活动都是在一定的政治法律环境下进行的。旅游业的发展不仅与本国的政治法律环境相关,而且与客源国的政治法律环境密切相关。政治法律环境是由政府机构和在社会上对各种组织及个人有影响和制约作用的压力集团及法律构成的,政治因素调节着企业营销活动的方向,法律则为企业规定旅游营销活动的行为准则。政治与法律相互联系(图 2-2),共同对企业的旅游市场营销活动发挥影响和作用。政策法律的干预手段,会影响居民的旅游需求,同时影响旅游企业的营销手段。

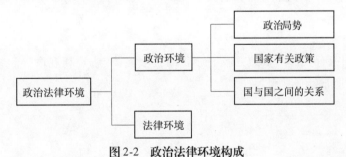

图 2-2 政治法律环境构成

1.政治环境

政治环境是指给旅游企业旅游市场营销活动带来或可能带来影响的外部政治形势和状况,一般分为国内政治环境和国际政治环境。它主要指政治局势、国家有关政策和国与国之间的关系等。

(1)政治局势

政治局势是指一国政局的稳定程度,与邻国的关系、边界安定性、社会安定性等。政治不稳定会构成企业的政治风险,长期稳定的政局可以为旅游业发展创造良好的环境。比如,2018 年 9 月在北京举行的中非合作论坛峰会,峰会主旋律是"一带一路"。非洲各国都以这次峰会为契机,全方位参与"一带一路"建设,为中非全面战略伙伴关系注入新动力。在这种形势下,此次峰会就给中非两国带来很多新的教育、贸易、文化、旅游等各方面的合作机会。

（2）国家有关政策

国家的政策对旅游企业的发展产生重要的影响。企业必须要在政策的框架内开展经营活动，在一定程度上，国家的政策会抑制或刺激旅游产业的发展，从而影响旅游企业市场营销活动的方向。比如，国家执行黄金周高速公路免费的政策，就刺激了居民旅游的欲望，影响了旅游企业的营销手段，拉动了旅游消费。

【同步案例 2-4】

为增强和彰显文化自信，统筹文化事业、文化产业发展和旅游资源开发，提高国家文化软实力和中华文化影响力，推动文化事业、文化产业和旅游业融合发展，方案提出，将文化部、国家旅游局的职责整合，组建文化和旅游部，作为国务院组成部门。不再保留文化部、国家旅游局。

十三届全国人大一次会议表决通过了关于国务院机构改革方案的决定，批准设立中华人民共和国文化和旅游部。2018 年 3 月，中华人民共和国文化和旅游部批准设立。2018 年 4 月 8 日，新组建的文化和旅游部正式挂牌。合并后的文化和旅游部的主要职责有：贯彻落实党的宣传文化工作方针政策，研究拟订文化和旅游工作政策措施，统筹规划文化事业、文化产业、旅游业发展，深入实施文化惠民工程，组织实施文化资源普查、挖掘和保护工作，维护各类文化市场包括旅游市场秩序，加强对外文化交流，推动中华文化走出去等。

（3）国与国之间的关系

旅游目的地国家与客源地国家之间关系的好坏，直接影响着旅游营销效果的好坏。国之交在于民相亲，民相亲在于人来往。2015 年，全国旅游工作会议明确提出了"旅游外交"。旅游外交已经成为新时代中国特色大国外交的重要组成部分。2012—2013 年，中俄两国互办旅游年，拉开了中国与相关国家互办、共办"旅游年"的序幕，创立了以旅游活动支持国家外交大局的新模式。之后，中美、中印、中韩、中澳、中瑞、中丹、中哈、中国—中东欧、中国—东盟、中国—欧盟、中国—加拿大等多个旅游年相继举办。

2.法律环境

法律环境主要是指国家有关部门及地方政府颁布的各项法律、法规和规章等。特别是针对旅游业的法律，对旅游行业的所有企业都会有影响。

【课堂互动 2-4】

《中华人民共和国旅游法》的颁布与实施对我国旅游业和旅游企业有哪些影响？

组织方式：以小组为单位开展 5 分钟的思考与讨论，由小组代表在班级内分享各组的答案，建议用生活中的营销案例来回答这个问题。

【同步案例 2-5】

规范经营行为、倡导理性消费

2017 年 8 月 30 日，北京青扬五洲旅行社被曝出"位于呼家楼的公司人去楼空""老板夏凯失联"等消息，不少前往咨询或投诉的游客吃了"闭门羹"。据了解，该公司此前曾推出套餐预付款产品，以缴纳押金为名，采取低价游方式收取用户预付款,且承诺回购付息,以廉价产品吸引客源,最终导致数亿元资金无法归还。一时间原本合规合法的"出境游保证金"却因不合理运作引发了一场轩然大波,不仅给游客造成了较大损失,也引发了各界对"出境游保证金""旅游套餐"等话题的讨论。

实际上,青扬五洲卖出的部分线路不仅仅是旅游产品,而是一套理财产品。消费者提供的合同显示,若消费者不参加旅游项目,旅行社除返还购买产品的费用外,还将支付客户一定的利润收益,但购买旅游产品的款项必须在旅行社扣留9个月以上。

专家认为,青扬五洲的做法属于类融资行为,与流行的P2P平台相似。这种先向客户收款,把资金放在旅行社一段时间就可获利的模式,与此前诸多P2P平台的情况有颇多相似之处,即"吸收资金—高额返息—吸金减少—资金链断裂—老板跑路"。中国劳动关系学院副教授翟向坤直言,这种旅游模式对资金使用的容错率较低,稍有不慎,资金链就可能断裂。

北京市旅游委于2017年8月31日发布关于禁止销售旅游套餐类产品的紧急通知,要求各旅行社及分社、旅行社网点、旅游网站不得捆绑销售两条线路以上的旅游套餐产品,不得一次性向游客收取两条线路(含)以上的旅游款,包括出境游及国内游。旅行社不得以"买一赠多""交押金送旅游"等方式变相从事不合理低价游。2017年9月5日,国家旅游局针对"旅行社收取旅游者出境游保证金不能按约退还、售卖旅游套餐不能履约、发行旅游单用途预付卡不能履约"等问题,印发了《关于规范旅行社经营行为维护游客合法权益的通知》,要求各地旅游主管部门规范旅行社经营,严控经营旅游套餐产品带来的市场风险;禁止旅行社一次性收取两条及两条以上旅游线路的旅游费用;严查收取出境游保证金中的违规行为;严厉打击预付卡违规经营行为。

《通知》刚一发出,就得到了业界的积极响应。国家旅游局作为主管部门,针对旅游行业中的乱象,对症下药,及时出台政策予以规范引导,倡导游客理性消费,共同抵制不法经营行为、防范市场风险,具有很强的针对性和时效性,很有必要。

(二)经济环境

经济环境是指一个国家或地区在一定时期的经济发展状况,经济的迅速发展能够刺激人们对外出旅游、餐饮、娱乐、购物、住宿等产品和服务的消费,反之,则使人们减少对这些产品和服务的消费。经济环境因素主要包括经济发展和消费状况两方面。(图2-3)

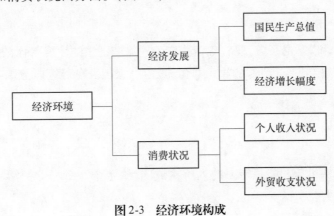

图2-3 经济环境构成

1.经济发展

一个国家或地区的经济发展规模和水平通常以国民生产总值(或国内生产总值)和人均国民生产总值(或国内生产总值)的统计指标来反映。一般来说,客源地的国民生产总值高,旅游需求量就会增加,旅游目的地的设施及接待条件就好,对旅游者的吸引力就大。一般来说,当人均国民收入达到300~450美元时,居民就会产生国内旅游动机;到达800~1000美元时,居民就会产生邻国旅游动机;达到3000美元时,居民就会产生洲际旅游动机。

（1）国民生产总值

国民生产总值是一个国民概念,是指某国国民所拥有的全部生产要素在一定时期内所生产的最终产品的市场价值。人均国民生产总值,反映一个国家人民的富裕程度。比如,一个在日本工作的美国公民所创造的财富计入美国的国民生产总值,但不计入美国的国内生产总值,而是计入日本的国内生产总值。

（2）经济增长幅度

经济增长幅度对人们的收入及盈利预期会产生直接影响,同时也会影响企业盈利水平,进而对旅游的总量规模和结构层次产生影响。例如,由于美国经济增长减缓,世界著名投资银行和市场分析家所罗门公司把他对亚洲各航空公司在未来两年中的盈利预期调低了17%。其中,中国香港国泰航空公司的盈利预期被减少16%,新加坡航空公司被降低4%,泰国国际航空公司被降低7%。

2.消费状况

旅游消费者的消费状况变化会引起消费支出模式的变化。比如,收入的提高会刺激居民旅游需求的增加,反之则会减少一部分的旅游消费支出。再者,国家间的外贸收支状况也会引起旅游消费的变化。

（1）个人收入状况

个人收入是衡量当地市场容量、反应购买力高低的重要尺度。一般来说,高收入的旅游者往往比低收入的旅游者在旅游过程中平均逗留时间长、花费高。不同收入的旅游者选择的旅游活动类型、购买的旅游产品也有很大差异。在个人收入中尤其需要注意个人实际可自由支配收入,它更是决定旅游购买者能力的决定性因素。

（2）外贸收支状况

国际贸易是各国争取外汇收入的主要途径,而外汇的获得又会决定本国的国际收支状况。当一国外贸收支出现逆差时,会造成本国货币贬值,使出国旅游价格变得昂贵,这时旅游客源国政府会采取以鼓励国内旅游来代替国际旅游的紧缩政策。

【课堂互动2-5】

你了解"恩格尔系数"和"基尼系数"吗？你认为它们对旅游营销的发展有什么影响呢？

组织方式:以小组为单位开展5分钟的思考与讨论,由小组代表在班级内分享各组的答案,建议用生活中的营销案例来回答这个问题。

（三）人口环境

旅游市场是由具有购买欲望和购买能力的人所构成的,旅游企业市场营销活动的最终对象是旅游者。人口环境主要包括以下内容。

1.人口规模

人口规模决定着市场容量的大小,人口数量与市场容量和消费需求通常成正比。但是,人口规模过度增长也会影响经济的发展并使购买力下降,进而限制旅游企业的发展。从世界总人口与国际旅游人次变化来看,随着世界总人口的增加,国际旅游人次也呈现不断增长的趋势。

2.人口分布

从人口地域分布与旅游市场的关系看,随着地理距离的增大,旅游费用和时间便逐渐增多,客源便逐渐衰减。远距离会给出游形成一定的阻碍,但从另一方面看,"距离产生美",远距离有时候也会产生较强烈的吸引力。比如,海南的居民选择旅游目的地就比较倾向于西北或东北地区,很少选择沿海的度假型城市。

3.人口结构

人口结构主要指性别结构、年龄结构、职业结构、家庭结构。这些因素从不同方面对人产生不同的影响,导致其旅游市场需求呈现明显差异。比如,在选择旅游产品时,女性较多地选择性价比高的旅游产品,而男性更多地考虑体验感或产品品质,对价格却不太看重;儿童最向往迪士尼乐园,而老年人则倾向节奏舒缓,体力消耗小的旅游活动。

4.其他因素

比如,健康状况和受教育程度。健康状况不同的旅游者对交通工具、住宿设施等的要求有很大差异。比如,有很多旅行社推出类似于疗养旅游、抗衰老之旅、糖尿病康复之旅、抗癌之旅的旅游产品。随着受教育程度的提高,大众对精神生活的追求也有明显提升,从而对旅行的要求也会有所不同。

(四)社会文化环境

社会文化环境是指在一定社会形态下形成的价值观念、宗教信仰、道德规范、审美观念及世代相传的风俗习惯等社会所公认的各种行为规范。社会文化环境通过营销消费者的思想和行为来影响企业的市场营销活动。(图2-4)

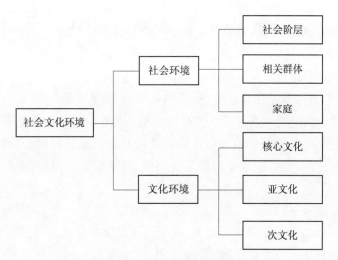

图2-4　社会文化环境构成

1.社会环境

(1)社会阶层

人们依据其职业、收入、所受教育程度以及生活方式等被划分到一定的社会阶层中,同一阶层中人们有着共同的价值观、生活方式、思维方式和生活目标,旅游消费行为也大致相同。一般来说,受教育程度即社会阶层较高的人更加自信和开放,愿意接受外界的新鲜事物,对旅游有基本相同的积极态度,也更愿意购买一些无形的文化艺术产品。

（2）相关群体

所谓相关群体是指能影响一个人的态度、行为和价值观的群体。可分为主要团体，包括家庭成员、亲朋好友、同事同窗；次要团体，包括业余组织和社会团体；期望群体，包括社会名流、影视明星、体育明星。

（3）家庭

家庭是基本的社会单位，每个家庭都有自己独特的家庭文化，这种文化主要体现在购买观、购买倾向、爱好、信仰和价值观方面。一般分为核心家庭和扩大家庭，核心家庭出游次数较多，决策相对容易；扩大家庭出游次数相对较少，决策相对比较困难。

2. 文化环境

（1）核心文化

核心文化是一种具有高度持续性的价值观念体系，比如，社会主义核心价值观就是核心文化。

（2）亚文化

亚文化是我们一般说的信仰，有共同的价值观念体系，比如，现如今有很多民俗宗教的节日为消费者出游创造机会，同时也给旅游企业推销产品提供了很好的机会。

（3）次文化

次文化是与社会潮流有关的文化。比如，某旅行社利用"粉丝效应"大赚了一笔。他们策划了一个主题为"体验速度与激情"的活动，意图是让消费者通过购买旅行社的某类产品，可以获得 F1 赛事的门票一张，这对于 F1 赛事的粉丝来说，无疑是一种极大的吸引。

【同步案例 2-6】

你好，我是阿里未来酒店——菲住布渴（FlyZoo Hotel）

（五）自然环境

旅游业与自然环境存在着非常密切的关系，如自然资源、气候条件的变化均会对旅游业产生较大的影响，旅游业的开展必须以自然环境为依托。而自然环境是由一些为企业营销所必需的或能受到营销活动影响的自然资源所构成。旅游者，特别是休闲度假旅游者在进行目的地选择时，自然资源是其考虑的关键因素之一。这些自然资源也是旅游活动中重要的旅游吸引物，是旅游业的重要支柱，也是旅游企业开展旅游市场营销的主要依托。

自然资源的好坏直接影响着旅游产业发展的速度，同样的，旅游产业的发展也会对自然环境有影响。比如，旅游产业的发展会导致游客数量的逐年增多，从而给自然资源带来不同程度破坏，影响旅游景观的品质。为了控制污染，政府往往要求旅游企业购置昂贵的控制污染设备，这样就可能影响企业的经营效益，旅游企业要善于化危为机。因此，旅游企业在旅游项目的开发上，应着力推出具有环保作用的生态游、低碳游、慢旅游等，开发和销售绿色产品；在开展旅游活动时还应当加强对旅游者的环保教育，倡导循环利用资源，减少一次性物品的使用等，增强旅游者的环境保护意识，使经济效益和环境效益结合起来，保持人与自然环境的和谐，不断改善人类的生存环境。

（六）科学技术环境

科学技术是人类在生产实践中认识自然和改造自然而积累起来的经验、知识的总和及体现这些知识、经验的劳动资料。主要表现在以下三个方面,第一,科学技术推动旅游市场发展;第二,科学技术为旅游业提供了新的管理手段;第三,科学技术改变了人们的生活方式。例如,携程、去哪儿、同程、途牛等OTA (Online Travel Agent)携互联网技术闯入传统旅游业,为游客提供的实时旅游资讯查询和机票、酒店、旅游线路的快捷预订,为游客带来前所未有的旅行便利,迅速在旅游业攻城略地,让传统旅行社节节败退,一举成为旅游渠道的主流。互联网+、大数据、云计算、物联网、虚拟现实VR、增强现实AR、混合现实MR、人工智能等科学技术已经渗透到旅游行业,正在不知不觉中改变旅游业的今天,推动着旅游业的创新与发展。

【课堂互动2-6】

举例分析宏观环境的改变对旅游企业的营销活动有哪些影响。如果你是旅游企业的管理人员,你将如何应对?

组织方式:5~6人一组,开展小组讨论,每个小组分享一个案例,并给出本小组的应对策略,其余小组派代表给出点评或建议。

三、旅游市场营销微观环境分析

旅游市场营销能否成功,不仅取决于是否能适应宏观环境变化,还取决于是否能适应和影响微观环境变化。旅游市场微观环境是指存在于旅游企业周围并影响其营销活动的各种因素和条件,它与企业形成协作、竞争、服务、监督的关系。如图2-5所示,旅游市场微观环境主要包括:旅游供应商、旅游中间商、消费者、竞争者、社会公众和企业内部环境。

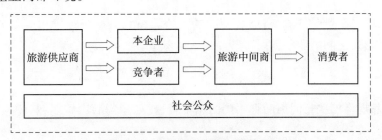

图2-5　旅游企业微观环境构成

【同步案例2-7】

别不信,这些航空公司可能比旅行社更懂你

资料来源:搜狐新闻

(一)旅游供应商

旅游供应商是指向旅游企业及其竞争者提供旅游产品生产所需资源的企业和个人,包括提供能源、设备、劳务、资金等。供应商所提供产品和服务的质量决定着企业最终向旅游者提供产品和服务的质量、成本和利润,进而影响企业营销目标的实现。例如,对旅游饭店来说,供应商主要有旅游用品商店、水电部门、公安部门、卫生部门等;对旅行社而言,它的供应商就是旅游景区、交通部门、宾馆饭店等相关企业。一般来讲,旅游企业对旅游供应商的影响可以通过产品订购的稳定性、及时性、质量的一致性等来保证。

比如,携程旅行网与全球234个国家和地区的34.4万多家酒店,覆盖国内国际的各大航空公司,近20家海外旅游局和16家国内旅游局等上下游资源方进行深入合作,还与超过300家金融机构和企事业单位达成合作,是同业与异业合作的典范。他们的经营理念就是秉承"以客户为中心"的原则,以团队间紧密无缝的合作机制,以一丝不苟的敬业精神、真实诚信的合作理念,建立多赢的伙伴式合作体系,从而共同创造最大价值。

(二)旅游竞争者

每个旅游企业都会存在竞争者,竞争者的状况直接影响企业的经营活动。从消费需求的角度划分,每个企业都面临愿望竞争者、一般竞争者、产品形式竞争者、品牌竞争者四种类型的竞争者。

1.愿望竞争者

愿望竞争者指提供不同产品以满足不同需求的竞争者,比如,康辉旅行社、中国青年旅行社、中国国际旅行社等,每个旅行社都有各自主打的产品,满足不同层次游客的需求,他们之间就是愿望竞争者的关系。

2.一般竞争者

一般竞争者指能满足同类需求但提供不同产品的竞争者,比如,当游客的需求是户外体验时,滑草、漂流、攀岩、滑雪等都是他们可以选择的产品,提供这些不同产品的竞争者就是一般竞争者。

3.产品形式竞争者

产品形式竞争者就是指生产不同规格档次产品的竞争者,比如,旅行社推出豪华游、标准套餐、经济团队,不同的产品类别和形式之间的竞争就属于产品形式的竞争。

4.品牌竞争者

品牌竞争者指产品规格档次相同但品牌不同的竞争者,比如豪华酒店希尔顿、悦榕庄、万豪、喜来登等,都属于品牌竞争者。

(三)旅游中间商

旅游中间商是指那些帮助企业向最后购买推广、销售和分销产品的企业和个人,包括旅游经销商、代理商、批发商和零售商等中间商及运输公司、银行、保险公司、信托公司、广告公司、营销调研公司和营销咨询公司等辅助商。中间商是专门从事组织商品流通的独立行业,是生产者和消费者之间的纽带和桥梁,起着调节生产与消费矛盾的重要作用。以旅行社为例,当旅行社的外联人员去和游客洽谈业务,在旅行社与游客之间,他扮演中间商的角色,当业务洽谈成功,游客到外地的旅游活动顺利开展的时候,在景区与游客之间,旅行社也扮演了中间商的角色。一般来说,旅游企业提高旅游产品的规格和质量,都很重视中间商的作用。

(四)旅游消费者

旅游消费者是影响旅游营销活动的最基本、最直接的环境因素,也是企业最重要的环境因素。一般把消费者分为个体购买者和组织购买者两大类(表2-1)。个体购买者,主要是指购买旅游产品和服务的一些散客,他们的主要目的是满足个人或家庭的物质和精神需要;组织购买者,主要是一些企业、机关团体为开展业务或奖励员工而购买的旅游产品和服务,比如,保险公司为了答谢老客户、大客户会免费组织他们开展旅游活动。

表 2-1 个体购买者与组织购买者的消费特点

类别	个体购买者	组织购买者
消费特点	人多面广,需求差异大 多属小型购买,但购买频率较高 多属非专家购买,购买流动性较大	购买者数量较少,但购买规模较大 公司购买属于派生需求 公司购买需求弹性较小

(五)社会公众

社会公众是指对企业实现其市场营销目标构成实际或潜在影响的任何组织和个人。旅游企业开展市场营销活动时,不但要针对目标市场的消费者,而且要考虑公众的心理和利益,采取各种措施与公众保持良好的关系。如表 2-2 所示,对于旅游企业而言,作为微观环境因素的公众主要包括金融公众、媒介公众、政府公众、市民行动公众、社区公众、一般公众以及企业内部公众等。

表 2-2 社会公众的主要类型

类型	主要内容
金融公众	即那些关心和了解并影响旅游企业取得资金能力的任何集团,包括银行、投资公司、证券经纪行和股东等
媒介公众	主要是报纸、杂志、广播、电视和互联网等有广泛影响的大众媒介
政府公众	即负责管理旅游企业的业务和经营活动的有关政府机构
市民行动公众	包括保护消费利益的组织、环境保护组织、少数民族组织等
社区公众	如旅游企业附近的居民群众、社区团体等
一般公众	不一定成为旅游企业的现实消费者,但他们的态度和舆论对旅游企业市场营销有着潜在影响
企业内部公众	包括企业董事会、经理、职工等

【同步案例 2-8】

一块抹布擦所有——这还是你认识的五星酒店吗?

2018 年 11 月 14 日晚间,网友"花总丢了金箍棒"在微博发布了一段题为"杯子的秘密:你不知道的五星酒店"的视频,曝光其入住过的国内众多高星级酒店存在严重的卫生问题。整个视频时长近 12 分钟,被曝光酒店主要位于北京、上海两地,另有三家位于福州、贵阳、南昌。此事件涉及万豪、喜来登、香格里拉、希尔顿等知名五星级酒店,甚至丽思卡尔顿、宝格丽、文华东方、四季酒店等顶级酒店也被曝出卫生丑闻。

在"花总"曝光的视频中,有的清洁人员用脏抹布或客人用过的浴巾擦口杯,有的撩起衣角擦杯子,有的同一块抹布擦完马桶擦杯具,有的从垃圾桶里回收一次性塑料杯盖。经过让人作呕的保洁工序后,这些杯具被客人用来漱口、刷牙、泡咖啡、泡茶……

星级酒店评定标准中,卫生状况是重要的依据。《公共场所卫生管理条例实施细则》明确提到,提供给顾客使用的用品用具,"可以反复使用的用品用具应当一客一换,按照有关卫生标准和要求清洗、消毒、保洁"。问题在于,哪怕是追求消费品质的商务人群,也难以用肉眼识别,保洁工序是否遵循了卫生标准,用不用干净的抹布擦杯具,消不消毒,更多只能靠酒店自律。

值得一提的是,中国的星级酒店,在过去几年迎来了爆炸式的增长。数据显示,从 1999 年到 2016 年,全国五星级酒店数量增长了 10 倍。这期间伴随着不间断曝光的卫生丑闻。显然,资本涌入下酒店行业的高速扩张,呈现出野蛮生长的一面。粗放式的卫生管理与消费升级的诉求格格不入。

星级的酒店却没有星级的卫生。数次曝光,依旧换不来彻底整改,五星级酒店尚且如此,四星、三星甚至没有评级的酒店,又会是一种怎样的不堪局面?五星级酒店作为行业标杆,动辄上千元的价格,本该对应着安全、卫生的服务品质,但曝光的乱象却让人错愕,它也再次刷新了"星级酒店到底有多脏"的想象。如果五星级的招牌,都无法成为品质的保证,那么那些经常出差需要入住酒店的人群,恐怕得绝望了。

事件爆发后,部分省市卫生监督检查部门对被曝光旅游饭店进行了处罚。被曝光旅游饭店也陆续向当地文化和旅游部门提交了整改材料。同时,文化和旅游部要求全行业针对经营管理和服务中存在的问题开展自查自纠,加强诚信建设和人员管理,落实质量标准规范,全面提升管理水平和服务质量。

(六)企业内部环境

旅游企业内部环境主要包括企业所有成员和企业内部所有部门。旅游企业内部上下级之间和各部门之间的分工协作、权利分配、责任承担和风险共担情况的好坏会明显影响旅游企业的绩效。企业营销计划目标必须服从企业的整体战略目标,企业的经营理念、管理体制与方法、企业的目标和宗旨、企业精神与企业文化等因素也都影响着企业的营销活动。

【课堂互动 2-7】

假如你是旅行社的营销人员,请充分利用微观环境的内容来策划旅行社的营销活动。

组织方式:5 ~ 6 人一组,开展 15 分钟头脑风暴,将策划方案用最"美"的方式呈现出来,在班级内分享。

提示:策划方案可能是一个精美的文本,也可能是一个内容丰富、图文并茂的 PPT,也可以是一个生动感人的故事……但需要注意的是,必须站在旅行社营销人员的立场,充分利用微观环境的内容来展开。

四、旅游市场营销环境的分析方法

旅游市场营销环境不论是外部宏观环境还是微观环境,其影响程度和发生概率可能各有不同,但对旅游企业都有正负两方面的影响。旅游企业分析市场营销环境的目的在于能够准确把握其影响程度,居安思危,权衡利弊,采取正确的态度和措施,充分利用机遇,减少负面因素影响,化消极为积极、变被动为主动。一般来讲,比较常用的旅游市场营销环境分析方法有 SWOT 分析法和德尔菲分析法两种。

(一)SWOT 分析方法

SWOT 分析法是一种被广泛应用的综合分析方法,一般用它来全面分析旅游市场营销环境。通过对旅游企业内部环境中优势与劣势的判断并与旅游市场营销外部环境的机会与威胁相结合,从而进行综合分析,并在此基础上做出正确的市场营销战略选择。这种方法的最大特点是把企业微观环境和宏观环境结合起来考虑,明确了自身的优势和劣势,明确了其所面临的机遇和风险,从而为企业制订营销战略打下基础。

SWOT 指优势(Strengths)、劣势(Weakness)、机会(Opportunity)和威胁(Threats)四个方面,其中,优势—劣势(SW)的组合分析是企业内部环境分析的重心,机会—威胁(OT)的组合分析是企业外部环境分析的焦点,而旅游企业市场营销战略的制订则取决于对其环境进行 SWOT 分析的综合结果。

旅游企业内部环境的优势与劣势分析必须与旅游市场营销外部环境的机会与威胁结合起来进行综合分析,并在此基础上做出正确的市场营销战略选择。当企业对自己所处的内外部环境进行分析后,就明确了自己的优势和劣势,明确了其所面临的机遇和风险。

1. SWOT 分析法的内容

(1)"S"优势分析

旅游企业的优势主要是指能够超越竞争对手,并使自己能够更好地服务于消费者的能力或资源。这些能力和资源一般可以分为两大类:一类是有形资源,包括旅游资源、地理位置、产品品质,人力资源、财力和物力等,它是旅游企业实施市场进入战略所需生产能力决策的物质基础与依据;另一类是无形资源,包括旅游产品的市场占有率、旅游产品的开发能力与技术、企业的营销能力,以及个性化的旅游服务、信息、组织、作风和企业文化等,它是企业营销活动的助推器。

(2)"W"劣势分析

旅游企业的劣势是旅游企业与竞争对手相较而言较弱的,且削弱了自己服务顾客能力的一些方面。通常,旅游企业的劣势所涉及的内容一般包括老化的旅游产品和旅游线路,导游人员、服务人员对待游客态度恶劣,旅游景点不符合风俗习惯等。但是,当劣势被企业及时识别与控制后,就可以减少、消除,甚至转化为优势。

(3)"O"机会分析

市场机会是指在营销环境中所出现的,对旅游企业的营销活动具有吸引力的,能使旅游企业获取竞争优势或更多营销成果的因素,是旅游企业在旅游市场中的发展机遇和有利条件。这种机会可以来自企业外部不可控的环境变化,也可以来自企业直接控制的环境因素。企业应及时抓住这些机会以获得营销活动的成功。对旅游企业市场机会的分析,可以按其吸引力的大小及每一个机会获得成功的可能性加以分类,并应重点关注环境给旅游企业带来的最重要的一些机会。

(4)"T"威胁分析

环境威胁是指营销环境中所出现的不利于旅游企业发展或对旅游企业形成挑战的因素,它们不利于企业销售额和利润的增长。对于环境威胁,旅游企业要采取果断行动,以降低或消除它可能带给企业的损失。旅游企业如果未能采取果断的营销活动,这种不利趋势将会侵蚀企业的销售额及利润,甚至企业的市场地位。旅游企业营销人员应善于识别所面临的威胁,并按其严重程度和出现的可能性进行分类,着重防范和处理对旅游企业造成重大损害的威胁因素。

2. 机会—威胁矩阵分析

由于机会与威胁对旅游企业的影响程度有大有小,不同机会和威胁可以组合成四种不同的环境类型,即理想环境、风险环境、成熟环境和困难环境。

对旅游企业而言,环境机遇和环境威胁同时并存,既不存在只有机遇而没有威胁的环境,也不存在只有威胁而没有机遇的环境。因此,旅游企业的经营者需要综合分析旅游环境,如图2-6所示,处于"A"区间的旅游企业面临的环境机遇最佳,而受到的威胁最轻,是旅游企业梦寐以求的境界,被称为"理想企业";处于

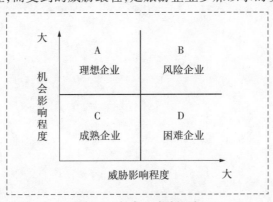

图2-6　机会—威胁矩阵

"B"区间的旅游企业面临的环境机遇和威胁都高,被称为"风险企业";处于"C"区间的旅游企业面临环境机遇少,而受到的威胁也小,被称为"成熟企业";处于"D"区间的旅游企业面临的环境机遇少,而受到的威胁大,被称为"困难企业"。如表2-3所示,处于不同外部环境的企业,应该根据自身实际情况采取不同的营销决策。

表2-3　旅游企业市场营销环境战略

企业环境	环境特点	相应对策
理想环境	市场机会很多,严重威胁很少	企业必须不失时机地进行产品开发和市场拓展,扩大销售,提高市场份额,提升市场地位
风险环境	市场机会很多,威胁也很严重	企业应在充分的市场调查和科学预测的基础上,努力捕捉营销机会,及时做出正确决策,争取突破性发展
成熟环境	市场机会很少,威胁也不严重	企业在经营好常规业务以维持正常运转的同时,应积极寻找新的营销机会,为开展新业务准备必要的条件
困难环境	市场机会很少,威胁却很严重	旅游企业此时要么努力改善经营,走出困境;要么立即转移,摆脱困境

【同步案例 2-9】

汶川地震对于四川旅游业的打击是相当大的,无论是旅游收入还是游客量尤其境外游客量都受到严重影响。所以,2009年成都向四川省外游客发放1 500万张熊猫金卡,向省内游客发放500万张熊猫银卡,总量为2 000万张。从2009年3月24日起到2009年12月31日,成都市11个国有重点景区对四川省外持熊猫金卡及身份证的游客实行免门票优惠,对省内持熊猫银卡的游客实行门票半价优惠。十一个国有重点景区分别是:都江堰、青城山、西岭雪山、西岭雪山滑雪场、武侯祠、杜甫草堂、金沙遗址博物馆、永陵博物馆、熊猫繁育基地、刘氏庄园、天台山。全年减免门票金额120多亿元。

3. SWOT 分析矩阵

旅游企业环境优势与环境劣势、环境机会与环境威胁同时并存。任何旅游企业都要正确认识环境机会与威胁,并且能够充分利用环境优势和机会,尽量避免或减轻环境的劣势和威胁。因此,旅游企业内部环境的优势与劣势分析必须与旅游市场营销外部环境的机会与威胁结合起来进行综合分析,并在此基础上作出正确的营销战略选择。

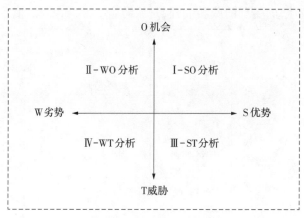

图 2-7　SWOT 分析矩阵

如图 2-7 所示,SWOT 分析矩阵就是对优势和劣势、机会和威胁的综合分析。其中 S 代表企业的优势,W 代表企业的劣势,O 代表外部机会,T 代表外部威胁。这四个要素组合成四个区域,在不同的区域中可以考虑采取不同的战略选择。

（1）Ⅰ区域——SO 分析

将旅游企业的内部优势与外部机会相结合进行分析,目的是制订发展战略,如市场开发,增加产品等。所有企业都要千方百计地利用自己的内部优势去抓住机会,并利用外部的发展趋势与事件所提供的机会。

（2）Ⅱ区域——WO 分析

将旅游企业的内部劣势与外部机会相结合进行分析。企业面临很好的外部机会,但有一些内部的劣势妨碍着它利用这些外部机会,企业应进行内部调整,加强内部实力,然后再发展。

（3）Ⅲ区域——ST 分析

将旅游企业的内部优势与外部威胁相结合进行分析。目的是利用本企业的优势回避或减轻外部威胁的影响,再考虑多元化发展。

（4）Ⅳ区域——WT 分析

将旅游企业的内部劣势与外部威胁相结合进行分析。目的是减少内部劣势,回避外部环境威胁。这是为了撤退战略而进行的分析。

4. SWOT 分析的基本步骤

SWOT 分析方法对旅游企业制定市场营销决策具有重要意义。通过 SWOT 分析,旅游企业可以扬长避短,明确自身具备的优势,并努力将优势转变为企业的竞争力,改进或回避企业存在的不足;把握有利于自身生存和发展的机会,认识和发现外部环境中存在的风险,努力避开可能存在的威胁。通常,旅游企业在使用 SWOT 分析法时,基本步骤可以概括为以下几个阶段:

第一,明确当前旅游企业采用的战略是什么,当前的战略目标、主要战略部署和战略特点。

第二,确认旅游企业外部环境中的变化和这些变化中蕴含的机遇和挑战。在分析外部环境时,可采用波特五力模型及 PEST 分析方法,前者用于分析行业竞争的变化,后者用于分析宏观环境中政治、经济、社会和技术角度或四个方面的因素对旅游战略目标和战略制订的影响。

第三,根据旅游企业的资源组合情况,确认企业的关键能力和关键限制。在做优劣势分析时必须从整个价值链的每个环节上,将旅游企业与竞争对手做详细的对比与分析。

第四,按照通用矩阵方法进行打分评价。把旅游企业识别出的所有优势分成两组,以以下原则为基础:它们是与行业中潜在的机会有关,还是与潜在的威胁有关。用同样的办法把所有的劣势分成两组,一组与

内部环境 外部环境　战略决策	S 优势	W 劣势
O 机会	S+O 发展战略 利用企业优势 来抓住外部机会	W+O 稳定战略 力图克服弱点 利用机会
T 威胁	T+S 多元化战略 利用企业的优势 来规避威胁	T+W 紧缩战略 防守型,使劣势最小化 以规避威胁

图 2-8　SWOT 营销战略选择模型

机会有关,另一组与威胁有关。

第五,如图 2-8 所示,作出 SWOT 营销战略选择模型,将评分结果在 SWOT 分析图上定位呈现出来或在 SWOT 矩阵中列举出来。以此为基础,旅游企业可为自己选择适合的战略。旅游企业需要注意的是,通过 SWOT 分析只是找出旅游企业可行的备选战略,而不是确定最佳战略。

(二)德尔菲分析法

德尔菲分析法,也称专家调查法,是 1946 年由美国一个名叫兰德的公司创始并实践推广的。该方法是由企业组成一个专门的预测机构,其中包括若干专家和企业预测组织者,按照规定的程序,背靠背地征询专家对未来市场的意见或者判断,然后进行预测的方法。

1.德尔菲分析法的流程

如图 2-9 所示,旅游企业对所要预测的问题征得专家的意见之后,进行整理、归纳、统计,再匿名反馈给各专家,再次征求意见,再集中,再反馈,直至得到一致的意见。

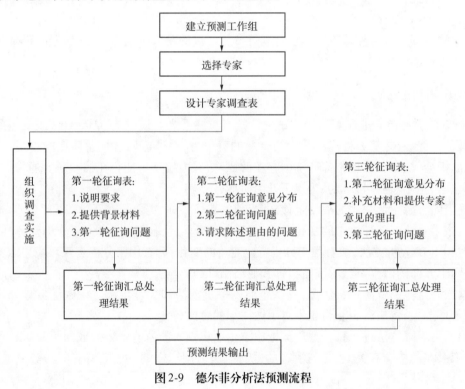

图 2-9　德尔菲分析法预测流程

2.德尔菲分析法的特点

(1)匿名性

在运用德尔菲分析法时,被询问的所有专家组成员不直接见面,只是通过函件交流,这样就可以消除权威的影响,匿名性是该方法的主要特征。

(2)反馈性

德尔菲分析法需要经过 3~4 轮的信息反馈,在每次反馈中调查组和专家组都可以进行深入研究,使得最终结果基本能够反映专家的基本想法和对信息的认识,所以结果较为客观、可信。

(3)统计性

一般的专家会议法其最典型的特点就是会议结果是反映多数人的观点,少数人的观点至多概括地提及一下,而德尔菲分析法会把所有人的观点和回答都纳入到统计计算里,避免了专家会议法只反映多数人观点的缺点。

【同步案例2-10】

德尔菲分析法在景区分析中应用

某景区为了论证景区内漂流项目的可行性,就采用了德尔菲分析法。

首先,他们制作了问卷,选取了42位专家进行意见征询。专家的选择主要是研究漂流方面的专家学者、漂流企业的管理者、经营漂流中介公司的管理者、旅游局和体育局的相关工作人员以及漂流协会的管理者。

景区调查人员在进行完第一轮的统计后,根据专家意见,对影响漂流项目的因子进行重新分类,然后进行第二轮调查,第二轮之后,专家只对个别因素意见不一致,于是进行了第三轮咨询,在第三轮之后发现专家们对于影响漂流项目发展因素的意见基本一致。这些因素分别是:漂流设备设施的安全可靠性,漂流所经区域的旅游景观的丰富程度以及漂流本身的体验性,消费者满意度与回头率,以及当地交通和政府支持情况。

此景区通过利用德尔菲分析法对漂流项目进行了科学论证,得到的结论就可以有效地利用到景区项目的开发建设中。

3. 德尔菲分析法与其他方法的比较

(1)与专家会议法比较

专家会议法是召集专家开会,通过集体讨论得出一致预测意见的方法。它与德尔菲分析法既有区别又有联系。德尔菲分析法能发挥专家会议法的优点,即能充分发挥各位专家的作用,集思广益,准确性高。能把各位专家意见的分歧点表达出来,取各家之长,避各家之短。同时,德尔菲分析法又能避免专家会议法的缺点:比如权威人士的意见影响他人的意见;有些专家碍于情面,不愿意发表与其他人不同的意见;有些专家出于自尊心而不愿意修改自己原来不全面的意见等。德尔菲分析法也有它的缺点:缺少思想沟通交流,可能存在一定的主观片面性;易忽视少数人的意见,可能导致预测的结果偏离实际;存在组织者主观影响。

(2)与头脑风暴法的比较

头脑风暴法是由美国BBDO广告公司的奥斯本首创,该方法主要是指工作小组人员在正常融洽和不受任何限制的气氛中以会议形式进行讨论、座谈,打破常规,积极思考,畅所欲言,充分发表看法。与德尔菲分析法背对背的调查方式不同的是,头脑风暴法是组织专家在一起开会,大家各抒己见,不断提出设想和不断质疑,通过客观、连续的分析,找到一组切实可行的方案。

【项目训练】

训练设计:以小组为单位,通过实地调研、访谈、查询网络资料、查询文献等方法,以周边熟悉的旅游企业为例,开展SWOT分析。

成果形式:旅游企业SWOT分析报告

任务要求:

一、训练目的

通过对真实旅游企业的环境因素进行调查,掌握影响企业营销的环境因素都有哪些,以及其对该企业营销的影响;具备分析该旅游企业市场营销环境各类特性的能力。

二、训练内容

宏观环境调查内容包括:政治法律因素、社会文化因素、经济因素、科技因素、人口因素、自然因素。

微观环境调查内容包括：旅游企业、旅游消费者、旅游供应商、旅游中间商、竞争者、社会公众。

三、训练准备

1.选择本地在地理位置、管理模式、竞争机制、客源市场上有代表性的一家中高端旅游企业,确定调查目标,制订调查计划。

2.资料来源:政府机构,如本地旅游局;该旅游企业官方网站、本地旅游网;关于本旅游企业的研究文献;该旅游企业的消费者等。

3.以小组为单位,分析整理文案资料与调查资料,共同完成该企业的SWOT分析报告。

四、成果内容

1.调查对象(选定的旅游企业)的营销环境因素调查报告;

2.该旅游企业的营销环境因素分析评价结果;

3.该旅游企业的营销环境运筹分析及对该企业的发展建议。

范例:兰州国际马拉松赛 SWOT 分析

兰州文理学院　2016级旅游本科2班　鲍雅婷、曹小兰等

任务二　旅游者消费行为分析

旅游市场营销观念强调旅游企业的一切经营活动必须以旅游消费者的需求为导向,对于旅游营销工作来说,旅游者的需求及其购买行为是企业制订经营战略的依据和基本出发点。何谓旅游消费者行为? 旅游消费者行为又是如何形成差异的? 旅游企业必须分析游客的需求,研究游客的购买行为,探索游客购买决策过程,并把握其规律性,这是有效开展营销活动的前提和基础,是旅游企业一切营销决策的依据。

【任务导图】

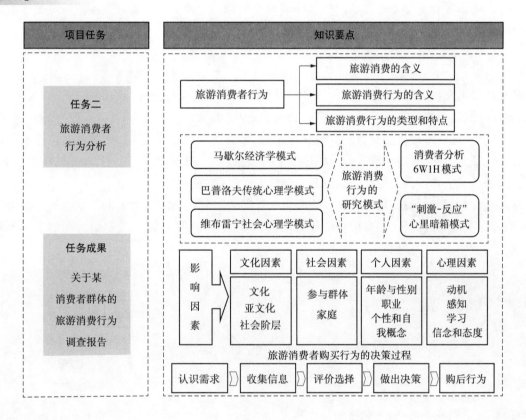

【案例导入】

立足"她内容",寻找"她经济",开启"她时代"

资料来源:百度新闻

问题导入:你还发现了"她们"的哪些消费特点和偏好?

一、什么是旅游消费者行为？

理解旅游消费行为实际上就是理解旅游消费者与经营者买卖双方之间的心理活动过程。消费者什么时间去旅游？去哪儿旅游？和谁去旅游？为什么这个时间去？他可以接受的这个产品和服务价格是多少？他下次还会不会再来？我们认识旅游消费行为，也就是解决这些问题的过程。

（一）旅游消费

旅游消费是伴随旅游活动而发生的，在我们的旅游过程中，我们会坐飞机、住酒店、逛景区、品美食、看演出、买纪念品，为享受到这一切内容，我们要向旅游企业付费，这一个过程就是旅游消费的过程。因此，旅游消费是指旅游者为了满足其发展和享受的需要，在整个旅游活动过程中，对食、住、行、游、购、娱这六方面及其他方面所做的花费。

现代旅游本质上就是一种消费活动，这种活动同旅游者的收入水平、旅游者结构等因素密切相关，也同旅游产品的质量密不可分。旅游消费是满足人们的美好生活需求的重要方式，如满足游客好奇、好学、探险、挑战、产生自豪感等心理。比如游客们在一些资源型的旅游景点，其感官获得各种新奇的体验，心情得以放松，这就是一次典型的旅游消费。

（二）旅游消费行为

那什么是旅游消费行为呢？比如我们作为顾客，走进一家酒店入住，刚出现在酒店门前，便有行李员热情地向我们打招呼，并帮我们把行李提到大堂。在这个过程中，顾客自然会对酒店有较好的入住印象和体验。在旅游活动中，经营方对待消费者的重视程度不同，服务方式和过程不同，消费者的体验不同，会表现出不同的行为特征。因此，旅游消费者行为就是指旅游者在选择、购买、消费、评估、处理旅游产品和服务后的表现方式。旅游者消费行为是与产品或服务的交换紧密联系在一起的。

作为旅游企业，包括旅行社、景区、酒店、交通企业等都必须分析旅游消费者的需求，研究他们的旅游行为、探索旅游者购买决策的过程，并准确把握旅游消费的规律性，这是有效开展营销活动的前提和基础，也是旅游企业一切营销决策的依据。

【同步案例2-11】

00后，唯一"独二代"的旅游消费观

资料来源：搜狐旅游

2018年是00后的成年元年，他们将陆陆续续走向社会。那么，00后们有着什么样的独特价值观和消费观念？00后是唯一的"独二代"，他们的消费观又会带给旅游行业怎样的思考？

腾讯社交洞察携手腾讯用户研究与体验设计部（CDC）重磅发布《腾讯00后研究报告》，这份报告经过半年研究与分析，基于腾讯社交大数据，收集72位00后的网络日记，结合24位00后的深度访谈，收集超1.5万份调查问卷。

一、更加关注个性化、有内涵的事与物

报告显示，00后这一代平均每户孩子个数低于1，他们不像80或90后那样跟兄弟姐妹分享爱和资源。同时00后平均存款约为90后的两倍多，很多00后从小拥有出国和看世界的机会。数据显示超过60%的00后会有意识地在社交平台针对不同人群发布特定内容，塑造自己想要的公众形象，所以旅行中如何拥有

完美的纪念照片或是视频已经成为 00 后旅游用户的一堂必修课。同时,个性化的发展使得他们更加关注个性化、有内涵的事与物。《腾讯 00 后研究报告》接受调查的 00 后中,60% 表示会了解品牌背后的理念与故事,不只是要跟别人的消费不一样。在几年前,电视广告靠多重复几遍广告词就能促进销量,而当今的 00 后已经不吃这一套了,"会讲故事"已经成为他们购买产品或服务一个重要因素。

二、年轻游客夏季最爱"海岛游"

00 后绝大部分为学生群体,因此节假日周期性旅游是 00 后旅游出行的主要特征。根据去哪儿网统计,00 后出游月份明显集中在 1 月、2 月和 7 月、8 月的寒暑假。近两年,携程、途牛、去哪儿、驴妈妈等旅游平台及腾讯等网络公司都统计了 00 后最热门的国内外旅游城市榜单,虽然榜单排名有所差异,但却也有共同规律:00 后等年轻游客夏季最爱"海岛游",暑期同时也是这帮学生族参加各种"研学旅游"的高峰,近年来 00 后暑期出境研学游比例持续增高,红色旅游在年轻群体中的热度也日益上升;而冬季的"温泉游""冰雪游"人气高居不下。

三、旅游行为表现出周边游、碎片化特征

如果说 90 后的中学时代是 PC 网络时代,那么如今 00 后的中学时代便是完完全全的移动互联网时代。从小在便捷高效的移动互联网影响下长大的他们在出游过程中对网络有更加明显的依赖性,无论是目的地筛选、信息查询、票务及酒店预订,抑或是美食购物、分享交流等,几乎都离不开移动互联网。根据腾讯 2017 年的出游消费人群统计,00 后在旅途中对社交、视频、新闻类 App 的关注度最高。由此,00 后包括部分 90 后游客旅游行为表现出周边游、碎片化特征,他们更崇尚自由、个性化的行程。他们中的大部分游客在出游中更倾向于到目的地用手机查攻略、看点评、做选择,不像 80 后那样习惯做完整的出游计划。

四、热衷逛集市、走街串巷等当地体验

网络社交平台的流行也深深影响了 00 后的旅游行为,近年来,重庆洪崖洞、西安永兴坊等一批"网红景点"迅速蹿红,让人们不得不重视社交平台的传播力量。00 后良好的适应能力使得他们更愿意像个当地人一样吃喝玩乐,并随行记录,分享到社交圈中。携程五月公布的近一年"青春旅行报告"中指出,00 后最乐意参与的旅游体验方式中,逛集市排名第一,有 56% 的人选择;走街串巷排名第二,选择度达 46%;其他依次还有学做当地菜、参加民俗节日、与当地人闲聊、参加当地夜生活。

五、更加注重旅游品质

消费观念随着经济基础一同升级,与 90 后喜欢"穷游"不同,00 后更注重出游的品质体验。在《2018 毕业旅行消费趋势报告》中,超 5 成毕业生旅行预算超过 4 000 元,至于旅行预算的资金来源,有 78% 的毕业生表示是家庭支持,还有 22% 的毕业生表示是自己平时打工所得。在毕业旅行预算增加的情况下,出行住宿也由价格需求转向品质需求。青旅、经济型连锁酒店不再是住宿首选。40% 的毕业学生偏向于精品酒店或特色民宿;26% 的学生选择入住高星酒店,合计占比近 7 成。虽然总体消费水平提高,但并不意味着 00 后花钱大手大脚,绝大部分 00 后的自我认知很高,能够理性认识自己能够消费什么。

(三)旅游消费行为的类型和特点

1. 旅游者购买行为的确定程度不同

(1)确定型

此类消费者在购买产品前,已经有明确的购买目标和具体要求。针对此类消费者,旅游企业应该在旅游产品的品质、服务与价格等方面保持一定的水准,增加顾客的忠诚度。

(2)半确定型

此类消费者对产品有大致的购买意向,但是具体的目标和要求不明确,他们需要对同类产品进行比较后才能做出决策。针对此类消费者,旅游企业应该设计推广方案,增加和消费者的沟通方式,增进旅游者对

产品的认识和信心,帮助坚定购买决心。

（3）不确定型

此类消费者对旅游企业来讲多属于新购买者,没有明确的购买目的,购买行为缺乏经验,购买心理不稳定,往往是随意购买或奉命购买,消费行为不确定。针对不确定型消费者,旅游企业需要研究其潜在需求,主动做好宣传,引导消费者的需求。

【课堂互动2-8】

你属于哪种类型的消费者呢？

组织方式:5人一组,组内学生成员各自用自身或朋友的一次消费行为说明自己或朋友是哪个类型的消费者。3分钟讨论后,推选组内一位同学在全班分享他或朋友曾经的消费案例。

2.旅游者参与程度和品牌的差异程度不同

（1）复杂型

当旅游者初次购买价格昂贵、购买次数较少、有风险和个性的商品时,属于高度介入购买。他们会通过广泛搜集有关信息,认真研究比较,产生对某一品牌的态度,慎重作出购买决策。针对此类消费者,旅游企业可以制作介绍本产品特色的多种形式的广告来吸引他们的注意。

（2）减少失衡感型

当旅游消费者高度介入某产品的购买,但无法比较各品牌的差异时,对所购产品会产生失衡感。消费者购买一些品牌差异不大的产品时,更关注购买品牌价格、时间、渠道的便利性。针对此类消费者,旅游企业可以通过营销渠道和价格的选择,向消费者提供有利的信息,展示产品特色,帮助消除失衡感。

（3）寻求多样化型

若消费者购买商品品牌之间的差异较大,且选择品牌较多,他们通常忠诚度较低,会变换品牌购买。此类消费者往往兴趣易变,兴奋性较强,想象力和联想力丰富,审美感觉也比较灵敏。针对此类消费者,旅游企业可通过一些促销手段或方法,鼓励消费者先试用新产品,通过情感体验产生对产品的偏好。

（4）习惯型

有时一些消费者购买某一产品时,并非偏爱,而是出于习惯,他们靠多次购买和多次使用形成的习惯去选定某一品牌。他们用惯了某种产品,对该产品非常熟悉、信任,有着深刻的印象,从而产生了一种特殊的感情。针对这些消费者,旅游企业应注重强调本产品和其他产品之间的差异性,加深消费者对产品的熟悉程度和认可程度。

【同步案例2-12】

我国家庭旅游消费习惯正在改变

资料来源:中国网/伍策、高峰

近日,中国旅游研究院、广之旅最新发布了《中国家庭旅游市场需求报告2018》。数据显示,越来越多的80后、90后、00后进入家庭生活,中国家庭的旅游消费习惯也在发生明显的变化:家庭旅游消费开支逐年攀升,家庭出游的深度和广度不断扩展。同时,签证政策的放宽、航线开拓等出行渠道的发展、房屋分享带来的新的住宿方式、互联网发展下信息获取的便利性等,都让家庭出游有了更多选择的空间。

一、期待有特色、主题鲜明的旅游产品

《报告》显示,游客表示"对目前国内的家庭旅游发展整体满意,但是有待提高。希望更加有特色、主题更加明确"。专项调查数据显示,77.4%的受访者对生态环保类家庭旅游感兴趣,对动物保育、公益爱心感兴趣的受访者占比均为58%左右;52%的受访人群对爱心公益旅游产品感兴趣,四成左右的受访人群对特色主题游感兴趣。因此,以生态环保、动物保育、公益爱心等为主题的产品,有望得到消费者的高度关注和参与。

二、更加注重产品质量和旅游体验

随着家庭旅游产品数量的增加和人们旅游消费观念的转变,特别是进入优质旅游时代以后,家庭旅游消费者更加注重家庭旅游产品的质量和旅游体验。目前,国内各大在线旅游企业推出的家庭旅游产品多集中在热门旅游目的地,有游客评论表示"节假日家庭出游很多旅游地人满为患,影响旅游品质";专项调查显示,43.7%的受访者期待更高品质的家庭旅游产品。

三、"玩中学"与"同放假"兼顾

《报告》指出,家庭旅游,特别是亲子游,应该是集娱乐与教育于一体的旅游。调查显示,超过98%的受访者表示认同孩子玩乐、家长休闲类的旅游产品。其中有将近70%的受访者表示很期待此类产品,超过29.1%的受访者表示对这种产品可以考虑,尽快开发孩子和父母共同放松、共享假期的产品,符合家庭旅游的内在需要。

随着我国优质家庭旅游的强需求时代的来临,无论是站在满足人民群众对美好家庭旅游需求的时代背景下,还是站在旅游行业市场的角度,有责任的企业都应该通过推出更为精准丰富的产品和服务,为推动中国家庭旅游行业水平的不断提高注入更大的动力,不断满足广大家庭对美好假日旅游的需求。

二、消费者行为学的研究模式有哪些?

消费者行为学的研究模式有哪些?哪些研究模式可以应用到对旅游消费者行为的研究中来呢?不同学科的研究重点不同,比较具有代表性的研究模式有以下几个:马歇尔经济学模式、巴甫洛夫传统心理学模式、维布雷宁社会心理学模式、6W1H消费者购买行为分析模式、"刺激—反应"心理暗箱模式。

(一)马歇尔经济学模式

率先建立消费者购买行为理论并提出购买行为模式的是英国经济学家马歇尔。马歇尔将"金钱尺度"作为人类心理程度和消费者购买行为的核心指标。马歇尔模式认为,消费者购买商品是为了满足需求,获得最大效用;而要达到这个目的,消费者通常要经过仔细的经济计算权衡,才决定其购买行为。他认为,消费者作为经济人,在购买产品时会追求最大的边际效用。但是此理论无法解释消费者对于品牌的偏好。

这里说到边际效用,那首先什么是效用呢?如图2-10所示,效用是消费者消费产品和服务所获得的满足程度。

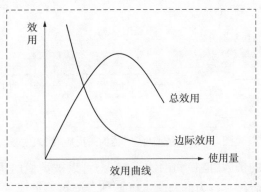

图2-10　经济学效用曲线

【同步案例2-13】

世界上什么东西最好吃？

有一天,兔子和猫争论,世界上什么东西最好吃。兔子说:"世界上萝卜最好吃。萝卜又甜又脆又解渴,我一想起萝卜就要流口水。"

猫不同意,说:"世界上最好吃的东西是老鼠。老鼠的肉非常嫩,嚼起来又酥又松,味道美极了!"兔子和猫争论不休、相持不下,跑去请猴子评理。

猴子听了,不由得大笑起来:"瞧你们这两个傻瓜蛋,连这点儿常识都不懂!世界上最好吃的东西是什么?是桃子!桃子不但美味可口,而且长得漂亮。我每天做梦都梦见吃桃子。"兔子和猫听了,全都直摇头。

那么,世界上到底什么东西最好吃?

显然,每个人内心对一件事物的满足程度都会不一样,满足程度完全是个人的心理感觉;消费者们不同的偏好决定了对同一种商品效用大小的不同评价。

【同步案例2-14】

罗斯福总统的三个面包

美国总统罗斯福连任三届后,曾有记者问他有何感想,总统一言不发,只是拿出一块三明治面包让记者吃,这位记者不明白总统的用意,又不便问,只好吃了。接着总统拿出第二块,记者还是勉强吃了。紧接着总统拿出第三块,记者为了不撑破肚皮,赶紧婉言谢绝。这时罗斯福总统微微一笑:"现在你知道我连任三届总统的滋味了吧!"

案例2-13揭示了经济学中的一个重要原理:边际效用递减规律。当我们在消费某种物品的时候,随着消费量的增加,等量的消费品带来的满足感会越来越小。因此,在旅游消费活动中,经营者应抓住消费者的这个特点,注重产品和服务的多样化、差异化。

(二)巴甫洛夫传统心理学模式

巴甫洛夫模式又称为学习模式。巴甫洛夫认为:和大部分的动物一样,人类的需求行为实质上是一种"条件反射"过程,而购买行为则是一种"诱因—反应"过程。如图2-11所示,这种"诱因—反应"间的关系可细分为驱策力、诱因(外界刺激)、反应(引发、激励)和强化4个步骤。根据巴甫洛夫模式,没有驱策力和诱因,就没有购买行为,也就谈不上强化。

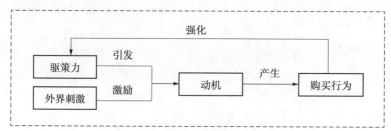

图2-11 传统心理学"诱因—反应"模式

一定的驱策力,可能有不同的诱因,但相同的购买行为,可以被类似的诱因所诱导。他认为:广告是一种重要的诱因,重复广告对消费者购买行为的影响不可低估。巴甫洛夫模式强调了决定消费者购买行为的心理机制和心理过程,但无法解释人与人之间的相互影响。

(三)维布雷宁社会心理学模式

第三种研究模式是维布雷宁提出的社会心理学研究模式,维布雷宁模式立足于社会文化环境,探讨了外部环境对消费者的影响,以及消费者购买行为对外部环境的能动反应。

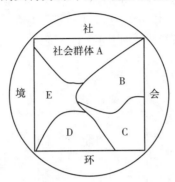

图 2-12 维布雷宁社会心理学模式

如图 2-12 所示,维氏认为,人是社会人,他的需求和购买行为通常要受到社会文化和亚文化的影响,并遵从他所处的相关群体、社会阶层和家庭等特定的行为规范。社会因素往往直接形成和改变人们的价值观、道德观、审美观和生活方式,进而在很大程度上决定消费者的购买行为。但是社会心理模式又无法解释消费者个体之间产生的个性差异。

(四)6W1H 消费者购买行为分析模式

"6W1H-消费者购买行为分析模式"是将管理学中的"6W1H"法则应用于对旅游消费者的行为分析中来,研究模式如图 2-13 所示。

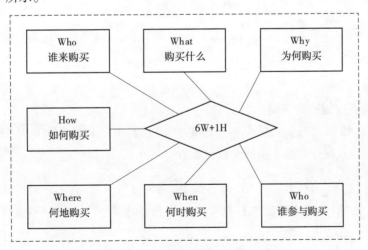

图 2-13 6W1H-消费者购买行为分析模式

Who 是指谁是旅游消费者,谁构成市场,实质上是对旅游消费者的人口统计特征进行描述,有助于找准目标市场;

What 是指消费者购买什么产品以及寻找什么服务,对这些问题的了解有助于营销者制订可以吸引消费者的策略;

Why 是指消费者为什么购买这个旅游产品和服务,也就是动机,探究购买行为所发生的动因有助于更好地制订营销策略,引发消费者的购买行为;

When 是指消费者一般在何时选择购买旅游产品;

Where 是指在什么地方购买产品,这两个问题是影响消费者进行旅游消费的非常关键的因素,根据消费时间和地点的受欢迎程度,可以帮助旅游企业发布广告。

Who 是指谁参与购买过程和谁参与购买,因为在实际购买过程中经常会出现一些群体对旅游消费产生一定的影响。

How 是指如何购买,即采用何种方式购买产品或服务,如具体的支付时间、方式等。

一般来讲,我们通过向消费者调查以上"6W1H"7 个方面的问题,基本可以掌握旅游消费者的偏好及购买行为特点。但需要注意的是,不同的消费者面临同样的外部因素会产生不同的反应与行为结果。

(五)"刺激—反应"心理暗箱模式

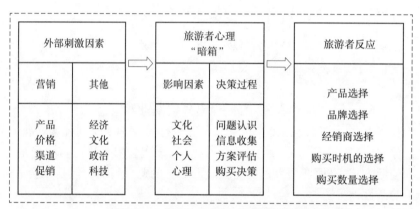

图 2-14 "刺激—反应"心理暗箱模式

"刺激—反应"模式是消费者行为众多理论中最具代表性的分析模型。如图 2-14 所示,从这一研究模型中,我们可以看到,消费者在购买产品前受到企业营销活动和其他环境因素的影响而产生购买意向,由于对外界刺激和影响的反应不同,形成了不同的购买意向和购买行为。对同样的刺激因素,做出的反应并不相同。这就是消费者购买行为的一般规律。

【课堂互动 2-9】

你和他(或她)的消费过程有何不同?

组织方式:2 人一组,回想你们曾经对同一产品的决策过程,分析你们之间的外部刺激因素、心理暗箱、做出的反应有不同之处吗?教师可选 3 组在全班分享。

在这一过程中,我们发现,"营销刺激"和"外界刺激"是可以看到的,购买者最后的决策和选择也是可以看到的,但是消费者如何根据外部的刺激进行判断的过程我们却是看不见的。这就是心理学中的"心理暗箱"效应。

我们学习旅游消费者行为,对其进行分析,其实就是对这一"心理暗箱"进行学习和分析,要设法了解旅游消费者的购买决策过程以及影响这一决策过程的各种因素的影响规律。

三、影响旅游者购买决策的因素有哪些?

【同步案例 2-15】

2018 年春节长假在有条不紊的秩序中结束,2018 年 2 月 28 日,国家旅游局数据中心和中国电信旅游大数据联合实验室发布了《2018 年春节专项旅游市场报告》。2 月 12—22 日,除年前大量春运返乡人口外,短途出游以及青年游客出游的频次增多,这也为总量的增长做出了重要贡献。其中,春节期间游客平均出游时长为 127.22 小时,平均出游距离为 161.61 公里,青年群体(70 后、80 后、90 后、00 后)占所有出游量的 70.85%。

报告显示春节期间省级行政区的出游分布排名前五名的省份是:四川、江苏、广东、湖南、湖北;出游城市排名前五的是:成都、重庆、上海、北京、西安;出游区县目的地排名前五的是:上海浦东、成都双流、南京江宁、广州番禺、重庆江津。

从 2018 年春节专题旅游市场报告来看,人们更多地将短途探亲、自驾游、乡村游纳入到春节长假的主要休闲方式中来。亲友间除了聚餐、共享传统习俗外,更多的人选择让增进情感的过程发生在旅途中,同时旅游类型的丰富和青年游客出游活跃度的增长也在给这一变化做着积极的贡献。

旅游消费者在选择旅游目的地时为什么会出现案例 2-14 中数据上的偏差呢? 影响旅游消费者行为的因素都有哪些呢? 消费者由于在年龄、性别、教育水平、收入、性格和心理特征等方面存在的差异,以及所处的文化和社会环境的不同,会拥有不同的审美观念和偏好是完全正常的。

文化因素	社会因素	个人因素	心理因素
文化 亚文化 社会阶层	参与群体 家庭	年龄与性别 职业 个性和自我概念	动机 感知 学习 信念和态度

图 2-15　影响消费者行为的主要因素

如图 2-15 所示,旅游消费者行为的影响因素是有四个因素:文化因素、社会因素、个人因素、心理因素。

(一)文化因素

文化因素主要表现在三个层面上,文化、亚文化和社会阶层。

1. 文化

文化是指在一定物质、社会、历史传统基础上形成的特定的价值观念、信仰、思维方式、习俗习惯和行为模式等的综合体。是人类欲望和行为最基本的决定因素。比如 2018 年,甘肃推出了旅游新名片"交响丝路·如意甘肃"。尤其如意两字,充分体现了甘肃的文化内涵。在中国版图中,甘肃犹如一柄"玉如意"镶嵌在祖国大西北,"如意"也是我们中国传统文化的象征,此外甘肃的历史文化、地理地貌、民族风情都多姿多彩,呈现在游客面前的姿态也是非常"如意"。

2. 亚文化

每一种文化都包含着能为其成员提供更为具体的认同感和社会化的较小的亚文化群体。比如民族亚文化群、地域亚文化群等,不同的亚文化群体中,价值观念、风俗习惯和审美观念等表现出不同的特征。西北文化就是属于中国文化的一个地域亚文化群。比如,我们中国的南方人和北方人在旅游消费中,会具有明显不同的消费偏好。以旅游活动中的文化演出为例,北方人喜欢赵本山的刘老根大舞台,郭德纲的德云社,南方人曾经偏爱海派相声。

3. 社会阶层

我们按照一定的社会标准,比如收入、财富、文化教育程度、职业、社会名望等,将社会成员划分为不同的等级,也就是社会阶层。同一阶层的人有大致相同的价值观、道德观、消费观。我们普遍认为,同一阶层的人的行为具有更强的相似性,人所处的阶层也是可以通过努力而改变的。

比如我们会把旅游产品设计为高中低三个价格档次的产品,就是针对不同的社会阶层设计不同产品和服务。

一般来讲,高阶层的消费群体在购买旅游产品和服务时追求高品位,维持高标准,注重成熟感和成就感,强调生活潇洒、文雅,喜欢个别交谈或同行交谈,对著名的人物和知名的地方十分感兴趣。

中等阶层的消费者一般是事业上的成功者,他们消费活动指向是社会接受性。对自己的形象倍加关注,对旅游产品和服务的要求是不仅注意其质量,还追求其情趣和格调。他们在对旅游活动的选择和实际的活动中常常表现出自信、开朗、体面。在消费的形式上,他们看着的是"经历",关注的是能够增进自我形象又能"留下典型记忆"的美好过程。

普通劳动者这个阶层的消费者一般来讲外出旅游较为有限。他们一旦决定外出旅游,在对旅游产品和服务的消费思想上,常常表现出一种立即获得和立即满足。他们对安全和保险异常重视,对去有折扣的商店和大众商店购物有兴趣。

【同步案例 2-16】

逃离都市喧嚣,做"超级旅者"

资料来源:微信公众号/胡润百富

(二)社会因素

旅游消费行为会受一系列社会因素的影响,主要有参照群体和家庭两个方面。

1. 参照群体

参照群体,也就是消费者在形成购买和消费决策时,用以作参照、比较的个人或群体,参照群体我们又可以分为以下四类。

第一类是首要群体,如家人、朋友、邻居、同事,他们会对消费者的出游行为和决策产生很大的影响。

第二类是次要群体,如自驾车车友会、户外俱乐部等,受某一文化氛围的熏陶,有时候会在旅游目的地的选择上受到成员们的偏好影响。

第三类是名人群体,如政治家、企业家、体育明星、娱乐明星等。消费者会因崇拜而受到名人群体的影响,学习他们的消费方式或观念。

第四类是隔离性群体,价值观和行为方式会被消费者拒绝的群体,也可以叫作厌恶群体。消费者会因为厌恶而隔离他们选择的产品。比如,2018年,中央电视台曝光了云南导游强迫游客购物事件,极大地影响了云南省的旅游形象。

2. 家庭

家庭对旅游消费者的影响主要体现在家庭规模和类型、家庭生命周期、家庭角色定位三个方面。

(1)家庭规模和类型

家庭的类型一般有以下几种:夫妻家庭只有夫妻二人、核心家庭是三口之家、主干家庭是爷爷奶奶爸爸妈妈和孩子、联合家庭是四世同堂家庭。一般来讲,参与消费的家庭规模类型不同,消费偏好不同。如果旅游消费者是三口之家,他们在选择旅游产品和服务时,最先考虑的一定是孩子。

（2）家庭生命周期

家庭处在不同的生命周期阶段,所作出的消费倾向会有很大的不同。如新婚阶段,旅游需求较多,一般会选择新婚蜜月游;而在满巢期,也就是第一个孩子降生到最后一个孩子成年,一般会重视让孩子通过旅游的方式拓宽视野;在空巢期,也就是从孩子成家独立生活到老年夫妇中一方去世,一般会进行保健、康体旅游;在鳏寡期,也就是夫妻一方先去世后的单人世界,一般会选择医疗、保健、生活服务,通过旅游来交友、聊天、排解寂寞孤独。

（3）家庭角色定位

家庭角色也会影响消费行为,如丈夫决策型、妻子决策型、自主决策型、协商决策型,处于不同的家庭角色,在对旅游产品和服务的消费中会体现出不同的消费行为。

（三）个人因素

个人因素一般包括年龄与性别、职业、个性和自我概念三个方面的内容。

1. 年龄与性别

从年龄看,年龄的差别往往意味着生理和心理状况、收入及旅游购买经验的差别。不同年龄段的旅游者在购买产品、购买方式和购买时间等方面的选择上会有很大差别。比如年轻人会比较喜欢时髦的和刺激性、冒险性较强,体力消耗大的旅游活动,比如蹦极;老年人倾向于节奏舒缓、舒适并且体力消耗较小的旅游活动,比如钓鱼;少年儿童则更喜欢娱乐性较强的旅游活动,比如迪士尼乐园。

【同步案例 2-17】

2018 年 5 月,腾讯 QQ 和中国青年报联合发布了《00 后画像报告》,00 后隆重登场！他们个性十足,口称"佛系"实则奋斗;他们对未来乐观,认"宅"不认"丧"。有多少 00 后的特质在刷新你的想象?

《00 后画像报告》显示,在 00 后对自己这代人的认知上,开放占到了 56.1%、独立占到 43.5%、自信占到 42.2%、热血占到 39.9%,这些正向选项的支持率都排在前列,甚至大幅高于"萌""佛系"等中性选项。也有 46.9% 的 00 后选择"自我"。另外,43.2% 的 00 后认为自己"宅",仅 15.0% 的 00 后选择"丧",排名最后。

值得注意的是,近九成的 00 后认为成功靠奋斗,大部分同学认为"在该努力的年纪拼搏,以后回望青春才不会有遗憾"。此外,调查还发现,00 后既高度认同主流价值观,又具有强烈的自我意识,受到 00 后肯定的品德包括自信、自强,诚实、守信等,他们渴望被尊重,非常认同善良、诚实、谦虚等传统美德。

通过《00 后画像报告》我们可以看到,作为年轻又有活力的 00 后,充满正能量,也具有强烈的自我意识。

不同的性别在思想方式、行为方式方面不同的表现,导致在旅游产品的选择方面出现一些差异。比如,女性朋友喜欢较为浪漫的旅游目的地,在旅游过程中会更注重细节,卫生情况、舒适程度等;男性朋友则更喜欢刺激一点的旅游活动,在旅游过程中更注重便捷性。

2. 职业

从职业来看,不同的职业在旅游消费中也会体现出不同的行为特征。比如教师,在旅游中会比较注重自身的形象,同时看重细节,比如在旅游过程中比较重视旅游合同条款的每一次行程是否与实际一致;再如医务工作者,会尤其注意旅游过程中酒店、餐饮的卫生清洁情况。再如建筑工作者、军人、律师、警察、自由职业者等,都会在旅游消费中表现出一些群体性差异。

3. 个性和自我概念

个性在心理学中,也称为人格特质,它是指一个人独特的心理特征,个性通常以性格特征的形式反映出来,比如自信、自我约束能力、交际能力等。分析人们的不同个性,有助于我们了解消费者为何选择某产品以及某品牌。

旅游消费者在选择产品或品牌时,常常会倾向于选择那些和他们的个性相匹配的产品或品牌,也就是说消费者的消费行为受到与消费者自我概念相联系的产品形象的交互影响。

【课堂互动 2-10】

认识真实的自己、别人眼中的自己、理想中的自己。

组织方式:

(1)教师选择一名同学进行采访,请他(或她)用 3 个词语来说明真实的自己是什么样一个人;

(2)请他(或她)回答想成为像谁一样的人,也用 3 个词语来形容;

(3)邀请其他同学,也用 3 个词语来形容被采访同学是一个什么样的人。

需要注意的是,人们的实际自我概念(也就是自己如何看待自己)与理想的自我概念(就是希望别人如何看待自己),以及他人的自我概念(就是认为别人如何看待自己)是截然不同的。比如一些对他人看法比较敏感的消费者,在消费中很可能会选择一些符合消费趋势的品牌和产品。

(四)心理因素

心理因素是影响消费者行为的重要因素之一,四个关键的心理过程——动机、感知、学习、态度和信念,从根本上影响着消费者对于外界刺激的反应。

1. 动机

人们的行为都是由动机引起的,动机是人们行为的驱策力。当人们在生活和工作中产生某种需要和欲望时,就会导致心里的不平衡和紧张感,从而引起不同的行为,如果人们通过消费可以满足某种需求,那么这个时候消费行为就产生了。

【同步案例 2-18】

一位来自北京的游客在参观了兰州的水车博览园之后,感觉有点饿,便产生了一种驱策力(也就是用餐的需要),想去找餐厅吃饭,朋友告诉他,不远的静宁路有一家老字号风味餐厅"东方宫手抓羊肉馆",这时她做出决定,就去东方宫就餐,消费后觉得这里环境幽雅、味道鲜美、确实独特,留下了深刻的印象。如果下次还有机会来兰州,他还会主动去东方宫用餐。

案例 2-17 显示,旅游消费者的购买行为是消费者解决他的需要问题的行为。不同的人有不同的需要,人们在生理上、精神上的需要也就具有广泛性与多样性。马斯洛的需要层次理论表明,人的需要存在层次。例如,最为基础的是生理需要,其次是安全需要,在顶端的是自我实现需要。我们认为,未满足的需求是购买者购买动机与行为的源泉。

那么,人的需要的产生,必然是呈阶梯状向上发展的吗?是否一定得在产生或满足了尊重的需要之后,才能产生或满足自我实现的需求?马斯洛的理论为理解人类一般行为提供了基本指南,但是它并不是一条严格的定律。无数事例表明,存在着许多为了自我实现而放弃食物和住所的人。不过,我们视其为例外,而承认马斯洛理论的普遍有效性。因此,作为营销者,我们可以通过广告、大型营销活动等形式不断刺激人们的某种需要,使他们产生消费行为。比如在寒冷的冬季,旅行社推出海南旅游的温暖场景,引起人们对舒适气候的向往,从而增加海南旅游的订单。

2. 感知

行为科学研究表明,人的行为始于心理活动,认知活动是心理活动的基础,感知是认知活动的开始,也是我们了解旅游消费行为的重要线索和起点之一。

【课堂互动 2-11】

消费者心理感知小实验。
组织方式:

(1)每个同学以睁开眼睛和闭上眼睛两种方式书写自己的名字,然后把这两种方式书写的名字进行比较。

(2)观察睁开眼睛书写和闭上眼睛书写的字有什么差别。

我们会发现,除了字体的大小可能有所区别之外,基本上没什么不一样。为什么呢? 因为我们长期以来对自我的感知已经形成了习惯和判断。这是一次自我感知的过程。(图 2-16)

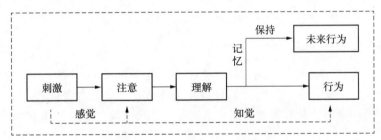

图 2-16 消费者的感知过程

人们的行为在很大程度上并不依据客观的事实,而是依据自己感知中的事实。消费者所感知的事实才真正会影响他们的消费行为。在营销活动中,我们总要努力把一切有利于自己的信息传递给消费者,但面对同样的客观实际,人们感知外部世界的速度、范围和内容等,可能会存在差异。人们在感知过程中,会表现出选择性、整体性、恒常性、理解性特征。

【同步案例 2-19】

以知觉的选择性为例,我们来看右图。这个双关图是为了英国女王在位 25周年纪念所特别设计的,它以丹麦心理学家爱德加·罗宾的著名的二维雕像地面幻觉作为基础创作,它看起来是一个花瓶,但也能看出是伊丽莎白女王与菲利普亲王的侧影。

旅游消费者的感知,对于旅游消费者的出游决策、体验满意度与后续行为有着深远的影响,对旅游目的地的营销和发展意义重大。我们可以将旅游消费者的感知过程分为三个阶段,旅游前、旅游中和旅游后。

旅游前,消费者收到各种信息的刺激,对旅游目的地产生初步的、不完整的感知;旅游中,消费者通过游览、体验,获得行程的实际感知;旅游结束后,消费者会做出有关旅游目的地或旅游经历的评价。作为旅游企业,必须在以上过程中对产品信息的传递作出巨大的努力。

3. 学习

当人们开展旅游活动时,就会开始学习。学习是一种经由练习而使人在行为上产生持久改变,从而使人们适应自身和周围环境变化的过程。旅游者的大多数行为都是学习而来的,通过学习获得消费经验。

人们通过驱使力(也就是某种需要)、刺激物(就是能够满足这种需要的产品或服务)、诱因(是一种更具体的提示物)、反应(是需要得到满足的感觉)、强化(是加深印象)这一系列的过程就是学习过程。

消费者可以通过学习过程改变他们的消费观念而接受新的产品和服务。比如,刘女士一家在亚朵酒店的音乐主题客房获得了开心的住宿经历,很有可能在以后的旅游中,亚朵酒店就会成为她住宿的首选酒店。学习理论的现实意义就在于,旅游营销者可以通过正强化的方式来提高消费者对某一种产品和服务的需求。

4. 态度和信念

态度是对事物的看法,体现了一个人对一种事物的喜好和厌恶倾向;信念是在态度不断强化的基础上产生的对客观事物的稳定认识和倾向性评价。消费者在学习过程中逐渐形成了对旅游产品的态度和信念。

人们不断地从实践和学习中获得态度和信念,同时态度和信念又反过来影响人们的行为和实践。比如,人们常常认为"一分价钱一分货",在购买产品时,常常会用价格来判断产品和服务的质量。又比如,我们现在生活水平提高了,不再为温饱而头疼,开始注重生活的品质,因此很多旅游经营者在广告中会不断告诉大家旅游是一种健康的生活方式,可以通过旅游来获得快乐,享受人生。

【同步案例 2-20】

2017 年开始,泰国国家旅游局针对中国市场推出了全新品牌形象"有品有质游泰国"。以"有文化""有风光""有美食""有快乐"和"有甜蜜"等为主题,将最具表现力的泰国元素通过艺术形式投射到全新的广告画面中,呈现更具冲击感和吸引力的泰国旅游新形象。

四、旅游者的购买决策过程分析

旅游消费者究竟如何进行旅游决策? 不同消费者在购买决策过程中具有特殊性,当然也具有一般性。

(一)参与购买决策过程的角色

参与购买决策过程的角色都有哪些呢? 购买决策在大多数情况下并非个人行为,而是一种群体决策的过程,个人的购买决策通常会受到其他人的意见或建议的影响,在旅游活动中也是如此。

第一种是发起者,也就是购买行为的建议人,首先想到或提议;第二种是影响者,也就是他的看法或建议对最终决策者有一定影响的人;第三种是决策者,对买不买、买什么、买多少、何时买、何处买等问题有最终决策权的人;第四种是购买者,就是实际执行采购任务的人;第五种是使用者,也就是产品的实际享用者,使用者的反馈,会影响以后的购买行为。

【课堂互动 2-12】

分析一下背景材料中购买旅游纪念品的决策参与者。

背景材料:导游提议游客们可以买一只玉镯作为纪念,其中一位游客张女士经过仔细的考虑,并征求了自己亲戚朋友们的意见,觉得可以为自己的妈妈购买一件翡翠镯子。由于张女士的妹妹对玉器比较在行,所以请妹妹帮忙挑选并购买。

组织方式:4 人一组展开讨论,2 分钟后教师提问。

(1)情境材料中的发起者、影响者、决策者、购买者、使用者分别是谁?

(2)如果你是营销人员,你最关心的是哪个角色呢?

显然,最重要的是决策者,最终决定买不买决策者说了算,其次是购买者,购买者一定程度上可以改变购买的数量、类型和品牌。了解了这一点,并认识了购买决策的参与角色,旅游企业就可以针对不同的角色地位与特性,采取具有针对性的营销策略,来提高营销活动的效果。

(二)消费者的购买决策过程

很多学者把消费者购买决策分为五个阶段,第一个阶段是认识需求,第二个阶段是收集信息,第三个阶段是评价选择,第四个阶段是做出决策,第五个阶段是购后行为。

1.认识需求

一般来讲,激发需求的途径有两个方面,一个是自身的动因,一个是外界的刺激。比如太累了需要放松,内心渴望不一样的环境,放假了,发奖金了等都属于自身动因激发旅游需求;再比如朋友圈看到朋友去旅游了,看到促销广告等,是属于外界刺激。

作为旅游企业,在营销中一方面要了解自己的旅游产品可以满足消费者的哪些需求,另一方面还要寻找能够诱发旅游者需要的外界刺激因素,协助消费者确认需要、创造需要,以便制订有效的促销沟通策略。

2.收集信息

旅游消费者产生需求后,会去主动收集他们需要的信息。一般来讲,消费者收集信息的渠道,有以下4 种:

第一个是个人来源,消费者会从他自己的生活圈获取,比如从家人、亲友、邻居、同事那里获得信息。

第二个是商业来源,也就是旅游企业的营销活动,消费者可以通过企业的网站、App、旅游指南、宣传册等方面获取信息。

第三个是公共来源,也就是从大众媒体、政府机构发布会和消费者评价机构等方面获得信息。

第四个是经验来源,就是旅游者本人通过以往的旅游经历所获取的信息。

营销企业应该掌握旅游者的需求强度和信息来源,并向信息源传递旅游企业和旅游产品的信息,与消费者建立有针对性的沟通和营销渠道,关注网络口碑营销,社区营销等新领域。

3.评价选择

旅游消费者收取信息之后,会想:这么多企业,哪个产品好? 哪个服务好? 哪个质量好? 哪个品牌好? 在众多信息中进行选择和判断,按自己的需求进行综合评价。

首先,消费者会考虑旅游产品的属性,旅游产品是不是能够满足旅游者的某种利益或需要的功能,比如亲子互动。

其次,这个属性对消费者的重要程度如何,旅游者对同一种旅游产品的不同属性会有一定的偏重。

再次,消费者对旅游产品的品牌信念如何。旅游者会通过对旅游产品的属性、重要性程度、品牌等方面进行评估,确定几个备选旅游目的地,罗列、打分,最后选择对自己来讲最优的、最为理想的一种。

如图 2-17 所示,旅游消费者对度假旅游目的地的选择中,从全部的旅游目的地,到知晓的旅游目的地,再到考虑的旅游目的地,再到决策的选项,这是一个评价选择的过程。

图 2-17　旅游者对度假目的地的选择过程

4. 做出决策

旅游消费者经过对旅游产品的选择和评价后,进入第四个阶段,也就是做出决策阶段。消费者在经过产品的选择和评价之后,就形成了针对某一产品的购买意图,并将做出购买决策并实施购买行为。

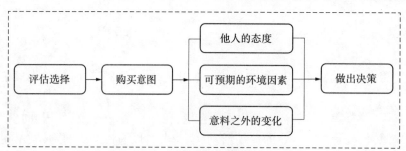

图 2-18　旅游消费者做出决策的过程

如图 2-18 所示,在购买意图到购买行为实施之间,还会受到一些因素的干扰,也可能会导致消费者改变决策。

第一个干扰因素是他人的态度,一般来讲,他人的态度越强烈,他人在旅游者心目中的地位越重要,影响程度越大。

第二个干扰因素是可预期的环境因素,比如旅游者预期今后的收入情况、预期的旅游费用,以及预期自己可从旅游产品中获得的收益等。

第三个干扰因素是意料之外的变故,如失业、自然灾害等令人失望的、不可控或超出预期的因素,也会影响到最终的购买行为。

5. 购后行为

消费者在购买并体验这个旅游产品后,并不意味着购买行为的结束,他还会对这个产品或服务进行评价。

旅游消费者通过享用旅游产品和服务来验证自己的购买决策,从而确定对这个旅游产品的满意程度,衡量自己之前的购买决策是否正确,以便作为今后对类似产品进行购买决策的参考依据。如图 2-19 所示,如果旅游产品或服务达到消费者的预期,消费者就会对这次的旅游产品感到满意;如果超出期望,旅游消费者就会感到非常满意;但是若旅游产品没有达到预期,旅游消费者就会感到很失望,很不满意。

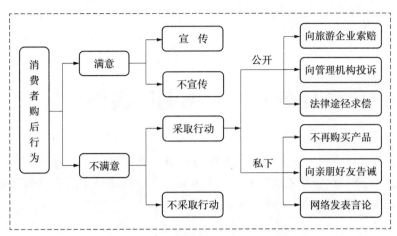

图 2-19 旅游消费者购后行为过程

通常来讲,一个不满意的游客会向更多的人诉说他的不幸与遭遇,尤其在目前互联网迅速发展的环境下,坏评价比好口碑传得更快、更远。因此,旅游企业的营销工作一直要延伸到旅游产品售出和享用之后,营销者必须重视消费者对产品的评价。

【项目训练】

训练设计:选择某个消费群体作为研究对象,如大学生、家庭游客、90后、单身消费者、摄影爱好者等,开展小范围的市场调查实践。

成果形式:关于某消费者群体的旅游消费行为调查报告。

任务要求:

1. 统计所选择旅游者群体的结构及属性特征,主要包括人口学特征、社会学特征和地理特征等(要做出图表)。

2. 统计所选择旅游者群体的产品消费及购买行为特征,主要包括饮食、住宿、交通、游览、购物和娱乐等方面(要做出图表)。

3. 对旅游者的结构与行为进行对比分析,找出它们之间的关系,总结出该旅游地(城市、景区、景点)或企业旅游者购买行为的影响因素。

4. 针对调查结论,针对性地提出满足旅游者需求的产品开发、服务管理及营销对策与建议。

5. 以小组为单位,撰写调查报告,并在班级内以PPT宣讲的形式展示各个团队的学习成果。

6. 在班级内展开小组互评、教师点评等总结活动。

某消费群体旅游消费行为调查报告

一、调查设计及实施
(一)调查目的
(二)研究对象
(三)调查方法和内容
二、调查结果统计
(一)人口统计学特征分析
(二)游客消费行为及偏好分析
三、调查结论和建议
(一)调查结论
(二)营销建议
……

任务三　市场调研实施

　　"环境因素变化所带来的影响是什么""游客在消费时具有怎样的特征""我们的营销活动发挥作用了吗",这一系列的问题需要营销调研来完成。本任务主要向大家讲述旅游市场营销信息系统的科学构成,以及旅游市场调研中常用的方法、程序、实施与预测。

【任务导图】

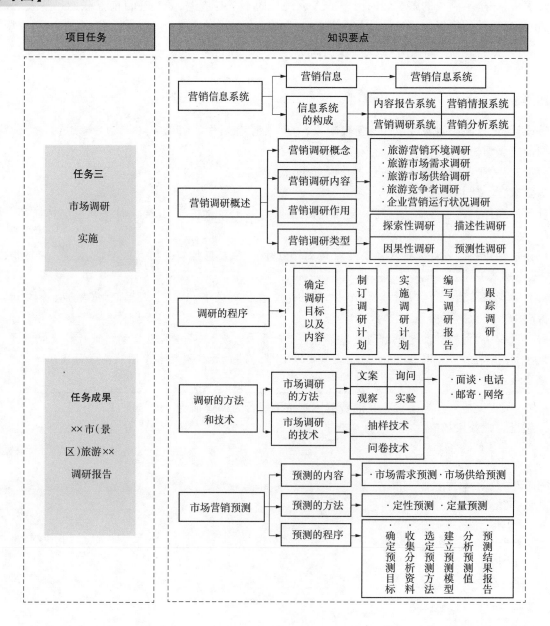

两个月快速启动韩国客源市场

问题导入： 你认为此案例中韩国入境旅游市场的拓展是必然结果吗？请给出你的理由。

一、旅游市场营销信息系统

随着现代经济的迅速发展、信息革命和知识经济浪潮的推动，信息成为企业最重要的战略资源。而旅游企业要取得市场营销的成功，很大程度上取决于其搜集信息的速度、分析处理信息的能力及其对有效信息的使用情况。

（一）旅游市场营销信息的含义

获取旅游市场营销信息是整个营销过程的重要环节。旅游营销人员在进行营销环境和市场行为的分析之后，就应该获取详细的旅游市场营销信息，据此选择营销机会和目标市场，并进行营销战略的选择及营销策略的运用。

旅游市场营销信息，是指在一定时间和条件下，与旅游市场营销活动有关的各种事物发展变化的实际状况、特性、相关关系的情报、资料、数据的总称。它反映了旅游市场的环境状况和发展趋势，是旅游营销者进行营销决策的重要资源。在现代社会中，旅游企业之间的竞争很大程度上取决于企业是否能在信息获取、处理、运用上处于优势。

（二）旅游市场营销信息系统的含义

旅游企业的营销活动对信息的数量和质量要求非常高，营销部门非常有必要建立一个信息系统，为旅游营销决策者收集、加工、存储和传输准确而及时的营销信息，而不能使旅游企业的营销信息的传导和流动处于毫无管理的自然状态之下，这样一个信息处理系统就是旅游企业的营销信息系统。

简而言之，旅游市场营销信息系统（Tourist Marketing Information System，简称 TMIS）是一个由人、设备和程序组成的持续和相互作用的结构系统，用于收集、整理、分析、评估和分配恰当的、及时的、准确的信息，以利于营销决策者对市场营销工作进行调整、改进、执行和控制。

旅游市场营销信息系统包含以下三层含义：

第一，旅游市场营销信息系统是一个由人、计算机、程序三个要素组成的复合体，是一个缺一不可的完整的系统。

第二，这一系统提供适当、及时和准确的信息，即它的运行是一个不断输入、加工、输出有效信息的动态过程，并因信息有实效性而不断更新。

第三，旅游市场营销信息系统的服务对象是旅游营销决策者。有效的信息是旅游营销者进行决策的依据。

（三）旅游市场营销信息系统的构成

营销决策者根据旅游市场营销环境和信息系统反馈的信息作出决策，进一步改变环境、调整战略，取得新的市场成绩，这与传统的信息传递系统相比，更加高效和准确（图2-20）。

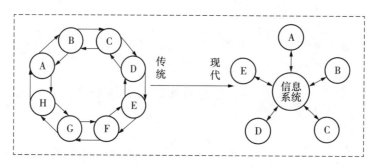

图 2-20　传统信息系统和现代信息系统的比较

如图 2-21 所示,完整的旅游市场营销信息系统是由四部分组成,包括内部报告系统、营销情报系统、营销调研系统、营销分析系统。这些子系统从旅游企业的内外部营销环境中收集各种营销信息,将信息经过系统加工之后传输给旅游营销决策人员,作为营销决策的依据。

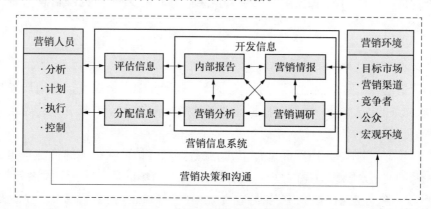

图 2-21　旅游市场营销信息系统

如图 2-21 所示,旅游市场营销信息系统处于营销环境与营销人员之间。各种营销信息资料由营销环境流向营销信息系统,营销信息系统则将资料加以转换,并通过营销信息流程传导给营销人员。营销人员依据这些资料制订计划、方案,由此形成的各种信息资料又通过营销沟通流程回到营销环境。

1. 内部报告系统

旅游企业内部报告信息系统(Internal Report System)也称旅游企业会计系统,主要任务是向旅游企业营销管理人员提供有关销售、成本、现金流量和应收账款等各种反映旅游企业营销现状的信息。比如,酒店的电脑管理系统,它可以提高酒店管理效率,一般包含前台接待、客房管家、销售 POS、餐饮管理、财务查询、电话计费、系统维护、工程维修等功能模块。有了这样一个系统,酒店管理层就能够及时、全面、准确地获取信息,并通过分析,提出酒店营销的个性化服务产品,比如对 VIP 客户的价格优惠或是相关服务优惠的政策。

2. 营销情报系统

营销情报系统(Marketing Intelligence System)通过一系列程序与渠道获得外部环境发展的信息,如新法律颁布、社会发展趋势、文化变动趋势、人口统计资料、旅游行业内部新的竞争动态等。

营销情报系统与内部报告系统最大的区别在于,内部报告系统提供的是旅游企业内部的实际数量,而营销情报系统提供的主要是旅游企业外部环境变化给本企业所带来的影响之类的情报。

【同步案例 2-21】

3. 营销调研系统

营销调研系统(Marketing Research System)是针对旅游企业所面临的特定营销环境下的具体问题,展开相关信息的规划、搜集、推理、分析、解释并得出结论,以作为详细的营销决策的参考依据。常见的营销调查研究对象包括确定市场特征、评估市场潜力、分析市场占有率、预测旅游企业的发展趋势,加强旅游企业竞争产品研究、产品的价格研究、旅游新产品的开发研究等。比如,某旅行社研发新的旅游产品投入市场后,发现产品销售情况不乐观,于是旅行社委托咨询公司做市场调研,分析产品销售不好的原因。结果发现,是该旅行社发布广告的媒介出了问题,于是该旅行社针对问题,提出了有效的解决办法。

【课堂互动 2-13】

如果你是营销人员,如何有效地获取营销信息?

组织方式: 学生之间自由组合,5~7人一组,先讨论有效获取营销信息的方式,然后用情景模拟的形式在班级内展示如何获取营销信息。展示后,请大家点评此种获取营销信息方式的优缺点。

4. 营销分析系统

营销分析系统(Marketing Decision System)也称为营销决策支持系统。一般而言,旅游企业通过系统的营销调研活动,取得了大量的营销信息,为了从已经收集到的信息情报中进一步选择决策所需的信息,还可以专门设计营销分析系统。营销分析系统由营销信息和分析技术构成,其主要的任务是以改善经营或取得最佳经营效益的目的为出发点,通过分析各种模型,帮助旅游营销管理人员分析复杂的旅游营销问题。营销分析系统包括一些先进的统计技术、程序和模型,借助这些程序和模型,营销决策者可以从信息中发掘出更精准的调查结果。

【同步案例 2-22】

马里沃特公司调查了成千上万的人,以确定旅馆的扩充空间。在亚特兰大开始建造庭院旅馆前,马里沃特建造了一个墙壁可以移动的旅馆客房,并向所选择的旅游者展示不同的构造形态,然后调查他们对不同的房间构造的观点。

在调查中他使用了四级初级信息的采集方法:

实验:通过在亚特兰大建造庭院旅馆来检验市场营销情况;

观察:观察客户对模拟房屋的反应;

调查:包括对主要的市场细分部分的研究和使用聚类分析来调查客户所喜欢的产品特征;

模拟:房屋模拟。

经过几年的研究和分析之后,马里沃特得出了主要的结论,那就是市场需要新型的旅馆。经常性的旅行者愿意住在这样的旅馆中,比如有一个比较大的前厅,食物和饮料种类广泛,有较好的客房,有多居所的"感觉"等,哪怕因此多支付一些额外的费用也可以接受。

马里沃特继续进行其他的旅馆概念的研究检测和介绍，包括马里沃特套房、小间客房旅馆和平价客栈，它们都是以经济实惠为定位的旅馆概念。后来，从自身所进行的全国性调查结果中得到启示，马里沃特开始着重促销周末的旅馆包装。

调查表明，来美国的73%的旅行者只停留三天或更短的时间，这些短期旅行将近60%是在周末进行的。基于这些调查结果和其他的发现，公司开始推出"两份早餐"的服务。马里沃特大部分旅馆，平均每个房间每晚的费用低到69~89美元，这包括周末连续两个早晨为两个人准备的整套早餐。

马里沃特的研究证实了，美国人的生活方式已从传统的两到三周的度假转变成时间更短、更频繁的旅行。马里沃特也从市场调研中抓住了更多的市场机会，取得了巨大的成功。

二、旅游市场营销调研概述

通过市场调研，了解旅游市场的概况，掌握旅游市场的变动趋势，制订科学的营销决策，抓住有利时机生产出适销对路的旅游产品，才能使旅游企业在营销战场上永葆活力。

（一）旅游市场营销调研的概念

1. 旅游市场营销调研的定义

旅游市场营销调研是指在一定市场营销条件下，旅游企业运用科学的方法，有针对性地、有计划地、系统地收集、整理、分析有关旅游营销活动方面的信息，以了解旅游营销环境与市场状况，为旅游经营决策提供依据的活动。旅游市场营销调研有利于企业实现新市场的开拓，以及营销组合的优化，同时可以保证旅游企业有计划地实现营销目标。

2. 旅游市场营销调研的原则

（1）客观性真实性原则

营销调研人员应保持客观的态度，不允许凭借自己或上级的主观臆断、偏见隐藏事实或夸大事实，必须要保证信息的真实性。

（2）及时性原则

旅游市场环境瞬息万变，调研人员要及时捕捉信息，若拖延时间，根据收集的资料得出调研的结果就失去了价值，对旅游企业决策不能体现应有的参考价值。

（3）经济性原则

在进行旅游市场调研时，要目的明确，有针对性地开展工作，避免浪费时间和金钱成本，影响调研效果。

（二）旅游市场营销调研的内容

旅游市场营销调研的直接目的是为营销决策提供现实依据，其调研内容与营销活动息息相关，包括所有与旅游企业营销活动有关的社会、政治、经济、环境。就旅游企业的调研范围而言，旅游市场营销调研的内容主要可以分为以下五个方面。

1. 旅游市场营销环境调研

旅游市场营销环境调研是指对旅游企业或旅游业运行的外部大环境的调研，其目的是通过调研帮助营销决策者了解旅游企业经营环境的性质。如表2-4所示，营销环境的调研主要包括政治法律因素、经济因素、科技因素、社会文化因素、地理环境等。

表2-4 旅游市场营销环境调研

类别	主要内容
政治环境调查	了解对旅游市场起影响和制约作用的国内外政治形势以及国家旅游市场管理的有关方针政策
法律环境调查	了解我国及客源国或地区的有关法律和法规条例,包括环境保护法、旅游法、保险法、与外国合资经营条例、出入境方面的规定、地区旅游管理条例等
经济环境调查	了解我国及客源国或地区的经济特征和经济发展水平、旅游资源状况、世界旅游经济发展趋势等
科技环境调查	了解我国及世界范围内新科技的发展水平及发展趋势等
社会文化环境调查	包括旅游目的地和客源地的价值观念、受教育程度与文化水平、职业构成与民族分布、宗教信仰与风俗习惯、社会审美观念与文化禁忌等
地理环境调查	包括区位条件、地质历史条件、自然景观条件、气候条件、季节因素以及物产方面等

2. 旅游市场需求调研

旅游市场需求调研是旅游市场营销调研的核心部分,通过对特定旅游需求的定量分析,帮助营销决策者有针对性地调整企业和产品的市场份额。如表2-5所示,调查内容主要包括旅游者规模及构成、旅游动机、旅游行为等。

表2-5 旅游市场需求调研

类别	主要内容
旅游者规模及构成调查	(1)经济发展水平与人口特征;(2)收入与闲暇;(3)旅游者数量(旅游者国籍、年龄、性别、职业、入境方式以及地区分布、民族特征等);(4)旅游者消费水平与构成(吃、住、行、游、购、娱等方面)及滞留时间等;(5)旅游者对旅游产品质量、价格、服务等方面的要求和意见
旅游动机调查	主要探究促使旅游者产生需求的动力来源,如身体健康动机、文化动机、交际动机、地位与声望的动机等
旅游行为调查	客源地旅游者何时旅游、去何地旅游、由谁决策旅游以及怎样旅游等

3. 旅游市场供给调研

旅游市场供给调研主要是调研一定时期内旅游市场提供的旅游产品的总和。如表2-6所示,包括旅游吸引物调研、旅游设施调研、可进入性调研、旅游服务调研、旅游形象调研、旅游容量调研等。

表2-6 旅游市场供给调研

类别	主要内容
旅游吸引物调查	旅游吸引物的数量和质量决定着旅游者对目的地的选择,调查凡是能够吸引旅游者到来并能引起游客兴趣的事物、事件或现象
旅游设施调查	旅游设施是直接向旅游者提供服务所凭借的物质条件,又分为服务设施和基础设施两类
可进入性调查	即进入游览点、服务设施和参与旅游活动所付出的时间和费用,包括交通基础设施条件、地方政府政策及旅游经营因素、签证手续的繁简、出入境验关程序、服务效率、旅游线路的编排与组织等
旅游服务调查	售前服务(旅游咨询、签证、入境手续、财政信贷、货币兑换、保险等);售中服务(食、住、行、游、购、娱及其他服务);售后服务(出境手续、办理托运、委托代办服务及旅游者回家后的跟踪服务等)
旅游企业形象调查	旅游者对旅游产品或旅游目的地的评价和态度直接影响他们的购买决策,包括理念识别系统、视觉识别系统、行为识别系统
旅游容量调查	旅游基本空间标准、旅游资源容量、旅游感知容量、生态容量、经济发展容量和旅游地容量等

4. 旅游竞争者调研

旅游竞争者调研主要是通过调研了解企业竞争状况和竞争对手状况,以此判断企业的经营潜力。如表2-7所示,调研内容包括竞争者产品状况、价格状况及其他情况。

表 2-7　旅游竞争者调研

类别	主要内容
产品状况	竞争者产品的质量、数量、品种、价格、档次、特色及不足之处等,以及旅游者对旅游产品的需求特征与评价
价格状况	旅游产品的定价是否合理;旅游者对价格的心态如何;旅游产品价格的需求弹性和供给弹性;各种旅游产品的差价和优惠价格是否合理;开发新产品如何定价等
竞争企业其他情况分析	主要包括现实的和潜在的竞争对手数量、市场占有率、经营状况、分销渠道及其他竞争策略、规模及竞争实力、所处地理位置与活动范围等

5. 旅游企业营销运行状况及效果调研

旅游企业营销运行状况及效果调研主要是对总体经营效果的衡量和各经营项目的有效性的研究。如表2-8所示,包括市场份额调研、产品线调研、广告效果调研、业务量调研等。

表 2-8　旅游企业营销运行状况及效果调研

类别	主要内容
市场份额调研	旅游企业的所有产品或服务在整个市场上或专业市场上的绝对市场占有率、相对市场占有率,以及销售潜力等
产品线调研	主要包括产品线的数量,各产品线之间的关联程度,旅游者对各类产品的评价和接受程度等
广告效果调研	主要包括广告对象的类型,广告是否为促销对象所接受并取得信赖,宣传的内容是否符合促销范围内的需求水平、知识水平和风俗习惯,能引起多少人的注意及兴趣,给目标视听者什么样的产品形象,是否能促使其产生购买欲望,广告促销后的销售实绩如何等
业务量调研	主要包括旅游企业各营销渠道数量和内容,各个营销活动如广告、销售促进、人员推销、公共关系等促销方式是否为促销对象所接受并取得信赖,传播效果及影响力,各个营销渠道及活动的资金、人力投入情况等

【同步案例 2-23】

家庭旅游市场持续扩容

资料来源:新浪新闻

中国旅游研究院及广之旅联合发布的2018年中国家庭旅游市场需求报告显示,2017年我国国内和出境旅游中,家庭旅游的比例已达50%~60%,游客满意度平均也达到75分以上的水平。伴随家庭旅游消费市场持续扩容,消费者对高品质和高性价比旅游产品的需求将更加明显。

专项调查显示,96.5%的受访者渴望家庭旅游,其中有近七成的受访者表示非常渴望家庭出游,对家庭旅游表示无所谓的受访群体比重仅占3.1%。此外,家庭旅游高频化的潜在市场动力强劲。数据显示,年均家庭旅游次数3~5次和5次以上的占比远低于潜在出游意愿占比;20%以上的受访者明确表示有提高家庭旅游频次的强烈意愿;对高品质和高性价比旅游产品提出明确诉求的分别超过40%和50%。

在家庭旅游走热的同时,市场中存在的问题也逐渐凸显。该专项调研显示,超过一半的受访者认为家庭旅游产品缺乏家庭服务;44.1%的受访者认为产品缺乏教育意义;38%的受访者认为产品设计不合理、同质化严重、性价比差等产品问题突出。此外,认为家庭旅游产品主题不突出的受访者占17.8%。

中国旅游研究院院长戴斌指出,家庭旅游正在从市场自发的成长期开始走向市场培育期。随着我国优质家庭旅游强需求时代的来临,如何进一步满足不断增长且日渐多元化的家庭旅游需求,是新时代家庭旅游从高速增长转向高质量发展需考虑的重点。

(三)旅游市场营销调研的类型

如表2-9所示,根据旅游市场营销活动过程中出现问题的性质不同、调查所要达到的目的不同,旅游市场营销调研可分为四种类型。

表2-9　旅游市场营销调研的类型

类型	所研究问题的性质	目的
探测性调研	对面临的问题不清楚,调研面很广,尚未确定调研内容	为获得针对某项问题的答案,而进行一种试探性调研
	示例:某酒店近期订单减少,原因何在? 是宏观经济原因? 广告力度不够? 酒店品质下降? 酒店营销人员就可以使用探测性的调研方法找到问题的症结所在,以便进一步深入调研	
描述性调研	对所调查的问题有一些了解,或者调查方向较为明确	对营销活动的现象进行观察,详尽如实地记录客观情况,描述变化原因
	示例:酒店订单减少的原因在于广告力度不够,于是需要对广告支出额、投放时间、广告设计和效果进行详细记录,并着重描述问题是怎样的	
因果性调研	运用逻辑推理和统计分析的方法找出并证明某一现象产生的因果关系的调研	旅游企业为了了解旅游市场中某种现象的原因和结果之间的数量关系,找出营销出现问题的原因
	示例:经过描述性调研得出酒店有关广告支出额度和相应的销量下降的数据,运用统计方法分析两个变量之间存在的线性关系,从而得出这两个变量之间的数学模型	
预测性调研	对市场信息综合分析研究,预测市场未来发展变化的趋势	对市场的发展趋势及其变动幅度做出科学判断
	示例:某旅行社通过对市场的调研,分析国内旅游和入境旅游相关产品的销售情况,发现国内旅游相关的旅游产品市场占有率较低,出境旅游却被广泛接受,于是调整营销策略,把重点放在出境旅游的营销和宣传上面	

【课堂互动2-14】

根据旅游市场营销四种不同的调研类型,尽可能多地列举每种调研可以解决哪些旅游营销的问题。

组织方式:以小组为单位,每组抽签选择一个调研类型,展开关于以上问题的思考与讨论,并在班级内分享。

(四)旅游市场营销调研的作用

对于旅游企业来讲,充分的市场调研有助于充分了解旅游市场动向和发现市场机会。

第一,旅游市场瞬息万变,只有充分的调研,才能使企业了解市场动向、把握机会、调整营销策略,更好地满足旅游者需求。

第二,市场调研可以帮助旅游企业进行科学决策。旅游调研是旅游企业获取市场信息的重要途径,是帮助营销者认清市场动态的基本方法,也是进行市场研究的有效手段。

第三,通过调研,可以充实完善旅游市场营销信息系统。旅游市场营销调研是一项基础性的长期工作,可以系统持续地搜集大量信息,这些信息进入旅游市场营销信息系统后,可以使营销信息系统的内容日益充实与完善。

【同步案例2-24】

宝洁公司和一次性尿布

宝洁公司以其寻求和明确表达顾客潜在需求的优良传统,被誉为在面向市场方面做得最好的美国公司之一。其婴儿尿布的开发就是一个例子。1956年,该公司开发部主任维克·米尔斯在照看其出生不久的孙子时,深切感受到一篮篮脏尿布给家庭主妇带来的烦恼。洗尿布的责任给了他灵感。于是,米尔斯就让手下几个最有才华的人研究开发一次性尿布。

一次性尿布的想法并不新鲜。事实上,当时美国市场上已经有好几种牌子了。但市场调研显示:多年来这种尿布只占美国市场的1%。原因首先是价格太高;其次是父母们认为这种尿布不好用,只适合在旅行或不便于正常换尿布时使用。调研结果还表明,一次性尿布的市场潜力巨大。美国和世界许多国家正处于战后婴儿出生高峰期,将婴儿数量乘以每日平均需换尿布次数,可以得出一个大得惊人的潜在销量。

宝洁公司产品开发人员用了一年的时间,力图研制出一种既好用又对父母有吸引力的产品。产品的最初样品是在塑料裤衩里装上一块打了褶的吸水垫子。但1958年夏天现场试验结果,除了父母们的否定意见和婴儿身上的痱子以外,一无所获。于是又回到图纸阶段。

1959年3月,宝洁公司重新设计了它的一次性尿布,并在实验室生产了37 000个,样子与现在的产品相似,拿到纽约州去做现场试验。这一次,有三分之二的试用者认为该产品胜过布尿布。然而,接踵而来的问题是如何降低成本和提高新产品质量。为此要进行的工序革新,比产品本身的开发难度更大。一位工程师说它是"公司遇到的最复杂的工作",生产方法和设备必须从头搞起。不过,到1961年12月,这个项目进入了能通过验收的生产工序和产品试销阶段。

公司选择地处美国最中部的城市皮奥里亚试销这个后来被命名为"娇娃"的产品时发现,皮奥里亚的妈妈们喜欢用"娇娃",但不喜欢10美分一片尿布的价格。因此,价格必须降下来。但是降多少呢?在6个地方进行的试销进一步表明,定价为6美分一片,就能使这类新产品畅销,使其销售量达到零售商的要求。宝洁公司的几位制造工程师找到了解决办法,用来进一步降低成本,并把生产能力提高到使公司能以该价格在全国销售娇娃尿布的水平。

娇娃尿布终于成功推出,直至今天仍然是宝洁公司的拳头产品之一。它表明,企业对市场真正需求的把握需要通过直接的市场调研来论证。通过潜在用户的反映来指导和改进新产品开发工作。企业各职能部门必须通力合作,不断进行产品试用和调整定价。最后,公司做成了一桩全赢的生意:一种减轻了每个做父母的最头疼的一件家务产品,一个为宝洁公司带来收入和利润的重要新财源。

三、旅游市场营销调研的程序

为保证旅游市场营销调研的系统性与准确性,营销调研活动应依据一定的科学程序进行。一般来说,需要经过五个阶段九个步骤(图2-22)。

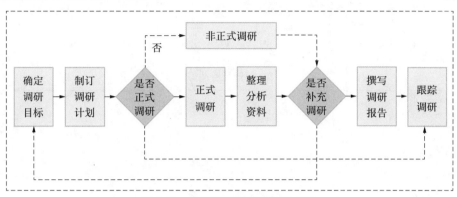

图2-22　旅游市场营销调研的程序

(一)确定调研目标和内容

在旅游市场营销决策的过程中,会存在很多不确定的因素,因此需要调研的问题很多,但是不可能通过一次调研解决所有问题,只能在其中找出最关键、最核心、最迫切、最重要的问题作为调研的主要内容。市场调研只有目标明确、内容具体、范围合理,才能取得良好的效果。

(二)制订调研计划

调研计划是旅游市场营销调研的行动纲领,它的制订需要综合考虑调研目标、企业各方面条件的制约、调研对象的特征,并需要决策者对各种调研方法和工具有深入的理解。调研计划一般包括:确定调研的时间和进度安排、确定信息资料的来源、明确调研的方法、选择合理的调研工具、编制调研的经费预算、明确人员培训和分工等。制订调研计划是调研活动中非常关键的一个步骤。

【同步案例2-25】

小名同学是一个5A级旅游景区的实习生。最近一段时间,小名同学发现该景区的游客量有所减少,而且还经常收到游客对景区的投诉。

小名同学感到很奇怪,于是就以游客的身份询问了一些在景区内逗留的游客,包括一些团体游客和散客。询问过程中,有人告诉小名同学,游客在进入景区之前,会路过一个小村子,村民们看到景区的经济效益蒸蒸日上,于是就开始了各种跟随游客强买强卖的行为,这种事件的发生让很多游客感到非常反感。此外,在进入景区后,游客还需要排很长的队伍才能买到或者兑换到该景区的门票,这点也让游客怨声载道。

再者,在景区游玩的过程也有很多问题,有的游客说,有些旅游服务设施年久失修,影响了景区内部分景观的美观程度;还有游客认为,有的服务设施、设备已经出现了安全隐患;还有一些游客反映,当景区内客流量较大的时候,游客的就餐和住宿也得不到很好的安排;等等。

为了能更好地满足游客在游览景区时的需求,减少客源流失,小名同学准备进行一次比较全面的市场调研。下面是小名同学的调研计划书:

某5A级旅游景区游客服务调查计划书

调查目标:景区游客不满的原因和真实需求

调查方法:问卷法

抽样方法:非随机抽样

样本数量:500 份

问卷制作:制作《某 5A 级旅游景区游客服务调查问卷》

调查时间:10 月 1—7 日

调查地点:景区游客中心、景区各主要景点

调查对象:团体游客(250 人)、散客(300 人)

组织计划:小名同学担任组长,小李同学、小张同学等 6 位同学分派到不同区域按照计划开展调研工作。

附:调查经费预算

项目	金额/元	备注
打印费	400	打印调查问卷
劳务费	500	参与调研的人员
其他	100	主要用于通信费
合计	1 000	

(三)实施调研计划

通过调研计划搜集相关数据和资料,并对这些数据和资料进行分析处理,最后得出调研结论。在收集相关数据时,可以把数据分为一手数据和二手数据,一手数据可通过询问法、观察法、实验法或问卷法直接从游客处得到;二手数据可通过各种记录、凭证、报表、客户订单等资料,或是从政府有关部门、市场研究或咨询机构、期刊、文献等外部渠道获取。

(四)撰写调研报告

调研报告是调查研究工作的最终成果,是调研人员与营销调研结果的使用者进行沟通的主要形式。市场营销调研报告的内容和质量,决定了旅游企业经营者据此进行营销决策的有效程度。

一般来讲,调研报告分为专题报告和一般性报告两种类型。专题报告,又称技术性报告。在撰写时应注意尽可能详细,凡在原始资料中的事实都要列入,以便其他专业人员参考。这种详细的专题报告使得营销人员能够清晰地了解调研报告的适合程度以及准确程度。一般性报告,又称通俗报告。广泛地适合那些只关心研究结果而对研究技术无兴趣的营销人员,如旅游企业的主管或公众。一般性报告应力求条理清晰,能吸引人,避免过多引用术语。

虽然不同的旅游组织、不同的调研机构在调研报告的格式规范或者风格偏好上存在一些差异,但是每份调研报告都包括一些必要的内容,并且在结构安排上必须保证能够准确而且简洁地将信息传递给决策者。调研报告的编写要求内容客观、文字简练、重点突出、层次清晰、结论明确。

【同步案例 2-26】

调研报告的内容框架

调研报告的结构一般包括:标题封面、目录、摘要、前言、正文、结论及建议、附录七个部分。

类别	主要内容
标题封面	封面需要写明调研题目,负责部门或企业、撰写团队和日期。这部分需要让读者知晓调研报告的题目、此项报告是为谁而写、此项报告由谁完成和此项报告的完成日期

类别	主要内容
目录	目录应该列出报告的所有主要部分和细节部分,及其所在页数,以便读者能尽快阅读所需内容
摘要	摘要需以简明扼要的话陈述研究结果,以便旅游企业的决策者或主管在繁忙的时间迅速地了解调研的成果,决定应采取什么样的措施或行动
前言	一般来讲,前言需包括调研背景、调研目的和所采用的调研方法。在调研方法里要说明样本设计和抽样方法等
正文	这部分包括研究过程和研究结果,是调研报告的核心内容,其任务是将研究结果有组织有条理地整理和陈述。应做到图文并茂,便于读者阅读
结论及建议	研究者的作用不仅在于向读者提供调查事实,而且应该在事实的基础上得出问题的结论并提供建议
附录	即调研报告的结尾部分,起到以数据图表来表述调研报告的作用。有些与报告主体"调查结果"相关的数据图表通常也被放在"附录"这一部分

(五)跟踪调研

调研的结论需要通过付诸实践,接受实践的检验。因此,有必要进行跟踪与反馈,即对调研结果进行追踪,并及时反馈,修正原有的调研结论,以提高决策的准确性。一般来讲,后续的跟踪调研活动有两个方面的内容:第一,跟进并了解调研数据和报告被使用的情况;第二,将营销调研的结果有序保存或跟进研究,从而有助于旅游企业对某些关键问题进行持续的追踪,形成系列调研。

【课堂互动 2-15】

写一份旅游市场营销调研计划书。

　　组织方式:以小组为单位,将自己熟悉的某景区作为研究基地,按照旅游市场营销调研的内容,选择一个侧重点作为调研内容。尝试为各自团队拟订的调研任务制作一份调研计划书。

　　任务要求:以案例 2-24 中的调研计划书为参照,尽可能详细地完成自己的调研计划书。

四、旅游市场营销调研的方法和技术

(一)旅游市场营销调研的方法

根据旅游调研的目的和具体的研究目标,选择合适的调研对象,采用适当的调研方法和技术,才能获取完整可靠的信息。旅游营销人员常用的调研方法主要有文案调研法、询问法、观察法和实验法四种。

1. 文案调研法

文案调研法,也称间接调研法,是指通过搜集旅游企业内、外部各种现有的文献资料和数据信息,也就是二手资料,从中摘取与市场调研问题有关的情报进行分析研究的一种调研方法。这种方法相对比较快捷和低成本。虽然所得资料可能存在内容与调研目标不一致、准确性和实效性较差等问题,但是,它具有较高的可操作性,并能为收集第一手资料提供背景依据。

2. 询问法

询问法是调研人员根据拟订调研提纲,以访谈询问的方式向被调查者了解旅游企业的一种方法。一般包括以下 4 种方法：

（1）面谈法

面谈法适用于收集探索性数据和描述性数据，既包括人员面谈，也包括座谈询问。在进行人员面谈询问时，可以采用人户询问和拦截询问两种形式，户外调研多以拦截询问为主。

（2）电话调研

电话调研就是通过打电话获取信息资料的方式。这种方法速度快、费用低、问题便于统一，但通话时间不宜过长，信息不深入、不详细。

（3）邮寄调研

邮寄调研就是把预先设计好的问卷以邮寄的形式寄出去，在一定时间段内收回问卷的方式。此方法调研范围广、成本低、信息较为真实，但问卷回收率低、回收时间长。

（4）网络调研

如今科技发达，网络平台、手机 App 更是方便快捷。将问卷上传至平台，通过网络平台或手机 App 填写问卷，这种方式的调查面大，样本数量也可以很多，而且问卷回收后还有简单的统计分析。

3. 观察法

观察法是指调研人员根据调研目标和要求，对被有关对象进行观察、记录，直接收集一手资料的调研方法。在观察时，既可以耳闻目睹现场情况，也可以利用照相机、录音机、摄像机等仪器对现场情况作间接的观察，以获取真实的信息。观察法的优点是被调查者往往是在不知不觉中被观察、调查的，所收集的资料较为客观、可靠、生动、详细。但是此方法成本较高，且只能观察事实的发生，不能了解行为发生的内在因素，因此，应与其他方法结合使用。

【课堂互动 2-16】

背景材料：某玩具生产商想知道 3—6 岁的小朋友们比较喜欢哪类玩具。于是，他们选择在当地几家大型商场的玩具区域进行观察，并且发现了 3—6 岁小朋友喜欢的玩具的种类，以及他们对这种玩具的关注时间有多长。但是，遗憾的是，玩具生产商却无法得知 3—6 岁小朋友为什么喜欢这类玩具。

提问：如果你是玩具生产商，你会通过什么方法来调查小朋友的喜欢这类玩具的原因？

组织方式：以小组为单位，对以上问题进行 5 分钟的头脑风暴，选择一名小组代表在班级内分享思考后的结论。

4. 实验法

实验法是指将被调查对象置于特定的环境下，通过测量外界因素变化和检测结果变化来发现它们之间的因果关系的一种调研方法。此种方法适用于获取因果性调研数据，其优点是管理上易于控制、方法科学，资料真实。但由于客观市场营销环境异常复杂而严重影响实验结果的推广。

【同步案例 2-27】

美国某公司准备改进咖啡杯的设计，为此他们进行了如下市场实验。

首先，他们进行咖啡杯选型调查，他们设计了多种形状的咖啡杯，随机选择了 500 个家庭主妇进行现场选择，以此来调查哪一种咖啡杯的形状最受欢迎。结果发现，选用四方长腰果形杯子的家庭主妇更多。

接着他们利用各种颜色会使人产生不同感觉的这一特点，请了 30 多人，让他们每人各喝 4 杯浓度相同但咖啡杯颜色不同的咖啡。试饮的结果发现，使用咖啡色杯子的人，2/3 都认为咖啡"太浓了"，使用紫色杯子的人都异口同声地说"太淡了",使用黄色杯子的人都说"嗯,不浓,正好"。而使用红色杯子的人中,竟有90%的人说"咖啡太浓了"。

根据这一调查结果,公司咖啡店里的杯子以后一律改用红色杯子。因为这样既节约了咖啡原料,又得到了绝大多数顾客的满意。不出意外的,这种经过市场检验的四方长腰果形状的红色杯子投入市场后,以销售量比竞争者多两倍的优势取得了胜利。

(二)旅游市场营销调研的技术

1. 抽样技术

通常,旅游企业要完成一项市场调查,要么对市场总体逐一进行全面调查,要么就是从市场总体中,抽取一部分单位数量作为样本,根据样本信息来推断总体情况而进行非全面调查。也就是说,从研究对象的范围上看,调研可以分为市场普查和抽样调查。

(1)市场普查

市场普查是对全部调查对象所进行的无一遗漏的逐一调查和数据收集。市场普查是一种一次性调查,其目的是把握在某一时点上、一定范围内所有调查对象的基本情况,以取得全面而准确的统计资料。比如在人口统计中,我们经常采取的方法就是市场普查的方法。这种方法收集的信息全面,但是耗费的时间长,工作量大。

(2)抽样调查

在营销调研中,旅游企业需要调查的总体包括了数量众多的个体,若采用大规模的普查在时间和成本上将耗费巨大。因此,在旅游市场营销的研究领域中,旅游企业大量使用的是抽样调查。抽样调查是指根据调研目标从调研对象总体中抽出一定的个体即样本,并根据样本的特征来推测总体特征的一种调查方式。抽样调查具有降低成本、节约时间的优点,规模相对较小,经过精心选择的样本在很大程度上能够反映出总体的特征。

抽样方法可以分为随机抽样和非随机抽样。一般情况下,在抽取同等规模的样本时,随机抽样的费用略高,而且需要较长时间收集资料,但总体来说,两种抽样方法各有所长。在旅游市场营销调研的过程中,两种抽样方法都经常被调研者所使用。通常,选择何种抽样方法取决于旅游企业研究的目的、资金的制约、时间的限制以及总体分布等特点。具体抽样方法的运用如表 2-10、表 2-11 所示。

表 2-10 随机抽样调查方法

分类	特征	示例
简单随机抽样	在总体单位中不进行任何的选择和变动,按随机原则抽取样本。适用于总体中的各单位之间差异较小或难以分组分类的情况	①日常生活中的"抽签"活动 ②随机数字法
等距随机抽样	先按一定标志把总体各单位进行排序,然后随机按一定的时间间隔抽取部分单位来构成样本。适用于能按某种标志排序的总体	研究本校大学生的旅游出行情况 抽样方法:根据在校生学号的排序,每隔50个号随机抽选一个学生作为样本
分层随机抽样	把总体按照一定属性分为若干层次,然后在每层中随机抽取部分单位构成样本。适用于总体和单位之间差异较大的情况	酒店客房用品使用情况调查,样本100人 抽样方法:酒店接待男女顾客比例是6∶4,据此决定随机抽取男性60人,女性40人,再对所有顾客进行编号随机抽取
分群随机抽样	把调查总体分为若干群体,然后按随机原则选取一群或几群构成样本。整群抽样所划分的每个子群体与总体一样具有异质性特征	调查高校研学旅游的潜在市场 调研者以班级为群体单位,根据班级的编号随机抽取若干个班级,直接构成所要调查的样本

表 2-11　非随机抽样调查方法

分类	特征	示例
方便抽样	所有样本的选出,仅仅是出于便利的考虑。街头随机访问或拦截访问、邮寄式调查、杂志问卷调查、网上调查等都属于方便调查的方式。抽样单位可以接近、容易测量、容易合作;但各种选择偏差都存在,需慎重对待调查结果	①常见的无限制的街头拦访 ②随意的入户访问 ③邮箱随机问卷调查 ④网站浏览者问卷调查
判断抽样	根据特定的选择标准来抽取典型的样本的方法。一种是采用平均型或多数型的样本为调查单位,通过对典型样本的研究,由专家来判断选择样本;另一种是利用统计方法判断选择样本。优点是简便、易行、及时、资料回收率高;缺点是容易发生主观判断产生的误差,无法计算抽样误差和可信程度较低	某景区要对其自助旅游者的信息获取渠道进行调研 抽样方法:调查员根据同行的人数及是否有导游等标准来进行简单的判断
配额抽样	配额抽样是根据一定标识对总体分层或分类后,从各层或各类中主观地选取一定比例的调查单位。所谓"配额"是指对划分出的总体各类型都分配一定的数量而组成调查样本。配额抽样是根据总体的结构特征来确定样本分配定额或分配比例,以取得一个与总体结构特征大体相似的样本	若样本量为 400 户,应从每个次总体中按比例依次抽取 140 户、80 户、100 户、80 户。在调查时给每一个调查员指定在每个次总体中调查的户数。指定每个调查员在第1、2、3、4 次总体中分别调查 7 户、4 户、5 户、4 户
滚雪球抽样	借助最初被调查者的推荐或介绍来选择和获得其他被调查者的抽样方法。基于同一类型的人相互之间更有可能联系的假设,滚雪球的方法是降低抽样成本和提高被访者触及率的非常有效的方法	这种抽样方法经常用在被访问对象较少或比较难以触及调查对象的情况下

【同步案例 2-28】

河北景区游客满意度调查样本预计超百万人次

资料来源:凤凰网

2018 年 10 月 1—15 日,河北省旅游委将在全省范围内开展"填写河北省景区游客满意度调查问卷,赢取河北旅游景区门票"活动。本次调查范围将覆盖全省 3A 级以上景区,采取现场调查和网络调查两种方式,预计调查样本超过 100 万人次。

游客可以通过景区发放的问卷,关注河北旅游微博、微信的推送内容,或登录河北旅游资讯网、河北新闻网、长城网、南北游等网站进入调查页面,对景区内部公共基础设施、景观质量、管理服务、环境卫生、秩序安全,以及景区外部交通、公共服务体系、景区所在城市的旅游体验等方面做出评价,成功完成身份验证的游客还将有机会获得 5A 或 4A 级景区门票奖励。

经过分析整理,河北省旅游委将撰写全省景区游客满意度调查报告,汇总问题和建议,组织省内外知名旅游专家对调查报告进行研讨,提出具有针对性的解决措施,督导相关景区按要求进行整改提升。

此举将有助于全面掌握游客对景区产品设计、管理服务、基础设施、安全秩序等方面的综合评价情况和满意程度,促进旅游景区产品转型升级、管理和服务水平不断提升、旅游基础设施更加健全完备。

2. 问卷技术

调查问卷又称调查表,是指以书面问答的形式了解调查对象的反应和看法,由此获得资料和信息的一种调查方式。调查问卷的设计是旅游市场调查中的一项基础性的工作,直接关系到调研能否达到预期的目的。

（1）问卷结构

调查问卷是用来收集调研数据的一种重要工具,是调查者根据调研目的和要求设计的,由一系列问题、备选答案、说明以及编码组成的书面文件。如表2-12所示,调查问卷的结构一般包括四个部分:标题、前言、正文和结束语。

表 2-12 问卷调查的构成要素

类别		主要内容
标题		要有一个醒目的标题。能让被调查者很快明白调查的意图
前言		首先是问候语,并向被调查对象简要说明调查的宗旨、目的和对问题回答的要求等内容,引起被调查者的兴趣,同时解除他们回答问题的顾虑,并请求当事人予以协助。如果是留置调查,还应注明收回的时间
正文	被调查者信息	主要是了解被调查者的相关资料,以便对被调查者进行分类。一般包括被调查者的姓名、性别、年龄、职业、受教育程度等。这些内容可以了解不同年龄阶段、不同性别、不同文化程度的个体对待被调查事物的态度差异,在调查分析时能提供重要的参考作用,甚至能针对不同群体写出多篇有针对性的调查报告
	调查项目	调查项目是调查问卷的核心内容,是组织单位将所要调查了解的主要内容,具体化为一些问题和备选答案。调查项目应主题鲜明,内容明确,与调查问卷的标题内容保持一致
	调查者信息	用来证明调查作业的执行、完成,和调查人员的责任等情况,并方便日后进行复查和修正。一般包括:调查者姓名、电话,调查时间、地点,被调查者当时的合作情况等
结束语		在调查问卷最后,简短地向被调查者强调本次调查活动的重要性并再次表达谢意

（2）问卷类型

旅游市场调研问卷中的问题是核心内容,是问卷的主体,主要的问题类型有开放式问题和封闭式问题两大类。

开放式问题是一种可以自由地用自己的语言来回答和解释有关想法的问题。即问卷题目事先没有规定答案,可以自由回答,不加任何限制。使用开放式问题,被调查者能够充分发表自己的意见,活跃调查气氛,尤其是可以收集到一些设计者事先估计不到的资料和建议性的意见。但在分析整理资料时由于被调查者的观点比较分散,有可能难以得出有规律性的信息,并会导致调查者的主观意识参与,使调查结果出现主观偏见。

封闭式问题一般包括两项选择题、单项选择题、多项选择题、程度性问题等,要求被调查者选择合适的答案。两项选择题由被调查者在两个固定答案中选择其中一个,适用于互相排斥的二择一式问题。单项或多项选择题是对一个问题预先列出若干个答案,让被调查者从中选择一个或多个答案。程度性问题是当涉及被调查者的态度、意见等有关心理活动方面的问题时,通常用表示程度的选项来加以判断和测定。如图2-23所示,量表应答式问题是程度性问题中经常用到的。

图 2-23 量表应答式问题的类型

（3）问卷设计原则

必要性原则——为避免被调查者在答题时出现疲劳状态，随意作答或不愿合作，问卷篇幅一般尽可能短小精悍，问题不能过多，每个问题都必须和调研目标紧密联系，并需要考虑题目之间是否存在同语重复，相互矛盾等问题。否则会使被调查者感到时间太长而敷衍了事或拒绝回答。

准确性原则——问卷用词要清楚明了，表达要简洁易懂，一般使用日常用语，避免被调查者有可能不熟悉的俗语、缩写或专业术语。当涉及被调查者有可能不太了解的专业术语时，需对其作出阐释。语言表达清晰准确，避免用"一般""大约"或"经常"等模糊性词语，否则容易误解，影响调查结果。

客观性原则——避免用引导性问题或带有暗示性或倾向性的问题。调查问句要保持客观性，提问不能有任何暗示，措辞要恰当，避免有引导性的话语。如避免在问卷题目开始加入"普遍认为""权威机构或人士认为"等字眼。

可行性原则——设计提问时，要考虑到被调查者的自尊，问题不应是被调查者不了解或难以答复的问题，避免涉及私人生活的、有威胁的、令人窘迫的问题。对于一些敏感问题、个人不愉快的经历或不愿真实回答的问题，应采用委婉的方式来提问。在调查时，不要对任何答案作出负面反应。

逻辑性原则——问题设置紧密相关，问题集中、条理清晰，体现问卷的整体感和逻辑性，所提的问题最好是按类别进行"模块化"。在安排上应先易后难，从一个引起被调查者兴趣的问题开始，再问一般性的问题、需要思考的问题，而将敏感性问题放在最后。

（4）问卷设计流程

在设计调查问卷时，首先要确定调研目的、数据分析方法等因素，再确定问题类型。如为什么要调查？对哪些对象进行调查？调查需要了解什么？即要确定调查团队的调研目的、调研内容和调研对象。其次，要分析样本特征，即分析了解各类被调查对象的基本情况，以便针对其特征来准备问卷。如图2-24所示，涉及调查问卷依次要经历以下七个步骤。

| 确定主题收集资料 | 明确提问方式 | 斟酌措辞 | 确定问题顺序 | 设计问卷结构 | 审查与修改 | 试查 |

图2-24　问卷设计的流程

值得注意的是，一般旅游企业在展开大型调查活动前，最好预先在小范围内进行问卷测试。其目的主要是发现调查问卷中存在的歧义、解释不明确的地方，寻找封闭式问题额外选项，以及了解被调查者对调查问卷的反应情况。从而让调研团队对调查问卷进行修改与完善，以保证旅游企业问卷调查活动目标的顺利实现。

【同步案例2-29】

景区游客调查问卷

【同步案例 2-30】

游客自助旅游服务需求调查问卷

问卷编号_____

您好！我们是兰州文理学院旅游管理专业的学生，我们正在做关于自助旅游服务需求的调查活动，请您协助填写这份调查问卷。问卷信息仅作为学术研究使用，绝不会外泄，请您放心！感谢您的合作！

一、以下是您的基本信息，需要您的回答，谢谢！

1.您来自_____？

2.您的性别？（　　　）

A.男　　　B.女

3.您的年龄？（　　　）

A.18 岁以下　　　B.18—25 岁　　　C.26—35 岁　　　D.36—50 岁　　　E.51—65 岁　　　F.65 岁以上

4.您的职业？（　　　）

A.国家行政机关工作人员　　　B.事业单位工作人员　　　C.企业职工　　　D.自由职业者　　　E.学生

F.农民　　　G 其他

5.您的月收入？（　　　）

A.2 000 元以下　　　B.2 000~4 000 元　　　C.4 000~6 000 元　　　D.6 000~10 000 元　　　E.10 000 元以上

6.您的受教育程度？（　　　）

A.中小学　　　B.初高中　　　C.专科、本科　　　D.硕士研究生　　　E.博士及以上

二、以下是有关自助旅游服务方面的问题，需要您的回答，谢谢！

1.您外出旅游一般选择的方式是？（　　　）

A.团队旅游　　　B.目的地散客拼团旅游　　　C.自助旅游

2.自助旅游时，您一般会选择哪种交通方式？（　　　）

A.徒步旅游　　　B.自行车旅游　　　C.自驾车旅游

D.目的地包车、拼车旅游　　　E.公共交通旅游

3.您经历过自助旅游的次数是？（　　　）

A.1~2 次　　　B.3~4 次　　　C.5~6 次　　　D.6 次以上

4.您为什么会选择自助旅游？（　　　）

A.追求自由的感觉　　　B.自主性强，可以随意安排行程和时间

C.对旅行社的不信任、不满意　　　D.比团队旅游更经济划算

E.时下流行　　　F.其他_____

5.您通常跟谁去旅游？（　　　）

A.独自　　　B.朋友　　　C.恋人　　　D.家人　　　E.驴友等社交好友　　　F.其他_____

6.您一般通过什么渠道获取自助旅游信息？（　　　）（多选）

A.网络　　　B.旅行社　　　C.电视广告　　　D.报纸杂志

E.户外广告　　　F.旅游宣传手册　　　G.亲朋好友介绍　　　H.旅游书籍

7.您在自助旅游前，最想获得哪些方面的信息？（　　　）（多选）

A.交通信息　　　B.住宿信息　　　C.景区景点　　　D.特色餐饮　　　E.文化娱乐项目

F.旅游攻略　　　G.旅游安全状况　　　H.公共服务便捷情况　　　I.其他_____

8.您在自助旅游过程中主要在什么方面消费？（　　　）（多选）

A.交通方面　　　B.住宿方面　　　C.景区门票　　　D.餐饮方面　　　E.购物方面　　　F.娱乐方面

9.您在旅游过程中,以下所列的旅游服务项目和内容的重要性程度是怎样的?

序号	项目内容	重要性程度				
		非常重要	比较重要	一般	轻微	不重要
1	"食住行游购娱"核心服务					
2	旅游公共信息服务					
3	旅游保障服务					
4	便民惠民等公共服务					

10.对您来讲,"食、住、行、游、购、娱"核心六要素服务的重要性程度是怎样的?

序号	项目内容	重要性程度				
		非常重要	比较重要	一般	轻微	不重要
1	餐饮服务					
2	住宿服务					
3	交通服务					
4	景区服务					
5	购物服务					
6	娱乐服务					

11.对您来讲,以下旅游公共信息服务的重要性程度是怎样的?

序号	项目内容	重要性程度				
		非常重要	比较重要	一般	轻微	不重要
1	旅游官网电脑网络平台					
2	旅游官网手机智慧平台					
3	携程、途牛等旅游平台					
4	目的地旅游咨询中心					
5	城市公共旅游电话热线					
6	旅游公共信息查询机					
7	交通导引标识、智能导航					
8	游览解说标识、语音讲解					
9	旅游宣传手册、折页					
10	旅游安全预警信息发布					
11	旅游形象宣传信息发布					
12	天气、空气质量等信息					
13	救援信息					
14	投诉信息					

12. 对您来讲,以下旅游保障服务的重要性程度是怎样的?

序号	项目内容	重要性程度				
		非常重要	比较重要	一般	轻微	不重要
1	旅游投诉服务					
2	旅游救援服务					
3	金融服务					
4	保险服务					
5	环境(生态、人文)					

13. 对您来讲,以下便民惠民公共服务的重要性程度是怎样的?

序号	项目内容	重要性程度				
		非常重要	比较重要	一般	轻微	不重要
1	免费资源(博物馆、公园)					
2	特殊人群优惠政策					
3	城市无线网络覆盖					
4	公共自行车布点					
5	公共厕所布点及维护					

14. 您在自助旅游过程中,对自助旅游服务方面有什么较好的建议吗?

_____

再次感谢您的参与,祝您旅途愉快,谢谢!

调研时间: 　　调研地点: 　　调研者:

【课堂互动 2-17】

尝试设计一份旅游市场调查问卷。

组织方式:以学生兴趣为出发点,每个小组确定各自的调查主题及调查对象,设计一份完整的调查问卷。

完成要求:以小组为单位,参考同步案例 2-28 完成调查问卷。

五、旅游市场营销预测

(一)旅游市场预测的概念

旅游市场预测是指在旅游市场营销调研的基础上,运用科学的方法,对影响旅游企业市场变化的各个因素进行研究、分析、判断和估计,以推测未来一段时间内旅游市场的变化趋势及发展规律活动。旅游企业为了使自己的产品和服务能够最大限度地适应市场的需要,不仅要运用旅游市场营销原理对市场需求进行各种定性分析,还需要运用一些科学的方式方法,从定量分析的角度去分析和研究市场,预估未来旅游市场的发展趋势和规模需求。

【同步案例 2-31】

市场研究预测中国 2030 年成全球最热旅游地

资料来源：新浪网

（二）旅游市场预测的内容（图 5-25）

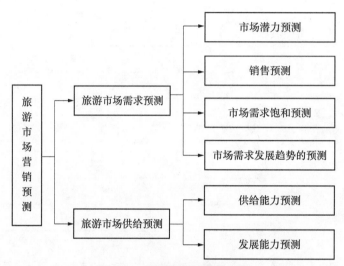

图 2-25 旅游市场预测的内容

旅游企业市场预测的内容十分广泛，凡是能够引起旅游市场变化的因素，都可以作为旅游市场预测的内容。其中，许多因素难以预测，如政府干预、自然条件变化、疾病发生等，但对于旅游市场供给和需求的预测是市场预测的核心内容，也是旅游企业进行市场营销决策的基础。

1. 旅游市场需求预测

旅游市场需求预测主要包括市场潜力预测、销售预测、市场需求饱和预测和市场需求发展趋势的预测，具体如表 2-13 所示。

表 2-13 旅游市场需求预测的主要内容

分类	主要内容
市场潜力预测	对某项旅游产品在市场上的最大销售潜力的预测
销售预测	对今后一定时期内最接近的销售水平的预测
市场需求饱和预测	是指现在起若干年后某项旅游产品在某一特定市场达到的饱和需求量。饱和点是产品生命周期的转折点，它包括原产品社会需求量的饱和与有支付能力的需求的短期饱和。这种饱和不是固定不变的，随着产品的改进及社会购买力的提高，产品会从饱和点进入新的发展阶段
市场需求发展趋势的预测	市场需求的发展变化包括多个方面，如旅游者的爱好及消费方式的变化、技术进步对旅游需求的影响等。在对某旅游目的地进行规划开发前，就要做充足的市场调研和预测，才能判断旅游目的地的发展前景，生产出适合市场的旅游产品

2. 旅游市场供给预测

旅游市场供给预测主要是对旅游资源及旅游设施发展趋势的预测,包括供给能力预测和发展能力预测,具体如表2-14所示。

表2-14 旅游市场供给预测的主要内容

分类	主要内容
供给能力预测	了解有多少旅游企业生产同类旅游产品或服务,以及其产品规模、成本、管理水平和技术等情况
发展能力预测	旅游业发展能力预测包括对旅游业技术条件、旅游资源供给、交通运输现状及发展趋势的预测

(三)旅游市场预测的方法

在进行旅游市场预测时,我们会用到很多的方法,最常用的方法就是定性预测和定量预测。

1. 定性预测

定性预测是预测者根据自己挖掘的实际情况,结合实践经验,专业水平,对旅游企业发展前景的性质、方向和程度作出判断。一般用于长期预测。定性预测包含了四种具体的方法,分别是个人预测法,经营人员集体预测法,旅游消费者购买意向调查预测法和专家意见预测法,具体如表2-15所示。

表2-15 定性预测的主要方法

分类	主要内容
个人预测法	由决策者将市场相关数据汇总后加以归纳分析,从而制订企业策略的预测方法,此类方法主观性较大
经营人员集体预测法	旅游企业的决策者、中层管理者和销售人员以各自的市场情报和数据资料,用科学的方法和数学手段,对市场前景进行综合判断。此类方法比较接近实际,但是由于各自对经济发展和市场变化的认识不同,会导致结果有一定的局限性
消费者购买意向调查预测法	通过对旅游消费者的消费行为进行分析与总结,然后制订具体的旅游产品营销策略的方法
专家意见预测法	即德尔菲法,具体内容参见本模块任务一第四部分内容

2. 定量预测

定量预测也称为统计预测法,是以预测对象的历史市场数据为基础,建立并运用数学模型进行预测的方法。适用于中短期预测。比如,当旅游消费者在携程旅游App浏览订购旅游产品时,就有一些个性化推荐的内容,网络平台记忆了我们曾经浏览或购买过的旅游产品的记录,并在后台利用数学方法进行计算与判断,得出了旅游消费者们的购买习惯和偏好,然后给旅游消费者做出了相应的个性化推荐内容。常用的定量预测法有两种具体方法,分别是时间序列法和因果关系分析法,具体如表2-16所示。

表2-16 定量预测的主要方法

分类	主要内容
时间序列法	根据事物发展的连续性原理、时间数列资料,运用预测模型,着重于分析市场的过去和未来联系,找出时间序列变动规律,使其向未来延伸进行预测。常用的有简单平均法、移动平均法、指数平滑法、季节预测法等

续表

分类	主要内容
因果关系分析	从事物发展变化的因果关系出发,运用统计方法,寻求市场变量之间具有依存关系的数量模型进行预测。常用的有回归分析模型和经济计量法两种

(四)旅游市场预测的程序

旅游企业在进行旅游市场营销预测时,要遵循科学的程序和步骤。

如图 2-26 所示,一般情况下,旅游企业依次要确定预测目标、收集处理分析资料或数据、选择预测技术和方法、建立预测模型,当模型不可用时需要返回第一步重新确定预测目标;当模型可用时可进行评价模型的环节,将模型投入使用进行预测并得到初步的市场预测结果,之后再对预测结果进行分析与评价,最终得出预测报告。

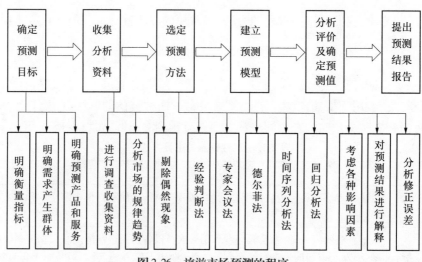

图 2-26　旅游市场预测的程序

【项目训练一】

训练设计:模拟采访。

成果形式:教室内现场模拟游客采访片段

任务要求:

1. 以小组为单位开展情景模拟活动。

2. 每个小组分采访组和游客组。采访组准备访谈提纲,游客组准备游客角色扮演。采访组需要准备模拟专业团队的人设、采访情境描述文字及现场布置、PPT 版访谈提纲;游客组需要准备游客团队或个性化角色人设,模仿塑造人物的言行举止。

3. 各小组在课堂上随机组合,展开模拟采访。

4. 采访组评定标准为:访谈提纲的专业程度、场景的模拟、解决现场问题的灵敏程度、采访是否成功;游客组的评定标准为:在采访过程中的言行举止是否与扮演人物相符合,与采访组的搭配是否一直在情境中。

5. 展开小组互评、教师点评等活动,总结模拟采访中出现的调研方法与技巧方面的问题,进行专题讲解。

【项目训练二】

训练设计:根据课堂互动中各团队设计的旅游市场调查问卷,开展市场调研,并撰写调研报告。

成果形式:××市(景区)旅游××调研报告

任务要求:

1. 以小组为单位,修改完善课堂互动中完成的调查问卷,制订调查计划,实施调研活动。

2. 根据调研中完成的访谈、问卷收集、旅游企业调查等情况,撰写调研报告。

3. 以小组为单位进行汇报,在班级内选择优秀案例进行班级间展评,优秀作品给予平时成绩加分奖励。

××市(景区)旅游××调研报告

目录

摘要

前言

一、调研情况

(一)调研目的和对象

(二)调研方法和内容

(三)调研计划和实施

(四)调查问卷的发放和回收

二、调研结果分析

(一)游客人口统计学特征分析

(二)旅游时间分析

(三)旅游目的地与景观选择分析

(四)旅游动机与产品偏好分析

(五)旅游决策影响因素分析

(六)旅游方式分析

(七)旅游信息渠道分析

三、调研结论

四、市场趋势预测

附件

【思维拓展】

火爆与诟病齐飞的研学旅行

资料来源:腾讯网

据《中华人民共和国2017年国民经济和社会发展统计公报》统计,全国仅在校学生数量就高达2.61亿人,这样巨大市场也迅速吸引了资本市场的注意力。研学旅行日渐火爆,作为涵盖面广的旅游业态,研学旅行几乎囊括了历史文化、航天科技、户外运动等所有业态类型,辐射带动作用不可小视。

而千亿级的研学旅行市场落地,我们至少要做到以下3个方面的突破:

一、突破行的概念,回归空间场景

传统的研学旅行主要分为两种,即营地与旅行。大部分的研学旅行所依赖的空间场景是博物馆、大学、人文类旅游景区、天然的自然环境以及少量的专业营地。目前来看,对于"行"的关注远远高于对实际体验场景的关注。而高质量、能够提供专业服务与创意内容的研学消费场景仍处于短缺状态。

1. 常态化的小型互动场馆

这一类场景主要面向周末家庭活动、一些机构组织的集体活动等,以较小的体量存在于城市商业中心等日常流量较高的环境。呈现出短时、短距、高频的特征。其往往集中于某一个具有教育意义的方面或与STEAM教育机构合作注入内容。比如韩国zoolungzoolung室内动物园是韩国知名室内动物园,主打动物互动主题,它将传统室外雨林搬入商业中心,在韩国深受欢迎。

2. 创意化的移动式教娱巡演

此类场景,以灵活性见长,既可以在户外也可以适应各种类型的室内空间。以小型演艺结合场景设计提供具有教育意义的创意表演。比如DramaKids艺术剧团携手奇妙实验室打造逗趣表演+科学教育,包括数学、化学、物理、天文、地球及空间,这六大基础学科。

3. 专业化的连锁教育营地

营地建设是发展营地教育的基础资源。营地教育在欧美已有200多年的发展历史,目前,美国有1.2万个营地每年服务1 000万青少年。营地教育与传统的夏令营和冬令营的区别在于,夏令营和冬令营往往没有固定的营地,营地教育更强调有固定的营地、营地建设、营地运营等。而研学旅行营地在产品设计、硬件配套上有一套与目前营地行业截然不同的标准和要求。

二、突破单层收益,纵向挖掘盈利

我们常见的研学旅行的收益渠道,多为研学团的报名费,以及住宿、餐食环节的相关收益。而从产业视角来看,教育产业的众多端口都在等待发掘。比如:优质的课程内容、研学定制教材等。

如不一乐乎田野学校专注于自然教育,依托世界自然遗产以及国家保护区提供基于学校、家庭、营地场景提供不同方式的自然教育课程。已有网络课、大理周末课程、远程营地课程体系等。再如《跟着苏轼游杭州》《跟着李白游西安》《跟着边塞男神去敦煌》是目前骑象小学堂推出的三个研学手册,包含了研学路线图和趣味化的语文知识,获得市场广泛好评。

三、突破市场边界,横向细分人群

研学是否只有青少年学生群体这一个市场?答案显然是否定的。目前,教育市场已经成熟化,愈来愈细分化;也催生了多种多样的研学内容。研学可以存在于每一个领域,每一种兴趣爱好之中。文玩鉴赏、古风服饰、卡通动漫、茶道艺术等每一种都可以成为研学的主题,覆盖不同的人群,以社群经济构建独特的研学发展模式。

研学旅游应有明确的目标和产品标准,在这一点上,应该从解决实际问题入手,大力提升研与修的水平,提高实地考察的针对性和实效性,把这个作为研学的目标性要求,通过专业性的研学旅游,解决教育中的一些实际问题。

分析与讨论

1. "教育+旅游"产品面对的都是未成年人,他们知识体系和价值观尚未完善,你认为该如何在研学旅游过程中完成对孩子的有效引导?

2. 我们都知道,不同年龄段孩子的生理、心理状态和承受能力不同,其产品也应该有差异性,尝试为不同年龄段的孩子设计适合他们的研学旅游产品。

3. 作为产品决策者的家长,考虑的因素除了一般的内部和外部因素外,更关心孩子们在旅途中的安全,你认为该如何消除家长的顾虑?

4.游学、夏令营圈爆出了大量的负面新闻:产品名不副实、领队老师费用由学生分摊等。研学旅游面临着诸多诱惑,未来该如何保持净土?

【自我提升】

能力训练:信息收集能力

作为营销人员,在工作中,常常需要通过多种渠道和方法,对旅游市场信息、竞争对手信息、消费者信息等进行全面的搜集和整理,信息收集能力是营销人员必备的胜任特征之一。

能力要点	自我提升计划
1.能够掌握信息搜集的渠道、方法和技巧; 2.能够掌握搜集有关产品、客户、潜在客户、客户需求以及市场竞争等方面信息的能力。	1.自己开拓多种信息渠道的计划,多跟其他人进行接触、沟通,向他们搜索自己需要的信息; 2.多关注"三微一端"平台,关注旅游新闻,积累旅游热点信息。

营销战略——平台是一切营销活动的根基

旅游企业要想在激烈的市场竞争中生存和发展,首先就要有"远虑",也就是确定旅游企业的发展目标,找到自己的发展方向,为旅游企业制订合适的市场营销战略。本模块主要从目标市场战略、竞争战略、品牌战略三个方面探讨如何选取适合旅游企业生存与发展的营销战略。

【学习任务】

任务一　目标市场战略
任务二　竞争战略
任务三　品牌战略

【实践任务】

1. 酒店市场定位调查及元旦促销计划撰写;
2. 两家旅游企业竞争手段调查及对比分析;
3. 某旅游企业品牌文化调查及分析。

【能力要求】

1. 能够准确运用市场细分的方法,对具体旅游企业的旅游市场进行细分;同时根据旅游企业的特征和资源,进行准确的市场定位;能够准确描述目标市场定位的四种策略该如何运用;
2. 能够准确描述旅游市场竞争的类型,并能够通过举例的方式描述各个市场竞争类型的具体特点;能够准确描述旅游市场竞争的三大战略该如何运用;
3. 能够描述品牌对消费者的作用和对旅游企业的作用;
4. 能够用举例的方式描述旅游企业的五种品牌战略;
5. 能够以团队协作的方式完成本模块的所有实践任务。

【开篇案例】

一个新品牌的诞生之路——深圳国旅"新景界"

资料来源:新景界旅行网

深圳国旅新景界,即深圳中国国际旅行社有限公司,成立于1954年,新景界于2000年在全国国旅系统中第一个改制成股份制公司,并创立了"国旅新景界"品牌。2002 年在全国旅行社行业首倡"品质旅游"运动,在国家旅游局公布的 2010 年出境游十强旅行社中排名全国第三,2011 深圳举办第 26 届世界大学生大运会,新景界为"深圳邀请世界"大运信使全球宣传活动指定旅游服务商。64 年来,深圳国旅已从单一的业务范畴发展到今天的综合性旅游服务公司,业务范围涵盖入境游、国内游、出境游及各种类型的专业旅游;深圳国旅新景界从传统的国有企业成功转型为初具规模的现代旅游企业,走出了一条属于自己的道路。

一、品牌之路在哪里?

2002 年,中国旅游业风云变幻,在国家大环境乃至世界大环境的背景下,国有旅游企业改制趋势明显。作为深圳旅游业领头羊的深圳国旅看清世界形势和国家形势,率先在深圳开始了股份改制之路。在改制的过程中,深圳国旅领导班子通过与班子领导的品牌小组的深入沟通,决定启用新的品牌战略,用一个以国旅为背景的新品牌代替现有的品牌来征战市场,"深圳国旅新景界"自此诞生。

二、缜密的市场调查

深圳国旅实施的新景界品牌战略,针对日渐成熟的旅游市场,根据目标客户的需求,走"价值旅游"路线,倡导"人性化""个性化"旅游,企业理念清晰,方向明确。在市场上,通过各种宣传推广,建立广泛的营业网络,直接面对消费者,走直客销售路线,同时,由于注重品质的形象建立,也赢得了看重质量的同行的信任。深圳国旅经过对市场的周密调查和分析,针对行业自身的特点和存在的问题,决定推出"新景界"品牌战略,在激烈、低层次且无序的竞争环境下,导入品牌战略,走出一条自己的路来。深圳国旅实施的新景界品牌战略,在激烈的价格竞争中,无疑是给吹行业吹来一股扑面清风。

三、何为"新景界"?

"新景界"源于"新境界",她带给消费者的是和以往"到此一游""走马观花"完全不同的经历和感受,是每一次都有新发现的、一生难忘的旅游体验,是人性化、个性化的旅游,是旅行社业一道全新的风景线。新景界标志由鲜亮的红色和热烈的橘黄色组成,从整体上看简洁大气,具有强烈的现代感,与其他同业旅行社标志相比具有鲜明的识别性。视觉印象记忆最深的是"眼睛",它紧紧地抓住了人的注意力。其实旅行就是要用眼睛和心去体验最真的美景和境界,新标志锐利灵动地表现了人们对新景界的美好憧憬和热切向往。新景界标志细看还像导游带领着团队,在队伍的前面用手搭凉棚的手势眺望远方,眺望那美丽的新景界,恰到好处地表现了深圳国旅新景界核心宣传口号:"一起放眼新景界!"

四、新景界的品牌定位

"新景界"的品牌定位为"新时代,人性化的专业旅游",其内涵为:以新的服务理念、服务模式和崭新的形象展现在社会面前,提供高品质和富有特色的产品和服务,既是传统意义上的旅游服务企业,又是新型旅游文化的创造者、开拓者和传播者,更是现代生活方式的创造者。所谓"人性化",即以人为本,处处从顾客的需求出发,一切为顾客着想,并以具体行动落实于各个服务细节。这是新景界的核心。基于上述企业核心价值理念,"新景界"所要做的,就是如何在顾客接触到的、感受到的地方都将其理念一点一滴地传递给顾客,而所有的产品、服务、推广、内部、外部的工作都是围绕着这一目标而定,最终在消费者心中形成明确、固定的"新景界"的品牌形象。

五、通过细分市场开展产品推广

在这种理念指导下,"新景界"推出的一系列产品均获得了成功。"新景界"按照细分市场的原则规划各项子品牌,如难忘经典游(常规观光团)、逍遥度假游(度假产品)、成长之路修学游(修学团)、温馨结伴行(长者游)、自由天下(自助游)、情旅(单身游)等。"新景界"在推广策略上,全方位推出新景界的新旅游概念、新形象推广、新产品包装、新服务体系、新促销举措;所有的媒体宣传、公关活动都围绕"新"字展开,一改旅行社在人们心目中无新意、无特色、无差异、无保障的陈旧形象,塑造国旅"新景界"的崭新品牌形象。

其推广口号是:

一样的旅游,不一样的服务;

一样的旅游,不一样的感受;

一样的旅游,不一样的新景界!

深圳国旅实施新品牌战略,并非一蹴而就,而是有策略、有步骤地从"深圳国旅新景界",到"国旅新景界",过渡到"新景界",并通过整合品牌营销的一系列手段,使新景界一步一步走向健康良性发展的道路。

任务一　目标市场战略

作为现代目标市场营销理论的核心,细分市场、目标营销、市场定位是旅游企业制订营销组合的基础和前提。本任务内容将从以上三个方面讲述旅游目标市场营销战略。

【任务导图】

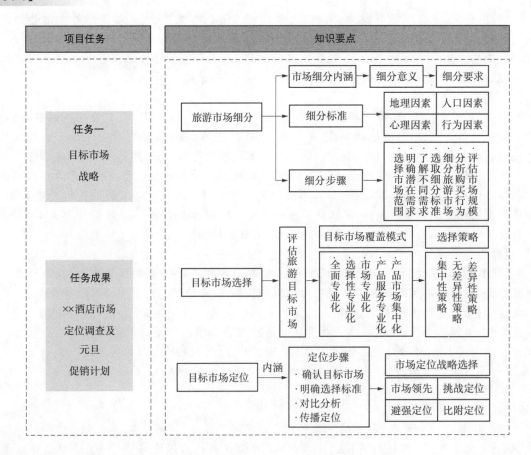

【案例导入】

汉代军事礼仪历史夏令营受青少年欢迎

资料来源:每日甘肃网(2017 年 8 月 1 日)

问题导入:如此不一样的夏令营不一样在哪里? 为什么会如此受欢迎?

一、什么是市场细分？

（一）市场细分的内涵

对于旅游企业的营销部门来讲，在对消费者的购买行为进行分析之后，下一步应该是制订并实施营销战略的过程。但是随着旅游消费需求的差异化及多样化，在通常情况下，旅游企业很难为所有的顾客提供最满意的产品和服务。

【同步案例 3-1】

2013 年 10 月，一档真人秀亲子类节目开始在湖南卫视播出，《爸爸去哪儿》创造了 2013 年度的收视奇迹，也给人们带来了太多惊喜和温暖。作为在线旅游巨头，携程旅行网在节目开播后不久，迅速与湖南卫视达成合作，成为《爸爸去哪儿》"亲子旅行合作伙伴"，开发相关产品进军亲子游市场，同时，通过字幕、Logo 等广告植入形式，以及网络、手机客户端等平台的活动，产生了非常好的广告效果，引爆了亲子游市场。

可以说，切合的市场选择和定位，多样化的营销方式，加上携程极致的产品研发与服务能力，让携程在这场亲子游市场营销中大获成功。

因此，作为旅游企业，要想在众多企业中脱颖而出，就要识别自己能够有效服务的最具吸引力和潜力的细分市场，来确定哪些市场是适合自己的目标市场，同时还需要在目标市场中树立自己的独特优势，进行准确的市场定位。那么，如何进行市场细分？如何选择目标市场？又如何进行市场定位？这些问题都需要我们来一一解决。

图 3-1　旅游目标市场营销的步骤

市场细分理论是美国著名市场学家温德尔·史密斯于 1956 年最先提出来的，这一原理的主要根据是旅游消费者的需求在客观上存在着差异性和同质性的辩证关系。旅游市场细分就是指，旅游经营者根据旅游者的特点及需求的不同特性，把整个旅游市场细分为两个或两个以上旅游消费者群的过程。经过市场细分之后，每一个具有相同需求特点的旅游者群体就是一个细分市场。

（二）旅游市场细分的意义

不同的细分市场具有不同的特点，需求也会不同，如果旅游企业能够抓住这些细分市场的特点和需求，为他们定制个性化的产品和服务，将大大提升企业在市场中的竞争力，同时不断发现市场机会，帮助企业提高旅游企业的市场渗透，扩大市场占有率，改善企业自身的经营和管理水平，同时及时制订和调整营销策略和竞争策略。

营销人员需要从复杂的消费者群体中找出具有相同特征的一类，加以归类，细分的目的就是使企业现有的生产能力、产品供应能最大限度地满足消费者需求，维持和扩大市场占有率。旅游企业应通过市场细分来划分出一个或几个目标市场作为主要经营对象。

【同步案例 3-2】

中青旅的网络平台遨游网上的亲子旅游产品五花八门,吸引力十足。中青旅将亲子市场又划分为宝贝计划 5 岁以下、家有顽童 5—8 岁、小鬼当家 8 岁以上,为不同年龄段的亲子家庭设计不同的产品,提供不同的服务。我们都知道 5 岁以下的孩子基本在 1.1 m 以下,随家长出行时几乎不产生额外费用,而 5—8 岁孩子一般会产生半价费用,开始具有自主意识,家长比较重视对孩子在旅游过程中的教育,而 8 岁以上的孩子则开始有独立意识,更喜欢与同伴游玩。

【课堂互动 3-1】

你眼中的他(或她)有哪些不同?

组织方式:学生两两一组,教师可选择三组同学,用事件描述的方式互相指出对方的消费特点,并为他推荐一款合适的旅游产品。

二、旅游市场细分的依据是什么?

进行旅游市场的细分对旅游企业的产品开发及推广有极大的帮助,几乎所有的旅游企业都需要细分市场。那么我们该如何细分市场呢?

(一)市场细分的要求

一是各个细分子市场具有识别性和可衡量性,细分后各子市场的特性具有明显特征,如顾客特征、市场范围、购买力、市场稳定程度等方面,要求各个细分市场之间的需求有明显区别和差异。

二是各个细分子市场应具有可进入性,旅游企业能有效地进入该细分市场并能够为之服务,要以多个因素进行市场细分,必须考虑各因素之间的相关性及重要性。

三是细分后各子市场具有一定的稳定性和盈利性,细分市场的各个因素特性及其程度能在一定时期和外界条件下保持不变,可以选择对顾客需求有较大影响的因素去细分,把握细分标准。

四是细分市场在相对稳定的同时,具有一定容量,且市场规模适当。

(二)旅游市场细分的标准

旅游市场细分的依据是旅游消费者需求的差异性,从旅游行业的具体情况来看,其差异性可以表现在很多方面。因此,营销工作者在市场细分时,要对旅游者需求差异的很多变量进行具体分析。一般情况下,可按照地理因素、人口因素、心理因素、行为因素等方面对旅游市场进行细分。

1. 地理因素

依据地理因素对旅游市场进行划分时,一般可以将地理区域、客源流向、空间距离、气候特点等作为细分依据。

从地理区域来看,世界旅游组织将世界旅游市场划分为 6 大旅游区域,即东亚及太平洋旅游区(发展最快);南亚旅游区;中东旅游区;欧洲旅游区(最繁荣);美洲旅游区;非洲旅游区。中国旅游市场通常划分为:华北市场:京、津、冀、晋、豫、蒙;东北市场:辽、吉、蒙东;西北市场:陕、甘、宁、青、新;华东市场:沪、苏、浙、闽、赣、徽、鲁;华南市场:鄂、湘、粤、桂、琼;西南市场:藏、云、贵、川。

从国际游客流向看:分为一级市场、二级市场和机会市场。一级市场(核心市场),一般可占 40% ~ 60%;二级市场(基本市场),是指在目的地接待国家接待总人数中占相当比例的旅游市场,特点是有较大的市场潜力,潜在需求还没有完全转变为现实需求,需要花大力气去开发;机会市场(边缘市场),是指一个目的地国家计划新开拓的市场,该市场的旅游人数与日俱增,但前往本目的地的人数很少,有待于进一步开发的旅游市场。

2. 人口因素

通过人口统计学因素对旅游市场进行细分时,可以将年龄、性别、家庭情况、职业、受教育程度、宗教信仰等作为细分依据。

按照年龄,我们可将旅游市场划分为婴幼市场、青少年儿童市场、中青年市场、老年市场等;按照性别,我们可将旅游市场划分为男性市场、女性市场;按照家庭情况,我们又可将旅游市场划分为亲子市场、新婚蜜月市场、中老年金婚市场。

【课堂互动 3-2】

你了解"她经济"吗？如果你是酒店营销人员,你将如何改善女性客房以吸引女性客源市场？

组织方式:以 40 人教学班为例,可 4 人一组,组成 10 个小组,开展此话题的讨论,讨论时间 3 ~ 5 分钟。讨论时建议以具体的酒店为研究对象,展开深入细致的酒店营销设计。

3. 心理因素

通过心理因素对旅游市场进行细分时,可以将社会阶层、旅游动机、生活方式、个性等作为细分依据。

按照社会阶层,我们可将旅游市场划分为上层、中层和普通游客;按照旅游动机,我们可将旅游市场划分为健康旅游市场、文化旅游市场、社交旅游市场和体现地位和声望的高端旅游市场;按照个性,我们又可将旅游市场划分为依赖型、近依赖型、中间型、近冒险型、冒险型消费者市场。

4. 行为因素

通过行为因素对旅游市场进行细分时,一般可以将以顾客追求的利益、购买使用程度、客人平均支付能力、购买时间、购买方式、购买频率、购买数量、对产品的忠诚度等行为因素作为细分依据。

按照购买时间,可以将旅游市场划分为淡季市场、旺季市场和平季市场;按照购买方式,我们又可以将旅游市场划分为自助旅游市场、一日游市场和团队旅游市场;按照购买频次,我们可以将旅游市场划分为较少、多次、经常和频繁旅游者;从客人的购买和使用程度划分,可分为不使用者、潜在、首次、定期使用者;从客人对旅游企业的忠诚度划分,我们又可将旅游市场划分为坚定忠诚者、中度忠诚者、转移型忠诚者、多变者等细分子市场。

5. 其他因素

除以上四个方面外,还可以根据顾客的文化层次和社会地位、经济收入与支付能力、旅游企业产品不同使用者等因素方面,对旅游市场进行细分。根据不同的细分标准,我们可以将旅游市场划分为众多的细分子市场。

三、旅游市场细分的步骤

作为营销人员,我们该如何一步步地进行旅游市场的细分？也就是细分市场的具体步骤是什么呢？著名的美国市场营销专家麦卡锡提出了市场细分的七个步骤,很好地总结了细分市场工作的具体程序。(图 3-2)

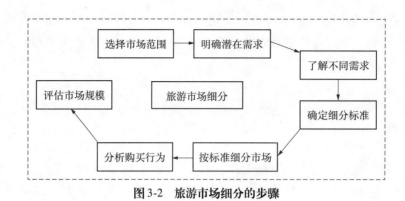

图3-2　旅游市场细分的步骤

（一）选定旅游产品的市场范围

选定旅游产品的市场范围也就是确定旅游企业进入什么行业,生产什么产品。比如,一家旅行社想要开拓乡村旅游市场,若从顾客的角度来考虑,一些城市消费者厌倦了喧闹拥堵的城市环境后,可能会非常向往乡间清净、简单的生活,但是如果从乡村旅游产品本身的特性来考虑,旅行社可能会认为乡村旅游产品单一,利润有限,没有开发的必要。因此,旅游企业在选择市场范围时,一定要以顾客的需求为标准,而不是从产品本身的特性为标准。

（二）明确潜在旅游者的基本需求

明确潜在消费者的需求是一个非常重要的因素。作为旅游企业应该通过调查,充分了解潜在旅游者的基本需求。比如还是以乡村旅游为例,这些潜在的城市游客的基本需求可能包括空气清新、环境舒适、干净卫生、安全便捷,了解了这些基本需求之后,旅游企业再迎合旅游者的这些需求去设计和开发旅游产品。

（三）了解不同旅游者的需求

旅游者的需求是多种多样的,不同层次的游客群对于同一产品诉诸的需求也是不一样的,也就是说在了解到的这些需求当中,不同旅游者强调的重点可能不一样。比如同样一座民宿客房,舒适、卫生等条件可能是所有游客都会关心的问题,但是对于其他的基本需求,有的游客会强调安静,有的会强调出行方便,有的强调经济等。

（四）选取重要的差异需求作为细分标准

在选择市场细分标准的时候,可以选取重要的差异需求作为细分标准,即抽掉消费者的共同需求,而把特殊需求作为市场细分的标准,这样才能够具体深入地了解消费者的需求,直入消费者的内心,满足消费者的需要。

（五）根据所选标准细分市场

在营销时根据潜在旅游者在需求上的差异性,将其作为标准,将旅游者划分为不同的群体或者子市场,做到具体的市场细分。比如说旅行社按照游客的结伴方式将市场划分为亲子群体、朋友群体和单人群体,并根据此标准对他们采取不同的营销策略,这样就能更加直接地定位到旅游者的某种需求上。

（六）分析各个细分市场的旅游者购买行为

企业的目的是盈利,因此,能够带来较大收益的市场细分才是一个最佳的选择,这就要求,进一步细分市场的需求和购买行为,并找到原因。以便在这个基础上决定是否可以合并这些细分市场或者对细分市场做进一步的细分。

（七）评估各个细分市场的规模

在仔细调查的基础上,评估每一细分市场的旅游者数量、购买频率、平均每次购买的数量等,并对细分市场上的旅游产品的竞争状态和发展趋势开展进一步的分析和调查。因为这些因素影响着旅游消费者的购买力,也就间接地影响到了旅游企业的利润。

【课堂互动 3-3】

试分析一下市中心某酒店(或学校周边某酒店)的客人都有哪些? 你将会采用什么细分标准对其进行市场细分? 细分为哪几个子市场?

组织方式:3～4 人一组,开展此话题的讨论。

温馨提示:对于客人来源的判断,可通过酒店停车场车牌地域属性、电话咨询、携程(酒店官网)订单反馈等方式进行了解。

四、目标市场的选择

市场细分是旅游经营者选择目标市场的基础和前提。目标市场是旅游企业在市场细分的基础上,选出准备进入的、作为企业销售目标的一个或多个细分市场。

（一）评估目标市场

怎样才能在众多的细分市场中选择适合自己的目标市场呢? 旅游营销人员要对将要选择的细分市场进行科学的评估。一般来讲,可以从以下五个方面来衡量和评估目标市场的有效性。

第一,目标市场要足够大,在旅游企业自身资源和能力许可的范围内,选择足够大的目标市场,可以为旅游企业提供充足的客源,才能在未来的经营中能够获得一定的经济利益。

第二,选择的目标市场要有发展潜力,旅游企业要从细分市场现在及未来的客源情况入手,寻找和选择具有较大发展潜力及能给企业带来最大经济效益的细分市场。

第三,选择的目标市场应该是未曾饱和的市场,也就是一定要有尚未满足的现实需求或潜在需求。理想的目标市场应该是具有可观的潜在需求量和相应的购买力,也就是具有有效需求的足够游客量,如果市场规模过小或趋于萎缩,贸然进入则必定难以发展。

第四,要从企业自身的经营特点及开发能力入手,选择和企业能力相匹配的细分市场,也就是说企业必须有能力满足目标市场的需求。通常,在旅游市场中,有利可图的细分市场有很多,但不一定能成为某个特定企业的目标市场,作为旅游企业,必须根据自身的人力、物力、财力和经营管理水平,有能力较好地满足选定的目标市场中的需求,才可选定为自己的目标市场。

第五,旅游企业要对即将进入的细分市场进行竞争现状分析和比较,评估各竞争者和本企业的优劣势,必须保证自己能在选定的目标市场中拥有竞争优势。我们这里说的竞争优势,可以表现为没有或很少有竞争,有竞争或竞争不激烈,或者是有足够的实力可以击败竞争对手。

（二）目标市场的覆盖模式

作为营销人员,在目标市场的选择中,除了要学会对细分市场的评估外,还需要了解目标市场的覆盖模式,即旅游企业要根据自身情况,选择企业想要覆盖的目标市场。一般来讲,按照产品和市场两大指标划分,共有五种目标市场的覆盖模式。(图 3-3)

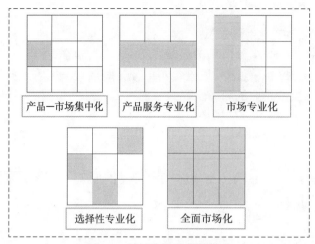

图3-3　目标市场的覆盖模式

1. 产品—市场集中化模式

旅游企业只提供一类产品,服务于某一类顾客群,也就是只选择一个目标市场,是一种完全专业化的模式。比如很多国际青年旅舍,以户外游客为主要目标市场,专门为户外旅游爱好者提供住宿服务,长久以来树立了良好的信誉,在细分市场上建立了自己的牢固地位。

2. 产品服务专业化模式

旅游企业提供的 A 类产品或服务,同时可以为甲乙丙丁四类客户群服务,也就是企业同时向几个细分市场提供同一种产品或服务。比如很多的国内旅行社,仅仅是依托所在地区开展地接业务,为各种类型的游客提供一日游、周边游旅游产业和服务。一般来讲,旅游企业可以通过这种模式在特定的产品领域树立良好的企业形象。

3. 市场专业化模式

旅游企业选择某一类消费群为目标市场,并为这一市场的消费者提供其所需要的各种产品,也就是旅游企业专门为甲类顾客提供 ABCD 全部产品服务,满足甲类客户的所有需求,与之建立良好关系,降低成本。比如很多旅行社专注于亲子旅游市场,专门为亲子家庭游客提供多种长短线旅游产品和服务,能够为亲子游客满足所有的旅游需求。这种模式可以帮助企业树立良好的专业化声誉,多产品经营在一定程度上也分散了市场风险。

4. 选择性专业化模式

也就是旅游企业有计划地选择并进入几个不同的细分市场,对不同的顾客群提供不同的产品服务。比如皇冠假日酒店,除了常规的酒店客房产品和服务外,还承接会议、婚庆服务、娱乐健身等业务,能够为很多不同的游客群体提供不同的产品和服务。选择性专业化模式的最大优点在于能够分散市场风险,但所选的细分市场间有可能缺乏内在的逻辑联系,属于非相关的多元化发展,对企业驾驭市场的能力要求较高。

5. 全面市场化模式

旅游企业对于所有细分市场同时经营,提供多种产品服务,几乎可以满足所有顾客的不同需求,一般只有实力雄厚的大企业才能够采取这种市场覆盖模式。比如携程旅行网,从 1999 年成立至今,经过近二十年的飞速发展,几乎能够满足所有游客的全部旅游需求,旅游产品和服务的类型及种类异常丰富。

【同步案例 3-3】

"康师傅" VS "统一"，谁是赢家？

在我国方便面市场上，"康师傅""统一面"和"一品面"已成鼎立之势。相比之下，"康师傅"更是抢滩夺地，咄咄逼人。在许多地方，"康师傅"简直成了方便面的代名词。首创"康师傅"方便面的是坐落在天津经济开发区内的一家台资企业。其投资者是台湾的"顶新集团"，他们之中 90% 是彰化县永靖镇人，平均年龄 40 岁出头，大多数股东在台生产、经营工业用蓖麻油，并不熟悉食品业，而且在岛内也不那么风光，是一批所谓"名不见经传"的小业主。

顶新集团的一位董事透露，1987 年底，他们原本计划到欧洲投资。动身前正逢台湾当局宣布开放大陆探亲，他们灵机一动，立即改变行程，决定在大陆市场寻求发展机会。开始，他们并不清楚搞什么行当最能走红。经过大陆之行的实地调查，发现改革开放后的大陆，经济建设如火如荼，"时间就是金钱"的口号十分响亮，人们的生活节奏日益加快。于是，一个新的点子涌上他们的心头：为什么不去适应大陆的快节奏，在快餐业上寻求发展的机会呢？当年，日本的日清公司抓住 50 年代后期日本经济腾飞时机，开发出方便面而大获成功，我们为什么不去占领大陆的方便面市场呢？经过冷静的分析，顶新集团决定以开发生产新口味的方便面作为在大陆打拼的拳头。

极富商品意识的台商，出师先算，冥思苦想地给新口味的方便面取一个吉利的名字。思来想去，淘汰了好多品牌。后来有人建议用"康师傅"，因为"师傅"是大陆人对专业人员的尊称，其使用的广度和频率不亚于"同志"。同时，顶新集团过去生产、经营的"康莱蛋酥卷"，有一定的知名度，方便面姓"康"与"康莱"可以"称兄道弟"。此外，"康师傅"方便面有个"康"字，也容易引起人们对"健康""安康""小康"等的心理联想。后来的实践证明，"康师傅"这个取名的确是一个好点子。

"康师傅"方便面一经广告媒体一阵宣传，便不胫而走，"康师傅"三个字差不多成了方便面的代名词。

新产品要名副其实，才能真正赢得市场，为了使"康师傅"在大陆市场畅通无阻，必须要在"大陆风味"上下功夫。在这点上，顶新集团的决策者们采用了"最笨"和"最原始"的办法——通过"试吃"来研究方便面的配料和制作工艺。他们以牛肉面为首打面，先请一批人试吃，不满意就改。待这批大陆人接受了某种风味后，再找第二批大陆人来试吃，改善配方和工艺后再换人试吃，直到有 1 000 人吃过后，他们才将"大陆风味"确定下来。当新口味的"康师傅"方便面正式上市销售时，消费者几乎异口同声地说："味道好极了！"一年后，"康师傅"在北京、天津、上海、广州等大城市火爆，台湾地区报纸惊呼：顶新集团的创举，乃"小兵立奇功"。

说顶新集团是"小兵"，是相对台湾地区食品业的巨子"统一集团"和"一品集团"而言的。尤其是"统一集团"，可以说是台湾食品业的龙头老大。然而，这位老大在大陆生产经营方便面却不很理想。其实，"统一"与"顶新"差不多是同时到达大陆的，但是他们在营销策略上犯了一个决策上的错误。他们采取了"以货试市"的路线，先把岛内最畅销的鲜虾面端出来，想让大陆人尝尝"台湾风味"，过过现代快餐食品之瘾。谁知是"剃头匠的挑子——一头热一头冷"，大陆消费者对鲜虾面敬而远之。接着，他们又换上岛内排名第二、第三的方便面，依然是一厢情愿。

在惊异于两岸同胞的口味差异如此之大后，"统一"老大哥这才想起"入乡随俗"的古训，放下"台湾架子"，进行"风味大陆化"的研究，并策划后来居上的市场营销方案。

五、目标市场选择策略

旅游经营者在选择目标市场时，应该根据不同的市场覆盖模式选择相应的目标市场营销策略予以配合。旅游经营者可以使用的目标市场策略一般有三种：无差异性市场策略、差异性市场策略和集中性市场

策略。(图3-4)

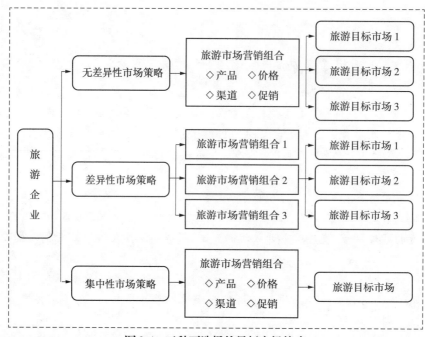

图3-4 三种可选择的目标市场策略

（一）无差异性市场策略

无差异性市场策略是指旅游企业把整体旅游市场看作一个整体,也就是一个大的目标市场,不进行市场细分,用单一的产品、单一的营销组合,力求适合尽可能多的消费者需求。这种市场策略是以一种产品适合于各种细分市场的共同需要为前提,很少甚至不去考虑消费者需求的差异性。一般来讲,无差异性市场策略适用于市场上供不应求或竞争较弱的产品市场,如垄断性旅游产品市场、初上市的旅游产品市场等。

这种策略的主要优点就是,由于不需要市场细分,节约了市场调研和销售宣传、广告等费用开支,可以降低营销成本。但是它的缺点也很明显,不能满足旅游者需求的差异性,也不能满足多样化的日益增长的旅游需求。比如,我国很多具有稀缺性、不可替代性的旅游景点,如兵马俑、漓江景区、故宫等,都曾采用这一市场策略。但是,近年来随着旅游市场的火爆,这些景点也开始通过增加旅游体验项目来改变传统的无差异性市场策略。

（二）差异性市场策略

差异性市场策略是指旅游企业把整体旅游市场划分为若干个细分市场,针对不同的细分市场的需求特征,分别策划不同的旅游产品,采用不同的营销组合,以满足不同细分市场上旅游消费者的需求。在实际操作中,旅游市场营销人员应避免市场细分过多,以较少的产品适应较大范围消费者的需求。

这种市场策略的优点是更能适应各类旅游者的需求,有利于增加市场份额和产品的竞争力,同时在几个细分市场中占有优势,有利于树立企业在旅游者心目中的形象,而且,由于同时经营几个细分市场,有利于降低经营风险,不至于"全军覆没"。这种市场策略的缺点是由于目标市场过多,旅游企业生产、经营和管理成本也会随着销量及营销组合的增加而增加,同时也会影响经营效率,增加管理难度。旅游企业在采用差异性目标市场策略时,应注意必须保证所选定的目标市场由于总销量扩大所带来的收益要大于营销总成本费用的增加。实力相对较小的旅游企业一般不宜采用这种策略。

【同步案例3-4】

纽约酒店"睡眠管家"帮助顾客安然入睡

资料来源：搜狐新闻

纽约素有"不夜城"之称，夜间的灯光和喧扰让许多人难以安眠。美国《纽约时报》于2007年10月8日报道，位于纽约市曼哈顿中区的本杰明酒店为了让来酒店的顾客们睡个好觉，指派专人担任"睡眠管家"一职，专门为顾客提供与睡眠有关的服务。

一、专人专业服务

"睡眠管家"的职责是用各种方式提高顾客的睡眠质量，让他们不再为失眠烦恼。"睡眠管家"首先会为客人挑选合适的房间。对于害怕噪声的顾客，"睡眠管家"通常建议他们选择位于较高楼层、装有隔音窗户的房间。

本杰明酒店备有十余种不同类型的枕头，有绒毛的、荞麦的、防打鼾的，甚至还有能自动播放音乐的电子枕。"睡眠管家"会根据客人实际情况选择最适合的一种。此外，他们会根据客人的个人习惯，提供最舒适的床垫、床单和被褥等床上用品。

"睡眠管家"还为客人提供按摩服务，帮助他们松弛神经，顺便传授一些快速入睡的诀窍。客人临睡前，"睡眠管家"会送上牛奶、香蕉面包等具有镇静安神作用的点心。本杰明酒店目前已有四名专职"睡眠管家"。酒店经理约翰·莫泽说："我们的卖点不是什么高科技，而是一宵好梦。"

二、高价享安眠

本杰明酒店的"睡眠管家"服务受到众人好评。很多人在酒店安度良宵后，干脆把床上用品买回家继续享用。来自芝加哥的珍妮弗·金女士由于背痛长期失眠，9月入住本杰明酒店后，"睡眠管家"为她提供了一床硬褥子和一个特制的"减压枕头"，她居然一觉睡了8小时。"我不敢相信自己能睡这么久"，金说，"要知道，当时酒店附近的街道并不安静。"

舒适的睡眠价格不菲。金女士在酒店住了7天，共支付4000美元费用。据酒店管理人员介绍，房费随季节浮动，节假日会有所上调，单间房价最高达到每天几百美元。但酒店保证，顾客如果无法入睡，可不支付房费。曾在本杰明酒店从事管理工作的艾琳·麦吉尔表示，自从7年前酒店推出"睡眠管家"服务以来，只有1名顾客因难以入睡而免付房费。

三、良好睡眠环境

阿妮娅·奥兰斯卡现年37岁，4个月前开始在本杰明酒店担任"睡眠管家"。她说："为让客人睡得更舒适，我们开展了许多有关睡眠质量的研究。自从接手这份工作以后，我学到了许多让人安度良宵的方法。"奥兰斯卡还表示，她会把酒店推出的新款枕头拿回家试用，自己感到满意后才正式让顾客使用，"我们必须亲自检验产品的质量，对顾客负责"。

尽管许多人对"睡眠管家"服务评价很高，但在北美洲，除本杰明酒店以外，目前只有华盛顿和多伦多的几家宾馆有类似服务。美国临床心理学家埃里克·贝尔认为，这是因为很多人还没有认识到，良好的睡眠环境和睡前的身心调整非常重要。

（三）集中性市场策略

集中性市场策略是指旅游企业在市场细分的基础上，将资源集中适用于某一个最有潜力且能适应的细分市场去，用特定的营销细分来满足某个单一的目标市场，并将旅游企业的人力、物力、财力集中于这一目标市场。这种市场策略可以使旅游企业在较小的市场中占有较大市场份额，一般适用于资源并不多的中小型企业以及竞争激烈的市场。

这种市场策略的优点是,有助于旅游企业集中力量在特定市场上占优势,也可以称为是取得"集中兵力打歼灭战"的效果,同时也有利于资源有限的中小型企业形成自己的特色,能在特定市场上与大型企业展开有力的市场竞争。这种市场策略的缺点是一旦旅游市场上的需求发生变化时,旅游企业会处于被动局面,一定程度上具有较大的风险性。

【同步案例 3-5】

个性当道、小众流行

看到"小众"这个词,很多人想到的可能是少数人,而现在的小众则更多意味着"个性化"。现在更多的年轻人和有一定消费能力的人愿意为自己的爱好买单,不再跟随大众去消费,而是进行个性化定制的消费活动。随着小众消费的日渐流行,千人千面的私人定制正在成为消费升级的主流。尤其体现在能够彰显个性品位的地方,比如小众旅游、个性饰品、文化消费等方面。

小众消费将有共同的兴趣爱好、价值观、生活情怀的不同维度的人聚集在一起,形成以社群为核心的消费群体。成长于物质富足和互联网时代的 90 后无疑是小众消费的典型。

从技术上来讲,社交工具兴起为小众社群的形成提供便利,微博、豆瓣、贴吧等社交方式的出现使人们能通过网络结识有共同兴趣爱好的人;从心理上来讲,年轻人更趋向于"寻找志同道合的小伙伴",据企鹅智酷统计调查显示:在用于打发闲散时间的社交 App 中,有高达 17.5% 的用户表示其最好用的功能是寻找同好群体;从消费偏好上来讲,年轻人的消费偏好更为多元化和个性化。消费者自然形成零散的小群体,不同群体之间的需求有明显的差异性,由此就形成了群体之间风格迥异、群体内部需求相似的小众消费模式。

在几大消费领域中,90 后们也有其明显的消费特点:

衣:"出门最怕什么?最怕撞衫了!"90 后则更偏好不拘一格的风格,个性化是他们不变的追求,定制和原创小众品牌成为越来越多年轻人的选择。

食:注重特色和体验。90 后中聚集了很多"吃货"和"美食家",90 后群体在饮食上不过于追求档次和服务,对合理范围内的价格也不敏感,他们最在意的是餐厅的菜品是否有创意、有特色、有个性。

游:向往自由,消费能力有限但热爱旅游。据携程网统计,90 后平均一年出游的次数为 4.2 次,来一场说走就走的旅行成为他们的日常。虽然收入水平是制约 90 后旅行目的地选择的重要因素,不过这些依然不能阻止他们出游的热情,旅游对于他们来说除了是放松之外,也是接触新鲜事物的好机会。

娱:超强娱乐能力,乐于接受新型娱乐方式。奉行"娱乐至上"的他们有一颗即使入不敷出也要崇尚自由和娱乐的心,新鲜好玩有创意的东西总是可以轻易让他们买单。

随着现代社会中消费水平和消费观念的转变,越来越多的人在闲暇的时候选择与家人或朋友一起进行个性化的旅行,避免重复被人踏破的标志性经典,真正享受沿途美景的乐趣,融入式体验当地风土人情,成为更多人对旅行的追求。

六、如何开发和传播一个旅游市场定位

旅游营销者在选择了适当的标准将市场细分,并选择了适合旅游企业的目标市场之后,接下来的任务就是进行准确的市场定位。

(一)旅游市场定位的内涵

市场定位是在 20 世纪 70 年代由美国营销学家提出的,它是指企业根据竞争者现有产品在市场上所处的位置,针对顾客对该类产品某些特征或属性的重视程度,为本企业的产品或服务塑造与众不同的,给人印

象鲜明的独特形象,并将这种形象生动地传递给消费者,从而使该产品在市场上确定适当的位置。

【同步案例3-6】

2016年,途牛旅游在自己的客户端推出了"乐开花爸妈游"系列产品,携程旅游也推出了"爸妈放心游"系列产品,两大企业同时进攻银发旅游市场。目前来看,大部分的银发旅游产品由子女为父母订购,子女在给自己的父母预订游产品时更注重品质,花钱给爸妈提供更好的体验正在成为"80后""90后"们的孝亲理念,在旅游产品的选择中更加倾向于安全、健康的产品线路,更看中旅游中的愉悦感受和服务品质。途牛旅游和携程旅游正是抓住了这种消费趋势,恰当地运用到新产品的定位中,"乐开花爸妈游"和"爸妈放心游"都取得了非常好的市场效果,而为老年人提供更好的产品、更有效实用的服务,也成为众多旅游企业关注的热点。

因此,旅游市场定位是指,旅游企业根据市场同类产品的竞争情况,针对消费者对该类产品的某些特征或属性的重视程度,为旅游企业的某项产品或服务塑造强有力的、与众不同的鲜明个性,并将其形象生动地传递给消费者,求得消费者的认同。

(二)旅游市场定位的步骤

如何定位市场是有一套准则的,旅游市场定位的关键是旅游经营者要设法在自己的产品上找出比竞争对手更有竞争优势的特性,根据竞争者现有的产品在细分市场上所处的地位和旅游者对产品某些特性的重视程度,塑造出本企业产品的市场定位。因此,旅游市场定位的全过程可以通过以下四个步骤来完成。

第一步,首先确认本旅游企业的目标市场;

第二步,明确本企业的目标市场群体的选择标准是什么;

第三步,根据目标群体选择旅游企业的重要标准,将本企业与竞争企业进行对比,了解在哪些重要的选择方面或产品属性方面占有何种优势,并及时发现本企业的劣势;

第四步,积极主动地传播旅游企业的企业特色形象和市场定位观念,尤其在平时的服务中随时反映旅游企业的形象,扩大和强化自身形象,不断向目标顾客群传达本企业的定位观念。

旅游企业就是通过以上四个步骤来完成对旅游市场的定位。

(三)旅游市场定位的策略选择

旅游经营者对旅游市场进行定位,是为了树立其独特的旅游品牌形象。旅游企业其独特的定位主要是针对市场上的竞争者而言的。因此,旅游经营者在进行市场定位时,在充分考虑竞争对手的实力的前提下,可以采用的旅游市场定位策略主要有以下五种。

1.市场领先定位策略

市场领先定位策略适用于独一无二或无法替代的旅游资源地区。比如,四川九寨沟的"童话九寨""九寨归来不看水";西藏的"世界屋脊";新疆喀纳斯的"人间净土";广西桂林的"桂林山水甲天下";山东泰山的"五岳独尊""一览众山小";陕西华山的"自古华山一条线"等。

2.避强定位策略

避强定位策略,也就是避开强有力的竞争者,根据自己的条件及相对优势,通过突出宣传自身与众不同的特色,来满足旅游市场中尚未被竞争对手发掘的需求。比如春秋航空公司,是首个中国民营资本独资经营的低成本航空公司专线,也是首家由旅行社起家的廉价航空公司。可以说,春秋航空公司定位于廉价航空,明智地躲避了与中航、东航、南航等各大航空公司的竞争,而另辟蹊径去占领其他航空公司不屑去争取但是潜力巨大的低价市场,成功取得消费者的认可,而且在后来的发展中一直坚持低价的避强定位策略,集中力量,做自己擅长的事情。又如途牛旅游定位于"出境旅游""中高端旅游"市场;同程旅游定位于"景区门票"旅游市场,他们在定位上都选择了避免与携程旅游的正面交锋。

3.挑战定位策略

挑战定位策略,也就是旅游企业针对竞争对手而采取的直截了当的予以挑战的定位策略。比如,2017年8月,阿里巴巴集团高调宣布与万豪国际集团集合优势力量成立合资公司,打算通过技术体系和优势资源的对接,运营飞猪万豪旗舰店、万豪中文官网、万豪无线端中文 App,实现"三网合一",期望为消费者创造最佳的全球旅行体验。这个合资公司被业内亲切地称为"豪猪",一时间,"豪猪"能否成为携程老大地位的颠覆者也成了行业内最热的话题。

4.比附定位策略

比附定位策略,也就是依附名牌旅游产品的优势,给自己进行定位的策略。一些旅游企业或目的地借助名牌产品或目的地的知名度,来使自己的定位迅速被大众知晓。比如,甘肃天水一直以来被定位为"陇上江南";三亚原来最初的定位为"东方夏威夷";张掖的焉支山景曾经的定位也是"神奇的小九寨",都是利用已有名牌产品的定位来提高自己在消费者中的知名度。

【课堂互动3-4】

你认为目前旅游行业内还存在哪些市场空当定位?

组织方式:3～4 人一组,可采用接龙游戏的形式,开展创意集锦。

完成要求:不可与前一组创意重复,5 秒内不能回答记错一次,记错次数最多的小组派出代表对此项互动活动进行总结发言。

温馨提示:可从景区、餐饮、旅行社、交通等方面考虑。在餐饮方面如"全鱼宴""豆腐宴"。

5.重新定位策略

重新定位策略。旅游经营者通过改变自己的产品特色,改变目标旅游者对产品的已有认识,以此来重新塑造新的定位形象。比如,北京原来的定位是"东方古都、长城故乡",但是2008年奥运期间,向全世界推出了"新北京、新奥运"的综合化形象定位,后来由于《北京欢迎你》这首歌曲的热度,而又将北京重新定位为"北京欢迎你"。又如上海,曾经的定位是"上海,精彩每一天",2017年重新定位为"我们的上海"。再如,甘肃一直以来的定位是"精品丝路,多彩甘肃",以及"精品丝路,绚丽甘肃",就在2018年,全省的旅游产业大会上,将旅游形象重新定位为"交响丝路,如意甘肃"。在具体的旅游市场营销实践中,我们还要避免旅游企业在旅游市场定位中常常会出现的定位过低、定位过高以及定位混乱的问题。

【项目训练】

训练设计:通过课后查找资料、实地调查了解市中心的三家不同档次的酒店(皇冠假日酒店、飞天酒店、如家万达店)。

1.分析比较他们的目标市场和市场定位是什么? 有何不同之处?

2.并为其中一家酒店设计一份元旦促销计划。

成果形式:××酒店元旦促销计划

××酒店元旦促销计划

一、元旦期间市场分析

二、活动目的

三、活动主题

四、活动方案设计

（一）时间安排

（二）活动内容

1. 活动一

2. 活动二

……

（三）场景布置及氛围营造

（四）宣传设计

五、实施保障（人员、经费、时间等方的需求）

任务二　竞争战略

　　移动互联网等电子信息技术的迅速发展,使所有企业无一例外地经历着"适者生存"法则的考验,竞争战略无疑是实现旅游企业业务战略目标的重要手段,本任务内容将主要从市场竞争的科学解释、类型及战略选择三个方面依次讲述。

【任务导图】

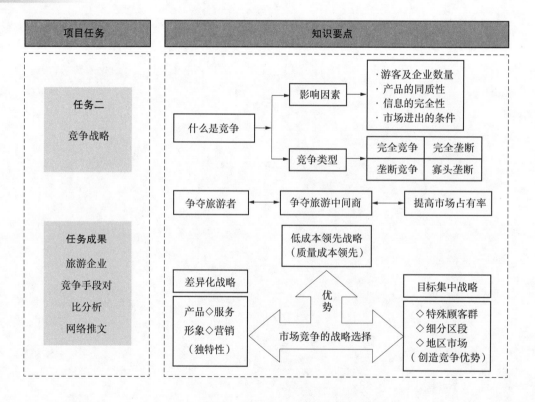

【案例导入】

"去哪儿"大战"携程"的苦心布局之路,因区块链一朝成功

资料来源:搜狐新闻

问题导入:你认为两个旅游企业间的竞争胜负如何评判? 为什么?

一、什么是市场竞争

作为一个旅游企业,要想在激烈的市场竞争中立于不败之地,就必须努力取得竞争的主动权。这一部分的内容,我们主要从四个方面来讲述,什么是市场竞争? 市场竞争的类型、主要内容,以及如何选择并制定旅游市场竞争战略。

(一)什么是市场竞争

【同步案例3-7】

携程和去哪儿在2015年10月26日宣布合并,合并后携程拥有45%的去哪儿股份。但是,在这之前,两大企业之间的竞争是异常激烈。就在2015年上半年,去哪儿对外宣布,已向商务部反垄断局递交文件,认为携程收购艺龙涉嫌违反反垄断法及相关法规。随后,携程方面发表声明入股不算垄断,并表示正向有关部门举报去哪儿网有多项并购行为涉嫌未申报。对于发生在两家在线旅游巨头身上的举报大战,有业内人士认为,去哪儿网与携程在谈及垄断问题时所指的范围有所不同,去哪儿提出的是在线酒店预订市场,而携程谈的是整个中国旅游市场,此事难以界定是否涉嫌垄断。不管在线旅游平台发展得如何迅猛,竞争如何激烈,行业内的一些老问题仍然没有得到有效解决,产品同质化、恶性价格战、售后服务跟不上、虚假展示等问题依然让消费者很头疼。

通过以上这个案例,我们可以看到,去哪儿和携程是参与竞争的双方,他们所共同需要的对象是在线旅游市场,正是为了这一目标,他们采取各种有效手段占了激烈的角逐。因此,作为经济范畴的竞争,也就是市场竞争,通常就是指在市场经济条件下,经济行为主体为了维护和实现自己的经济利益,采取各种手段自我保护和扩张行为的过程。

任何企业要想经营成功,都必须充分运用高新科技,才能在全球旅游市场竞争中占有一席之地。当然,对于整个旅游市场来讲,竞争是非常必要的,适当的竞争有利于不断提高旅游企业的服务质量,激发旅游企业不断改善自己的经营管理和模式,通过开展产品研发和创新,促进旅游企业的优胜劣汰,使旅游业保持持续健康的发展。

(二)影响市场竞争的因素

1.旅游者和旅游企业的数量

一般来讲,旅游市场中处于平等地位的企业越多,市场的竞争程度就越激烈。

2.旅游产品的同质性

不同旅游企业销售的产品在质量上是相同的,以至于有时候旅游者会无法辨别不同旅游企业提供的产品的差别。因此,市场上旅游产品之间的相似性越高,竞争越激烈。

3.旅游信息的完全性

获得充分完全的信息,要求旅游者和经营者能够充分了解旅游市场中关于旅游产品交易的全部信息。旅游信息的完全和畅通程度,直接决定着旅游市场竞争的程度和营销竞争机制的有效发挥。

4.旅游市场进出的条件

旅游企业进入或退出市场容易,则市场竞争程度就会提高。一般来讲,旅游市场进出的自由度,直接影

响着旅游市场的竞争程度。壁垒较高的市场,通常具有较高的市场垄断性。

【课堂互动 3-5】

角色扮演:模拟提供同一条旅游线路的旅行社开展旅游宣传,以争取更多的游客。

组织方式:5 人一组,两两对抗。5 分钟准备后,旅游企业(小组代表)针对游客(全班同学)开展线路宣传,在雨课堂平台发起投票,获得较多游客数的团队获胜。

二、市场竞争的类型

通常,我们按市场竞争的程度把竞争划分为四种主要类型,依次是完全竞争、完全垄断、垄断竞争和寡头竞争。

(一)完全竞争旅游市场

完全竞争旅游市场又称纯粹竞争,是指一种竞争完全不受任何阻碍和干扰的市场结构,是一种由数量众多的旅游者和旅游经营者组成的旅游市场。一般来讲,这种形态的旅游市场上的消费者和经营者,各自独立,且份额都小,无法支配和主宰市场的交换;市场上的产品是完全同质的,无差别的;经营者和旅游者在进入和离开市场时,不受任何非经济因素影响。通常,这种市场形态我们更多地应用于理论假说和经济分析。

(二)完全垄断旅游市场

完全垄断是指整个行业的市场完全由一家旅游经营者控制的状态。即一家旅游经营者控制了某个旅游产品的市场。比如一些拥有稀缺性资源的旅游景区,如长城、兵马俑、埃及金字塔等,在全世界范围内独一无二,没有替代品。在这种市场环境下,市场上产品的价格和产量都是由一家经营者控制,具有市场壁垒,其他任何经营者无法进入该市场。

(三)垄断竞争旅游市场

垄断竞争旅游市场也叫作不完全竞争市场,介于完全竞争和完全垄断之间,指一种既有垄断又有竞争,既不是完全垄断又不是完全竞争的市场结构。在这种市场形态下,同类旅游产品市场上具有较多的经营者,但他们对产品的价格、数量的影响有限,无法操纵市场,彼此之间竞争激烈;进入和退出市场都比较容易,没有太多的市场壁垒;不同的旅游经营者生产的同类产品之间存在着差异性,在质量、服务、销售方式等方面具有特色。垄断竞争的市场结构,有利于鼓励进行创新,但在垄断竞争之下会使旅游企业的销售成本,主要是广告成本有所增加。

(四)寡头竞争旅游市场

寡头竞争旅游市场也是在旅游市场中最常见的一种市场形态,也称寡头垄断旅游市场。寡头垄断是指为数不多的几家旅游经营者控制了行业的绝大部分旅游供给。比如说,携程旅行网、途牛旅行网、马蜂窝旅行网在在线旅游市场中就属于寡头垄断者。他们对价格、产量有很大的影响,并且每个经营者在行业中都占有相当大的份额,以至于其中任何一家的产量或价格变动都会影响整个旅游产品的价格和其他旅游经营者的销售量。一些新的旅游经营者要进入寡头垄断市场是一件非常不容易的事。在现实市场经济中,寡头垄断市场更典型,对于某些特殊的或稀少的旅游资源,往往容易形成寡头垄断的旅游供给市场。

以上四种竞争形式之间还存在着很多中间地带市场。旅游企业应该从实际情况出发,对动态的竞争行为进行仔细分析和研究,针对实际情况,采取适当的竞争策略。作为旅游企业,应该清楚地明白,竞争只是一种手段,而不是目的。竞争最重要的目的在于壮大自己,而不是以直接打击竞争对手为目的。如果旅游企业过分强调市场竞争的排斥性,而忽视了市场竞争互惠互利的前提,就会忽视更重要的合作性,使企业之间难以进行沟通与互助,也就不再是我们所提倡的市场竞争。

【同步案例3-8】

凉茶营销大战——加多宝"对不起"VS王老吉"没关系"

网友大呼"在一起"

2013年,针对广州市中级人民法院裁定加多宝禁用"改名"广告的禁令。加多宝官方微博于2013年2月4日连发四条主题为"对不起"的自嘲系列文案,并配以幼儿哭泣的图片,引发上万网友转发。

同一天的傍晚,微博上出现了王老吉版的"没关系"文案,配以幼儿微笑的图片,回应加多宝的"对不起"。两条微博共引来十几万网友的转发。网友则惊叹,在将近春节的时候,加多宝和王老吉的营销大战从电视媒体打到户外广告,再打到微博平台,堪比一部营销"贺岁片"。

——加多宝"对不起"系列

对不起,是我们太笨,用了17年的时间才把中国的凉茶做成唯一可以比肩可口可乐的品牌。

对不起,是我们太自私,连续6年全国销量领先,没有帮助竞争队友修建工厂、完善渠道、快速成长……

对不起,是我们无能,卖凉茶可以,打官司不行。

对不起,是我们出身草根,彻彻底底是民企的基因。

——王老吉"没关系"系列

没关系,是我们太囧,费了17年的时间才懂得祖宗留下中国的凉茶需要自己细心经营。

没关系,是我们太大度,连续十几年让你们放手去做,没有介入日常经营,渠道建设,在背后默默付出。

没关系,是我们要赢,凉茶要卖好,官司也不能输。

没关系,是我们出身优越,但不改一颗自立的决心。

三、市场竞争的战略选择

在旅游市场中,竞争主要通过争夺旅游者、争夺旅游中间商、提高市场占有率三个方面来展开的。

首先,旅游产品的消费对象是旅游者,那么对旅游企业来讲,客源就是财源。其次,旅游中间商是代理旅游目的地国家和企业销售旅游产品的组织机构与个人,旅游企业能够争夺到的中间商越多,能够赢得的市场份额就会越大。最后,旅游市场占有率,指旅游接待方在所处的旅游市场的地位,即在旅游市场总量中所占的比重。占有的市场份额越大,就具有越强的竞争力。

一般来讲,旅游市场的通用竞争战略,有以下三种:低成本战略、差异化战略和目标集中战略。

(一)低成本战略

【课堂互动3-6】

大家想一想,低成本是否可以成为旅游企业进入市场的条件呢?为什么?请用我们生活中的实例说明。

组织方式：4 人一组，展开 5 分钟讨论，讨论时每人举一个例子，选择 4 人中最具代表性的案例进行班级分享。

在上述问题的回答中，我们必须要明确的是，旅游企业是通过什么方式去做到这个低成本？如果旅游企业是将采取控制成本、产品标准化、生产服务过程创新、品牌延伸、特许经营等低成本战略作为进入市场的重要条件，是非常可取的。但是如果是通过降低产品质量来换取低成本则是非常不可取的。

因此，低成本战略，又叫作质量成本领先战略，是指企业在不降低产品和服务质量的前提下，通过技术革新等方式尽可能地降低生产经营成本而赢得竞争优势，获取行业领导地位。一般来讲，产品市场需求具有价格弹性时，以及产品本身在品质方面差异较小的情况下，比较适合低成本战略。但是，值得注意的是，新产品的引入或技术革命会导致低成本优势的丧失，过度的低成本还会导致整个行业的利润急剧下降。

（二）差异化战略

作为旅游企业，能够在竞争中脱颖而出，前提应该是它能建立并保持与竞争对手之间的差异，它必须给自己的顾客创造更高的价值，或者是能够以更低的成本为他们创造出相同的价值，而不是一味地强调竞争的重要性。

差异化战略，也叫作特色经营战略，是指从产品、服务、形象、营销等方面造就差异，形成企业对整个产业或者主要竞争对手的"独特性"。实现差别化战略可以有许多方式：设计名牌形象、技术上的独特、性能特点、对客服务、信息网络及其他方面的独特性。最理想的情况是，旅游企业在几个方面都有其差别化特点。较为普遍的情况是，如果实施差异化战略，总是会导致成本高昂的问题，广泛的研究、产品设计、周密的顾客服务等都会增加企业运营成本。如果旅游企业决定实施差异化战略，必须仔细研究顾客的需求或偏好，以便决定将一种或多种差异化特色结合在一起，以独特的产品、技术或服务为中心，满足顾客的需要。

（三）目标集中战略

目标集中战略也叫作专门化战略，是指旅游企业通过满足特定游客群，或者将精力集中于有限区域市场或产品的特定用途的方式。低成本与差异化战略都是要在全产业范围内实现企业目标，而专门化战略的整体却是围绕着很好地为某一特殊目标服务这一中心建立的，通过专门主攻某个特殊的顾客群、某产品线的一个细分区段或某一地区市场来为自身创造竞争优势，建立市场地位。

我们认为，旅游企业的专一化能够以高的效率、更好的效果为某一狭窄的战略对象服务，从而超过在较广阔范围内竞争的对手们。

此外，值得注意的是，作为旅游企业，如果不想与竞争对手"死缠乱打，你死我活"，不仅要善于竞争，还要善于"艺术"地规避竞争，尤其是知识经济、信息经济对旅游企业提出了全新的挑战，当今企业如果只是满足于低层次的竞争，也将难以取得竞争优势，终究会被淘汰。

【项目训练】

训练设计：通过电话、在线询问、网页查、实地采访等方式，分析两家相同级别旅行社（如甘肃省丝绸之路旅行社和康辉旅行社）在同一条旅游线路中的竞争手段。

1.他们都采用了哪些竞争手段？

2.写出一份适用于网络传播的对比分析文案。

成果形式:完成一篇两家旅游企业竞争手段对比的网络推文。

任务要求:1.内容包含线路产品概况、对比分析和结论;

　　　　　2.用表格的形式展开对比分析;

　　　　　3.提炼要点,将文案内容板块化;

　　　　　4.可尝试风趣的语言,激发读者兴趣。

任务三　品牌战略

　　为了在营销大战中赢得消费者的青睐,营销人员首先要做的就是企业的品牌战略制订,本任务内容将从消费者和经营者两个角度讲述旅游企业品牌战略的构成及策略选择。

【任务导图】

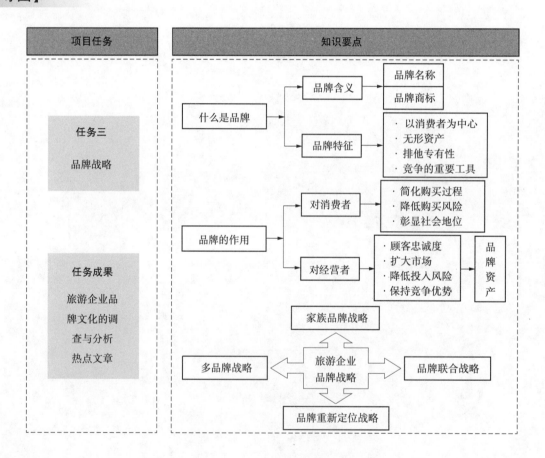

【案例导入】

加多宝 VS 广药　凉茶时代新品牌由谁胜出?

资料来源:杭州网

问题导入:你会选择哪一款凉茶? 为什么? 尝试总结什么是品牌。

一、什么是品牌

越来越多的旅游目的地和企业致力于打造自己的旅游品牌,说明越来越多的企业认识到了品牌的重要性,品牌意识已经深入人心。那么究竟什么是品牌呢?

(一)品牌的含义

美国营销学会对品牌的定义是:"一种名称、术语、标记、符号或设计,或是它们的组合运用,其目的是借以辨认某个销售者,或某群销售者的产品和服务,并使之与竞争对手的产品和服务区别开来。"比如我们的好客山东、诗画浙江、大美青海、七彩云南等,都是一些比较深入人心的旅游目的地品牌。品牌一般由品牌名称和品牌标志两个部分组成。

1.品牌名称

品牌名称是指旅游产品品牌中可以用言语称呼的部分,比如说,承德避暑山庄、九寨沟、迪士尼乐园、希尔顿饭店、麦当劳等,都属于品牌的名称。

品牌标志是指旅游产品品牌中可以被识别,但不能用言语称呼的部分。比如说我们很多人看到金色拱门的符号就立马知道它是麦当劳的标志;远远地看到酒店的"H"符号,就马上知晓这是希尔顿酒店。这些符号、象征、图案或其他特殊的设计,都属于品牌的标志。

此外,还需要说明的一点是,一般来讲,品牌价值的高低则取决于顾客对旅游产品品牌的忠诚度、品牌知名度、品牌所代表的质量、品牌辐射力的强弱等很多个方面。

2.品牌商标

在西方,商标是一个专门的法律术语。品牌或品牌的一部分在政府有关部门依法注册之后,就称为"商标"。商标受法律的保护,注册者享有专用权。国际市场上著名的商标往往在许多国家注册。尤其在市场经济比较发达的国家,商标依其知名度的高低和信誉的好坏,会具有不同的价值,是企业的一项无形资产,商标专用权可以进行买卖。

在我国,商标的概念有一些不同。我国对所有的品牌不论其注册与否,统称为商标,但有"注册商标"与"未注册商标"的分别。注册商标也就是之前提到的在政府有关部门注册后受法律保护的商标,未注册商标则不受法律保护。比如我们的中国国际航空、中国东方航空、中国南方航空都有自己专享的注册商标。

(二)品牌的特征

一般来讲,品牌的特征主要表现在以下四个方面:

1.以消费者为中心

国际现代品牌理论特别重视和强调品牌是一个以消费者为中心的概念,没有消费者,就没有品牌。品牌的价值体现在品牌与消费者的关系之中,品牌具有一定的知名度和美誉度是因为它能够给消费者带来一定的利益并创造价值。

2.是旅游企业的一种无形资产

品牌是有价值的,品牌的拥有者凭借品牌能够不断地获取利润,但是品牌的价值又是无形的,它不像企业的其他有形资产一样,能够明确地体现在资产负债表上。

3.排他专有性

旅游企业的品牌或者某个旅游产品的品牌,一经旅游企业注册和申请专利,其他企业就不得再使用。比如,典型的案例就是我们的凉茶品牌"王老吉",曾经在广药和加多宝之间引发了商标争议,根源就是在于加多宝不管如何向社会表现悲情和不甘,把王老吉商标从默默无闻做到年销售收入160亿,它也只是取得了"王老吉"商标的使用权,而广药却拥有"王老吉"商标的所有权。

4.是旅游企业之间展开竞争的一种重要工具

旅游企业可以通过品牌向消费者传递信息和企业文化,为消费者提供价值,它在企业的营销过程中占有着非常重要的地位。所以,品牌经营成了旅游企业开展经营活动的重要组成部分。

【课堂互动3-7】

你最喜欢哪一个品牌,说说你和它的故事。

组织方式:6人一组,展开3分钟回忆和讨论,讨论时每人选择一个品牌,选择6人中最有意思的故事进行班级分享。

二、品牌对消费者及经营者的作用

(一)品牌对于消费者的作用

一般来讲,消费者可以通过不同的品牌来区分相同性质的产品。通常消费者可以利用过去使用这种产品的经验,或对这个企业的感性认识来了解该品牌。当消费者时间紧迫,无暇通过"货比三家"来进行消费决策的时候,通过选择品牌就可以简化消费者的购买过程并降低消费者的购买风险。

另外,品牌能满足部分消费者彰显社会地位和身份的需要。比如,一些奢侈品的消费就是如此。劳力士名表是尊贵和品位的象征,香奈儿5号香水则体现了女士高贵典雅的气质。一个品牌可以体现出消费者与众不同的特质,帮助消费者有效地表达自我。

(二)品牌对于旅游企业的作用

一个成功的品牌可以使旅游企业获得消费者对品牌的较高的忠诚度,使得企业可以靠此优势继续扩大市场,并降低了新产品投入市场的风险。同时,品牌的塑造还能够增强对动态市场的适应性,减少未来的经营风险,有助于旅游企业抵御同行业竞争者的攻击,保持竞争优势,以在旅游市场上占据有利地位。

【同步案例3-9】

在线旅游业巨头携程,能够在旅游市场上不断推出自己的各项旅游产品和服务,并能够在短时间内迅速受到消费者的认可,其背后的原因就是借用自己已有的品牌优势,品牌的力量保证了新产品能够顺利地进入市场。像"携程"这个品牌名称,不仅仅是简单地代表某一品牌的两个字,而是当我们想起外出旅行时,脑海中往往会浮现"携程在手,说走就走"等广告语,这些品牌形象背后所代表的其实是品牌资产。

华强方特集团,成功开发了方特主题乐园产品后,获得了品牌的较高的知名度,相继在芜湖、重庆、汕头、泰安、株洲、青岛、沈阳、天津、嘉峪关等14个地区开发了方特欢乐世界、方特水上乐园等游乐主题产品，快速获得了消费者的认可。

上述案例中提到的"携程""方特"等品牌，不仅仅是简单地代表某一品牌的名称，这些品牌形象的背后所代表的是品牌资产。

菲利普·科特勒对"品牌资产"的定义是这样的："品牌资产是附加在产品和服务上的价值。这种价值可能反映在消费者如何思考、感受某一品牌并做出购买行动，以及该品牌对公司的价值、市场份额和赢利能力的影响。"

品牌资产在不断培养消费者对企业品牌的高度忠诚度的基础上，确定了该品牌产品或服务在市场上的稳定地位。品牌资产也为企业的进一步扩张提供了有利的条件。因为高知名度的品牌意味着其具有较高的社会认同度，在此情况下，新产品的推出也较容易地获得消费者的认可。知名度高的品牌所体现的质量，以及由此取得的深刻的品牌认知，是竞争对手难以超越的。

对于消费者所钟爱的品牌，比如面对中青旅、中国国旅等这种知名度高并能体现自身品位的品牌，消费者会愿意付出更高一些的价格。从某种意义上说，品牌资产可以被视为产品冠上某种品牌后所产生的额外收益，这种收益对企业来说无疑是一种财富的来源，所以，对旅游企业来讲，能够进行成功的品牌定位，从而获得品牌资产是非常必要的。

三、旅游企业的品牌战略

品牌战略是旅游企业实现快速发展的必要条件，在营销中彰显企业文化，向目标受众充分传递自身的产品与品牌文化，是旅游企业在市场营销活动中的重要内容。

通常情况下，旅游企业在决定使用品牌战略后，应该对品牌问题作出如下决策：比如，旅游企业通常会确立自己的旅游产品品牌，或使用别人的品牌促进自己旅游产品的销售，或与别人共同使用一个品牌以实现强强联合。比如，2002年，中国国旅与美国运通就联合成立了国旅运通航空服务有限公司，主要在中国境内提供国际和国内航空客运代理及相关服务。

对于旅游企业来讲，家族品牌战略、多品牌战略、品牌重新定位战略，以及品牌联合战略，都是旅游企业比较常用的几种战略手段。

（一）家族品牌战略

企业有时候需要决定，它的旅游产品是全部使用一个品牌，还是使用不同的子品牌（即一个品牌下有多个品牌）。一般来讲，家族品牌包括三部分：群体品牌、个体品牌、群体和个体并用品牌。

比如，万豪国际集团就拥有万豪、万丽、万怡、丽思卡尔顿等众多品牌；再比如，国际酒店业著名的假日品牌下，在北京就有丽都假日、金都假日和长峰假日等品牌。这些都是属于家族品牌战略。

（二）多品牌战略

所谓多品牌战略，是指企业决定同时经营两种或两种以上相互竞争的品牌。目的是建立不同的产品特色，以迎合不同的购买动机。这样，企业可以使自己的产品同时向各个不同的市场渗透，促进企业销售总额的增长。这种战略手段是宝洁公司首创的。

比如我们熟知的飘柔、潘婷、海飞丝等洗发水品牌，都属于宝洁公司旗下。由于宝洁公司这种战略手段很成功，许多企业开始效仿，也开始采取多品牌决策。在我们旅游行业中，多品牌战略的使用也很常见。

再比如我们之前提到过的欢乐谷、欢乐海岸、麦鲁小镇、茵特拉根小镇、东湖湾、玛雅海滩酒店等众多旅游产品品牌，其实都属于华侨城集团。

【同步案例 3-10】

锦江系酒店的多品牌之路

改革开放 40 多年以来,锦江之星在旅游住宿需求升级和增长的经济浪潮中强大扩张,同时,也带动了锦江酒店系——这个"老字号"国有企业的一系列创新变革。1997 年锦江之星酒店品牌创建后,在国内酒店行业创新发布会员卡,并成立锦江之星会员俱乐部。在最初发展的 10 年内,锦江之星进行了至少 3 次酒店产品更新。

随着旅游住宿市场的升级,作为"老字号"的锦江必须注入新理念,增加核心竞争能力,改变消费者对平价酒店的"低级论"看法,于是在 2002 年和 2004 年,锦江之星分别推出了第二代和第三代产品。

2009 年,简约、时尚和便捷的"百世快捷"酒店面世,拉开了锦江之星多品牌发展的序幕。2011 年,其又完成了对"金广快捷"酒店所有股权的收购,拥有了第二个经济型酒店品牌。这几年,经济型酒店完成规模扩张后,不少经济型酒店选择私有化,比如 7 天就从美股退市,而私有化之后重组为铂涛酒店集团并推出诸多品牌,随后锦江系将锦江股份作为投资主体,战略投资铂涛集团 81% 的股权,交易价值超过 100 亿元人民币。

除了通过资本与战略合作扩大自己的版图,锦江酒店系还积极响应"走出去"战略并积极进行国资国企改革。公开资料显示,锦江股份通过在境外设立全资子公司作为收购主体,收购喜达屋资本拥有的法国卢浮酒店集团 100% 的股权;锦江股份还以 17.488 亿元收购维也纳酒店有限公司 80% 股权,以 80 万元收购维也纳酒店创始人黄德满持有的深圳市百岁村餐饮连锁有限公司 80% 股权。2011 年,锦江之星与菲律宾上好佳集团签约,以品牌输出的方式跨出国门,通过品牌授权经营使锦江之星品牌正式落户菲律宾,成为中国经济型酒店品牌正式走向海外的第一例。2011 年 11 月,锦江之星与法国卢浮酒店集团在上海举行签约仪式,以品牌联盟的方式正式亮相法国;2014 年 1 月,锦江之星将品牌在印度尼西亚的特许经营总代理权授予当地的金锋集团,这也是锦江之星进军海外市场的第四站。

在锦江酒店系与卢浮、铂涛整合联合后,成为跻身全球酒店业前五位排名的中国酒店集团。公开资料显示,锦江国际集团将合计拥有超过 6 000 家酒店,客房逾 65 万间,覆盖全球 55 个国家和地区,品牌系列覆盖高、中、经济型等不同档次,包含 J·HOTEL、锦江、昆仑、锦江都城、锦江之星、Campanile、GoldenTulip、喆·啡酒店、7 天酒店、IU 酒店等知名品牌。经过细分整合与公司变更等,锦江股份旗下的酒店细分了四大板块,包括卢浮法国业务、锦江卢浮亚洲、铂涛和维也纳酒店。

作为一家"老字号"旅游酒店企业,锦江系可谓见证和经历了改革开放 40 多年,一路走来其看到了旅游市场的发展和消费升级,也抓住了改革开放和消费增长所带来的商机。"老字号"的创新和国际化发展战略也使其在业界基业长青。

(三)品牌重新定位战略

品牌重新定位战略也称作品牌的再定位战略。一个旅游产品的品牌在市场上的最初定位即使很成功,随着时间的推移,也必须进行重新定位。在作出重新定位的选择时,企业须考虑将品牌转移到另外一个细分市场的费用,包括旅游产品广告宣传费用、品牌管理费用以及定位于新位置的利润获得能力等。

(四)品牌联合战略

品牌联合战略是指,两个或更多的产品品牌合并为一个联合产品或者是以某种方式共同销售产品。比如,曾经在茶饮料市场,"雀巢"和"可口可乐"两个名牌企业强强联手,决定对付"联合利华"的"利普顿"产品。整个产品的创意以及设计由"雀巢"公司负责,而"可口可乐"则负责产品的销售,然后推出了新产品"雀巢冰爽茶",但这个被称为"雀茶"的产品并没有标明是联合品牌,"可口可乐"的大名也只是在产品包装上一带而过。

对旅游企业来讲,采用品牌联合战略,一方面拓展了双方企业新的业务领域,使自己的产品覆盖到更广的市场空间,另一方面也正是由于这种优势合作,它们在各自领域中的品牌价值得到了进一步的提升。

【项目训练】

训练设计:自由选择一家旅游企业,通过登录该旅游企业的网站、微博、手机 App 软件,关注微信公众号等方式,了解它的品牌文化。

1. 它的品牌名称和商标 Logo 是什么? 包含了哪些含义?

2. 品牌自创立以来经历了哪些变化?

3. 最成功的一次品牌定位活动是什么?

成果形式:完成一篇关于某旅游企业品牌文化的短文。

任务要求:1. 文章字数要求 500 字以内,可配图;

　　　　　　2. 为短文配乐,发表于微信公众号。

【思维拓展】

漳州青年筹款百万拍《虎见! 福建!》推广"大福建"

资料来源:搜狐新闻

2015 年 8 月 26 日,一部以推广福建文化为主题的宣传片《虎见! 福建!》在厦门开机,这个剧组的主创人员由几个福建漳州等地的文艺青年组成。《虎见! 福建!》拍摄剧组将走遍福建八闽大地的福州、厦门、泉州、漳州、莆田、龙岩、南平、三明等十几个文化景区,通过宣传片向外推广福建文化。

早在 2015 年 3 月,福建当地的文化爱好者马祖海、鲁筱铮、杨文祺等五人受台湾文化推广的影响决定发起推广"大福建"文化概念,传承与推广福建文化。团队几个人经过几个月筹集了 95 万,拍摄福建文化宣传片《虎见! 福建!》。

"其实我们福建人的观念里并没有一个'大福建'的整体概念。"知名策划人、文化人、《虎见! 福建!》主创之一的马祖海这样说道:"而是以你是福州人,我是闽南人,你是莆田人,我是客家人的这样文化身份的观念来交往的,福建只不过是一个行政区域而非文化区域,旅游景点也是,比如福建土楼,南靖土楼和永定土楼就一直在割据对抗。"

马祖海表示,做这样的文化事件,主要是希望能够打造一个全新的"大福建"整体文化概念,推动"福建文化"的产生,"福建一边是沿海文化,一边是山区文化,要是能将整个文化旅游链条接起来,是会非常有意思和丰富的,文化旅游产业也是可以完全整合起来的,这样才会立体,才有力量。"

分析与讨论

观看《虎见! 福建!》福建文化旅游宣传片后,回答下列问题:

1. 拓展资料中的团队在拍摄前都做了哪些准备工作?

2. 链接视频中的主人公是台湾人,为什么选择台湾故乡情视角来展开对福建文化的展示?

3. 查询福建省近五年的游客数据,分析其客源市场构成。

4. 选择另外一个省份的文化宣传片作品,与福建省的这个作品进行对比,提出区别在哪里?

5. 思考一下,我们该如何开展旅游目的地的品牌营销?

【自我提升】

能力训练:分析式思考

作为营销人员,在工作中,需要向游客阐述或解释产品及服务的内容,解决游客提出的各种问题。在这种情况下,营销人员需要掌握分析式思考的方法,针对顾客需求迅速做出判断,进而能够提供有效的个性化的服务。

能力要点	自我提升计划
1.能够根据不同游客的偏好与预期进行准确推理; 2.预测在交流中可能会产生哪些障碍,并为之做好准备。	注重培养"是什么? 为什么? 怎么做?"的思维方式; 方法:仔细观察并发现生活中的独特事物和现象,或者社会热点,用这种思维方式去解释它为什么会出现。

营销策略——用到极致,都可以创造奇迹

为旅游者提供满意的产品和服务是实现企业目标的必经过程,本模块将为大家讲述如何在这一过程中恰当地实施产品、价格、渠道及促销策略,通过综合运用4P策略有计划地组织旅游经营活动,为旅游企业制订一些营销策略和方案,解决我们旅游企业在现实中出现的很多问题。

【学习任务】

任务一　旅游市场营销组合策略

任务二　产品策略

任务三　价格策略

任务四　渠道建立

任务五　促销实施

【实践任务】

1. 某旅游企业的营销组合策略的分析报告;

2. 旅游产品创业计划;

3. 某旅游产品的价格促销计划;

4. 选择一个旅游企业,为其设计营销渠道设计方案;

5. 为某旅游产品创作一分钟抖音宣传作品;

6. 为某旅游企业的品牌、产品或形象推广撰写营销方案。

【能力要求】

1. 能够准确描述旅游市场营销组合理论的发展历程,以及4P理论、4C理论、4R理论的核心观点。

2. 能够根据旅游产品的特点来判断旅游产品所处的生命周期阶段,并能够为其制订相应的策略;学会开发旅游新产品系列的方法,并可以对已有的产品进行改进和提档升级。

3. 能够描述旅游产品的竞争、成本、心理定价方法的原理,并能够为旅游产品进行合理的定价;能够判断影响旅游产品定价的因素,并作出正确反应,制定相应策略;能够根据市场、竞争对手或游客心理的变化对旅游产品的价格作出正确的调整。

4. 能够对旅游企业已有的产品渠道模式进行准确的分析,能对旅游企业的某个旅游产品设计合适的渠道策略和模式。

5. 能够为旅游企业或旅游产品设计合适的广告主题、广告语；能够进行旅游宣传片的剧本创作；能够对市场上已有的营销方案进行准确点评；能够制订符合市场要求的营销促销计划；能够设计面向消费者的营业推广方案。

6. 能够以团队协作的方式完成针对某旅游企业或旅游产品的营销策划方案。

【开篇案例】

一个前卫的博物君——故宫博物院

兰州学院　2016级旅游管理本科2班　鲍雅婷

故宫博物院成立于1925年，建立在明清两朝皇宫——紫禁城的基础上，其文物收藏主要来源于清代宫中旧藏，是一座综合性博物馆，也是中国最大的古代文化艺术博物馆，还是第一批全国爱国主义教育示范基地。作为一个古老的、举世闻名的景点，故宫博物院以往的形象无疑是庄严厚重的、神秘的，而近些年，在采取了一系列营销手段以后，故宫博物院在人们心中的形象则发生了诸多的改变，如今的故宫博物院是亲切的、有趣的、贴近生活的。

一、微博企业运营号

故宫博物院有故宫淘宝和故宫博物院两个微博运营号，前者关注量93.3万，文风活泼，以发布故宫文创产品信息、文物小知识为主；后者关注量594万，在文化政务微博榜排行第一，文风严谨，以发布展览活动、讲坛活动、宣传活动为主。故宫的微博运营号，既贴合年轻人的气质和喜好，又保留了忠实的年长消费人群，利用了鲜明的"反差萌"，使故宫亲人、亲民，让更多的消费者青睐。

二、故宫 App

故宫拥有多款故宫主题App，如每日故宫、韩熙载夜宴图、清代皇帝服饰、紫禁城祥瑞图等。其中，"每日故宫"采用日历的形式，每天向用户介绍一件故宫藏品，在 App store 2015 年度排行榜上被评为年度优秀App，"韩熙载夜宴图"被评为年度最佳App，"清代皇帝服饰"入选年度精选。这些以故宫文物或故宫元素为主题的App，既传播了故宫文化，又为故宫增加了知名度。

三、故宫文创

故宫博物院在淘宝上有两个官方旗舰店，"故宫淘宝"和"故宫博物院出版旗舰店"。前者的 slogan 写着来自故宫的礼物，负责售卖与故宫相关的生活用品、文房书籍、包袋服饰等；后者的 slogan 则是把故宫文化带回家，负责售卖画谱、日历、辞典等，处处隐藏着关于故宫的历史文化。如"雍正钓鱼书签"对应的正是雍正帝的写照，历史上雍正的确十分喜欢垂钓。这些文创产品蕴含了深厚的文化价值，既让人感到亲切有趣，又传承了中华文明，与此同时也为故宫带来了可观的销售和利润额，2015 年故宫文化创意产品的销售额高达近10亿，利润近亿。[1]

四、故宫与腾讯 NEXT IDEA 创新大赛

2016 年 7 月，故宫和腾讯宣布建立合作伙伴关系，开展长期合作，计划以"NEXT IDEA 腾讯创新大赛"为平台，以故宫博物院经典 IP 形象或相关传统文化内容为原型，围绕赛事主题、跨界合作和创新人才培养等方面，探索传统文化 IP 的活化模式。[2]2016 年 NEXT IDEA 故宫表情大赛中，选手创作的 QQ 表情首月下载逾 4 000 万次；互动 H5《穿越故宫来看你》上线 3 小时浏览量就超过了 150 万，刷屏朋友圈[3]。2017 年，再次打造"故宫主题条漫大赛"，以二次元的形式阐释传统文化。2018 年故宫博物院、NEXT IDEA 腾讯创新大赛、QQ 音乐联合举办"故宫×腾讯 NEXT IDEA 音乐创新大赛"，大赛首发曲《丹青千里》上线当日，视频播放量超过 2 500 万[3]。此外，故宫博物院首次开放《千里江山图》《清明上河图》《韩熙载夜宴图》等十幅典藏传世古画，供参赛选手挑选作为音乐"唱作"的灵感源泉。[4]

五、故宫文化影视化营销

2017 年，故宫博物院参加中央电视台的重点项目《国家宝藏》。《国家宝藏》是一项融合了演播室综艺、纪录片、戏剧等多种艺术形态的节目，开创了"记录式综艺语态"，实现了传统文化的现代性转化，让"文物活起来"[5]。2018 年，故宫博物院则和北京电视台、华传文化联合出品中国首档聚焦故宫博物院的文化创新类真人秀节目《上新了故宫》。节目中明星嘉宾作为新品开发官跟随故宫专家进宫识宝，探寻故宫历史文化，并与顶尖跨界设计师一起，联手高校设计专业的学生，每期诞生一个引领热潮的文化创意衍生品，打造"创新"与"故宫"的 CP 风暴[6]。这一营销手段用明星流量来带动节目的收视率，又因节目的高收视率而使观众更加了解故宫以及故宫文物，最终实现故宫博物院经济效益和社会效益的双赢。

故宫博物院的营销手段除以上几个方面外，还涉及游戏、动漫等多个方面。如故宫博物院联合腾讯"奇迹暖暖"，在"传统服饰文化"领域进行形象授权合作，以"清代皇后朝服"和"胤禛美人图"为首期主题，推出的宫廷服饰皮肤，总下载近 4 000 万。再如故宫博物院首部主题漫画作品《故宫回声》以二次元形式呈现故宫文物南迁的历史故事，在腾讯动漫平台上发布连载，热度比肩平台头部作品。另外以人工智能技术为基础的"天天 P 图"推出的"故宫国宝唇彩"换妆互动游戏，借线上唇彩试色互动来传播相关趣味的文物色彩知识，上线一周就有千万人次参与。还有即将上线的首款故宫主题功能游戏《故宫：小小宫匠》，由故宫博物院联合腾讯游戏研发，在故宫的真实场景中，玩家进行简单的遥控操作，就能用材料自行"搭建"出养心殿、慈宁宫等知名宫殿，在游戏互动中自然地掌握古代宫殿建筑相关知识；眼动游戏《睛·梦》则结合故宫经典书画藏品，通过识别人眼移动触发操作，实现与屏幕画面实时同步，游戏画作均取材于中国经典书画作品，玩家在互动中感受中国书画之美。[3]

故宫博物院通过采用这些系列营销手段，一方面改变了故宫正经庄严的形象，使故宫更加生动丰富，变得亲民可爱，另一方面既增加了故宫的收益和利润，又传播了传统文化，承担了社会责任，同时故宫的营销之道也给同类型企业开拓了发展思路，具有一定的借鉴意义。

【资料来源】

[1] 数字营销观察家.
[2] 中青在线.
[3] 故宫博物院官网.
[4] 环球网娱乐频道.
[5][6] 搜狗百科.

任务一　旅游市场营销组合策略

　　一个旅游企业若想在市场营销中立于不败之地,需要针对自身实力和市场现状,综合利用企业可控的所有营销因素,如对企业产品的品牌、包装、质量、服务、价格、广告、促销、企业形象等,进行不断的优化组合,使之协调配合,扬长避短,发挥各自优势,以更好地实现营销目标。

【任务导图】

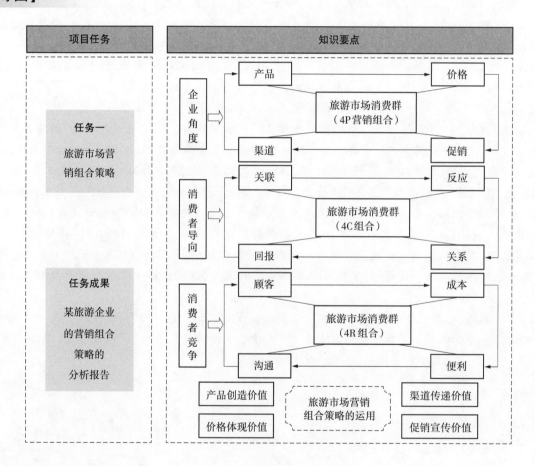

【案例导入】

加快项目建设　打好营销组合拳　大余旅游大有可为

资料来源:人民网　江西频道

问题导入:总结一下材料中的大余县都用到了哪些营销手段,它提到的营销组合拳是指什么。

一、什么是旅游市场营销组合?

(一)旅游市场营销组合的含义

旅游市场营销组合是指旅游企业为增强企业的竞争力,针对自身目标市场的需要,综合企业可控制的各种营销因素(产品质量、服务、价格、销售渠道、广告促销等)进行优化组合,以满足目标市场的需要和保证旅游企业的营销目标得以顺利实现。

也就是说,旅游企业在市场营销中,一是要综合发挥旅游企业的整体优势,从多方面做到"适销对路";二是需要旅游企业在特定时期向特定旅游目标市场营销特定的旅游产品;三是需要旅游企业对旅游市场竞争策略进行有效的组合与优化。

(二)旅游市场营销组合要素

1. 旅游产品要素

旅游产品要素一般包括旅游产品满足旅游者的程度、设计的合理性、功能与特色、品牌信誉、售后服务、质量保证等。

2. 旅游价格要素

旅游产品的价格要素一般包括旅游产品的生产成本、营销与管理费用、定价技巧、折扣价格、付款期限、信贷条件等。

3. 旅游分销要素

旅游分销要素一般包括旅游批发商、旅游经销商、旅游零售商、销售网络、销售范围等方面的内容。

4. 旅游促销要素

旅游促销要素一般包括广告促销、人员促销、营销推广和公共关系四个方面的内容。

二、市场营销组合理论的发展

(一)4P组合营销理论

杰罗姆·麦卡锡1960年在《基础营销》一书中提出了著名的4P营销组合理论。麦卡锡认为,企业从事市场营销活动,一方面要考虑企业的各种外部环境,另一方面要制订市场营销组合策略,通过策略的实施,适应环境,满足目标市场的需要,实现企业的目标。如图4-1所示,麦卡锡绘制了一幅市场营销组合的模式图,图的中心是某个消费群,也就是目标市场,外围是四个可控要素:产品(Product)、渠道(Place)、价格(Price)、促销(Promotion),即4P组合。

(二)4C组合营销理论

20世纪90年代,美国市场学家罗伯特·劳特伯恩提出了以"4C"为主要内容的作为企业营销策略的市场营销组合即4C理论。"4C"组合包括顾客(Customer)、成本(Cost)、便利(Convenience)、沟通(Communication)四个方面,即针对产品策略,提出应更关注顾客的需求与欲望;针对价格策略,提出应重点考虑顾客为得到某项商品或服务所愿意付出的代价;并强调促销过程应用是一个与顾客保持双向沟通的过程。(图4-2)

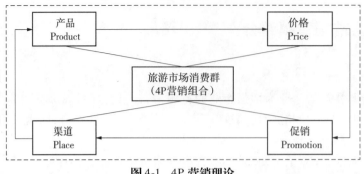

图 4-1 4P 营销理论

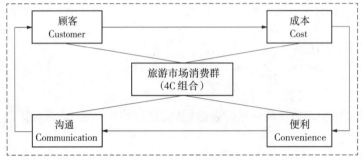

图 4-2 4R 营销理论

(三)4R 组合营销理论

21 世纪初,美国学者唐·舒尔茨提出了基于关系营销的 4R 组合,也受到了营销业界的广泛关注。4R 理论阐述了一个全新的市场营销四要素,即关联(Relevance)、反应(Response)、关系(Relationship)和回报(Return)。他认为关系营销越发重要,回报是营销的源泉,企业应该与顾客建立关联,同时提高市场反应速度。4R 理论以竞争为导向,在新的层次上概括了营销的新框架,体现并落实了关系营销的思想。(图 4-3)

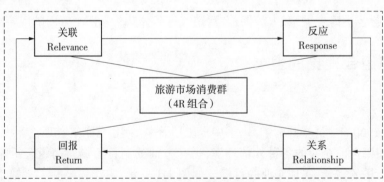

图 4-3 4C 营销理论

以上三种营销组合理论,从 4P,到 4C,再到 4R 理论,三个理论的依次出现并不是完全代替,而是不同的侧重点。4P 理论是从企业的角度看营销,它的出现让市场营销理论有了体系感,也使复杂的现象开始简单化,促进了我们市场营销学理论的普及化应用。4C 理论是以消费者为导向,其中的成本、方便、沟通和顾客四个方面直接影响了企业的销售,决定企业的未来,是站在消费者的角度看营销。而 4R 理论也是站在消费者的角度看营销,同时也关注与竞争对手之间的客户争夺。目前,我们主要还是以麦卡锡的 4P 营销组合策略为主导,也就是将产品策略、价格策略、渠道策略和促销策略作为指导旅游企业开展市场营销工作的理论基础。

三、市场营销组合策略的应用

【课堂互动4-1】

如果你是蜡染工艺品的制造商或经销商，你会如何进行以下决策？

知识链接：蜡染也称蜡花，在古代被称为"蜡缬"，是一种以蜡为防染材料进行防染的传统手工印染技艺。它历史悠久，是我国苗族、布依族等少数民族古老而独特的手工绘染艺术，与绞缬（扎染）、夹缬（镂空印花）并称为我国古代三大印花技艺。蜡染艺术作品和蜡染旅游工艺品在整个染织美术界久负盛名、独放异彩。如今，蜡染在布依、苗、瑶、仡佬等少数民族群众中仍十分流行，他们的衣裙、被毯、包单等仍多喜用蜡染作装饰。

1. 将蜡染工艺品销售给哪些消费者？
2. 提供什么样的蜡染工艺品才能让这些旅游者乐于购买？
3. 应要求旅游者为每幅蜡染工艺品付多少钱？
4. 应在什么地方把蜡染工艺品销售给旅游者？
5. 怎样与旅游者取得联系并传递营销信息？

组织方式：5~7人一组，各小组模拟身份（如蜡染工艺品制造厂商、蜡染工艺品商家等）针对以上五个问题进行思考与讨论，做出决策。讨论10分钟后，由一名同学作为小组代表在班级内分享。

通过以上问题的思考，我们会发现，任何一个企业，若想把产品推向市场，必然会经历以上几个市场营销阶段。比如，作为蜡染工艺品的制造商，首先要决定的就是：应该将蜡染工艺品卖给哪些消费者？哪些消费者会喜欢此类产品？蜡染是一种带有民族风格的工艺品，贵州、云南地区的苗族尤其擅长蜡染，那么云贵地区的游客应该会喜欢我们的产品，这个过程就是目标市场的选择与确定。

目标市场确定后，需要思考的是，我们提供什么样的蜡染工艺品才能让这些游客乐于购买呢？是蜡染布料制作的钱包？家居用品？还是玩偶？还是装裱的壁挂饰品？那么这个过程就是产品营销策略的实施过程。

之后，我们需要确定每个消费者要为我们的产品付多少钱？比如蜡染钱包应该将价格定为20元还是50元？这需要我们根据它的成本或是消费者心理接受价位来确定，这个过程就是我们的价格策略实施过程。

紧接着，我们需要考虑，我们应该在哪些地方销售这些蜡染工艺品？旅游景区、古镇古村？或者博物馆、超市？或是通过淘宝、京东这些网络电商？这个决策过程就是渠道策略的实施过程。

最后，我们还需要考虑，应该怎样和我们的游客取得联系，并传递我们的营销信息，这个过程就是我们所说的促销策略的实施过程。

在以上营销过程中，产品创造价值，价格体现价值，渠道传递价值，促销宣传价值，作为一名旅游市场营销人员，需要全面掌握4P营销策略，才能帮助企业在市场中抓住机会，永葆活力。

【项目训练】

训练设计：选择某个旅游企业（如携程、途牛、中青旅），对其展开全方位的调查，了解它的营销手段和方法。
1. 分析它都拥有哪些旅游产品？以其中一个旅游产品为例，调查它的产品系列、产品价格。
2. 该旅游企业在官网上是如何对这项旅游产品进行宣传的？
3. 总结一下该旅游企业4P策略是否都用到了，它是如何组合运用的。
成果形式：某旅游企业的营销组合策略的分析报告

任务二　产品策略

　　旅游产品是企业经营的核心,在进行正确的品牌定位之后,最为重要的就是向旅游消费者提供特色鲜明及品质服务俱佳的产品。正确的产品决策是实施价格、渠道、促销等决策的基础,本任务内容将从旅游产品的整体概念、生命周期、营销组合、新产品开发等方面全方位讲述旅游市场营销的产品策略。

【任务导图】

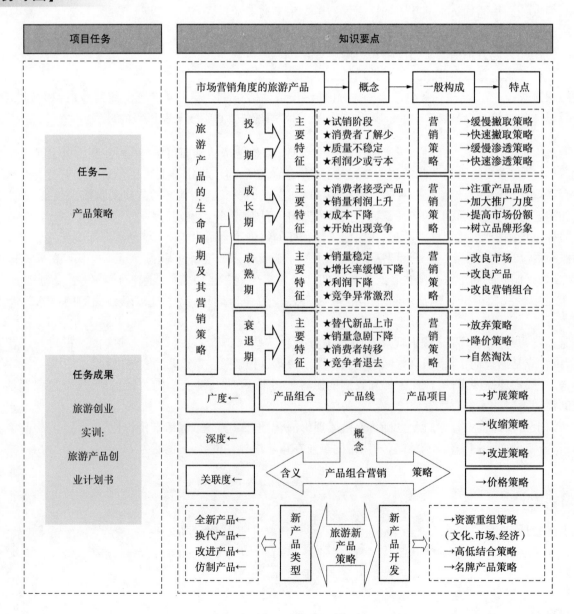

项目任务	知识要点

市场营销角度的旅游产品 → 概念 → 一般构成 → 特点

任务二　产品策略

旅游产品的生命周期及其营销策略

投入期	主要特征	★试销阶段 ★消费者了解少 ★质量不稳定 ★利润少或亏本	营销策略	→缓慢撤取策略 →快速撤取策略 →缓慢渗透策略 →快速渗透策略
成长期	主要特征	★消费者接受产品 ★销量利润上升 ★成本下降 ★开始出现竞争	营销策略	→注重产品品质 →加大推广力度 →提高市场份额 →树立品牌形象
成熟期	主要特征	★销量稳定 ★增长率缓慢下降 ★利润下降 ★竞争异常激烈	营销策略	→改良市场 →改良产品 →改良营销组合
衰退期	主要特征	★替代新品上市 ★销量急剧下降 ★消费者转移 ★竞争者退去	营销策略	→放弃策略 →降价策略 →自然淘汰

任务成果

旅游创业实训:旅游产品创业计划书

广度← | 产品组合　产品线　产品项目 | →扩展策略
深度← | 概念 | →收缩策略
　　　　| →改进策略
关联度← | 含义　产品组合营销　策略 | →价格策略

全新产品← 换代产品← 改进产品← 仿制产品← | 新产品类型　旅游新产品策略　新产品开发 | →资源重组策略(文化、市场、经济) →高低结合策略 →名牌产品策略

【案例导入】

花间堂——时下最火爆的文化精品民宿是如何炼成的!

资料来源:搜狐旅游

问题导入:你认为文化精品民宿花间堂是如何炼成的?花间堂与你所了解的家庭旅馆、酒店有哪些不同?

一、如何把握旅游产品的整体概念

(一)旅游产品概述

产品是指一切能满足顾客某种需求和欲望的物质产品(Goods)和非物质形态的服务(Service)。而旅游产品的概念,可从以下三个角度定义。

1. 从旅游者角度所定义的旅游产品

从旅游者角度来看,旅游产品是指旅游者花费一定的时间、精力和费用所获得的一段旅游经历体验和感受,它是一种动态性的产品。人们的旅游需求在不断变化,旅游产品也随着旅游者需求变化而呈现相应的动态变化。从这个角度来讲,游客的旅游需求存在差异性。

【课堂互动4-2】

想一想你买衣服时,导购一般会给你什么意见?

组织方式:4人一组,开展5分钟的讨论,并由小组代表在班级内分享。

任务要求:

(1)用自己或朋友的一次购物经历说明导购经常会说什么或做什么。

(2)总结一下导购的哪些行为与语言让你产生了购买某件产品的冲动,并导致最终消费。

2. 从旅游经营者角度所定义的旅游产品

从经营者角度来看,旅游产品是指旅游经营者凭借一定的旅游资源、旅游设施和其他媒介,向旅游者提供的、以满足旅游者需求的各种物质产品和劳务的总和。从供给方面看,旅游产品最终主要表现为活劳动的消耗,即旅游服务的提供。从这个角度讲,旅游产品的实质是一种服务性产品。

【同步案例4-1】

为顾客设计形象

杭州的一家服装商店,推出了一种"形象设计服务"。店里专门聘请形象设计师为每一位顾客设计形象。设计师根据顾客的身材、气质、经济条件等情况,出主意,做参谋,指导顾客该买什么服装,配什么领带或饰物;头发做成什么式样与服装、身材最相称;穿什么颜色和款式的鞋才能相得益彰等,从而使服装及其各种配套物品最能体现顾客的长处,达到风度可人的理想境界。这项服务推出以后,这家店受到了顾客的广泛欢迎,一时间,顾客如云,而且都是服装、饰物整套整套地购买,商店收入顿时大增。

思考一下:大家想一下,为什么服装店为顾客设计形象会达到顾客如云、销量大增的效果呢?

3. 从旅游市场角度所定义的旅游产品

一般来讲,单项旅游产品是指旅游者在旅游活动中所购买和消费的与住宿、餐饮、交通、游览、娱乐等有关的物质产品或服务内容。组合旅游产品是指经营者根据旅游者需求,把食住行游购娱等多种要素组合而成的某一产品,又称为某一旅游线路产品。而整体旅游产品一般是指在旅游经济活动中,某一旅游目的地能够并满足旅游者需求的全部物质产品和服务的总和,即旅游目的地产品。

在旅游活动中,团队游客大多数会购买由旅行社安排的旅游线路产品或整体旅游产品;自助游客或团队中的个别游客,会根据自己的特殊需要购买一些单项旅游产品。

从市场营销角度出发看产品,产品是"整体产品"概念。这一观念认为,产品应该是一个整体的概念,它不仅包括产品本身,而且包括了各种服务,以满足需求,为消费者提供一种整体的满足。前面案例中提到的杭州服装店卖的就是这种"产品+服务",也就是我们所说的"整体产品"。购买者所需要获得的是一个满意的整体,而不是对某一实体的占有。因此,从这个角度来看,旅游产品是指旅游者和旅游经营者在市场上进行交换并在旅游活动中所消费的各种物质产品和服务的总和。

比如刚才这个案例当中,产品核心应该是指消费者购买服装的目的、给购买者带来的利益、购买服装的用途,比如求美、打扮、保暖和其他社会需要。产品形体应该是服装的款式、花色、规格、布料等看得见、摸得着的东西。而为顾客设计形象则是产品的附加利益。

(二)旅游产品的构成(图4-4)

现代市场营销理论认为,任何产品都由三个部分组成,即产品的核心部分、形式部分和延伸部分。核心部分是指产品满足消费者需求的基本效用和核心价值;形式部分是指构成产品的实体和外形,包括款式、质量、商标、包装;延伸部分是指随产品销售和使用而给消费者带来的附加利益。

对旅游产品来讲,什么是它的核心产品? 什么是它的有形产品? 什么又是它的附加产品呢?

1. 核心部分

旅游产品的核心部分一般是指能够满足消费者在旅游活动中的最基本的需要,包括旅游吸引物和旅游服务两个方面。

旅游产品的核心部分,也就是旅游产品能够带给旅游者的基本利益或者效用,不是为了获得或占有产品本身,而是为了满足某种特定的需要,比如幸福感、快乐的需要。我们认为旅游核心产品也就是指旅游者的旅游经历。比如一次浪漫的路程、一次冒险的经历、一次民族文化的熏陶。

2. 形式部分

旅游产品的载体、质量、特色、风格、声誉及组合方式等,是旅游产品核心价值部分向满足人们生理或心理需求转化的部分。

旅游产品的形式部分应该是以旅游线路产品和旅游设施为综合形态的"实物产品"。比如一条旅游线路产品的品质,也可以说是性价比;特色,如美食之旅;还有旅行社品牌、线路中的酒店品牌、档次,景区级别;还有产品的销售价格、服务人员的态度等,这些都属于形式产品。

3. 延伸部分

旅游产品的延伸部分也叫旅游附加产品,也可以说是为旅游者旅途中所提供的各种设备设施、社会化服务和旅行便利的总和,使旅游者在获得核心产品和形式产品时能够得到更多的额外服务和利益,得到更多的意外满足和超值享受。

比如旅行社为游客提供的免费的旅游信息和咨询服务,给游客送票上门,为游客预订酒店、机票,免费接送站,便捷的付款方式,给予的优惠额度等都属于旅游附加产品的范畴。在旅游产品的核心部分和形式部分基本功能确定之后,延伸部分往往成为旅游者对旅游产品进行评价和决策的重要促成因素。

以上就是旅游产品的一般构成。当然,我们也可以把旅游产品的构成分为食、住、行、游、购、娱,也就是旅游餐饮、旅游住宿、旅游交通、旅游景观、旅游购物、旅游娱乐六个方面的构成要素。

【课堂互动 4-3】

举例说明哪些是旅游产品的核心部分、形式部分、延伸部分?

组织方式:4 人一组,组内成员用自己的一次旅游经历说明,哪些是旅游产品的核心部分、形式部分和延伸部分。讨论 5 分钟后每小组由一名同学作为小组代表在班级内分享大家的答案。

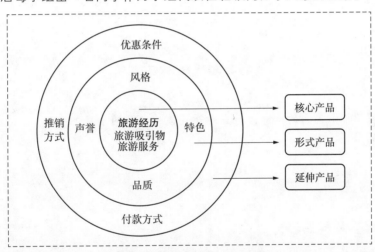

图 4-4　旅游产品的一般构成

(三)旅游产品的特点

1. 综合性

旅游产品既体现为物质产品与服务产品的综合,又体现为旅游资源、基础设施和接待设施的综合,还体现在旅游活动涉及众多的相关部门和行业。

2. 无形性

旅游产品是以服务为主的无形性产品。旅游产品的使用价值必须是旅游者到达目的地后享受到旅游服务时才能体现出来。一般来讲,在大体相同的旅游基础设施条件下,产品的生产和供应可以通过服务而具有很大的差异性。

3. 同一性

物质产品先生产后消费,而旅游产品具有生产与消费的高度同一性。旅游交易又属于预约性交易,当旅游者预订某一产品后,生产和消费同时进行,一旦旅游活动结束,生产和消费也立即终止。

4.依赖性

通常,旅游产品对于公共设施和物品具有较强的依赖性,比如交通、餐饮、公共基础设施等,各行业共同使用。

5.固定性

旅游资源、接待设施和基础设施等在位置上是相对固定不变的,在旅游活动中发生移动的是旅游者而不是旅游产品。旅游产品的交换仅仅表现为旅游者对产品的暂时使用权,所有权不转移。

6.敏感性

旅游产品是一种风险性较大的产品,带有较强的敏感性特征,易受各种因素的影响而发生变动。一般而言,国际贸易壁垒、汇率变动、国际市场竞争及客源国、接待国政治、经济的变化,以及各种自然灾害,都会影响旅游客源及旅游市场的变化。

【同步案例 4-2】

文明之都遭遇骚乱噩梦

思考一下:你是如何理解旅游产品的敏感性特点的? 谈谈你自己的看法。

二、旅游产品的生命周期理论

(一)旅游产品的生命周期理论

任何产品从生产出来进入市场后,不可能永远畅销,它的销售能力和获利能力也并不是一成不变的,而是随着时间的推移不断发生着变化,这种变化经历了产品的诞生、成长、成熟和衰退的过程,就像生物的生命历程一样,所以产品进入市场后的这种现象我们称为产品生命周期。对旅游产品而言,也不例外,也会经历成长期、成熟期,最后被淘汰、退出市场的整个过程。(图4-5)

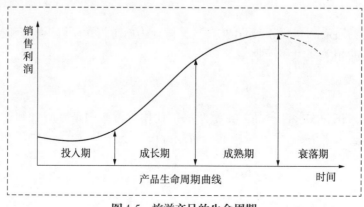

图4-5　旅游产品的生命周期

如图 4-5 所示,旅游产品的产品生命周期图,以横轴表示时间,纵轴表示销售利润,那么当旅游产品投入市场后,会依次经历投入期、成长期、成熟期、衰退期四个阶段及过程,大部分旅游产品在这个过程中,它的销售曲线及利润曲线是一个 S 形曲线。

(二)旅游产品生命周期各阶段的特点

1. 投入期

投入期是旅游产品进入市场的初始阶段。在这个阶段,对供给方来讲,新的旅游产品刚刚投入旅游市场,产品的设计还有待进一步改进,技术和服务也尚不完善,基础设施也需要配套,食、住、行、游、购、娱各个环节也需要进一步协调,整体来讲产品质量和服务水平还有待大幅提升。对需求方来讲,产品的知名度低,游客对产品还不太了解,销售额增长缓慢且不稳定,需要投入大量的促销费用,利润很低,甚至还会出现亏损。这个阶段的同行竞争者相对较少。比如,汽车度假营地在我国的发展就处在投入期,大部分地区的露营地还在规划试运营阶段,知名度低,游客量少。

2. 成长期

进入成长期,新的旅游产品逐渐被消费者接受,旅游产品的生产设计基本定型,主题明确;基础设施基本完善,各环节之间的沟通逐步协调,衔接紧密;旅游服务开始向标准化和规范化发展,服务品质大幅提升;社会公众和游客开始关注旅游产品本身,产品形象得以传播。与此同时,更多的竞争对手开始进入该市场,展开竞争。比如,丝路明珠金张掖,经过前期的旅游规划、建设与推介,已经在全国范围内小有名气,河西走廊独特的多样化旅游产品不断地吸引着国内外游客的到来,七彩丹霞的美誉也开始广为流传。

3. 成熟期

成熟期是旅游产品的主要销售阶段。在这一个阶段,旅游产品成为名牌产品或老牌产品,产品销售额逐渐达到高峰而趋于缓慢增长。旅游企业的生产能力发挥到了最大,产品也拥有很大的市场占有率,企业利润也达到最高水平。这一时期,产品所在的旅游市场已经趋于饱和,供求基本平衡,旅游企业之间的竞争处于最激烈的阶段。比如湖南的张家界、安徽的黄山、西藏的纳木措景区等,作为我国的顶级旅游景区,是众多游客在度假旅游时首选的老牌旅游产品,游客量长期达到景区接待峰值。

4. 衰退期

衰退期是旅游产品吸引力减弱,销售额持续下降,利润逐渐为零,甚至出现负数,产品逐渐退出市场的阶段。在这一时期,消费者的兴趣发生转移,原有的旅游产品已经无法满足人们不断变化的需求,销售量及利润迅速下降,导致许多旅游企业在市场竞争中被淘汰,老化的旅游产品逐步退出旅游市场。与此同时,市场出现新的旅游产品或替代产品。

【同步案例 4-3】

河南漂流:盛宴后的反思

2003 年,河南第一家漂流景区——灌河漂流诞生,从此掀起了夏季漂流风。漂流凭着亲水性、惊而不险的魅力,逐渐成为生态游的一大亮点。其后,伊河漂流、宝天曼漂流、豫西大峡谷漂流、尧山第一漂等多家漂流景区遍地花开,从 2007 年开始,河南漂流由灌河漂流一枝独秀进入到百花齐放的时代。截至目前,河南省大大小小的漂流景区或景点已有 30 多家。

"中原第一勇士漂"——豫西大峡谷漂流；中原唯一森林漂——伊河漂流；老少咸宜皆可漂——伊河漂流、宝天曼漂流；中原峡谷第一漂——雪花谷漂流；北国第一漂——淇河漂流。这么多号称"第一漂"的漂流景区，叫人眼花缭乱，它们到底谁才是真正的第一呢？

很快，在竞争如此激烈的市场中，一些漂流景区因为盲目跟风，出现服务标准缺失以及存在安全隐患的问题，游客不再光顾，逐渐被迫退出市场，关闭经营。

河南省漂流景区的发展历程就是我们大部分旅游产品的生命周期形态。但是，在旅游市场的营销实践中，并不是所有的旅游产品都会呈现 S 形曲线，由于各种因素的影响，各种旅游产品的生命周期并不一样。有的旅游产品周期长，比如庐山瀑布、峨眉山等稀缺性旅游资源景区；有的旅游产品周期短，比如我们很多的旅游节庆，只举办一到两届，就永远地退出市场；有的旅游产品经过一个周期的衰退后，采取恰当的营销手段，过一段时间又重新兴起，开始第二、第三个周期，比如乌镇，作为中国第一古镇，不断地进行产品开发和改进，在旅游市场上经久不衰。

作为营销人员，必须要了解旅游产品在不同的生命周期阶段所表现出来的特征，以此为基础来判断一个旅游产品所处的生命周期阶段，这样才能有针对性地进行营销策略的策划和实施。

三、旅游产品各生命周期阶段的营销策略

（一）投入期

旅游产品在投入期，可采用的旅游营销策略有四种，高价低促策略、高价高促策略、低价低促策略以及低价高促策略。

1.高价低促策略

高价格低促销策略，也叫缓慢撇取策略，也就是旅游产品定价较高，以较少的促销费用展开推销活动，通过降低营销费用以获取较多的利润。不过，采用这种策略的企业应该具备几个条件：旅游产品在市场上具有高度的垄断性，来自潜在竞争者的威胁不够大，旅游产品的市场容量也相对有限。比如中青旅曾针对极地旅游爱好者推出的挪威斯瓦尔巴群岛的北极 12 日旅游线路产品，报价 11 万元，就是采用的这种高价低促策略。

2.高价高促策略

高价格高促销策略，也叫迅速撇取策略，也就是以高价格配合大张旗鼓的促销策略。采用这种策略的前提是，旅游产品的开发研制成本较高，产品的特色较为突出，旅游企业希望旅游产品投放市场后迅速建立起品牌信誉。比如，位于阿拉伯联合酋长国迪拜的帆船酒店，也叫"阿拉伯之星"，因为豪华程度远远超过五星标准，而被称为是世界上唯一一个七星级宾馆，同时也以金碧辉煌、奢华无比著称。帆船酒店的营销就是典型的高价高促策略。

3.低价低促策略

低价格低促销策略，也叫缓慢渗透策略，也就是旅游企业确信旅游市场的需求价格弹性很高，价格降低的时候，会引起销量的大幅增加，而且以较低的促销费用保证企业的利润。采用这种策略的前提是，旅游市场的需求空间较大，市场上竞争较为激烈，消费者对价格比较敏感。比如热点旅游目的地的一些经典的大众旅游一日游线路产品，因为线路产品中的景区本身较为经典，是大部分游客的必游路线，不再需要大量的宣传与推介，采用低价低促的策略能够吸引更多的游客，从而以量的增加来获取更多的利润。

4.低价高促策略

低价格高促销策略,也叫迅速渗透策略,也就是旅游产品定价较低,并配合大量的促销活动,以便能够快速地占领市场,提高市场占有率。采用这种策略的前提是,旅游市场的需求量较大,消费者对产品的特色尚不了解,且对价格敏感,市场上来自潜在竞争者的威胁较大。比如一些因为社会热点而刚刚推出市场的新兴旅游线路产品,就如甘肃白银的景泰黄河石林景区,因为综艺节目《爸爸去哪儿》第二季的强势推广,被很多游客知晓,旅行社针对亲子游客群体给予一定价格优惠措施,大幅地增加了它的销售量。

【课堂互动4-4】

谈一谈旅游产品在投入期的营销还可以怎么做。

组织方式:5~7人一组,针对以上问题开展5分钟的讨论,并在班级内分享。

任务要求:以具体的景区、旅游线路产品、旅游纪念品等为例。

(二)成长期

旅游产品在成长期的营销策略的重点在于通过提高旅游产品的特色与优势,努力寻求和开拓新的市场,开辟新的销售渠道,不断提升旅游产品在市场中的核心竞争力,以面对越来越激烈的市场竞争。

1.加大推广力度

旅游企业在这一阶段应该继续扩大广告宣传,而且宣传推介的重点应该从建立产品的知名度转移到说服消费者购买旅游产品上来。同时,旅游企业要在广告宣传中提醒消费者注意本企业旅游产品的特点,也就是与其他产品的不同之处和优点在哪里。在这一阶段,旅游企业还应该进行各种营销活动,努力塑造旅游企业在市场上的良好形象,增强旅游者对旅游企业及旅游产品的信任感。

2.提高市场份额

第二个方面,旅游企业在这一阶段应该努力提高旅游产品的市场占有率。一般来讲,旅游产品在成长期的市场机会是最大的,但市场变化也很快,机会往往稍纵即逝。那么,旅游企业在这个时候应该抓住机会,以挖掘旅游市场的深度为主,也就是旅游企业要不断通过提高旅游产品的服务和质量,发展产品的规模优势,用系列化的产品满足不同市场群体的需要。比如2013年成立的亚朵酒店,不断通过提升自己的酒店设施和服务来吸引顾客。2018年初,亚朵酒店与网易云音乐达成合作,在成都联手打造"网易云音乐·亚朵轻居"酒店,主打"睡音乐"主题客房深受关注和顾客的喜爱。

此外,在这一阶段旅游企业也可以在巩固原有销售渠道的基础上,开拓新的销售渠道,开拓新市场,不断加大旅游产品的市场占有率。比如,旅游企业除了与携程旅游合作外,也可以加强与其他在线旅行商如马蜂窝、驴妈妈、美团、阿里飞猪等更多平台的合作。在这一阶段,旅游企业还可以适当地调整产品的价格,以争取更多的旅游者。

3.树立品牌形象

旅游企业在这一节阶段应该努力地树立自己在旅游者心目中的品牌形象。旅游产品要想在游客心中留下深刻的印象,必须通过特色化的产品或服务,加深体验感,形成自身的而且不易模仿的优势。比如喜来登酒店在创立之初,寻求突破性增长时,提出将"微笑"作为喜来登酒店的特色化服务永久推广,获得了很好的发展效果。所以,这一阶段,旅游企业可以通过对产品的设计和服务的改进来树立自己的企业形象。

旅游产品的成长期,一直被认为是旅游企业获利的黄金时期,也是创造品牌的最佳时期。旅游企业同样会面临"高市场占有率"和"高利润"之间的博弈和选择。如果在这一时期实施市场扩张和低价渗透策略,当然会使旅游企业当前的利润降低,但是也强化了旅游企业的市场地位和竞争力,有利于维持和扩大旅游企业的市场占有率。从长远来看,在这一阶段旅游企业更应该通过扩大市场占有率来增强企业实力,以备今后获取更大的利益。

【同步案例4-4】

云南腾冲"航空+旅游"模式推动旅游发展全面升级

腾冲机场是云南首个县级机场,也是云南首家"一市两场"的机场之一。在空中直线距离60千米的范围内,还有保山机场和芒市机场。在机场最集中的地方新建县级机场,各方对机场发展预期不看好,在克服了多重压力下,腾冲机场于2009年1月23日正式通航。

在航空市场开发中,腾冲机场主动与地方政府、旅游机构、航空公司"紧紧抱团",组织客源、设计产品、营销市场,2011年通航仅两年旅客吞吐量就突破50万人次,达到设计目标值,书写出了支线机场发展的"腾冲速度"。腾冲机场多年来基本实现了持续快速发展,尤其是"航空+旅游"模式为腾冲经济社会发展注入了充沛的成长动力,推动了腾冲旅游及招商引资环境,实现了旅游产业发展的全面转型升级。

腾冲游客接待人数从2009年的330.5万人攀升到2017年的1 414.6万人次;旅游收入从2009年的16.2亿元增长到2017年的151亿元,年平均增长15%以上。2017全年旅游收入达到79.2亿元,腾冲正成为云南新的旅游亮点和热点,被列入首批国家全域旅游示范区创建单位,充分体现了民航产业对地方经济社会发展的巨大辐射和带动作用。腾冲将持续加大市场培育和产品开发,深入推进"一部手机游云南"智慧化进程,优化智慧出行。加大宣传和推介,建立多方位、深层次合作的营销模式,不断增强市场影响力,促进腾冲航空旅游事业取得新发展。

(三)成熟期

在成熟期,旅游产品在这一阶段的增长率已经达到一个相对的峰值,然后会逐渐趋于下降,利润也开始缓慢下降,但是旅游产品在这一阶段的销售量仍然处于较高的水平,而且成本能控制在一个较低的水平。这个时候,旅游产品所在的市场已经趋于饱和,竞争异常激烈,如果进行重复性的建设或投资很难再吸引到客源,反而会使旅游企业出现资金浪费或亏损。所以,这一时期的营销重点应该在于,在保持原有的产品优势与特色的基础上,通过各种方法和手段进行旅游产品及营销组合的调整与变革。一般来讲,我们可以通过以下三个改良方法来努力延长这一阶段的市场周期。

【同步案例4-5】

1 000万游客,乌镇是怎么做到的?

1.市场改良

这一时期,旅游企业可以为旅游产品寻求新的消费市场或消费时机。比如,中青旅利用淘宝创造的"双

"十一"狂欢购物节,通过低价产品强势推介自己的旅游线路产品而大获成功。2015 年,中青旅"双十一"遨游网主站及天猫旗舰店当天成交总金额突破一亿元,率先撞线在线旅游亿元俱乐部。11 月中旬在旅游市场中属于消费淡季,旅游产品的采购成本较低,大部分地区游客量较少,反而使得游客通过错峰出游可以获得更佳的旅游体验,中青旅抓住了这个市场机遇,在保证自身产品质量的基础上,拓宽了"旅游网购"这个巨大的市场空间。

2. 产品改良

在这一阶段,旅游产品的改进主要是产品质量与服务的改进,也就是根据旅游者的反馈信息来对原有产品进行改进,并以稳定、优质的服务来吸引旅游者。比如,我们以故宫创意产品的开发为例来看看,老牌景区如何通过改进产品,赢得消费者的认可,延长在成熟期的寿命。

2013 年 8 月,北京故宫第一次面向公众征集文化产品创意,举办了"把故宫文化带回家"为主题的文创设计大赛。此后,故宫博物院研发了多种文化创意产品,比如"奉旨旅行"行李牌,"朕实在不知道怎么疼你"的皇帝折扇,"故宫猫"水杯,"入耳式"朝珠耳机,尚方宝剑圆珠笔,顶戴花翎官帽防晒伞,"朕知道了"创意纸胶带等产品无一例外地都成了网红产品。故宫通过这种文创产品的设计和营销,成功获得了游客的认可和好评,再次让故宫以全新的亲民形象重新走进人们的视野之中。

3. 营销组合改良

也就是对原有的营销组合因素进行调整,比如进行新的市场开发、开辟多种销售渠道、采用灵活的定价策略等增强旅游产品的市场竞争力。还是以故宫的花式营销为例,早在 2010 年 10 月 1 日的时候,故宫为了售卖周边产品,就上线了"故宫淘宝"的淘宝店,并在 2013 年 9 月上线了"故宫淘宝"的微信公众账号,同时自主研发并上线了"皇帝的一天""每日故宫""清代皇帝服饰"等七款 App 应用,拉近了历史遗迹与游客之间的距离,让紫禁城这座百年古城不再冰凉,而有了温度。

(四)衰退期

旅游产品到了衰退期,旅游企业的营销重点应该在于,根据企业面临的市场营销环境、自身实力以及竞争对手的营销情况,把握好"转""改""撤"三个基本原则,立即决定在这个时候是应该逐步退出市场还是迅速撤离市场。

【同步案例 4-6】

滇池污染治理任重道远

云南滇池,也叫滇海、昆明湖,位于昆明市西南,也曾经是昆明市乃至云南省的旅游名片之一。滇池海拔高达 1 886 米,南北长 40 千米,东西平均宽约为 8 千米,平均水深约为 5.5 米,面积 330 平方千米,是西南第一大湖、中国第六大淡水湖。历史上的滇池"苇丛密布,波光柳色,鱼跃鹭飞",一直是游客们观光避暑的旅游胜地。

然而,由于改革开放初期经济和社会的发展,大量的工业废水和生活污水排入滇池,超过了滇池水环境容量和自净能力。20 世纪 90 年代以后,滇池水质已经总体降为发绿发臭的劣 V 类水,富营养化日趋严重,昔日的"高原明珠"蜕变为我国污染最严重的湖泊之一,成为全国环境污染的典型,也是国务院重点治理的"三湖三河"之一。从"九五"时期开始,滇池被列为全国重点治理湖泊,治理投入不断增加。从 1996 年起至 2018 年,20 多年来,中央和云南省投入超过 600 亿人民币治理滇池水污染,但收效甚微。滇池全湖水体仅在 2017 年 9 月份首次由"重度污染"升级为"中度污染",目前仍处于中度富营养状态。

很长一段时间内,云南很多旅行社放弃了关于滇池的旅游线路产品,以免影响到旅游企业以至于整个云南省的旅游形象。

1.立即放弃策略

立即放弃策略是指,旅游企业一旦察觉到该旅游产品已经进入衰退期后,就毫不犹豫地迅速撤离市场。旅游产品到了衰退期已经没有了生命力,在这一时期,旅游产品的销售量会迅速下降,如果现有的销售量连变动成本都无法补偿的时候,勉强维持下只会让旅游企业亏损更多,而处于极其被动的局面。也就是说,在这个时候要尽可能快缩短旅游产品的衰退期,将旅游企业的损失降低到最小。比如云南省的滇池景区就是一个典型的由于环境污染,而不再具有旅游吸引力的衰退期景区。

2.降价策略

降价策略是指,旅游企业在进入衰退期后,迅速判断哪一个细分市场还具有一定的市场空间,将旅游企业的资源集中于最有利的这个细分市场,通过绝对的低价维持旅游产品的集中营销,从最有利的市场和渠道中获取最后的利润。比如一些旅游购物品店,在面临改造升级或关闭经营之前,一般都会通过大幅降价的方式清理商品库存,以尽快挽回因为施工停业或关闭经营带来的损失,通过降价促销赚取最后的利润。

3.自然淘汰策略

旅游企业在衰退期也可以继续沿用过去的营销组合策略,只是大幅度减少营销或停止营销费用的投入,让旅游产品继续衰落下去,直到完全退出市场。比如秦皇岛地区的北戴河旅游,因为淡旺季分明,每年进入9月后,游客所剩无几,大部分酒店的销售量锐减,很多酒店仅仅是在9月维持经营,十一国庆黄金周后都会果断关闭经营。

表4-1　产品生命周期各阶段的特点及策略

生命周期	特征	营销策略
投入期	"试销"阶段 消费者了解少 产品不稳定 企业无利甚至亏本	高价低促策略 高价高促策略 低价低促策略 低价高促策略
成长期	消费者接受了产品 产品销量上升 产品成本下降 企业利润上升	加大推广力度 提高市场份额 树立品牌形象
成熟期	产品销量稳定 增长率缓慢下降 利润缓慢下降 新产品出现,竞争非常激烈	改良市场 改良产品 改良营销组合
衰退期	替代新品上市 销量急剧下降 客户发生转移 竞争者纷纷退去	立即放弃策略 降价策略 自然淘汰策略

如表4-1所示,旅游产品在生命周期的不同阶段,特点不同,表现不同,面临的市场和竞争状态也不同,旅游企业应该通过判断旅游产品所在的生命周期阶段,而针对性地采用和实施不同的营销策略,只有这样

才能有事半功倍的营销效果产生,企业才能赢利。对旅游产品的市场营销来讲,没有永远的"蜜月",只有磕磕绊绊的岁月。在时间上我们应该从今天看明天,在产品上应该不断整合创新,在策略上应该明确产品所处的阶段,不断调整营销组合,在管理上应该认可规律,不断挑战自我。只有这样,旅游企业的产品才有可能永远畅销。

四、产品组合营销策略

(一)什么是产品组合

在激烈的竞争环境中,任何一个企业或公司要想立足,获得稳固的竞争地位和长远的发展,都不能仅靠一种产品。为了迎合市场多样化的需求,开发出产品齐全、内容丰富、具有自身特色的产品就显得尤为重要。因此,旅游产品的组合与开发对旅游企业来讲,是一项艰巨而重要的任务。

【同步案例4-7】

首旅集团于1998年2月组建,是全国第一家省级国有独资综合型旅游企业。2016年4月4日,首旅酒店集团对如家酒店的私有化购买交易已经完成交割,首旅完成110亿合并如家。首旅集团拥有近千家成员企业,投资和管理地域幅度东到山东日照、西至新疆库尔勒、南达海南三亚、北抵黑龙江哈尔滨;在美国、法国、中国香港等国家和地区还有若干家控股、参股企业。

首旅集团以投资经营管理旅游业及现代服务业为主业,它的业务涵盖了酒店、旅行社、景区、餐饮、商业、汽车服务等多项领域。比如酒店业务板块有北京饭店、建国饭店、如家酒店;旅行社业务板块有中国康辉旅行社、神舟国旅集团;景区业务板块有海南南山文化景区、宁夏沙湖生态景区;餐饮业务板块有全聚德、东来顺、护国寺小吃;零售商业板块有西单商场、贵友商场、燕莎奥特莱斯等。

从消费者的角度来看,我们购买的绝大多数产品会掌握在同一家集团公司手中,不管购买哪个品牌的产品,最后都很可能来源于一个巨头。比如携程、首旅、港中旅,就是这样的巨头企业。世界上很多著名企业经营的产品种类繁多,通过制订适合的产品组合决策,来提高市场占有率和销售利润,同时又可以适当地规避各产品线之间的连带风险,不至于一损俱损。以首旅集团为例,它就是通过良好的产品组合策略既提高了市场占有率,同时又规避了部分风险。

通常,一家企业所提供给市场的全部产品线和产品项目的组合或结构,称为产品组合,也可以这么说,产品组合就是企业的全部经营范围。产品线是指产品组合中的某一产品大类,是能够满足同类需要,相互间密切关联的一组产品。比如我们前面提到的首旅集团有酒店、旅行社、景区、餐饮等六大产品线。产品项目是指产品线中不同品种、规格、质量和价格的特定产品。

【课堂互动4-5】

以某个旅游企业为例,说明它的产品组合、产品线、产品项目都有哪些。

组织方式:5~7人一组,对以上问题开展10分钟的材料搜集和讨论,并在班级内分享。可通过手机网络搜索的方式寻找案例。

(二)产品组合的广度、深度和关联度

1.广度

产品组合的广度是指该旅游企业有多少条不同的产品线。数量多说明该旅游企业的产品组合广度

宽,比如港中旅集团,经营的产品线有旅行社、酒店、景区、旅游地产、免税品、旅游金融、游轮等众多产品线。数量少则说明某企业的产品组合广度窄。一般来讲,较宽的产品组合可以提高旅游企业的应变能力和抵御风险的能力;较窄的产品组合则有利于企业降低管理成本,集中企业优势资源提高产品质量,实现专业化经营。

2.深度

产品组合的深度是指某一产品线中包含的不同类型、档次、品种和特色的单项产品项目的数量。以港中旅为例,港中旅景区产品线下,拥有深圳世界之窗、深圳锦绣中华民俗村、珠海海泉湾、青岛海泉湾、沙坡头景区、嵩山景区、杭州的安吉度假区等众多的旅游景区景点产品。再比如,某旅行社在经营标准旅游团的同时,又推出了高档品质团和普通经济团,就是增加了其产品组合的深度。一般来讲,增加旅游产品组合的深度有利于满足消费者的多种需求,提高满意度,从而提高旅游企业的综合竞争力。但有时浅度的旅游产品组合也有利于旅游企业发挥自己的专长,降低成本,以创造名牌产品,吸引稳定的旅游消费者群体。

3.关联度

旅游产品组合的关联度也叫作相关性和相关度。是指旅游产品特征与细分市场特征的相关程度,也可以说是旅游企业生产经营的各类旅游产品和各单项产品在生产、销售、宣传、消费等方面相互关联的程度。如果旅游企业提供的产品组合的关联程度较高,则会有利于企业精于专业,提高企业及产品的市场地位;如果相关程度不高的旅游产品组合,则会增加旅游企业的管理和运营成本,对旅游企业的资金实力和管理能力要求较高。因此,中小型企业比较适宜于生产经营关联度高的产品组合。

【同步案例4-8】

一小时去哪儿? 去太仓

(三)产品组合营销策略

旅游企业通过产品组合营销策略可以使旅游产品的结构更加合理,内容更加丰富,更能够满足消费者的需求,也更能够适应瞬息万变的市场竞争环境。一般来讲,旅游企业进行旅游产品组合决策的基本思路有两个:一个是向旅游产品组合的深度发展,一个是向旅游产品组合的广度发展。按照正反两个方向,可供旅游企业选择的产品组合策略主要有四种。

1.旅游产品组合扩展策略

扩展策略也就是旅游企业通过扩大旅游产品组合的广度,增加旅游产品线的数量,拓宽旅游企业的经营范围,充分利用企业资源实行多元化经营,来提高企业的营销效益。但必须注意的是,增加的旅游产品线相互之间的关联度越强越具有优势,在这个过程中应该明确和坚持企业的市场定位,通过品牌优势增加新产品线的认可度。比如,电商巨头京东在2012年初上线酒店预订服务,随后又开通了旅行频道,陆续推出机票、出租车、度假、景点等多项在线旅游服务。京东这一系列的营销动作,就是典型的产品组合扩展策略。

2.旅游产品组合收缩策略

收缩策略也就是缩小旅游产品组合的广度,收缩旅游企业的经营范围,淘汰过时的旅游产品系列,实行专业化经营。一般来说,在旅游市场竞争激烈和市场空间趋于饱和的状态下,旅游企业可选择采取此种策略。比如,我们以锦江酒店为例,1997 年开始,面临很多高档酒店有价无市的局面,审时度势,去掉酒店原有的康体、商品、运动等业务板块,仅留下住宿和餐饮板块,率先将经济型酒店业务作为独立的业务经营,一举成为我国经济型酒店行业的先驱,也成了国际知名的酒店集团。

3. 旅游产品组合改进策略

改进策略也就是增加旅游产品组合的深度,通过在原有旅游产品系列中增加新的产品项目来增加细分市场,以吸引更多的旅游者。旅游企业在运用这一策略时应注意到,要找准基本的利润市场,并根据市场的变化及时调整产品组合结构。比如,《爸爸去哪儿》《奔跑吧兄弟》等综艺节目的热播,带火了云南普者黑等众多旅游目的地,旅行社会根据这些社会热点,设计增加一些关于新兴旅游目的地的旅游线路产品,以吸引那些好奇心强的旅游者购买时新的旅游产品。

4. 旅游产品组合价格策略

价格策略也就是旅游企业在原有旅游产品组合系列中增加高档旅游产品项目或低档旅游产品项目,通过扩大旅游企业的受众群体来增加销量。比如,如家酒店一直以经济型连锁酒店为特色,但 2015 年开始,推出了"如家精选酒店",开始涉足中高档型酒店,很受顾客的喜爱与认可。必须要注意的是,旅游企业在低档产品组合系列的基础上增加高档旅游产品项目,容易引起顾客对产品质量和服务能力的质疑。而在高档产品组合系列基础上增加低档旅游产品项目,又可能会有损高档旅游产品的品牌形象。因此,旅游企业在采用此种策略时应慎重决策。

【同步案例 4-9】

众信旅游 2018 产品升级,主打四大原创品牌产品系列

众信旅游的 2018 年度产品,以"U-tour Design"为核心理念,从产品制造向产品创造进一步升级,主打"设计师系列""一家一团系列""五天年假系列""达人带路系列"四大原创品牌产品系列,顺应旅游消费从大众到个性、从体验到社交的发展潮流,强调旅行产品的创造力、品质感和服务性,充分展现了旅行生活方式的多样性和精致度,旨在满足新时代广大消费者的旅游美好生活需要。

系列产品	产品改进与研发
设计师系列	全新创造的产品系列,"战斗民族体验记·深度俄罗斯 8 日游""陪伴的力量　宝贝成长在台湾"等一系列产品,带有鲜明的性格色彩和社群属性,有望成为 2018 年市场爆款
一家一团系列	专为家庭游消费群体设计的独创品牌系列产品,精心设计了 74 条优质产品,一年 365 天、全球主要旅游目的地随时都可出发,并根据家庭成员不同的组合形式,分成 4 大系列,提供精致家庭旅行生活私享体验
五天年假系列	定义为"属于年轻上班族的半自助旅行",创造 N+X 的产品模式,即 N 天特色行程、X 天自由活动。合理设计产品团期及行程天数,同时设计符合年轻人喜好的新奇体验活动、时尚购物场所、特色美食等
达人带路系列	以众信旅游自有特色金牌领队、社会各领域专家、学者和名人为核心,汇聚具有共同兴趣爱好的游客成团,强调旅游的社交属性,更能增加游客的获得感和幸福感

作为国内领先的出境综合服务商,众信旅游在 2018 年度产品的研发中,依然彰显消费者至上的价值取

向。此前进行了为期 1 个月的市场调研,以行业数据、企业内部数据为分析基础,并对会员、行业媒体、零售门店店长及一线旅游顾问进行深度访谈,同时展开专业科学的街头消费者访问,收集了数千份样本,从而对众信旅游品牌及产品的市场认知进行了深入研究及问题诊断。通过市场分析,众信旅游进一步洞察了出境游市场新需求,即回归本源,以“人”为本,围绕消费者的核心诉求,充分发挥专业产品设计者的经验和才华,创造出具有众信旅游品牌特色的优质旅游产品。

五、旅游新产品策略

(一)旅游新产品的类型

作为旅游企业,不能一直以一成不变的产品和服务来面对激烈的市场竞争,必须要适时地开发新产品、新项目,来满足不断变化着的旅游需求。

市场营销学上对新产品的界定比较宽泛,认为产品只要在功能或形态上发生改变,与原来产品产生差异,甚至是产品单纯地由原有市场进入新的市场,都可以看作“新产品”。对旅游产品来讲也是如此,旅游企业如果想决定提供哪一种新产品,就要先了解旅游新产品的四种类型:全新产品、换代产品、改进产品和仿制产品。

1. 全新产品

全新产品,也可以说是创新型新产品,就是可以满足消费者某种新的需求的全新产品。比如 20 世纪初开始兴起的漂流旅游、探险旅游等,就是属于全新产品,一定程度上引导了旅游者的需求。

一般来讲,推出一项新产品,对于任何企业或公司来讲都是很冒险的活动,因为新产品推出的失败率高得惊人,全新产品开发周期比较长,投资较多,风险较大。但是也不乏一些成功的案例。

【同步案例 4-10】

昔日镍都如何变身浪漫花城?

甘肃省金昌市地处西北戈壁荒漠,属典型的内陆荒漠干旱区,生态环境脆弱,建设一座环境优美的宜居城市,是金昌几代人梦寐以求的愿望。金昌市又被称为“中国镍都”,典型的资源型城市,在旅游业发展方面不能指望“老天爷赐予”“老祖宗留下”,只能打破常规思维,创新发展,从无中生有到有中生无,将昔日的工业城市变成“中国西部的普罗旺斯”。

2011 年以来,金昌市在经过多方论证考察之后,确定以薰衣草等香草类作物的种植和产品开发入手,打造“紫金花城”的旅游新名片,围绕赏花、吃花、闻花、展花,打造产学研加“四大平台”,丰富拓展美丽产业链、芳香产业链、甜蜜产业链、色彩产业链“四大产业链”,做足“花产业”文章。金昌市坚持产城一体、景城一体的全域旅游理念,把城市当作一个大景区来建设和包装,相继建成和实施了紫金苑、金水湖、国家矿山公园、玫瑰谷、沙枣胡杨观赏林带等一批有影响力的精品景区项目。

走在这座城市的街道上,可以看到,金昌以“紫色”和“金色”为城市的主色调,通过绿地花坛、创意雕塑、街景小品等载体渗透“紫金花城”文化元素;在城市绿化和生态建设中根据季节和植物花期,合理搭配色系,形成紫金花城独特的城市品格;在主街道两侧建筑立面、城市公用设施及公交车、出租车外部色调设计上,体现紫金风韵和紫金花城特色;在主街道灯杆、护栏、树穴、公交站点设置花架,沿街摆放花箱、花坛、花柱。在金昌的“街、路、景、树、花”等每一处都追求细节的精致,营造温馨、现代、时尚、浪漫的人居环境。

短短几年时间,金昌旅游实现了从无到有、从小到大的历史性突破,"紫金花城·浪漫金昌"正在成为这座城市的新名片。目前金昌已进入全国宜居城市百强行列,荣获全国文明城市、国家卫生城市、国家园林城市等荣誉,蝉联双拥模范城"七连冠",并成功入围国家新型城镇化综合试点和国家循环经济示范市。

2. 换代产品

换代产品也就是在原有旅游产品的基础上,进行较大改革后产生的产品。旅游业在世界上的发展都是如此,会经历"传统观光产品—主题型观光产品—参与性旅游体验"的升级换代过程。

第一代是观光旅游产品,主要以自然资源和人文资源为主,旅游的方式以参观为主,旅游目的地以热点城市为主;第二代是主题型观光旅游产品,在开发中会注重资源特色的凝练,突出文化主题,旅游方式也逐步从纯参观过渡到双方参与;第三代旅游产品是在前两代的基础上,强调自然资源与人文资源的结合,以参与性强的旅游活动为主,注重游客的满足感和旅游体验,旅游方式以休闲度假为主。

【课堂互动 4-6】

家庭旅馆、客栈、民宿,你的印象中它们有区别吗?

组织方式: 针对以上问题开展 5 分钟的角色扮演及模拟。

任务要求: 3 人一组,每人模拟家庭旅馆、客栈、民宿老板中的一个角色,展开辩论,尝试以经营者的角度分析你们之间的区别和共同点。

3. 改进产品

改进产品也就是在原有旅游产品的基础上进行局部改进,而不进行重大改革的旅游产品。对旅游企业来讲,所能采取的最为保险的做法就是对现有产品做出调整,比如增加旅游产品的新功能,使之更具市场号召力。如果产品在现有市场完全不受欢迎,可以对产品进行重新定位,改进原有的产品和服务,以吸引新的细分市场。

【同步案例 4-11】

甘肃省榆中县黄河南岸的青城古镇,是兰州市唯一的省级历史文化名镇和全国民间艺术之乡,也是甘肃省古民居保存较为完整、非常难得的一座古镇,为了吸引更多的游客,近年来通过修复门楼及戏楼、举办"城隍出府"民俗活动,增设青城小吃一条街等,不断改进自己的旅游产品,目前已经成了当地人及游客们进行休闲娱乐、文化体验的旅游胜地。

4. 仿制产品

也就是旅游企业通过模仿市场上已经存在的旅游产品而生产的产品,旅游企业在仿制的过程中,又可能进行局部的改进和创新,但基本原理和结构是模仿的。仿制是一种重要的竞争策略,这种旅游产品在旅游市场上极为普遍。

【同步案例 4-12】

也许是受到 20 世纪 90 年代《侏罗纪公园》引发的恐龙热,中国地质博物馆决定在北京以外建立一个分馆,不知道是否因为常州又叫龙城的缘故,最终选在常州。从不被看好,到如今成为中国最受欢迎的主题乐园之一,常州恐龙园一共花了18年。创立于2000年的常州中华恐龙园,就是在模仿迪士尼乐园成功模式的基础上,用全新的恐龙主题文化塑造经典。恐龙园团队初期给自己定下了"科普+游乐"的独特发展模式,力争打造一个恐龙文化的主题公园。

园区现在有恐龙馆区、库克苏克峡谷、冒险港、嘻哈恐龙城等七大主题区域、五十多个极限游乐项目、每天十多场各种风格的主题演出,让每位游客置身古老、神秘的侏罗纪时代,现在被很多游客称为是"东方侏罗纪",口碑极佳。

(二)旅游新产品开发策略

旅游新产品的开发是旅游企业保持活力和竞争优势的重要途径,那么旅游新产品的开发策略有哪些呢?一般来讲,我们可以通过以下三种策略,来开发新产品,让企业获得市场活力和竞争力。

1.旅游资源重组策略

旅游资源是旅游产品开发的依托。旅游部门和企业在开发新产品的时候,必须更新资源观念,重新认识现有的旅游资源,在充分利用和挖掘资源优势的基础上,与时俱进,推动旅游资源的优化组合。

(1)市场需求角度

在具体对旅游资源进行开发时,我们首先可以从市场需求的角度入手,来组合旅游资源。旅游资源的整合要能够做到激发旅游者的旅游动机,能够满足或创造消费者的旅游需求。比如因为综艺节目《奔跑吧兄弟》带火撕名牌项目以后,很多旅游景区立足于原有景区,创新推出了沙漠撕名牌、草原撕名牌、运动场馆撕名牌等娱乐体验项目,很受游客欢迎。这种整合方式是在对旅游市场进行充分的调查和研判的基础上完成的资源重组,具有灵活性强的特点,比较易于新的旅游项目和产品的开发。

(2)文化透视角度

旅游对消费者来说,是获得一种经历、一种感受的过程。这种经历与感受,一方面来自对大自然奇观的欣赏,一方面则来自对文化差异的感悟。因此,我们还可以从文化透视的角度来组合旅游资源和开发新产品,也就是从旅游产品的内容升级角度入手,创造出旅游产品的新卖点。比如张艺谋导演的《印象刘三姐》《印象大红袍》等山水实景演出,就是典型的文化旅游新产品。

【同步案例4-13】

璀璨的繁星下,伴着涼涼的溪水声,在大王峰和玉女峰的深情注视中,由著名导演张艺谋、王潮歌、樊跃共同组成的"印象铁三角"打造的《印象·大红袍》每晚倾情上演。《印象·大红袍》以世界双遗产地——武夷山为地域背景,以武夷山茶文化为表现主题,是继《印象刘三姐》《印象丽江》《印象西湖》《印象海南岛》后创作的第五个印象作品,它还创造了三个世界第一:全球首创360度旋转看台、世界上第一座山水环景电影剧场、世界上视觉总长度最长的舞台。

它与其他4个"印象系列"作品不同的是,《印象大红袍》更突出故事性和参与性,不仅展示了茶史、各个制茶工艺,以及大红袍的来历,还诉说了大王与玉女的爱情故事,向游客传递一杯茶所带来的幸福和感悟,借茶说山、说文化、说生活。《印象大红袍》的上演,全面展示了夜色中的武夷山魅力,丰富了武夷山的旅游项目,打破了长期以来固有的"白天登山观景、九曲泛舟漂流"的传统旅游方式与审美方式,打破了到武夷山旅游"白天真奇妙,晚上睡大觉"的景观局限,是文化旅游产品开发的典范。

（3）经济效益角度

开发旅游业,最主要的目的就是获得一定的经济效益。对于旅游资源实行组合,不仅有利于价值增值,更重要的是可以提高产业贡献率。以"农业+旅游业"的方式开发乡村旅游产品,就是典型的基于经济效益角度的新产品开发。

我们国家从2006年首次将旅游主题定位为"中国乡村游"以来,乡村旅游产品从最初兴起的"农家乐",到现如今相对火爆的"民宿",乡村旅游产业向着更大的规模和更广的市场在发展。以台湾花莲地区为代表的民宿客栈,以画家村宋庄为代表的艺术村落,以浙江仙居村稻草人设计为代表的创意农业,还有以成都阿拉丁农场为代表的青少年农事体验等新兴乡村旅游产品层出不穷,为地方经济的发展带来了巨大的收益,是一项典型的富民工程。

【同步案例4-14】

莫干山——民宿经济带动乡村旅游快速崛起

资料来源:中国环境报

2. 层次结合策略

由于经济收入及消费观念的差别,旅游消费者的消费水平具有一定的层次性,旅游企业在开发新产品时应该注意高、中、低档次产品序列的结合,这样有利于提高旅游企业经营的覆盖面。以我国著名的地热风景区,腾冲的热海景区为例,在关于地热旅游的游客体验方面,景区针对不同消费群体,设计了不同的体验项目。针对低层次消费群体,只要花5~10元钱就可以品尝到云南特有的热海煮鸡蛋;针对中层次消费者群体,只需要花38~58元不等,就可以体验一次温泉水泡脚服务;针对高层次消费者群体,需要花费238元以上,就可以享受泡温泉、按摩理疗等各项服务。

【课堂互动4-7】

想一想该从哪个角度开发黄河文化体验项目?

组织方式:5~7人一组,就以上问题进行10分钟的头脑风暴,并在班级内分享本组创意。

任务要求:针对不同的消费群体,开发黄河文化体验系列项目。

3. 名牌旅游产品策略

名牌旅游产品策略也就是通过实施品牌延伸策略,保持和维护现有的品牌质量,凭借已有的名牌效应来开发旅游新产品。比如,华侨城集团从1991年开始就开发了锦绣中华民俗文化村,1994年开发了世界之窗景区,开启了主题公园在我国的发展。随后,华侨城集团又陆续开发了欢乐谷、欢乐海岸、茵特拉根小镇、麦鲁小城儿童职业体验乐园等一系列的主题公园景区。华侨城集团因为世界之窗及民俗村的良好品质及服务,树立了自己在旅游开发方面的品牌优势,后期开发的这些项目都迅速获得了旅游消费者的认可及良好口碑。

因此,旅游企业可以在巩固已有的名牌产品基础上,通过不断营造其他新的旅游产品或服务来满足旅游消费者不断变化的市场需求,继续利用品牌优势提升自己的企业形象和产品形象,通过老产品带动新产品,以获得更多旅游消费者的认可和青睐。

【同步案例 4-15】

港中旅的转型尝试:"旅游+地产"模式

资料来源:欣欣旅游

【项目训练】

训练设计:《旅游产品创业设计》实训
成果形式:旅游产品创业计划书
任务要求:

一、创业团队模拟组建

1. 自由组建各自团队;

2. 企业或团队的名称、Logo、员工名片设计;

3. 企业员工模拟应聘;

4. 团队风采展示。

二、旅游产品创业项目设计

1. 旅游产品创业项目主题的拟订;

2. 产品系列的设计与研发;

3. 旅游产品商业计划书的撰写。

三、旅游产品创业项目展示

1. 各模拟团队以融资会形式开展商业路演;

2. 评判标准:产品体系、文本规范性、创意、市场潜力。

旅游产品创业计划书

一、创业企业设计

企业名称、Logo 及名片设计

二、创业思路

三、市场分析与定位

四、产品研发

(一)产品系列研发

(二)产品内容及特色描述

(三)核心技术及知识产权

(四)市场初期的营销策略设想

五、发展战略选择

目标市场战略、竞争战略或品牌战略

六、营利模式及市场预测

附件:产品展示

任务三 价格策略

　　旅游产品价格是旅游企业、旅游管理部门、旅游消费者之间最为敏感的元素之一，是旅游产品价值的集中体现。价格是营销组合中最活跃的因素，它是一把双刃剑，恰当的价格策略是撬动市场、调节游客流向以及提高收益的有力手段，而使用不当又会伤害自己。旅游产品价格是影响游客决策的重要因素，旅游企业需要根据企业自身条件、市场需求、竞争等因素制定合适的价格，本任务内容将从旅游产品价格的影响因素、定价方法和策略三个维度讲述旅游市场营销的价格策略。

【任务导图】

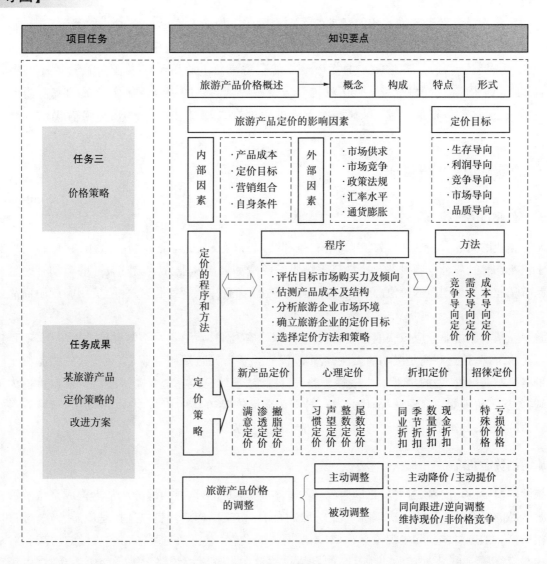

【案例导入】

我们的景区门票，为什么这么贵!

资料来源：网易新闻

问题导入：中国目前的门票价格制定得合理吗？为什么？

一、什么是旅游产品价格？

（一）旅游产品价格的概念

旅游产品价格是旅游者为满足旅游活动的需求而购买单位旅游产品所支付的货币量，它是旅游产品价值、旅游市场供求关系和货币币值三者的综合反映结果。在市场经济中，旅游者食、住、行、游、购、娱等需求必须通过交换活动，通过支付一定的货币量才能获得满足。旅游经营者在向旅游者提供旅游产品时，必然要求得到相应的价值补偿，于是在旅游者与旅游经营者之间围绕着旅游产品的交换而产生了一定货币量的收支，这就是旅游价格。从旅游经营者的角度看，旅游价格表现为向旅游者提供各种服务的收费标准。

（二）旅游产品价格的构成

1. 旅游企业角度

从旅游企业的角度看，旅游价格是由成本和盈利两部分构成。成本是指生产费用，它包括生产旅游产品时用于建筑、交通、各种设施设备及原材料等物质的耗费和旅游从业人员旅游服务的劳动补偿部分。盈利是指旅游从业人员新创造的价值部分，它包括向政府交纳的税金、贷款利息、保险费用和旅游商品经营的盈利等。

旅游企业从事旅游业务应该获取合理的利润，如果没有利润，旅游企业不要说扩大再生产，就是连简单再生产也无法维持，追逐利润是资本的天性，否则就没有投资者愿投资旅游业了。但是，一些旅游企业背离正常的价格机制，开展所谓的"零团费"旅游业务，这种做法显然已经完全背离了旅游价格以价值为基础的定价原则，破坏了价值规律在旅游行业的运行，打乱了旅游产品价格的正常构成，不仅是一种不正当竞争、不公平竞争的做法，甚至是一种非法的和违法的价格欺诈行为。

2. 旅游消费者角度

从旅游消费者的角度看，旅游价格的构成分为基本构成和自由选择两部分。基本构成是旅游者在出游前对旅游产品的感性认识和浅层次理解基础上所预算的旅游支出构成。自由选择是旅游者在旅游过程中，通过对旅游产品的亲身体验和主观预测，而对基本构成的调整，它包括对基本构成总量的增减和对基本构成的结构改变，以及调整下次旅游的预算。如果某旅游者在某条旅游线路上进行旅游活动时，由于获得了非常独特的心理满足，于是增加消费的费用，并多停留一些日子，希望下次再来。

对于旅游者的这种旅游价格构成,旅游企业应充分注意两个方面:一是加强产品推介能力,通过较宽的营销渠道和较强的宣传促销让旅游者对旅游产品有更多的认识和理解,从而尽可能增加旅游者的旅游预算;二是提供优质的旅游产品或服务,对旅游者产生较强的吸引力,从而增加旅游者的自由选择。

(三)旅游产品价格的特点

旅游产品不同于一般产品,其特殊性决定了旅游产品价格具有不同于一般产品价格的特点,主要表现在以下三个方面。

1. 综合性

由旅游产品的综合性所决定,旅游者对旅游产品的需要既是食、住、行、游、购、娱等多方面的物质和精神方面的满足,这些都要以一定的货币进行交换,旅游价格必然是旅游活动中食、住、行、游、购、娱价格的综合表现,或者是这些单个要素价格的总体显示。同时,旅游产品的供给方属于不同行业与部门,必须经过科学的协调,使之相互补充、有机搭配,旅游价格也需要协调各有关部门产品的价格综合地提供给旅游者。

2. 垄断性

旅游产品的基础是旅游资源,而往往旅游资源独特的个性是旅游产品开发和建设的核心,这就决定了旅游价格也具有一定的垄断性,它表现为一方面在特定时间和特定空间范围内旅游产品的价格远远高于其价值,高于凝结于其中的社会必要劳动时间。同时,旅游产品需要接受旅游者的检验,随着旅游者的需求程度及其满足条件的改变,旅游产品的垄断价格又必须作相应的调整,从而使旅游价格具有市场性,即随着市场供求状况的变化而变化。

3. 高附加值性

旅游需求受到诸多不可预测因素的影响,因此旅游者的旅游需求及旅游动机也是千变万化的。相反地,旅游供给却又相对地稳定,于是这种供求之间的矛盾所造成的相同旅游产品在不同的时间里价格差异较大。从某种程度上讲,旅游活动就是旅游者获得一次独特心理感受的过程,在不同档次的旅游环境中,相同的旅游产品给旅游者的感受差异会很大。旅游产品的档次越高,服务越好,旅游者愿意支付的旅游价格也会越高,其中便蕴含了较高的附加值。

【同步案例 4-16】

"史上最豪华旅游团":"环游世界60天"报价50万元

资料来源:网易旅游

（四）旅游产品价格的形式

1.一般价格

旅游消费者为满足其旅游活动方面的需要,在市场中以一定的价格购买自身所需要的旅游价格,这个价格是由旅游产品所包含的社会必要劳动时间所决定的。旅游者在旅游活动中,通过多种交换活动,获得所需要的旅游产品,满足自身的旅游需求。

旅游产品的一般价格表现为两种形式,一种是旅游包价,另一种是旅游单价。旅游包价又被称作统包价格,是旅游企业为满足旅游者旅游活动的需要所提供的旅游商品基本部分的价格,它等于各个部分单项旅游价格之和,再加上旅游企业的服务费用和一定的盈利。

2.特殊形式

旅游产品价格还有特殊形式,即旅游差价和旅游优惠价。

（1）旅游差价

旅游差价是同种旅游产品由于时间、地点或其他原因引起的有一定差额的不同价格。一般情况下,旅游差价主要有:地区差价、季节差价、质量差价、机会差价和批零差价五种。

旅游差价存在的前提包括两个方面的内容。首先,存在着消费者剩余,旅游价格是市场中的交易价格,由市场供求总量决定。在交易价格背后,部分消费者愿意并有能力为产品支付更高的价格,这一价格与实际交易价格之间的差值就是消费者剩余。其次,旅游产品具有提供差价的可能,不同的价格必然对应不同的价值。在旅游业的经营过程中,旅游产品的供给者在不同的时间、设施、环境条件之下,提供产品的价值是存在差异的。旅游企业可以通过有效的产品策略,提供不同价值的产品。

有效使用旅游差价必须首先善于发现愿意支付旅游差价的消费者群,其次是必须通过有效的手段将价格差异背后的价值差别被消费者所认同。

【同步案例 4-17】

张家界市景区淡旺季门票价格表

单位:元

序号	游览参观名称		旺季价格	淡季价格	特殊人群
1	武陵源核心景区	淡季(四天内多次进出并乘车)	245	136	82
		年票(一年内多次进出景区)	298	—	—
2	黄石寨索道	单程	65	52	
		双程	118	95	
3	天子山索道(单程)		72	58	
4	杨家界索道(单程)		76	61	
5	百龙电梯(单程)		72	58	
6	十里画廊观光电车(单程)		38	30	原标准不变
7	黄龙洞大门票		100	80	
8	宝峰湖景区	景区门票	96	77	
		环保车(往返)	25	20	

续表

序号	游览参观名称		旺季价格	淡季价格	特殊人群
9	天门山风景区	景区门票(含景区交通费)	258	206	
		吊椅索道(单程)	25	20	
		下段扶梯	32	26	
10	老道湾景区		98	78	
11	土家族风情园		90	72	
12	老院子		70	56	
13	张家界地质博物馆		90	72	
14	张家界大峡谷	大峡谷门票	118	95	
		玻璃桥	138	110	
15	五雷山		68	55	
16	朝阳地缝		108	86	
17	袁家寨子		85	68	
18	《天门狐仙——新刘海砍樵》		880～238	705～190	原标准不变
19	《张家界——魅力湘西》	A 区	308	246	
		B 区	268	215	
		C 区	228	182	
20	梦幻张家界		243	195	
			180	145	
21	烟雨张家界		198	158	

（2）旅游优惠价

旅游优惠价是指在旅游产品的基本价格基础上,给予旅游产品购买者一定比例的折扣或者其他优惠条件。一般而言,旅游优惠价主要包括对象优惠价、常客优惠价、支付优惠价和购量优惠价等几种情况。

旅游优惠价格在争取市场、抵御竞争方面有着积极意义,它还有利于旅游企业同旅游者以及企业客户保持长期的良好关系。运用旅游优惠价格将有利于旅游企业的经营保持相对稳定的状况。

【同步案例4-18】

白洋淀景区门票价格及旅游同行优惠价格

单位:元

景点	门票价格(市场价)	同行价格
荷花大观园	50	30
鸳鸯岛	20	12
白洋淀之窗	20	12
白洋淀文化苑	50	30
王家寨民俗村	115	85
异国风情园	40	24

【同步案例4-19】

2018年特殊群体黄山门票优惠政策

二、旅游产品定价的影响因素（图4-6）

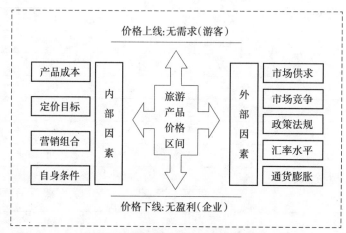

图4-6　旅游产品定价的影响因素

价格是一双看不见的手,它可以左右市场的供给和需求状况。旅游产品价格又具有很强的弹性,其变化的空间较一般产品大。但无论价格如何变化,其变化空间只能在消费者所能接受的最高心理价位和生产者所能接受的最低价格之间变动,不可能超过这个变化空间。旅游产品的价格取决于影响旅游产品定价的种种因素。影响旅游产品定价的因素很多,也非常复杂,一般主要分为内部因素和外部因素两个方面。

（一）内部因素

1. 产品成本

旅游产品的成本是旅游企业核算盈亏的临界点,也是影响旅游产品价格最直接、最基本的因素。企业要维持正常的运营,就必须实现盈利,否则就很难存在下去,更谈不上取得很大的发展。盈利的前提是收益大于成本。因此,旅游产品的成本是定价的主要依据,是旅游企业定价的最低点。在市场竞争中,旅游企业产品成本越低,在竞争中处于有利地位;反之,在竞争中会处于劣势,最终被淘汰。

2. 定价目标

在价格形成之前,旅游企业要为将要推出的产品制定一个合理的定价目标,该目标是企业整体营销目标的一部分。有了明确的目标,产品的价格定位也会非常明确,价格的变动和调整,要体现价格目标的设定。一般来说,旅游企业定价的目标取决于企业对产品推广的要求和期望获利程度等。这一点在很大程度上决定了企业的产品定价。企业所处的阶段不同,定价目标也会不一样。比如有的新产品需要以价格体现产品的档次,刚刚进入市场通过高价格来明确产品的定位;而有些企业,为了迅速打开市场,往往采用低价格吸引消费者的注意,让大家慢慢接受,然后再提升价格。因此,定价目的不同,最后所采取的定价的方式方法都会不一样。

3.营销组合策略

价格是企业营销组合各个要素中唯一能够使企业直接实现其营销目标的工具,但是价格策略也不能与其他营销决策相分离而单独进行,需要与其他因素相互协调,如产品设计、分销、促销等相互作用,构成一个完整而统一的营销计划。比如,价格象征意义的旅游产品必然会定高价。促销决策也往往需要以一定的价格变化作为辅助手段,如旅游景区刚开始营业时,常常以低价或免门票作为促销手段,以此来扩大知名度和美誉度。此外,营销渠道的选择也影响着定价决策。在对旅游产品定价时,需要充分考虑到为中间商提供的佣金比例,以保证制定出来的价格既能被旅游者和中间商所接受,又可以使企业获利。

4.旅游企业或产品自身的条件

旅游产品的定价还须考虑旅游企业或产品本身的诸多因素和特点。旅游产品与其他产品一样,也存在着替代性问题,尤其是旅游交通、住宿、购物等产品,出现同类产品的可能性较大。如果同类产品并存,则这类产品的需求价格弹性也相应较大,旅游产品生产者和经营者就可以削价竞争。而在市场上具有一定垄断性的产品,如独一无二的自然风光和名胜古迹景区,是其他产品无法复制和模仿的,这类产品的价格就可以定高价。一般情况下,旅游产品的特色越鲜明就越具有垄断性,价格就可以定得越高。此外,旅游产品价格的高低通常与旅游目的地的形象相联系,若产品价格过低,反而会导致部分细分市场旅游者的怀疑或不愿购买。具有以下特点的旅游产品对定价影响最大:产品特色、产品声誉、产品独立性、产品市场定位及产品适时性。

以旅游景区门票价格的制定为例,既要考虑景区的品质、级别等关键因素,又要考虑景区的周边环境、性质及交通等因素。景区产品质量越高,门票价格水平也高,这和质价相符的原则相吻合;5A级景区门票价格高于4A、3A级景区,这是一般通例;主题公园门票价格较高,是因其有大量的前期投入和很大的运营成本。当然,随着旅游业的发展,这样的定价策略也会发生改变。综合环境条件越好的地区,门票价格水平相对趋低,甚至有的国家和地区开始取消门票。比如日本,很多景区都免门票,意在通过吸引更多游客,拉动其他消费,增加旅游综合收入。

【同步案例 4-20】

海底捞的价格策略——中端产品定位

价格与包装一样,能够体现品牌地位。海底捞的定价策略体现了其大众消费品品牌地位,符合广大消费者的要求、消费水平。

(1)中档价——主推大众化产品

海底捞主推的是符合广大消费者消费水平的产品,对产品的质量要求很高,推出了一系列"绿色、健康、营养、特色"的产品。

(2)统一定价

海底捞所有店面的价格是一样的,一律按照总部定价,公平对待每一位顾客。它通过价格策略向消费者传递的信号是:海底捞物有所值,不是靠昂贵的菜品价格获得企业利润,而是通过优质服务吸引顾客多次消费来获取利润。

（二）外部因素

1. 市场供求

旅游市场是一个极为敏感的市场,供求关系直接决定着旅游产品价格的制定。当供过于求时,旅游产品价格只能体现生存目标,供不应求时则可体现利润最大化目标。由于不同的目标市场对价格的敏感程度不同,因此旅游企业需要针对不同的目标市场制定不同的价格。一般来讲,消费者的偏好,消费者的个人收入,产品价格,替代品价格,互补品价格,以及对市场的预期等,是影响市场需求的主要因素。价格的制定必须符合市场的需求,价格不合理,定价过高,超过一般消费者的承受能力,或"价非所值",必然会引起客人的不满意,减少消费量。比如,一些餐饮产品的定价会根据供求关系的变化而采用适当的灵活价,如优惠价、季节价、浮动价等。旅游企业应根据市场需求的变化有升有降,调节市场需求以增加销售,提高经营效益。

2. 市场竞争

在整个旅游市场竞争尚不激烈的情况下,旅游企业感受不到来自市场竞争的压力,旅游企业在价格的制定上完全处于主导地位。相反,如果市场竞争特别激烈,价格的制定必然受到市场的影响和制约。为了树立企业的良好形象,争取客源,企业在制定价格时就不得不综合考虑市场的整体状况,尤其是来自竞争者的压力。市场竞争可以从以下三个方面影响旅游产品的定价:

（1）旅游供给者之间的竞争。提供相同旅游产品的众多供给者为了尽快将旅游产品销售出去而展开激烈的价格竞争,在旅游市场上要价高的供给者不得不降低价格销售产品,因此旅游产品会在较低的价位成交。

（2）旅游需求者之间的竞争。旅游需求者之间的竞争往往会导致旅游产品在较高的价位成交。

（3）旅游供给者与旅游需求者之间的竞争。供给者期望高价销售,而需求者期望低价购买,双方为此展开竞争,竞争中哪方力量较大,旅游产品就会倾向哪方价位成交。

3. 政策法规的约束力

国家相关政策和法规是影响企业定价的重要因素。为了促进旅游业的健康发展,规范旅游企业的经营行为,任何一个国家都会制定和出台一系列有关旅游的法律、法规。政府往往会对旅游产品的价格进行干预,来维护消费者的权益和旅游企业的正当利益。例如,在市场经济中,产品价格在很大程度上受产品供需结构的影响,但是各个国家和地区为了保护当地经济的发展都会适度通过政策手段来影响经济,这必然会对价格产生影响。同样,我国为了保障旅游者和旅游经营者的合法权益,规范旅游市场秩序,保护和合理利用旅游资源,促进旅游业持续健康发展,于 2013 年颁了《中华人民共和国旅游法》。旅游企业的定价,必须符合法律的规定。只有这样,企业的合法权益才能得到有效保障。

【同步案例 4-21】

国家旅游局公布处理 20 起"不合理低价游"等典型案件

2017 年 4 月 27 日,国家旅游局召开新闻发布会,通报"不合理低价游"专项整治行动中查处的 20 起典型案件。20 起案件中,涉及不合理低价游案件 10 起,未签订旅游合同案件 5 起,指定购物场所案件 2 起,其余 3 起分别为擅自增加自费项目、非法转让经营许可以及非法经营旅行社业务。以上处罚结果均列入旅游经营服务不良信息记录,并转入旅游经营服务信用档案,向社会公布。

——**166 家违法违规企业受罚,依法治旅从严从快。**在持续半年的整治"不合理低价游"专项行动中,国家旅游局严打不合理低价产品、严查合同签订、严管购物场所,建立专门台账,实行挂牌督办,责成相关省区市旅游主管部门依法严查旅游企业违法违规行为，依法处罚 166 家，处罚金额 485 万元。此次公布的 20 起典型案件，处罚金额最高的为海南省海口新国旅旅行社有限公司。该公司以总计 3 840 元的价格，组织了由 34 名游客参与的"海南三天二晚游"，而该团队在旅游过程中的实际消费金额为 15 276.55 元。对此，海南省旅游委依据《海南经济特区旅行社管理规定》第十四条、第三十六条的规定，对其处以 30 万元罚款，对直接责任的主管人员石某某处以 2 万元罚款。

——**督办与自查双管齐下，国家地方上下联动**。国家旅游局抽调全国旅游质监执法人员组成工作组，会同各地旅游主管部门，以旅游者投诉为重要线索来源，严查旅游企业违法违规行为。此次整治行动中，北京市启动了史上规模最大的旅游市场秩序暗访活动，100 多名工作人员分为数十个小组，通过实地参团，对导游领队、旅行社以及酒店服务、景区管理等进行暗访记录，并将调查结果提供旅游部门。此次对北京日游金航国际旅行社的处理，就是北京市旅游委执法人员在对水关长城进行检查中，发现该社组织的"一日游"团队未与游客签订旅游合同。

——**露头就打不手软，持续发力不松劲**。国家旅游局表示，查办案件是铲除市场顽疾最直接、最有效的手段。国家旅游局对"不合理低价游"坚决采取零容忍态度，做到投诉一起，严查一起，有案必查，违法必究。此外，国家旅游局正积极探索建设全国旅游市场信用信息公示系统，对不诚信经营"黑名单"升级，建立旅游企业经营异常名录，完善旅游消费警示制度和守法诚信褒奖机制，让企业付出违法违规代价。

4. 汇率水平

汇率是两国货币之间的比率。旅游是一项国际性的活动，本国居民要去另一国旅游，必须将本国货币兑换成外币。因此，在国际旅游活动中，旅游者所购买的旅游产品的价格，不仅取决于旅游接待国的币值，还取决于旅游客源国与旅游接待国之间的货币汇率。在其他条件不变的情况下，本国货币汇率上升旅游价格相对上升，反之则会下降。一般来讲，如果旅游目的地国家的货币升值，汇率上升，就有可能造成入境旅游者人数的减少，旅游者有可能会转向其他旅游目的地购买和消费同类的替代产品。

5. 通货膨胀

通货膨胀指在货币流通条件下，因货币供给大于货币实际需求，也即现实购买力大于产出供给，导致货币贬值，而引起的一段时间内物价持续而普遍地上涨现象。在通货膨胀时期，旅游企业的经营成本费用增加，产品价格上涨，而且上涨幅度往往大于通货膨胀的上升幅度，这样才能使企业不至于亏损。但这样做往往会导致旅游者人数减少、旅游收入下降，甚至损害旅游企业的形象。相反，当通货紧缩时，旅游产品价格又会有下调的压力。

作为旅游企业营销人员，为了使制定出来的价格既具有竞争力，并能保证企业获利，就必须在定价前充分分析以上影响旅游产品定价的内部因素和外部因素，只有这样，才能为旅游产品制定出一个合理的价格。我们在市场营销活动过程中要学会利用价格这个杠杆，调节市场，使旅游活动朝着更加健康的方向发展。

三、旅游产品定价的目标

旅游产品定价的目标是指旅游企业对其生产和经营的旅游产品预先设定期望达到的目标和标准。在对旅游产品定价之前，确定该产品的定价目标可以使旅游产品的定价更具有针对性，也使定价的过程更具有方向性和目的性。定价目标是旅游企业营销目标的基础，是企业选择定价方法和制订价格策略的基础。企业营销目标的多样性导致了旅游产品的定价目标具有多样性。

（一）生存导向的定价目标

生存导向是指旅游企业制定的价格是以企业能够维持自身的经营和运转为前提。为达到这个目标，一般旅游企业会给自己的旅游产品制定一个比较低的价格，以吸引那些对价格比较敏感的消费者。旅游企业会在生产能力过剩或相对过剩,或市场竞争激烈的情况下采用这一目标。在这一目标下,旅游企业会将重点集中在企业生产的变动成本而不是整体成本。

(二)利润导向的定价目标

利润是所有企业所追求的最终目标,因而是企业包括旅游企业制定价格需要重点考虑的因素。根据旅游企业经营目标的不同,这一目标在实践中可以有以下两种形式:

1. 以利润最大化为目标

利润最大化是指企业在一定时期内可获得的最高报酬率。以利润最大化为定价目标需要注意以下两点:

一是最高利润并不意味着最高产品价值,利润最大化更多地取决于合理的价格所推动的需求量和销售规模,即使产品在某时期处于高价的位置,旅游者的抵触、竞争对手的加入和替代品的出现,也会使旅游产品的高价很快降到正常水平。

二是利润最大化并不意味着局部利润最大化和短期利润最大化,因为局部利润和短期利润最大化所采取的高价格不能维持太久,会因为急功近利造成市场的不良反应,失去开拓更大市场的机会。

因此,旅游企业在追求最大化目标的同时,也要采取合适的产品价格,在考虑短期的理想利润时,更要着眼于长期的、整体的利润最大化,最大化利润目标高、难度大,往往只是一种理论和理想。在实际运作中,经营者多以满意利润为目标,兼顾自身实力和其他利益。

2. 以获取适度投资利润为目标

旅游企业通过定价,在一定的时间内时旅游产品的价格有利于企业的投资者获取一定的投资报酬。采用这种定价目标的旅游企业,一般是根据投资额规定的利润率计算出各单位产品的利润额,加上产品的成本,构成产品的出售价格。采用这种定价目标的企业应具有比较强的实力,而且产品比较畅销,同时预期的利润率应该高于同期的银行存款利润率,但又不能太高,否则容易遭到同类产品的竞争和旅游消费者的拒绝,预期的投资利润也不可能实现。

另外,当旅游经营者的产品、经营能力和管理水平在同行业中都处于中等地位时,旅游经营者往往以获取平均利润作为定价的目标。

【同步案例 4-22】

蒙玛公司在意大利以无积压商品而闻名,其秘诀之一就是对时装分多段定价。它规定新时装上市,以3天为一轮,凡一套时装以定价卖出,每隔一轮按原价削 10% ,以此类推,那么到 10 轮(一个月)之后,蒙玛公司的时装价就削到了只剩 35% 左右的成本价了。这时的时装,蒙玛公司就以成本价售出。因为时装上市仅一个月,价格已跌到 1/3,谁还不来买? 所以一卖即空。

蒙玛公司最后结算,其利润比其他时装公司还多,又没有积压货品的损失,此定价策略可谓非常成功。

(三)竞争导向的定价目标

1. 保持和扩大市场占有率目标

市场占有率是指某一旅游产品销量或旅游收入占同类产品市场销售总量或旅游总收入的比重。采取此种竞争目标时,适宜采用低价格策略,吸引更多的消费者。

2.稳定市场目标

在旅游产品的市场竞争和供求关系比较正常的情况下,可以采取稳定的价格策略以获取适当的利润。此时必须达成共识,保持一段时间不变,以避免同行之间不必要的价格战。

3.应付与防止竞争目标

以应付和防止竞争为目标的定价目标,是指旅游企业通过服从竞争需求来制定旅游产品的价格。在市场竞争中,价格是最直接、最有效又是最方便的竞争手段之一。但是运用价格手段进行竞争,往往会导致企业之间相互报复,最终结局两败俱伤。而避免两败俱伤的简单途径是以主要竞争者的价格为定价基础,该种定价目标是为了尽量避免和减少价格竞争,以适应多变的市场竞争环境。

实力较弱的旅游企业,一般跟随主要竞争对手的价格,相同或略低;实力雄厚的旅游企业,定价自由度较大,可采用低于竞争对手的价格,或很低,逼迫弱小企业退出市场,防止潜在对手进入市场。

4.维持企业生存目标

维持企业生存目标是企业在经营发生很大困难时,如遇到原材料价格上涨、需求严重不足、自然灾害、战争等特殊困难时,会选择的一种定价目标。大幅度降低价格,以保本价格,甚至是亏损价格抛出旅游产品,目的是尽可能地收回资金,或者尽量维持企业的运转,等待市场出现转机。经过很长一段时间的过渡,企业会摆脱困境,恢复正常价格,或长期没有盈利,不得不退出市场。

(四)市场导向的定价目标

市场就像一只看不见的手,自发地调节市场上资源的配置。谁拥有的市场更大,谁就拥有产品价格的决定权。最大的市场占有率可能会使成本最小化,从而获得长期的利润。因此,在实际的市场环境中,为面对瞬息万变的市场,旅游企业可能会将价格目标制定得比较低。

(五)品质导向的定价目标

该目标适用于旅游企业将自己的产品定位在高端产品之上,提供的是一些比较豪华的旅游产品。这类产品购买者对价格不是非常敏感,而是追求品质与享受。

【课堂互动4-8】

材料: 在美国亚特兰大市的石头山公园门口,竖着这样一块牌子:坐缆车进园的费用是12美元,参观其他项目的费用另算;步行进园游览全部26处景点的价格总共是8美元。这座石头山公园在美国亚特兰大市东偏北约30公里的山坡上,刻着南方军总司令李将军和南部邦联总统戴维斯、杰克逊等3人的巨型雕像,非常适合远足,能看见城市天际优美的落日。

小组讨论:

(1)假如你是一个旅游者,你会选择哪一种游览方式进园观看?

(2)假如你是旅游经营者,为什么要采取这种价格策略?

组织方式:5~7人一组,进行关于以上问题的10分钟的思考与讨论,并在班级内分享各组答案。

四、旅游产品定价的程序和方法

(一)旅游产品定价的程序

旅游产品的定价需要遵循一定的程序和步骤,这有助于旅游企业管理决策人员制订科学的价格策略,并加强定价管理。

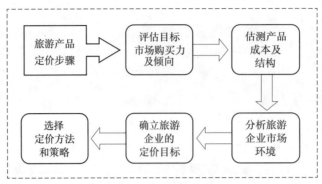

图4-7 旅游产品定价程序

一般来讲,如图4-7所示,定价的主要程序可以分为以下五个步骤:首先对旅游产品的目标市场购买力及购买倾向进行信息收集与评估,然后对旅游企业的产品和服务成本、结构进行估测,再次对旅游企业的市场环境进行调研和分析,接着确定旅游产品的定价目标,最后选择合适旅游企业产品的定价方法及相应策略。

1. 评估目标市场购买力及倾向

目标市场的收入水平、规模以及消费倾向是旅游企业定价的前提条件。旅游企业应根据最初设计旅游产品时所选择的目标市场,对特定的旅游消费群体进行信息的收集及分析,了解旅游者对旅游产品的认知价值和价格承受能力,并把握旅游者的潜在需要及消费偏好发展趋势,以便采取主动、灵活的价格策略,引导旅游者的消费。评估目标市场购买力及倾向的方法主要可采用问卷调查、面对面交流和专家意见法等。

2. 估测产品成本及结构

无论采用哪种定价方法和定价策略,成本始终是要考虑的重要因素。在正常情况下,旅游产品的定价都应高于成本,所以在对旅游产品定价前首先要预测产品成本,以避免出现定价低于成本的情况。一般来讲,通过评估目标市场购买力,可以判断旅游企业产品的价格上限,再通过对产品成本的估算,可以确定企业可以承受的旅游产品价格下限,旅游企业便可以明确产品价格允许变动的大致范围。进一步能够推算出最佳规模时的最低成本,从而为旅游产品的最终定价提供依据。

3. 分析旅游企业市场环境

旅游企业市场环境包括宏观和微观环境两个方面。宏观环境方面,政府规定的最高限价是旅游企业价格上限的警戒线,居民收入水平、消费结构、经济增长率等经济环境因素都会促进或制约旅游产品价格的升降,旅游者购买行为准则、风俗习惯、道德规范等社会文化环境因素,限制了旅游者的购买规模和消费倾向,间接地影响旅游产品价格的高低。微观环境方面,供货商价格的稳定性、供货品质的可靠性等,都关系到旅游企业能否有效地控制原材料等成本,从而影响旅游产品的价格。

4. 确立旅游企业的定价目标

目标市场购买力的大小、旅游产品成本的高低、市场环境的趋势等共同决定了旅游企业定价的报酬取舍、市场占有率分析、时间考虑和防止竞争等目标的选择。旅游企业确定定价目标关系到旅游企业生存和发展的时间与空间。在确定定价目标时,旅游企业需要考虑自身的规模实力、市场拓展的有利因素和障碍、目标市场消费偏好的变化以及企业资源配置的可能和变化等。

5. 选择定价方法和策略

旅游产品价格的确定要遵循客观规律的要求,在全面、准确的调研、预测的基础上选择适合自身的定价方法。由于竞争者的存在,旅游者需求的多种多样,以及影响价格因素的动态性和灵活性,旅游企业在定价过程中还必须充分考虑定价的策略,不仅要从竞争者的情况和消费者的心理出发进行产品定价,还需根据市场的差异、需求的差别选择更有利的定价策略。既能使定价工作与旅游企业的其他营销工作相配合,又能在定价过程中充分体现出定价的科学性、艺术性和技巧性,增进旅游者对旅游产品的价格理解和偏爱。

只有通过以上的程序和步骤,才可能制定出既符合旅游企业经营总目标,又为旅游者所乐于接受的合理价格。此外,由于旅游市场的需求不是一成不变的,旅游企业还应根据市场的变化,综合考虑各种因素对价格的影响,进行适时适当的价格调整,例如,按季节对价格进行调整,按不同渠道的定位进行价格调整等。

（二）旅游产品定价的方法

根据定价依据的不同,旅游企业可采用的定价方法通常可分为三大类:即成本导向定价法、需求导向定价法和竞争导向定价法。

1. 成本导向定价法

旅游产品的成本是制定价格的依据,在成本的基础上,再综合考虑其他因素,确定合理的价格。常见的成本导向定价方法有以下四种方法。

（1）成本加成定价法

在旅游产品的单位成本基础上,加上一定的毛利,计算出单位旅游产品的价格。毛利通常包括营销费用、税金、预期利润等。

计算公式:
$$单位产品价格=单位产品成本×(1+成本利润率)$$

适用范围:制定旅行社产品、饭店餐饮食品的价格等。

此种定价方法的优点是简单、易行,且价格比较稳定,特别是在市场环境基本稳定的前提下,可以保证旅游企业获得正常利润。但是这种方法是典型的生产导向观念,只保证生产方的利益,忽视了市场需求、竞争、旅游消费者的心理等因素。旅游企业在采用该方法时比较简便易行,但是当旅游者消费数量下降的时候,产品的价格就必须要提高,以弥补固定成本,使得成本和收入保持平衡。对于大部分产品而言,价格提高意味着销售量减少,特别是对价格很敏感的旅游产品。

（2）目标收益定价法

旅游企业根据其总成本及预测出来的总销售量,确定一个目标收益率,计算旅游产品的价格。该方法在旅游企业中尤其是饭店行业中应用得比较广泛。

计算公式:
$$单位产品价格=(总成本+目标利润)/预期销售量$$

适用范围:饭店行业。

此种定价方法在确定总成本预计销售量时,并未明确在什么价格下的销售量,因而忽视了旅游产品价格对销售量的直接影响。旅游企业在采用此种方法定价时,应该考虑几个不同的旅游产品的价格,以测算旅游产品价格变动对销售量和利润所产生的影响,据此就能对目标收益定价法制定的旅游产品价格进行灵活适当的调整,使得所制定的旅游产品价格更为科学。

（3）边际贡献定价法

边际贡献定价法又称为边际变动成本定价法,根据单位产品的变动成本来制定产品的价格,制定出来的价格只要高于单位产品的变动成本,企业就可以继续生产和销售,否则就该停产停销。单位产品的预期收入高于变动成本的部分就是边际贡献,也就是补偿固定成本的费用和企业的盈利。

计算公式：
$$单位产品价格＝单位产品变动成本＋边际贡献$$

适用范围：一般在市场上供过于求,卖方竞争激烈的情况下,旅游企业为了尽量减少损失,保住市场时使用。

旅游企业采用变动成本定价法,旅游产品价格往往低于用成本加成定价法制定的价格,这样有利于增加该产品在市场上的竞争力,促进销售,从而提高旅游产品的市场占有率。

【同步案例4-23】

某饭店的每标准间的总成本为160元/日,其中变动成本为70元/日,固定成本为90元/日。如按原来的定价无法销售,而价格降到120元/日,便有旅客接受。

提问:(1)是否继续营业?

(2)如果售价为60元/日时,该继续营业吗?

(4)盈亏平衡定价法

盈亏平衡定价法又称为保本定价法,指旅游企业根据产品的成本和估计销售量计算出产品的价格,使销售收入等于生产总成本。该方法的关键是确定盈亏平衡点,即企业收支相抵、利润为零的状态。

计算公式：
$$单位产品的价格＝单位产品的变动成本＋固定成本总额/估计销售量$$

根据该方法确定的旅游产品价格是旅游企业的保本价格,也是旅游企业对各种定价方案进行比较选择的参考标准。一般来讲,以其他方案制定出来的价格如果高于盈亏平衡价格,企业就盈利;如果低于此价格,则亏损。该方法制定出的价格一般低于成本加成定价法的价格,有利于迅速扩大市场占有量,尽力维持生产经营。

【同步案例4-24】

某饭店有餐座200个,餐厅每天应摊销的固定费用1 800元,每餐座平均消耗原材料15元,预计餐座销售率为60%,该饭店营业税率为5%。

提问:试确定餐厅每餐座的销售价格。

2. 需求导向定价法

需求导向定价法,是根据市场中旅游者的需求程度、需求特点和旅游者对旅游产品价值的认识理解程度来制定价格的一种方法。虽然采用这种方法依旧要考虑产品成本,但是成本已经不是定价的主要依据,定价的主要依据是市场的供需情况和消费者对产品价值的理解程度。

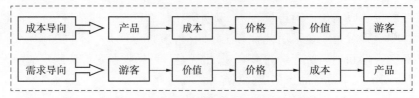

图4-8　成本导向与需求导向定价法的区别

如图4-8所示,需求导向定价法与成本导向定价方法的思维过程恰好是相反的,一般在市场需求强度大时定高价,市场需求强度小时定低价。常用的需求导向定价法有以下两种:理解价值定价和差别需求定价。

【同步案例4-25】

相传在中国古代,有个叫张良的人,以打制剪刀为生。一开始,他打出来的剪刀不好卖,后来有个人给他指点说:"你把剪刀分开卖,简单地进行包装和捆扎,有钱的人来你给他推荐包装好的,价格高一些。来了穷人就推荐没有包装的,价格低一些。来了中等的人就给中档价格售卖。"张良采纳了别人的建议,果然买剪刀的人越来越多。后来就有人说"张良卖剪刀,啥人啥价"。

(1)理解价值定价

理解价值定价法,是指根据旅游者对旅游产品价值的理解和认识程度为依据来制定价格的方法。理解价值定价法认为,一种产品的价格、质量和服务水平在消费者心目中都有一个特定的位置。当产品的价格与消费者的认知水平大致相同时,消费者才会接受这种价格。运用这种定价方法,要求旅游企业必须准确测定旅游产品在消费者心目中的价值水平。因此,旅游企业需要利用市场营销组合中的非价格因素,如产品质量、服务水准、广告宣传等因素影响旅游者,使他们对旅游产品的功能质量、档次有大致的"定位",然后进行定价,使消费者主动向生产者制定的价格靠拢。

【课堂互动4-9】

一瓶农夫山泉矿泉水在不同的销售场所会有不同的价格,你买过哪些价格的矿泉水? 你认为它为什么如此定价?

组织方式:4 人一组,进行关于以上问题的 5 分钟头脑风暴,尝试通过生活中的定价案例,理解定价方法的灵活运用。

(2)差别需求定价

差别需求定价法又称为区分需求定价法,是指在旅游产品成本相同或差别不大的情况下,根据旅游者对同一旅游产品的效用评价来制定差别价格。同一旅游产品,对于具有不同购买力、不同需求强度、不同购买时间或选择不同旅游目的地点等的旅游者可以根据他们的需求程度和消费感觉不同,采取不同的价格。差别定价法,可以满足顾客的不同需要,能够为企业谋取更多的利润。

表4-2 差别定价法的分类

定价方法	主要内容
顾客细分定价	将同一种产品或服务,以不同的价格销售给不同的消费者:不同的花色、样式制定不同的价格
环节定价	对不同的销售环节制定不同的价格,如批发与零售
地点定价	不同的销售地点确定不同的价格,如豪华酒店与普通饭店
时间定价	不同时间定价不同,如旅游淡季与旅游旺季

如表 4-2 所示,差别需求定价法具体有顾客细分定价、环节定价、地点定价、时间定价等四种类型,在实践中运用比较广泛。采用这种方法定价的关键在于利用各种手段,使顾客从心理上对产品产生高附加值,提高旅游产品在旅游者心目中的形象和地位,从而使游客对企业的定价产生认同。如特色酒店、旅游手工艺品等旅游产品价格的确定,就可以采用这种定价方法。

【同步案例 4-26】

意大利特兰托市郊的高速公路旁,有一家"阿吉帕汽车旅馆"。起先,这家旅馆主要接待驾车路过的旅客和因公出差的人。后来,由于竞争激烈,生意萧条,年终常常出现亏损。因此,这家旅馆不得不寻求新的方式来吸引新客人。

不一视同仁的价格政策,是这家旅馆成功的新招数之一。这家旅馆为了吸引各种类型的客人,针对不同类别的客人的特点,制定了不同的价格:

(1)针对散客。因为这类客人多数是因公出差和驾车过路的客人,是旅馆原来的主要客人来源。这部分人不在乎价格的高低,对价格不很敏感。旅馆便对这类客人收取全价,餐费另加。

(2)针对团体客人。这类客人主要是由旅行社组团带来住宿的客人。由于旅行社对各旅馆竞争的情况比较了解,对设施、价格、服务十分清楚,他们总是希望选择价格优惠、设施齐全、服务优良的旅馆。并且,由于旅行社组团的客人量比较大,可以增大旅馆的规模效益。因此,优惠价格对团体客人应该具有很强的吸引力。旅馆对团体客人采用了两种优惠价格:对住宿带三餐饭的全包价,旅馆给客人13.8%的折扣;对住宿带早餐和晚餐的半包价,旅馆给客人9.4%的折扣。同时,在以上两种优惠价格中凡21人以上的团体可提供一人食宿免费的优惠。

(3)针对家庭客人。这类客人主要是驾车出游的家庭。旅馆对3人及以上的家庭提供优惠价,3人同住的客房,平均每人的房价只有单人价格的65%,不满12岁的小孩可以免费与父母同住。

(4)针对长期租房客人。旅馆根据客人租房的数量多少和时间长短给予不同的优惠,最低价可达散客价的50%。

阿吉帕汽车旅馆采用了差别需求定价以后,果然受到不同类型旅游者的欢迎,客房入住率大大提高。尽管平均房价有所降低,但这家旅馆还是在激烈的竞争中靠大量销售生存了下来,并增加了盈利。

提问:(1)这家旅馆采用的是什么定价方法?

(2)为什么这家旅馆要采用这种定价方法?其根据是什么?

(3)采用这种定价方法有什么好处?

3. 竞争导向定价法

竞争导向定价是指旅游企业在市场竞争中为求得生存和发展,以市场上同类产品的市场竞争状况为依据,参照竞争对手的价格来制定产品价格。一般有四种形式的定价方法,即率先定价法、随行就市定价法、排他性定价法和投标定价法。

(1)率先定价法

率先定价法是一种主动竞争的定价方法,根据市场竞争状况,结合自身实力,率先打破市场原有的价格格局,制定出具有竞争力的产品价格。

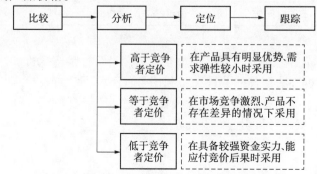

图 4-9　率先定价法的定价过程

如图 4-9 所示,采用率先定价法时,需要经历比较、分析、定位、跟踪四个过程。首先,需要与竞争对手的旅游产品进行比较;分辨出自己的产品是高于、低于还是一致三个层次;然后将自己产品的功能、特色、质量、成本等与竞争产品进行比较,找出产品的优势和劣势所在;紧接着,通过综合分析,确定旅游产品的合理价格;最后,持续性跟踪竞争产品的价格变化,相应做出调整。此种方法能够帮助旅游企业在激烈竞争的市场环境中获得较大的收益,居于主动地位。一般适用于一些实力雄厚或产品有特色的旅游企业。

（2）随行就市定价法

随行就市定价法是指根据市场上同类产品的现行价格进行定价,大致相当于本行业的平均价格水平。适用随行就市定价法的产品,一般市场竞争较充分,供求相对稳定,且市场上已经形成了一种行业价格。一般对于非创新型的产品,市场上竞争对手的价格已经接受过市场的检验,一定程度上也得到了消费者的认可,具有一定的合理性。因此,以竞争对手的产品价格为定价依据,可以节省很多的前期调查和测评费用。

采用这种方法的优点是较稳妥、风险较小,可以避免挑起价格战,与同行业和平共处,对整个行业协调的破坏性也最小。同时可以补偿平均成本,获得适度利润,容易被旅游消费者所接受。因此,这是一种比较流行的保守定价方法,常被一些中小企业所采用。随行就市有时也能表现为直接跟随市场中的领先者的价格。

（3）排他性定价法

排他性定价法是指以较低的旅游价格排挤竞争对手,争夺市场份额的定价方法。如果说率先定价法是防御性的,那么排他性定价法则是进攻性的,这种定价方法又可以分为绝对低价法和相对低价法两种。

【同步案例 4-27】

景区"1 元午餐",有蛋有肠！ 是营销还是善举?

（4）投标定价法

投标定价法是一种供应商根据招标方的规定和要求进行报价的方法。例如,政府在举办大型会议或展览时,需要大量的客房,这时可能采用招标的方式来进行。各个酒店必须根据自己的条件,提出产品设计、服务规格以及制定价格。由于招标方在选择企业时,非常重视价格的因素。因此,在投标定价的过程中,为了提高中标率,往往要制定一个非常有竞争力的价格。投标企业必须对同行业各企业的实力、经营状况有所了解,为自己确定一个合理的利润期望,才能得出一个合理的价格。

以上几种类型的定价导向,考虑的主要因素各不相同,也各有利弊,适用于不同的市场和竞争环境,企业应该根据实际情况进行综合的判断和考虑。当然,也可以采用多重方法进行价格的制定。

五、旅游产品定价策略

价格策略作为旅游企业营销活动的重要一环,在旅游企业经营中占有非常重要的地位,也是旅游企业整个旅游市场营销活动过程中是一种极为重要的手段。定价是否合理,体现的是旅游企业的经营之道,也是企业经营过程中一种十分重要的策略。旅游企业为了达到营销目标,并提升企业长期和整体的盈利能力,就需要积极配合旅游营销活动的其他方面,灵活运用旅游产品的定价策略,才能达到营销的最佳效果。

（一）旅游新产品定价策略

一种旅游产品能够成功,能否得到旅游消费者的青睐,在很大程度上取决于它作为新产品刚刚进入市场时的表现。一般来讲,旅游企业为了能够使自己的产品顺利进入市场,圆满完成营销目标,会在旅游产品整个生命周期的导入期为新产品制定合适的定价策略。一般情况下,旅游新产品的定价主要有以下几种策略可以选择。

1. 撇脂定价策略

撇脂定价策略是一种高价格策略,即在旅游产品投入市场的初期,以较高的价格出售产品,尽可能在产品的生命初期、在竞争者研制出相似的产品之前,尽快回收投资,在短期内获取最大利润。然后随着时间的推移,再逐步降低价格使新产品进入弹性大的市场。例如,当餐厅开发出新餐品时,往往将价格定得很高,以牟取较高的利润,而当其他同类餐厅也推出相似的产品而顾客开始拒绝高价时再行降价。这种定价,不可能维持太长时间,往往在经历一段时间后就会逐步降价。由于这个定价过程如同从鲜奶中撇取奶脂、捞取精华一样,因此被称为撇脂定价策略。

一般来讲,旅游企业满足以下几个条件时,可以使用此种策略。一是旅游新产品的内容新颖独特,能够在进入市场的短期内吸引旅游消费者,并受到消费者的广泛认可。二是旅游市场上存在一些购买能力很强,并对价格不太敏感的旅游消费者,而且旅游消费者的数量足够多,作为旅游企业有利可图。三是旅游新产品在市场上具有一定的垄断性,至少在刚进入市场的一段时间内具有垄断性,使得其他竞争者无法在新产品进入市场后进入这个市场。

旅游企业采取这种策略的优点在于能在短期内获取非常丰厚的回报,对开发成本进行迅速补偿,但是缺点是价格过高会使一部分消费者望而生畏,不利于旅游企业开拓旅游市场。由于旅游新产品的价格高利润大,也容易吸引大批竞争者进入市场,引起激烈的竞争。

【同步案例 4-28】

雷诺圆珠笔的撇脂定价

1945 年底,第二次世界大战刚刚结束,战后第一个圣诞节来临之际。美国的消费者都热切希望买到一种新颖别致的商品,作为战后第一个圣诞节的礼物送给亲朋。于是雷诺公司看准了这个时机,从阿根廷引进了美国人从未见过的圆珠笔并很快形成了规模生产。

当时每支圆珠笔的生产成本只有 0.5 美元,那么,市场的零售价应该是多少呢?如果按照通常的成本导向定价法,定 1 美元就能赚一倍,1.5 美元就是 200% 的利润。似乎应该满足了。但公司的专家们通过对市场的充分研究后认为:圆珠笔在美国属于首次出现,奇货可居,又值圣诞节,应用高价格引导刺激消费,于是公司决定以 10 美元批发给零售商,零售商则以每支 20 元卖给消费者。

事情果然如雷诺公司预测的那样,圆珠笔尽管以生产成本的 40 倍的高价上市,立刻以其新颖、奇特、高贵的魅力风靡全美国。虽然后来跟风者蜂拥而至,生产成本降到了 0.1 美元,市场价也跌到了 0.7 美元,但雷诺公司早已狠狠地赚了一大笔。

2. 渗透定价策略

渗透定价策略又可以称作薄利多销策略,它与撇脂定价策略正好相反,是以低价为特征的定价策略。在旅游企业的新产品上市之初,利用旅游消费者求实惠、求廉价的消费心理,有意将新产品的价格定得很低,使新产品以物美价廉的形象吸引旅游者,迅速占领市场,企业能迅速打开和扩大市场,尽早在市场上取得领先地位,以谋取远期的稳定利润。

一般来讲,旅游企业满足以下几个条件时,可以使用此种策略。一是旅游新产品的市场具有比较大的需求价格弹性,消费者对价格比较敏感,旅游企业以较低的价格可以引发销售量的较大变化。二是旅游新产品的成本应销售量的增加而降低,存在规模效应。三是旅游企业的竞争者在一段时期内无法达到本产品的低价水平。

旅游企业采取这种策略的优点在于运用价格优势来争取旅游消费者的方式,可以迅速占领市场,并有效的排斥其他竞争者进入该市场,但是缺点是利用低价会使得旅游企业的投资回收期较长,降低价格后市场上的回旋余地较小。

【同步案例 4-29】

高端港澳游,低价走入寻常百姓中

2007 年 9 月 28 日,"十一"黄金周由宁夏发出的首列旅游专列缓缓驶出银川火车站,800 多名宁夏游客带着他们的期待,开始了为期 10 天的香港全程旅游,这也是当年宁夏赴香港的最大旅游团队。

此次专列由宁夏铁发集团铁道旅行社和宁夏中国国际旅行社共同组织。1 980 元的低价,吸引了宁夏及周边地区的游客。宁夏中国国际旅行社陈志新总经理介绍,随着香港回归祖国 10 年,宁夏赴香港、澳门旅游的线路也逐渐成熟,适中的价格也被更多的平民游客所接受。此次专列以低价运营,目的正是希望让曾经高昂的港澳游真正走入寻常百姓中。

3. 满意价格策略

满意价格策略是一种折中价格策略,它吸取撇脂定价和渗透定价两种策略的长处,采取比撇脂价格低但比渗透价格高的适中价格,既能保证旅游企业获取一定的初期利润,又能对旅游消费者产生一定的吸引力而使其接受新产品,是一种让旅游企业和旅游消费者双方都满意的策略。有时也称为"温和价格"或"君子价格"。

采用此种策略的优点是适中的价格被认为是合情合理的,能够较快被市场所接受,从而避免了不必要的竞争。但是由于旅游产品的定价是被动地适应市场而不是积极主动地参与市场竞争,属于安逸策略,因此可能会使旅游企业难以灵活地适应瞬息万变的市场状况。

在旅游产品刚进入市场后,旅游市场营销人员面对以上三种新产品定价策略,还需要认真考虑旅游新产品的供给能力、竞争对手的情况、新产品的价格需求弹性等三个方面的因素,来选择适合自己产品的策略。

【同步案例 4-30】

西湖景区免费开放十年　不但没亏钱反而"赚"更多了

资料来源:浙江在线

（二）心理定价策略

心理定价策略是我们最常见的一种定价策略，它所考虑的不仅仅是经济因素，更多的是考虑消费者的心理因素。此种策略就是运用心理学的原理，根据不同旅游消费者购买旅游产品的动机和心理影响因素来刺激其购买产品和服务的一种定价策略。心理定价策略主要包括尾数定价、整数定价、声望定价和习惯定价四种策略。

1. 尾数定价策略

尾数定价是指在商品定价时，取尾数而不取整数，或者利用尾数的心理象征意义制定旅游产品价格的方法。一般来讲，旅游消费者会认为整数定价是概括性定价，定价不够准确，而尾数定价则可以使消费者产生"精确定价"或"对消费者负责"的心理暗示。其实这种价格往往是旅游企业经过认真的成本核算来制定的，可信度相对来说较高。

通常，旅游企业还会根据不同国家和地区人们对不同数字的喜好，采用不同的尾数来定价。一般情况下，美国人喜欢奇数，日本人喜欢偶数，而中国人则喜欢 8,6,9 等数字。所以，我们经常看到国内旅行社推出的旅游线路产品的报价一般都是 598 元，998 元等数字，这在旅游者的心理和视觉上都给游客造成一种比 600 元，1 000 元低很多的感觉。同时，旅游产品价格的尾数又是自己喜欢的数字，则更便于接受。不过，这种定价策略一般比较适用于价格较低的旅游产品和服务。

【同步案例 4-31】

心理学家的研究表明，价格尾数的微小差别，能够明显影响消费者的购买行为。一般认为，5 元以下的商品，末位数为 9 最受欢迎，5 元以上的商品末位数为 95 效果最佳；百元以上的商品，末位数为 98、99 最为畅销。尾数定价法会给消费者一种经过精心计算的，最低价格的心理感觉；有时也可以给消费者一种是原价打了折扣，商品便宜的感觉。比如消费者通常认为 199 元的旅游产品，比 200 元的产品便宜很多，而 201 元的产品又会感觉太贵，实际上只差 1 元钱，尾数定价就是基于人们的这种心理而采取的一种定价方式。同时，顾客在等待找零钱的期间，也可能会发现和选购其他商品。

【课堂互动 4-10】

【同步案例 4-32】

中国自古便被誉为"瓷器之国"，而景德镇则是其代表和象征。历史上的景德镇陶瓷名扬海外，其器"白如玉，薄如纸，明如镜，声如磬"。绚丽多姿的名贵瓷器，通过海上、陆上丝绸之路，"行于九域，施及外洋"。中国景德镇陶瓷享誉世界，曾经在一次巴黎世界博览会期间，最初展览时，一整套瓷器标价为 300 法郎，而有些法国人想购买，结果一看价格不高，觉得价值低，打消了购买念头。后来，根据景德镇陶瓷的国际声誉，工作人员将价格提高到了 2 000 法郎，一些富人和收藏家蜂拥购买。

2. 习惯定价策略

某些旅游产品，在长期生产和销售过程中一直保持了相对稳定的价格水平，使得消费者也产生了一种习惯的心理价格。对于这类产品定价时，价格水平应该稳定在消费者的默认值范围内。因此，习惯定价策略就是旅游企业按照旅游消费者的习惯心理而制定价格的策略。所以无论哪种类型的企业在进入这个市场后，开发的产品只要其性能和功能同原来的产品基本保持一致，就会采用市场原有的价格，而不宜对价格进行过大的调整。如果旅游产品的定价高于消费者原有的习惯心理价格，会使其产生抵抗心理，从而拒绝购买，反之又会使消费者对新产品的品质或功能产生怀疑而拒绝购买。此种策略适用于旅游需求弹性较大，经营时间较长、较稳定的产品。

【课堂互动4-11】

小组讨论：根据你的购买经历，你曾遇到的旅游产品的打折形式有哪些？

组织方式：5~7人一组，进行关于以上问题的10分钟头脑风暴，并在班级内分享各组提议。

（三）折扣定价策略

折扣定价策略是指在市场交易过程中，旅游企业对基本价格做出一定的让步，直接或间接地降低价格，以争取消费者，扩大销售量。折扣定价一般包括现金折扣、数量折扣、季节折扣、同业折扣四种常用的定价策略。

1. 现金折扣策略

所谓现金折扣又称为付款尾期折扣，是对在规定时间内提前付款或按期付款，并用现金支付的消费者给予的一种价格折扣。现金折扣策略的目的是鼓励消费者提前付款，以便旅游企业尽快回收资金，加速资金周转。比如一笔消费的付款期限为3个月，如果消费者选择立即付清可享受10%的折扣，如果在一个月内付清可以享受8%的折扣，如果在2个月内付清可享受5%的折扣等。现金折扣通常会在旅游企业与旅游购买者的交易条款中注明。

2. 数量折扣策略

此种策略是指旅游企业对一些大量购买旅游产品的消费者以一定减价优惠的定价方式。一般情况下，旅游企业为了鼓励消费者提高购买旅游产品的数量和次数，按照购买数量给予不同的折扣，即购买数量越多，折扣越大，具体有以下两种操作方式：

（1）累计数量折扣

累计数量折扣一般主要应用于批发业务，旅游产品供给者规定在一定时期内，旅游批发商或零售商购买到一定数量的旅游产品时，就给予折扣优待，随着购买者购买数量的增多，折扣随之增大。

（2）非累计数量折扣

非累计数量折扣也称作一次性折扣，是指旅游购买者每次购买达到一定数量或购买多种产品达到一定的金额时给予的价格折扣。一次性购买数量越多，折扣越大。

3. 季节折扣策略

折扣定价策略中，最常用的是季节折扣，也叫季节差价，是卖方为鼓励买方在淡季的时候增加购买次数或购买量而给予的折扣策略。大多数旅游产品的季节性都很强，在一年中呈现出差异很大的淡季和旺季，在旺季时会出现供不应求的现象，旅游企业可能会采用提高价格的方式来平衡市场的供求状况。而在淡季，很多旅游产品可能会出现滞销，甚至某些企业会暂时歇业或关闭经营。为了调节这种季节矛盾，很多旅游企业会在淡季采取季节折扣,以较低的价格吸引旅游消费者,从而保证淡季经营业务的正常运转。旅游景区在淡季常常采取降低门票价格的方式,就是一种典型的季节折扣策略。

4.同业折扣策略

同业折扣是指旅游产品的供给者根据同行业者或旅游中间商在市场经营中的不同作用,给予不同的价格折扣与优惠。在激烈的市场竞争中,旅游企业之间的关系极为密切,为了顺利合作并保证各自企业的基本利益,相互之间予以一定程度或比例的优惠政策,这种优惠既可以是自行规定的,也可以是行业内相互约定的。比如酒店通常会给予合作政府、旅行社、携程等企业同行价格。

【同步案例4-33】

"丰收了·游甘肃"系列冬季优惠活动

(四)招徕定价策略

招徕定价策略是指,旅游企业利用部分顾客求廉或求新、求特的心理,特意将某几种产品的价格定得较低或较高,以吸引顾客,以此增加顾客对其他商品的购买,从而达到扩大销售的目的。通过这种有意制定特殊的高价或低价,发挥促销导向作用,吸引一些潜在的旅游消费者,从整体上提高旅游企业的销售收入,以增加盈利。招徕定价一般分为亏损价格和特殊价格两种定价策略。

1.亏损价格策略

此种策略是指旅游企业在自己的产品结构中,把某些旅游产品或服务的价格定得很低,甚至亏损,以价格低廉迎合旅游者的"求廉"心态而来招徕顾客,借机带动和扩大其他产品的销售。这种定价策略是以企业的整体利益为目标,而不是以个别产品的收益为目标。

【同步案例4-34】

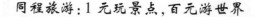

同程旅游:1元玩景点,百元游世界

2.特殊价格策略

此种策略是指旅游企业会在某些节日和季节或在本地区举行特殊活动的时候,适度降低或提高旅游产品或服务的价格以刺激旅游消费者,以此来招徕生意,增加旅游产品的销售量。

【课堂互动4-12】

背景材料:休布雷公司在美国伏特加酒的市场中,属于营销出色的企业,他们生产的史密诺夫酒在伏特加酒的市场占有率达23%。20世纪60年代,另一家公司推出了一种新型伏特加酒,其质量不比史密诺夫酒低,而每瓶酒的价格却比史密诺夫酒低1美元。

按照惯例,休布雷公司面前有三条对策可用:

第一,降低价格1美元,以保住市场占有率。

第二,维持原价,通过增加广告费用和推销支出与竞争对手竞争。

第三,维持原价,听任市场占有率降低。

由此可以看出,不论休布雷公司采取上述哪种策略,都处于市场的被动地位。但是,该公司的市场人员经过深思熟虑后,却采取了令人们大吃一惊、意想不到的第四种策略。那就是,将史密诺夫酒的价格再提高1美元,同时推出一种与竞争对手的新伏特加酒价格一样的瑞色家酒和另一种价格更低的波波酒。

问题:(1)第四种策略是否恰当? 为什么?

(2)这一策略使休布雷公司的市场营销策略发生了怎样的变化?

组织方式:5～7人一组,进行关于以上问题的5分钟讨论与思考,并选择一名代表在班级内分享答案。

六、旅游产品价格的调整

通常,旅游企业在确定了产品价格之后,仍然需要根据环境和市场形势的变化,对既定价格进行适当的调整。旅游行业内许多旅游企业的价格调整频率都非常高,比如一些航空公司、酒店几乎每天都在调整价格,并将价格调整作为其收益管理的一部分。价格的调整一般有两种类型,主动调整和被动调整。

(一)主动调整价格

主动调整价格是旅游企业在市场经营中对某些产品的供求状况、自身条件的改变,以及所处环境的趋势已有较为准确的预测,为了取得在市场中竞争的主动权,企业主动调高价格或调低价格。不论是降价还是提价,经营者在调价前都要把握的要点:一是调价理由要充分;二是调价幅度要适当;三是调价时机要选准;四是对调价后竞争对手的反应估计要充分;五是对竞争对手可能的反击措施要有应对预案。

1.主动降价

旅游企业为了实现特定的经营目标,有时会选择主动降价。在什么情况下降低旅游产品价格最有效,这是经营者首先要考虑的问题。如表4-3所示,以下原因都可能引发主动降价。

表4-3　旅游企业主动降价的原因

类别	降价原因
需求弹性大	当旅游产品需求弹性大时旅游企业通过降价可激活需求,引发旅游市场兴起购买热潮,从而达到扩大销售额、提高市场占有率的目的
清理市场	旅游企业通过降低旅游产品价格,使弱小的竞争者无利可图,迫使他们退出旅游市场,逼退竞争对手后,再恢复原价。降低旅游产品价格还可让潜在竞争者知难而退
供过于求	当旅游产品供过于求、旅游企业资源闲置较严重时可考虑降价,通过降价来吸引游客,如在淡季某酒店开房率仅20%～30%,该酒店把门市价降低60%以吸引客人入住
有成本领先优势	旅游企业有足够的供给能力,在降价后能满足转旺的需求,降价后随销售量的扩大,单位成本进一步下降,成本领先优势凸显,仍可获得规模效益
外币贬值	当外币贬值时,为吸引外国游客,以本币定价的企业有时会考虑降价
通货紧缩	物价指数为负数时,旅游企业有时会考虑降价

当旅游企业降低价格后,会有来自旅游者、中间商、同行竞争者的各种反应,此时可能会引发一系列问

题,旅游企业要及时处理和应对。

（1）认知错位

降价时常会给旅游者、中间商以"错觉",如他们往往会认为旅游产品卖不掉才降价,产品过时、质量下降、经营困难、偿债压力大被迫降价,竞争对手会顺势加以夸张扭曲宣传。此外,旅游消费者还有买涨不买落的心理,以观望等待进一步降价。

（2）销售量增加不大

当需求弹性小或无时,尽管降价,旅游产品的销售量增加却不明显,有时销售量不升反降。当价格下降而销售量增加较少时,单位产品的成本在售价中所占比例提高,单位产品利润率下降,进而很可能会导致总利润下降,有时甚至会出现亏损。

（3）中间商积极性下降

旅游产品的价格降低后,单位产品的利润空间必然缩小,此时中间商经营积极性会有所下降,有时还会转而经营其他竞争性的产品,使降价企业的产品销售渠道面临挑战。另外在降价后,旅游市场对新价格逐步了解并接受,再恢复原价,市场又有重新认知问题。

（4）易引发价格战

当一家旅游企业率先降价后,就打破了现有市场格局,竞争者不会坐视本企业的市场被蚕食、游客被夺走,往往会以更低的价格跟进,进而形成连锁反应,最终引发以低价竞销为特征的价格战。比如曾经泰国游等旅游线路市场竞争激烈,旅行社纷纷降价,大打价格战,报价从近3 000元降到低于2 000元,甚至出现零团费、负团费现象,并引发其他出境游线路的价格战,一时间出境游市场价格混乱无序,最后在行业管理部门的干预下才有所好转。

2. 主动提价

旅游企业常常会主动提高产品价格,以获取更大的经营利润,主要原因及情况如表4-4所示。

表4-4　旅游企业主动提价的原因

类别	提价原因
需求拉动	当旅游产品需求转旺、产品供不应求而企业扩张规模受限时,旅游企业会为需求关系、增加盈利而提价。如在旅游黄金周期间、大型会议期间等旅游产品会出现供不应求现象,可以考虑适当调高价格
成本推动	由于原材料涨价、生产成本上升、经营费用提高等原因,按现有价格出售旅游产品,盈利会大幅减少甚至越卖越亏。此时,经营者往往会考虑提高售价以减少亏损或增加盈利
通货膨胀牵引	由于物价上涨、货币贬值,现有售价中所包含的利润被侵蚀很大一块。为使利润增长快于通货膨胀速度,至少与物价上涨水平同步,经营者往往会提价,如我国在20世纪80年代中后期,通货膨胀较为严重,不少酒店经常调高房价。为应对通胀,有的企业在合约中还规定了定期调价条款
提升形象	经营者为塑造旅游产品优质形象或显示本企业产品与众不同的特色,往往借提高价格来实现,给游客"好货不便宜""价高质也高"的印象。有时经营者还通过拉大各档次产品的价位差,以带动中档产品的销售
外币升值	在其他情况不变的前提下,外币升值时以本币定价的旅游产品会同幅度提价。这在外商投资的旅游企业经常被采用

当旅游企业提高价格后,同样面临来自旅游者、中间商、同行竞争者的各种反应,对这些反应旅游企业要慎重对待。

（1）认知扭曲

旅游产品的提价按正常情况理解,市场上的旅游者、中间商和竞争者应认为是旅游产品生产经营成本上升、供不应求等原因,但实际情况却可能是:旅游者和中间商认为是企业过分重利,把物价上涨损失转嫁给买方。此时,一些消费者往往转而购买其他替代产品,这不仅会使本企业的客源进一步分流,还会损害企业的形象。当然,也可能会形成经营者所求之不得的另一种认知:产品质量提高,是流行产品、是名牌产品、是特色产品,故而提价。一部分游客通常有"买涨不买落"的心理预期,"提价了,不买还会再涨"因而竞相加入购买队伍,从而带动产品热销,销售量不降反升。这种认知对企业最为有利。

（2）销售量下降

对需求弹性较大、替代性强的旅游产品,稍稍提高价格、销售量就会下降,提价幅度越高、销售量下降越快。如果当销售量的下降大于价格上升的幅度,提价会使销售收入减少,市场占有率下降。此时,中间商会因市场销售困难而不愿继续经销或代理;而当竞争者采取降价措施应对时,提价企业的旅游产品销量会发生锐减,陷入被动局面。

（3）利润减少

经营者提价最终是为了获得更高的利润,当提价使产品销售收入大幅下降致使总收入大降、总成本下降较慢(因为销售量减少使总的变动成本减少,而总固定成本是个常量)时,利润会大幅下降甚至亏损。由此可见,提价往往不见得会带来高利润,有时反而会造成利润下降甚至招致亏损。

（4）市场供给量提高

旅游产品销售价格提高后,一方面会刺激现有竞争者增加供给量,另一方面会吸引潜在竞争者加入,这都会增加市场的供给量。比如,受少数几个人造景观开发项目获得成功的影响,各地开始纷纷建设人造景观项目,各种"园""村"等人造景观在一些地区泛滥成灾。再如因为一些特殊的原因,在某个时期酒店房价一涨再涨,开始吸引各方投资者大建酒店,而销售热潮退去,会很快出现相对过剩局面。

（5）可能会引起法律干预

如果旅游企业把价格提得过高,就有可能违背价格法。暴利形式的高价又称掠夺式定价,是对旅游者的掠夺,这是法律所不能容忍的。一些旅游经营者在价格上的违法行为会受到法律的惩处,严重时还可能被"罚"下场。

【同步案例 4-35】

海南五星酒店天价疯涨 100% 春节要过万元一晚

（二）被动调整价格

被动调整价格是指,当竞争对手率先进行了价格调整的情况下,旅游企业为了保护自己的地位并对抗竞争对手而进行的价格调整。被动的调整价格也可以称作对竞争对手价格调整的应对。

1.注意的问题

旅游企业在应对同行竞争对手的价格调整时,在审时度势后,通常有以下几种选择:提价、降价、维持原价、实施非价格竞争策略应对四种办法。但不论做出何种选择,首先需要研究竞争对手实力,同时还要关注以下四个方面的问题。

（1）竞争者调价目的与原因

旅游企业要透过调价现象看清竞争对手的调价目的,通常竞争对手会为达到如下目的而调价:争夺市场份额;树立品牌形象增加利润;提高现金流量、缓解资金困难。此外,旅游经营者还要弄清竞争对手调价的原因,如资源闲置或短缺、销售困难或旺销、通货膨胀或紧缩、汇率变动、成本变化等。

(2)竞争者调价的影响以及各方的反映

旅游企业要注意主要竞争对手价格调整对旅游者、旅游中间商、本企业、同行其他企业,以及对社会有关方面的影响。同时,为有效应对竞争者的价格调整,旅游企业还需要弄清以上几方的反应情况。

(3)本企业调价后市场的反应

一般来讲,旅游企业要判断自己做出的应对策略是否恰当,是否符合消费者的需要,应密切关注市场的反应。比如目标市场旅游消费者的反应、旅游中间商的反应、率先调价旅游企业的反应、同行其他企业的反应,以及社会有关方面的反应。以此为基础再进行价格的维护和调整。

2. 应对策略

旅游企业在权衡市场情况后,可以采取多种应对竞争对手价格调整的措施和策略,来主动适应市场竞争。

(1)同向跟进

当竞争对手率先调价后,旅游企业可以选择同方向跟进,即随竞争者降价而降价,随其提价而提价。它又可以分为几种形式:一是同步跟进,提价或降价幅度与其同幅度,或把价格就定在竞争者的价格水平上;二是不同步跟进,也调整价格,但调价幅度、售价水平与竞争者保持差别。

(2)逆向调整

当竞争对手率先调价后,旅游企业对价格也作相应调整,只不过调整方向与竞争对手恰恰相反。即竞争对手降价,本企业提价;竞争对手提价,本企业降价。这样做的目的是反其道而行之,拉开与竞争对手的差距,映衬与众不同的旅游产品形象和企业形象。逆向价格调整决策最难,因为至少是在一段时间,价格变动会冒逆旅游市场大势而行的风险。采用这一策略一般是处于市场转变关头的前夕,市场即将发生趋势性转变之际。

(3)维持现价

此种策略是旅游企业对竞争者调价以"不作为"的方式应对,在价格上不作调整。经营者发现调高价格会导致销售量下降、市场份额减少,或发现调低价格,销售量增加不明显而导致利润减少,往往会采取较为保守的观望态度。

(4)实施非价格竞争策略

旅游企业面对竞争对手的价格策略,选择提高旅游产品和服务质量,形成特色,塑造品牌,拓宽渠道,建立营销网络,针对性开展广告、公关等沟通与促销争取客源,这就是非价格竞争策略。非价格竞争策略可单独运用,也可与上述三种方式协调使用。如在经营者决定同向跟进率先提价的竞争对手,准备提价时,还可通过提高产品质量和服务质量,使旅游者感到物有所值。

在实际的市场环境中,绝不仅仅只有以上所提到的几种应对策略,旅游企业为了更好地完成营销目标,还会制订很多特殊的定价策略。而且在实践中面对复杂多变的市场环境,单纯的一种价格策略也难以应付多变的情况,所以需要旅游市场营销人员综合考虑多方因素制定出更为合适本企业产品的价格。

【同步案例4-36】

低价是旅游营销的误区吗?

资料来源:旅游圈

【项目训练】

　　训练设计:以小组为单位,选择某个地方的旅游企业(如甘肃省丝绸之路旅行社、康辉旅行社、万达文华酒店等),对其某一类或某一项旅游产品的价格策略展开全方位的调查与分析,可以是一条旅游线路的价格,也可以是酒店客房的价格。

　　成果形式:某旅游产品定价策略的改进方案

　　任务要求:

　　1.通过调查,了解它的定价策略,可以对其竞争对手相关产品的定价情况进行对比分析;

　　2.分析其定价策略,提出该产品在定价方面的问题和建议;

　　3.撰写改进方案报告文本;

　　4.各组组长制作PPT,陈述各自的定价策略改进方案。

任务四　渠道建立

　　"互联网+"时代下的销售渠道日新月异,对旅游企业提出了新的挑战,本节内容将从旅游销售渠道的类型及特征、影响因素、选择及应用、管理及调整等四个方面全面讲述旅游市场营销的渠道策略。作为一名市场营销人员,如何根据旅游企业的经营目标和外部市场环境,熟练地进行渠道模式的选择和组合,设计出适合旅游企业的渠道组合方案,并做到及时调整和完善呢? 这就是我们这部分内容要解决的问题。

【任务导图】

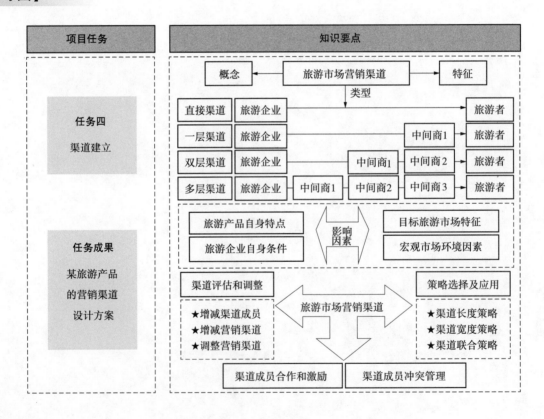

【案例导入】

高星酒店分销渠道谋变 OTA 掀起佣金价格战

资料来源:新浪科技

问题导入:你知道的酒店的营销渠道都有哪些? 你认为对高星酒店而言,自建渠道与 OTA 预订渠道哪个更好?

一、什么是营销渠道

（一）营销渠道

市场营销学中的销售渠道，又被称为分销渠道，是指某种产品从生产经营者向消费者转移过程中所经过的一切取得所有权或协助所有权转移的商业组织和个人。著名的营销大师科特勒对营销渠道的解释为：在生产者和最终用户之间有一系列的营销机构执行不同的功能，这些中介机构就成为营销渠道。

【同步案例 4-37】

上海迪士尼乐园的销售渠道

上海迪士尼乐园是我国内地首座迪士尼主题乐园，位于上海市浦东新区，自 2016 年 6 月 16 日正式开园以来，深受国内外游客的欢迎，它是世界第六个迪士尼主题公园。

上海迪士尼度假区在 2016 年 3 月开园之前，官方公布了三种购买门票的渠道。包括电话预订、官方票务直营渠道以及官方授权合作伙伴售票渠道。

其中，电话预订是通过预订服务中心完成，直营渠道是通过官网、微信公众号、阿里旅行官方旗舰店完成，授权合作伙伴由签约的中青旅、携程等 30 家旅游公司来完成。

以上就是上海迪士尼度假区开业之初的销售渠道，但是企业要不断发展，市场环境也在瞬息万变，经过两年的发展上海迪士尼又拓展了很多的销售渠道。

（二）旅游市场营销渠道

世界范围内旅游业发展迅速，旅游市场活跃，旅游产品的交易不断升级，旅游产品要从旅游企业送到旅游消费者手中，销售渠道在旅游市场中发的重要作用显而易见。此外，在现代市场营销活动中，旅游产品销售渠道是否畅通，直接关系到旅游企业的生存与兴衰，是企业发展的重大问题。

任何旅游产品要转移到旅游消费者手中，必须通过一定的途径，在一定的时间、地点，用某种方式来实现。也就是说，旅游产品的销售渠道，是指旅游产品从旅游生产企业向旅游消费者转移过程中所经过的各个中间环节连接起来而形成的通道。它的起点是旅游产品生产企业，终点是旅游消费者。这个中间环节，一般来讲包括各种中介组织和个人。我们可以将其统称为旅游中间商。比如，案例中上海迪士尼度假区的 30 多个官方授权的旅游企业就是充当了这里讲的旅游中间商的角色。

旅游产品是一种特殊的商品，它具有季节性、无形性、生产与消费的异地性等特点，这也就决定了旅游产品生产与旅游消费需求之间不可避免地存在时间和空间上的差异。要解决这种差异，并节约社会劳动，就需要销售渠道发挥出生产者与消费者之间的桥梁和纽带作用。

在旅游市场上，没有哪一个企业能够拥有全部或者足够的控制权。旅游企业只有建立起完善的营销渠道，才能为自己提供方便的销售网络，使旅游企业能够快速发布有关旅游产品的信息，在经营者与消费者之间搭起一座沟通的桥梁。

二、旅游营销渠道的类型和特征

按照不同的分来标准，可以将销售渠道划分为直接间接、长短、宽窄、渠道之说。

（一）直接销售渠道和间接销售渠道

根据旅游产品销售过程中是否涉及中间环节来划分,可以将基本模式划分为两大类:一是直接销售渠道,二是间接销售渠道。不同的销售渠道包含的层级不同。（图4-10和图4-11）

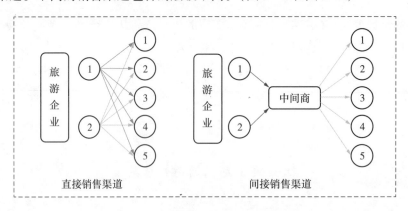

图4-10　直接销售渠道和间接销售渠道

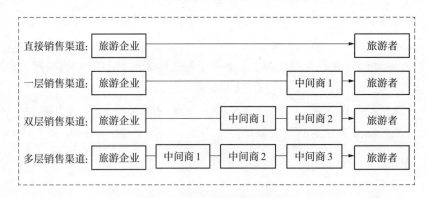

图4-11　旅游营销渠道的层级

1.直接销售渠道

直接销售渠道是指旅游产品的生产者或供给者直接向旅游者销售其产品,而不通过任何中间环节的销售途径,这就相当于菲利普·科特勒在市场营销渠道分类中的零层次销售渠道。

旅游企业如果选择直接销售渠道,可以省去支付给中间商的费用,从而降低流通成本,使旅游企业有可能以较低的价格向旅游者销售其产品,在价格上赢得竞争优势。也就是我们经常听到的那句"没有中间商赚差价"。采用这种直接销售的方式,有利于旅游企业及时了解和掌握旅游者对产品的购买态度和其他市场需求信息,企业可以及时根据市场需求改进产品和经营,有利于企业控制旅游产品的质量和信誉。

从旅游产品销售的实际情况来看,直接销售渠道一般有三种模式。

（1）模式一:旅游企业——旅游目的地消费者

第一种模式,也就是旅游产品生产者直接向旅游目的地的消费者营销的模式。在这一模式中,旅游企业向前来购买旅游产品的旅游者直接销售其产品,它在产品的生产地扮演了旅游零售商的角色。这种销售渠道至今仍被很多旅游部门或企业所采用。比如旅游热点地区的旅游集散中心、旅游景区景点,包括博物馆等的游客服务中心、旅行社的门市、酒店大堂等,都是属于此种模式的销售渠道,一些到达旅游目的地的散客常常在这些地方直接购买旅游产品。

（2）模式二:旅游企业——旅游客源地消费者

第二种模式,也就是旅游产品生产者或供给者直接向旅游客源地的消费者营销的模式。由于旅游产品的特殊性，旅游产品的消费必须在旅游产品的生产现场进行，而旅游产品的销售只是一种买卖合同，旅游者可以在任何地点接受预购，比如消费者可以通过网络、电话、邮件等任何通信方式向旅游企业购买或预订旅游产品，旅游产品的生产者仍然扮演的是旅游零售商的角色。近年来，随着网络技术，尤其是移动互联网技术在旅游业中的广泛应用，这种模式有了新的发展和突破。很多旅游企业都已开始借助移动客户端向目标消费者群体销售自己的产品，为传统的直接销售渠道注入了新的活力。旅游企业的官方网站、官方微信公众号、官网预订服务中心、官方 App 成了这种销售模式的主要使用工具。

（3）模式三：旅游企业——生产地以外的自营网点

第三种模式，也就是旅游产品的生产者或供给者在其他自营的销售网点销售产品的模式。在这一模式中，旅游企业通过自己设立在产品生产地以外的其他地区的销售网点，直接向旅游者销售其产品。由于这些销售网点是旅游企业在一定市场区域内拥有的自设零售系统，所以仍然归属于直接销售渠道。一般来讲，一些大中型旅游企业都会采用这种模式作为销售本企业旅游产品的重要渠道之一。比如，航空公司在目标市场所在区域设立自己的分公司或售票处；铁路部门在许多地点设立售票处、订票处；旅游饭店在机场设立销售点，直接向游客销售其产品；旅行社在很多地区设立门市营业部，进行招揽业务等，都是属于这种模式。

2. 间接销售渠道

由于市场竞争的加剧或者旅游企业规模的不断扩大，绝大多数的旅游企业都会想方设法地增强自身的销售能力，以扩大市场份额。而旅游销售渠道的选择不但会受到旅游企业自身资源和经营实力的制约，而且会受到投入产出的经济可行性的制约，所以旅游企业此时会更多地会选择间接销售渠道。

旅游产品的间接销售渠道是指旅游产品生产者或供应者通过旅游中间商将产品转移给消费者的销售途径。旅游中间商是指从事转移旅游产品的具有法人资格的经济组织和个人。采用间接销售渠道，旅游企业可以充分借助中间商的专业性和其他优势，在一定程度上有助于消除单纯采用直接销售渠道而带来的局限性。一般来讲，旅游产品的间接销售渠道，根据所经中间环节的多少，可划分为以下三种销售模式。

（1）模式一：旅游企业——旅游零售商——旅游者

第一种模式，是旅游企业通过旅游零售商将产品销售给旅游消费者，也就是旅游产品的销售只经过了一个中间商，这种模式也叫作单层次销售渠道，共有两个销售环节。旅游企业和旅游零售商是第一个销售环节，旅游零售商和消费者是第二个销售环节。这一模式中，中间商主要是从事旅游零售业务的旅游代理商或其他代理机构，旅游产品的生产者需要向旅游零售商支付佣金或者手续费。比如我们通过 12306 网络预订火车票之前，消费者在异地的火车票代售点购买火车票时，需要支付 5 元手续费。

（2）模式二：旅游企业——批发商——零售商——旅游者

第二种模式是双层次销售渠道，旅游企业通过旅游批发商，再经由旅游零售商将产品转移到旅游者手中的销售途径，这种模式会组成三个销售环节。旅游批发商通过大批量地购买航空公司、饭店、景点等旅游企业的单项旅游产品，并将其组合、编排成适应市场需求的包价旅游产品，但他们并不直接面向旅游者出售其产品，而是通过旅游零售商进行销售，有时也通过自行设立的销售点进行销售。我们这里说的旅游批发商通常是指从事团体包价旅游批发业务的旅游公司或旅行社。比如我们常说的团队旅游消费就是这种模式，地接旅行社只与组团旅行社发生直接业务关系，将旅游线路产品批量销售给组团社，然后再由组团社委托其他旅行社或自行设立营业网点将产品销售给旅游消费者。

（3）模式三：旅游企业——本国批发商——外国批发商——外国零售商——外国旅游者

第三种模式是多层次销售渠道，是指旅游企业需要通过三层旅游中间商才能将其产品转移到旅游者手中的销售途径，这种模式基本上由五个点组成四个销售环节。比如，本国旅游产品的生产商或供给商，通过本国旅游批发商,再经由外国旅游批发商和外国旅游零售商,将产品销售给外国旅游者。当前,我国旅游企业拓展国外市场主要就是采用这一渠道模式。但随着网络技术和通信技术的高速发展,以及旅游市场开放力度的加大,这一多层次销售渠道模式也将会逐渐被打破或简化。

【同步案例 4-38】

"特快增长"背后,美团酒店如何继续演进?

资料来源:微信公众号——银杏财经

(二)长渠道和短渠道

1. 长渠道

长渠道是指需要经过两道以上的中间环节后,旅游产品才能到达消费者手中的渠道。比如游客通过旅行社、酒店代理处购买景区门票,也可以选择各大在线旅行商、旅游咨询中心、便利店、影院等销售渠道购买。

旅游企业在选择长渠道营销时,应避免以下几点:

一是可能会形成"需求滞后差",有时候中间商购走了产品,但并不意味着产品就从中间商手中销售出去了,也有可能产生销售受阻的情况。

二是如果中间商为了增加利润,将利润转嫁到产品价格中,就会增加消费者的负担,这样就会导致消费者产生抵触情绪。

三是如果旅游企业和中间商协作不好,生产企业就难以从中间商处了解和掌握旅游消费者对产品和服务的意见、看法,以及其他竞争者产品的情况,企业与竞争对手相比的优势和劣势,还有目标市场状况的变化趋势等。

2. 短渠道

短渠道是指产品在销售中可以直接到达消费者手中,或销售时只经过一道中间环节的渠道。短渠道的优点是有利于加速旅游产品在市场上的流通,从总体上节省流通费用,增加产品竞争力。同时,也有利于开展针对旅游消费者的售后服务,有利于经营者和消费者之间直接进行沟通,了解旅游者对产品的满意程度。但是因为减少了中间环节,以运营短渠道为主,所以需要企业较大的投入,会给旅游企业的运营和管理增加难度。

(三)宽渠道和窄渠道

根据渠道各个环节中使用的同类型中间商数量的多少,营销渠道又可以划分为宽渠道和窄渠道。

宽渠道就是企业使用的同类型中间商数量多,产品在市场上的分销面广。一般情况下,大部分的酒店在销售中,都会选择宽渠道,比如对在线旅行商的选择上,会同时在携程、途牛、同程、驴妈妈、马蜂窝等众多平台上销售自己的产品。(图 4-12)

同理,窄渠道是指旅游企业在进行市场营销时,使用的同类型中间商数量少,产品在市场上的分销面窄。一般来讲,一些专业性强的旅游产品和高端旅游产品会选择窄渠道进行营销。(图 4-13)

在现实生活中,大多数旅游消费者在购买旅游产品时都具有明显的盲目性,而中间商则拥有旅游专业方面的大量信息和知识,能为消费者购买旅游产品提供高度专业化的建议和帮助,对消费者购买行为常起

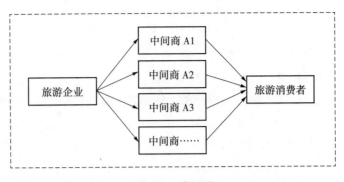

图 4-12　宽渠道

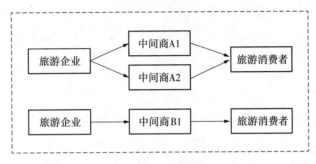

图 4-13　窄渠道

决定性的引导作用,他们擅长组装各种类型的旅游产品,为旅游生产企业减轻负担,促使旅游企业不断改进产品,不断满足市场需求,从而确保营销渠道的畅通。

【课堂互动 4-13】

选择一个旅游企业,通过网络搜索,调查它的所有营销渠道。

组织方式:5~7 人一组,针对以上问题进行 15 分钟的调查与分析,可通过拨打企业电话、关注微信公众号、查询官网等方式开展调查。

三、旅游营销渠道的影响因素

在实际的旅游市场营销活动中,影响旅游企业选择营销渠道的因素有很多,一般来讲,主要包括这四个方面:旅游产品自身特点、目标旅游市场特征、旅游企业自身条件和宏观市场环境因素。

（一）旅游产品自身特点

从旅游产品自身的特性来看,旅游产品的品质、种类、档次、等级以及产品所处的生命周期阶段等因素,对旅游产品营销渠道的选择起着很大的制约作用。比如说,旅游景点、餐馆、商务酒店、旅游交通公司等旅游企业在一般情况下,主要采用直接营销渠道;而游船公司、机场酒店、度假酒店、涉外旅行社等旅游企业会选择间接营销渠道。

而且,如果旅游产品的档次较高、价位也高、市场小、顾客少,也应采用直接营销渠道;如果旅游产品档次低、价格低,较为大众化,就比较适合采用间接营销渠道。另外,旅游产品组合的广度和深度也是影响渠道选择的重要方面。对于产品组合单一的旅游企业来说,最好通过批发商、零售商等进行间接销售,而产品组合丰富的企业可以采用短渠道或直接营销渠道销售。

（二）目标旅游市场特征

从旅游市场的构成来看，营销渠道的选择主要会受到旅游消费者、旅游中间商和同类产品竞争者的影响。消费者的数量、地理分布和购买力以及购买频率，中间商的企业素质以及营销能力，竞争对手的营销渠道体系等因素对营销渠道的选择可以说是至关重要的。比如说，某项旅游产品，如果它的消费者分布广泛，而且市场需求量大，旅游企业为了扩大营销空间，可以采用宽渠道或多渠道的营销。反之，如果这项旅游产品的消费者量多，并且较为集中，旅游企业为了减少销售环节和节约营销费用，则比较适合采用窄渠道或单渠道的营销。

另外，在中间商的选择上，要注意的是，对专业性要求比较高的旅游产品来讲，必须选择有针对性和业务能力强的中间商，对于大众化的旅游产品则应通过覆盖面广和网点多的中间商来进行营销。此外，企业还可以根据实际情况的需要，选择与竞争者相同或相似的营销渠道，以争夺旅游市场份额，或避免与竞争者使用相同的营销渠道，以占领不同的目标市场。

（三）旅游企业自身条件

从旅游企业的自身状况来看，主要是依据企业的发展战略和营销目标来选择营销渠道。此外，还要充分考虑到旅游企业的资金能力、营销能力、规模实力、产品组合、社会声誉、服务水平等因素。一般来讲，旅游企业的规模大、声誉高、财力雄厚，具备旅游市场营销所需的人员设施、技术和经验，选择营销渠道的灵活性就越大，就越有可能随意挑选和利用各种有利的营销渠道。反之，就只有选择间接营销渠道，或长渠道、多渠道。

再者，旅游企业在市场营销活动中的管理能力也会影响其营销渠道的选择。如果管理能力很强和管理水平现代化，则可以自行组织营销渠道。反之，就只能依靠中间商来进行营销活动了。

【同步案例 4-39】

中国传统三大旅行社的 OTA 潮流之路

资料来源：亿欧旅游

旅游领域里，在 OTA 遍地开花的时候，中国几大老牌传统旅行社又是如何应对的呢？下面我们来看看传统三大旅行社的 OTA 互联网进程。

1. 中国旅行社（CTS）：整合外部资源，取其长补己短

2015 年 7 月中国旅行社总社与芒果网进行合并整合，整合具体方案是，中旅总社与芒果网组织架构合并，双方的管理团队交叉任职，原芒果网 CEO 李进岭兼任中旅总社副总裁，分管合并后的线上业务。中旅方面利用在海外的十几家分公司巨大的产品整合能力、地接能力和服务能力，期望通过出境游这样的方向把 O2O 闭环打造完成。

2. 中国国际旅行社（CITS）：传统旅行社 OTA 的探路者

中国国际旅行社总社有限公司早在 2004 年便成立了"国旅在线"，希望能找寻到新发展模式。2014 年 8 月国旅与悠哉网签署战略合作协议，开展平台对接的方式，将产品直接提供给悠哉网展示并销售。2015 年 4 月中国国际旅行社总社有限公司又上线了"中国国旅蒲公英微店"。国旅致力于打造 1 个"国旅在线"电商品牌，把握"平台化+移动化"2 个执行方向，深化"总部与子公司""线上与线下""产品与销售"3 个层面高度协同，扎实"产品+服务+营销+运营"4 个关键要素。

3. 中国青年旅行社(CYTS):借壳发力,促线上线下交融

2014 年中青旅宣布计划向遨游网投入 3 亿元;2015 年中青旅半年报显示,公司上半年开设了 300 多家遨游网+O2O 服务中心和城市体验店,推出旅游产品比对功能和微信支付功能。中青旅认为遨游网平台化进程会加速,市场份额会上升,会展业务全年有望持平。并且公司积极布局线上线下旅游业务,中高端旅游定位清晰,口碑产品根基稳固,期待厚积薄发。

(四)宏观市场环境因素

从宏观营销环境来看,国家政策和地方法规、经济状况、风俗习惯和自然条件等因素都会对营销渠道的选择产生很大的影响。考虑到这些宏观因素对营销渠道选择的影响,旅游企业在进行营销渠道决策的时候,必须首先确定营销渠道的目标,也就是确定好中间商的类型、数目和作用,然后才能作出相应的一系列决策。在旅游市场营销中,对各种营销渠道的决策,大多数的旅游企业都会兼而用之或交互使用。因为只有建立起四通八达的营销渠道网络,才能使企业在竞争激烈的旅游市场上有立足之地,有发展的空间,有抵御各种风险的应变能力。

旅游市场是一个纷繁复杂和瞬息万变的市场,也是一个不断发展不断创新的市场,要想保持营销渠道的高效、畅通,跟上旅游市场前进的步伐,旅游企业需要时刻关注旅游营销渠道的发展趋势。特别是新技术革命的影响和互联网的普及,促使旅游营销渠道的发展已经步入了一个新的阶段。旅游企业需要拿出勇气和智慧,对自己的产品营销渠道进行全面调整,逐步导入以互联网技术为核心手段的旅游电子商务,唯有这样,才能积极应对来自国内外两个旅游大市场的挑战。

四、旅游营销渠道的选择和应用

旅游产品营销渠道的选择策略,主要是对旅游市场营销的渠道长度、渠道宽度、渠道联合等问题作出决策。

(一)渠道长度策略

营销渠道长度策略,也就是旅游企业该选取何种长度的销售渠道来进行营销活动。旅游产品营销渠道的长度就是旅游产品从生产者向最终消费者转移的过程中所经历的中间环节的多少。所经历的中间环节或层次越多,营销渠道就越长;相反,营销渠道就越短。

一般来讲,当旅游产品的供给者有较强的营销能力和资金实力、有较强的控制渠道的能力、地理位置接近市场中心、推销经验丰富或找不到合适的中间商时,有必要减少中间渠道环节,适宜采用直接分销渠道或选择较短的间接分销渠道。相反,当旅游产品的销售量较大、市场广阔而分散、供给者地理位置远离市场中心时,就应该增加渠道环节,采用较长的分销渠道。

【课堂互动 4-14】

线上线下营销奇葩说——思维辨析

组织方式:以辩论赛的形式讨论解决(参照综艺节目《奇葩说》)。

任务要求:5 ~ 7 人一组,进行关于以上问题的准备。各小组寻找一个关于线上线下营销优缺点的辩论选题,为自己的观点寻找论证材料,针对所持观点进行陈述。阐述后接受质疑小组的问询,并现场解答。

辩题参考:

(1)传统线下旅游企业已经走入死胡同;

(2)线上旅游产品营销真假难辨,发展困境凸显。

（二）渠道宽度策略

旅游市场营销渠道的宽度策略,也就是指旅游产品销售渠道的每个层次中使用同种类型的中间商数目的多少。旅游企业在选择营销渠道时,由于目标市场不同,可能会出现多种类型、层级的销售渠道并存的形式。旅游企业在确定销售渠道宽度时一般会产生三种形式。有以下三种形式:密集型分销、选择型分销和专营型分销。

1. 密集型分销

密集型分销也就是在渠道层次中选择大量的中间商,对旅游中间商不加任何选择,只要对方愿意经销或代销产品并接受双方商定的利益条件,便可成为销售该产品的旅游中间商。这种密集型分销策略的使用,可以迅速提高产品的知名度,扩大产品销路,使旅游消费者能够及时、便捷地买到所需的旅游产品。但是,广泛建立分销网络可能会给旅游企业带来巨大的营销成本开支。另外,采取这种策略还可能使企业对产品营销失去控制,若产生过度竞争,或者渠道成员的服务质量下降等因素的出现,都会使企业形象受损。比如机票供应商航空公司与机票代理商对机票退改签方面的服务会有截然不同的规定,有时候旅游供应商会因为中间商过多而失去对产品营销的控制。

【同步案例 4-40】

2015 年 3 月,成都的一位李先生,购买了一张成都至北海的机票,价格 1 170 元,但是因为日期看错想要改签,这时却被告知他订的是特价票,不支持退改。而不甘心的李先生直接去南方航空公司网站上查询时却发现,明明是一样的价格一样的舱位,航空公司网站上显示该航班支持退改签,且在规定时间前变更仅收取 10% 的变更费,退票则收取 30% 的退票费。"同样是 1 170 元的票,南航官网能改签,携程却不能改签。"携程方面的相关负责人表示,李先生所反映的这张机票是由携程合作的代理商提供的,因此退改签制度也是由代理商制定的,携程方面只能按照代理商的制度办理。

2. 选择型分销

选择型分销也就是旅游企业根据自己的销售实力和目标市场,在一定的市场范围内只选择那些有资金实力、有销售经验以及信誉良好的旅游中间商代理自己的旅游产品。由于中间商的选择相当少而精,供给商与中间商可以保持较为密切的关系,旅游企业对渠道可进行适度控制,有利于维护产品的形象和信誉。

旅游产品的供给者通过有意识地选择旅游中间商,一定程度上可以降低成本、扩大销售,取得良好的销售效果。比如说,上海迪士尼乐园在 2016 年开业时,除了自己官方的直接营销渠道外,选择了 30 家旅游企业作为营销伙伴。这 30 家旅行社涉及上海、北京、广东、浙江、江苏、安徽等省份,他们可以从上海迪士尼拿到团队门票,并售卖与迪士尼打包的旅游线路等产品。

3. 专营型分销

专营型分销,又称为独家分销,是指旅游产品供给者在一定的区域内仅选择一家经验丰富、信誉卓著、最符合要求的中间商来代销自己的旅游产品,是一种最窄的分销渠道形式。

专营型分销策略的优点是便于旅游产品供给者对中间商经销活动的控制,保证二者在营销策略行为上的一致性,简化核算手续,树立旅游产品形象,对中间商来说也有利于提高其积极性,努力致力于旅游产品市场的开拓和信誉的提高。专营型营销的缺点是对中间商要求很高，而且只与一家中间商合作，风险较大，如果选择不当，将失去这一地区的市场。另外，销售市场比较窄，灵活性不够，不利于较远距离游客对产品的了解与购买，容易增加一些广告促销费用的支出。

【同步案例 4-41】

宋太太，一元带你去看宋仲基

继李敏镐、金秀贤之后，韩国 3.0 版本老公宋仲基也在马不停蹄接代言了。除了担任韩国旅游大使，他还与 vivo、珀莱雅、济州航空等都签了约。估计还有一大波代言在路上。除了代言，吸金的路子几乎复制前面两位，他也即将举办亚洲粉丝见面会。

瞄准了这个商机，2016 年 4 月，携程推出了"宋太太，一元带你去看宋钟基"的系列营销活动。携程相继在官网和 App 上开始售卖宋仲基粉丝见面会门票。官网显示，携程所销售的并不是单张的门票，而是套餐，即"礼品卡+门票"套餐、"酒店住宿+接送机券+门票"套餐等。按照内容的丰富程度，分为豪华套餐、尊享套餐及便捷套餐等 9 种。其中，武汉场最便宜的套餐也要 788 元，一些原本不需要门票以外的产品的粉丝，为了见偶像，不得不为此买单。携程表示，北京场的门票套餐是从 4 月 27 日开始至 5 月 1 日，每天早上 10 点限量放出，开售第一天 15 秒钟就被抢完了。从北京场整体的销售情况来看，"双人门票+酒店"的套餐是卖得最好的。

携程以"宋钟基见面会"的独家代理为基础，拥有了北京、上海、广州、武汉四地的售票和线上线下权益，设计了针对宋钟基粉丝的独家旅游套餐，为追星的年轻人推出了见面会的一站式解决方案，推出了"见面会门票+住宿""见面会门票+当地玩乐""见面会门票+礼品卡"等一些打包产品，引爆市场，大获成功。这是一种典型的专营型分销策略。

此外，旅游企业在选择各种渠道营销时，必须注意以下两个方面的问题：

首先是营销渠道的选择问题，即旅游企业的营销系统中到底应当选择哪些渠道。由于每一个渠道都有其自身的特点和优缺点，都会显现特定的人群特征，并且旅游企业需要维持渠道运营的成本各不相同，因此，旅游企业在选择渠道时应当充分结合自身的产品特点和资源水平。

其次是营销渠道的控制问题，也就是企业在当前实际状态下对于营销渠道的实际控制状况。在实际工作中，由于旅游企业对营销渠道的控制能力会受到企业资源、生命周期、管理者意愿、产品特性等很多因素的约束，只有在充分结合自身当期状态的基础上，企业才能够建立合理的整体渠道策略。

五、旅游营销渠道的管理

旅游企业建立和维持销售渠道需要支付一定的费用，加强对销售渠道的科学管理和控制，是旅游企业能否最终实现销售目标的关键，销售渠道也能为企业带来更多的回报。一般来讲，如何调动旅游中间商的积极性、主动性，减少渠道成员之间的冲突，保障渠道的畅通，是旅游销售渠道管理的核心。

（一）什么是良好的旅游营销渠道？

1. 带给旅游消费者便捷性

便捷性，是指方便目标市场旅游者购买、尽可能节省购买者的时间成本和精力成本。如今，旅游市场竞争十分激烈，新企业、新产品不断涌现，新时尚、新潮流层出不穷，旅游消费者选择的余地越来越大，渠道竞争已成为旅游市场竞争的重要手段之一,谁能给旅游者带来更多的便捷,谁就掌握了渠道竞争的主动权。

2. 连续性明显

旅游市场营销渠道不宜经常更换和变化,旅游企业若能保持营销渠道长期的连续性,才能获得更多的便利和优惠。这对旅游消费者、旅游企业和旅游中间商都是非常重要的。

3. 费用少、效益高

对旅游企业而言,最佳的营销渠道就是相对费用较少、经济效益又高的销售渠道。渠道费用少,意味着最终交易成本的降低。不过渠道费用也不是越省越好,而是旅游企业实现规模经济效益越高越好。有的营销渠道费用很低,但营销能力弱,产品销售不出去,造成营销浪费,旅游经营者利润大幅下降。

4. 渠道环节之间衔接紧密

旅游企业都不希望出现营销渠道阻塞或脱节而导致销售不畅的问题。因此,最佳营销渠道基本特征之一就是营销渠道之间环环相扣、衔接紧密,渠道各成员配合默契,有利于顺利实现旅游产品从生产者到旅游者的转移。

5. 渠道辐射能力强

旅游营销渠道的辐射能力是指营销渠道在旅游市场的覆盖范围和渗透能力。能覆盖目标旅游市场,带来一定数量、稳定的旅游客源,同时可渗透到竞争对手"领地",夺走其部分市场,这样的营销渠道就是比较理想的渠道。

6. 合作意愿良好且配套全面

最佳营销渠道中的各成员既有合理分工又有良好合作。渠道成员与旅游产品供应商真诚合作,自觉自愿为共同利益而努力,在实现旅游产品价值中取得各自的利益。渠道成员还应具有一定配套能力,如组合旅游产品的能力、服务旅游者的能力、市场调研的能力、宣传推广的能力等。

（二）旅游营销渠道成员的日常管理

营销渠道成员的日常管理,包括建立客户档案、及时沟通信息、实施客户评价、采取折扣策略和适当调整客户五项内容。

1. 建立客户档案

旅游企业在档案中记录每一个旅游中间商的历史和现状,输送旅游者的人数、频率、档次,付款时间,欠款情况等信息。

2. 及时沟通信息

旅游企业及时向旅游中间商提供各种产品信息有助于旅游中间商提高产品推销的效果。同时,旅游企业也能够根据旅游中间商提供的市场信息改进产品的设计,开发出更多适销对路的产品。

3. 实施客户评价

客户评价包括对旅游中间商的积极性、经营能力和信誉等的评价。

4. 采取折扣策略

折扣策略包括针对旅游中间商采取数量折扣策略、季节折扣策略和现金折扣策略。

5.适当调整客户

当出现下列情形之一时，旅游企业应该对旅游中间商进行调整：一是当旅游市场发生变化（如市场的供求关系发生变化，旅游市场的微观环境或宏观环境发生变化）时；二是当旅游中间商发生变化（如旅游中间商经营状况不佳，旅游中间商出现信用危机）时；三是当旅游企业自身发生变化（如旅游企业产品的种类和档次发生变化，旅游企业开辟新的市场或扩大产品的销售范围，旅游企业的客源结构发生重大变化）时。

（三）加强与销售渠道成员之间的合作和激励

一般来讲，旅游间接销售渠道是一个不稳定的合作利益共同体，参与销售渠道的成员，各自的需要和动机不同，所追求的利益也不一样。旅游中间商并不能总保持旺盛的销售热情和市场开拓的动力，在其销售过程中也经常会出现这样那样的问题，例如：不重视某产品的销售、不认真分发宣传资料、不认真了解产品的信息、无法给顾客提供充分的帮助、未及时将市场信息提供给供应商等。

同时，一个中间商可以同时代理多家旅游企业的产品，甚至同时销售多个竞争对手的同类产品。因此，通过采取多种措施实现对中间商成员的激励，调动他们销售产品的热情和积极性，就显得非常重要。

1.奖惩结合

在与中间商的具体合作中，旅游企业可采用奖惩结合的方式。一方面通过折扣让利、丰厚的佣金、特别奖金、合作促销、销售竞赛等方式来奖励业绩良好的旅游中间商。另一方面，也可以通过减少折扣和佣金，甚至终止合作来惩罚那些没有很好地帮助旅游企业实现销售目标的旅游中间商。

2.长期合作

旅游企业应该注意与中间商建立长期的合作关系。旅游产品供给企业真诚谋求与旅游中间商建立长期的业务伙伴关系时，不仅要对旅游中间商提出合作要求，还要在市场开发、产品供应、咨询、促销等方面向旅游中间商提供一定的帮助，协助中间商制订销售计划，共同做好旅游产品的销售工作。

【课堂互动4-15】

以某景区为例，你认为该如何管理渠道中间商？

组织方式：5～7人一组，就以上问题开展10分钟的讨论，并在班级内分享。

任务要求：

（1）选择一个具体的旅游景区为研究对象；

（2）明确它的渠道中间商有哪些；

（3）思考一下，景区经营人员该如何管理这些渠道中间商？

（四）进行旅游销售渠道成员的冲突管理

在销售渠道管理中，除了加强与中间商的合作之外，旅游企业还必须处理好渠道成员之间的冲突。旅游产品营销渠道的成员是由各个独立的旅游中介组织或机构组成，他们的经营目标不同，追求的利益也有差异，在合作过程中难免有冲突。中间商成员之间的冲突既存在于销售渠道同一层次的成员之间，比如为了争夺客源，同一层次的旅游销售商之间会产生冲突；有时候也存在于同一渠道的不同层次的成员之间，比如旅游批发商与零售商之间的冲突，旅游零售商与旅游者之间的冲突。这些冲突都是不可避免的，我们必须对冲突进行有效、合理的管理。

要解决渠道成员之间的冲突，首先，应该查明销售渠道成员之间产生冲突的原因是什么，积极配合中间商来解决问题,加强各渠道成员之间的联系与沟通,保持信息畅通。

此外,旅游企业还要深入了解每个重要渠道成员的实际需要,根据中间商的不同要求采取相应的措施。比如对酒店来讲,如果旅游代理商希望获得更大的房价优惠时,可根据代理商的具体情况,在一些酒店希望增加预订量的房型上给予最优惠的房价。再比如,当旅行社希望能够在旅游旺季拿到酒店的优先预订权,并延长所保留房间的时间时,酒店可以根据旅行社在本酒店的取消预订率,给予适当的满足。

【同步案例 4-42】

传统旅行社与 OTA 之间的爱恨情仇

资料来源:凤凰资讯

六、旅游营销渠道的评估和调整

(一)旅游营销渠道的评估

通常所说的旅游营销渠道评估主要是指对渠道成员的绩效或业绩进行定期的评价。渠道成员的绩效或业绩最直观的表现是他们的销售量。然而,直接用中间商的绝对销售额来评定他们的努力程度和业绩是有失公允的。因为不同的中间商面临的市场环境因素和变化有所不同。

一般来讲,旅游中间商确定之后,旅游企业需要定期评估旅游中间商的表现,根据中间商从事旅游产品销售的能力、条件、销售量及销售费用等,评估旅游中间商的业绩表现。表现良好的旅游中间商可以作为长期合作的伙伴,表现不尽如人意的旅游中间商可考虑终止业务合作关系。

那么应该如何评估呢,或者说评估的步骤是什么呢? 我们可以从以下六个方面进行评估:

①评估中间商历年销售量指标的完成情况如何。

②评估中间商为企业提供的利润额与所花费的费用有多少。

③评估中间商对本企业产品的推销宣传情况如何。

④评估中间商对顾客的服务水平,以及顾客对中间商的满意度如何。

⑤评估中间商的销售量占到本企业销售量的比重是多少。

⑥评估的中间商与其他中间商之间的关系和配合情况。

在评估之后,我们可以根据评估结果,采用一定的奖惩措施,来加强与旅游中间商的合作。

【课堂互动 4-16】

背景材料:拥有大量旅行团体业务的旅行社与众饭店的关系一直非常微妙,确切地说来,有点像恋爱中的男女,爱恨交加,形同"冤家"。天旺大酒店在当地只能算是一家中上档次的酒店,酒店一开始就决定走自己独特的营销路子,即盯准旅游团体,与各旅行社会建立"长远邦交",而不是过去那种"朝三暮四"的传统做法。

为实现这样的思路,天旺大酒店采取了很多措施:

1."奖励积分制度"——旅行社每在酒店预订一个会议或一间客房,都将获得相应的奖励积分,积分达到一定的标准后,酒店就会按事先的承诺予以正常折扣以外的返利或是其他形式的奖励。

2."优先安排制度"——为了获得旅行社的长期合作,酒店牺牲了部分在商务散客市场上的利益。每当酒店业和旅游业的旺季同时到来时,其他酒店纷纷拒绝接待利润偏低的团体,而天旺酒店却放弃了唾手可得的利润,成了众旅行社最后的"靠山",而且淡季的价格、返利等优惠政策照样有效,这种"肝胆相照"的义举使其无形中交下了许多旅游界的朋友。

3."非正式走访制度"——每年从年初到年尾,酒店销售人员都始终坚持不懈地带些像松饼、饼干之类的小礼物走访各旅行社的计划部门,这些非正式的频繁访问使得销售人员与旅行社之间建立了一种真正亲密无间的朋友式关系,增加了彼此之间的信任度。

天旺大酒店成为专业的旅游接待酒店,其利润率虽然有些下降,但业务总量却直线上升,尤其是到了全行业的淡季来临时,天旺门前的热闹场景又令其他酒店羡慕不已。

思考问题:

1. 你认为天旺大酒店的渠道营销策略是什么?

2. 如果你是天旺大酒店的负责人,除采取上述策略之外,你还会采取哪些营销策略?

3. 旅游企业应该与渠道成员建立怎样的关系?具体措施有哪些?

组织方式:以小组为单位,就以上问题开展 10 分钟的思考与讨论,并选择一名代表在班级内分享答案。

(二)旅游营销渠道的调整

在销售渠道的管理过程中,旅游产品供给企业要根据每个旅游中间商的具体表现、市场环境、旅游者需求的变化、企业营销目标的改变,以及对中间商的评估结果,适时地对旅游中间商进行调整。调整旅游营销渠道的最终目的是方便旅游者购买、提高销售量、增加利润额,这也是衡量调整营销渠道成败得失最关键的因素。旅游营销渠道的调整有以下三种形式可供选择:

1. 增减销售渠道成员

调整的第一种做法是增减某一销售渠道成员。旅游企业常常会发现同样一条旅游营销渠道,有的中间商营销积极性高、诚信高、营销能力强、销售数量和销售金额大,是旅游产品生产者要努力挽留的旅游中间商;而同一渠道内有的旅游中间商则营销热情低、营销能力弱、销售数量和金额较低,是旅游产品生产者要考虑淘汰的中间商。通过上面的评估环节,也就是通过对旅游中间商的评估,旅游企业会对中间商的经销情况有一个较为准确的评估结果。对那些销售缺乏积极性、经营业绩差、难于合作、营销形象差的中间商,旅游企业在必要时可与其中断合作关系。同时,为了满足企业进一步开拓市场的需要,旅游企业可通过市场调查和判断,选择一些十分符合本企业要求且愿意合作的新的中间商。

2. 增减销售渠道

调整的第二种做法是增减某一个销售渠道。旅游企业有时会发现,仅靠增减某一营销渠道中的中间商数量效果不佳时,就需要考虑增减整条营销渠道。对于不符合要求的营销渠道整条地大量裁减往往又会影响产品销售。因此,如果旅游企业的某种销售渠道的销售额一直都不理想,旅游企业可以在某一目标市场或某个细分市场取消这种类型的销售渠道,而另外增设其他销售渠道。或者,当旅游企业在向市场推出新的旅游产品时,原有渠道若不能满足迅速打开市场销路和提高企业竞争力的需要,也可以增加新的销售渠道来做好新产品的销售和推广工作,帮助旅游企业实现更广大的销售目标。一般来讲,旅游营销渠道的加宽或收窄,要根据企业实际需要和渠道具体状况而定。

【同步案例 4-43】

旅游业邂逅小程序,如何碰撞出新火花?

资料来源:搜狐科技

2018 年 11 月 26 日,同程艺龙正式挂牌港交所,估值超过了 220 亿港元,成为"小程序第一股",也成为国内第二大在线旅游平台,仅次于携程。同程艺龙的上市让旅游业者看到了小程序中蕴藏的巨大商机。

微信小程序为线下场景而生,通过一张简单的二维码,就能实现线上和线下的完美对接,旅游业恰好是一个线下服务为主的行业,完全可以利用小程序从线下桥梁中吸引流量,转化为线上购票,再落地到线下旅游。

一、用户体验度良好

以旅游线路为主的小程序为例,它具有小而快的优点——小,不占内存,不用下载、安装,随时随地可用,不费流量;快,内存小,页面跳转速度快,体验相比 App 更好。旅游行业的小程序的确符合小程序的特点,快捷、轻便,用户用完就关,没有多余的广告推送,也没有复杂的功能,对于每年出游 1 ~ 2 次的游客来说,微信小程序非常契合此种需求。

二、获客成本大大降低

旅行社的获客成本相应较高,高昂的开发和推广成本,再加上旅游业务的低频天然属性,在用户量未达到一定量级之时,开发 APP 已经变得越来越不划算。对于旅游业的创业公司来说,不确定是否要用自己有限的资源来开发一个真正的 APP 之时,可以从小程序开始测试,以此获得足够多的回应和用户数据。

三、微信内,内容易于传播

而旅游行业本身就具备超强的社交以及内容属性。很多时候,游客看到一篇深有感触的游记,发现了一张特价机票,都会有想分享的冲动。而微信,基于其巨大的用户基础,正是一个极好的分享平台。

除此之外,小程序的另一个价值在于能够让定制社在旅行中更接近用户,随时服务——用户找不到旅游企业,打开微信,找到小程序,问问就好。

对于旅游企业而言,开发旅游类微信小程序的商机,就在于通过一种简单的工具,实现流量吸引和红利的转化。无论是功能还是场景,微信小程序都非常符合旅游行业的发展。对创业者来说,小程序极有可能从移动互联网创业的效率和体验上带来颠覆,让低成本试错成为可能,同时可以改变移动产品的应用场景和推广方式。

3. 调整销售渠道模式

调整的第三种做法是调整销售渠道模式。如果旅游市场环境发生了非常大的变化,针对原有销售渠道的部分调整已经难以实现旅游企业的要求,为了适应市场变化,旅游企业需要对原有营销渠道进行全面变革,放弃旧渠道,重新设计并构建旅游企业的销售渠道,选择新的销售渠道结构模式。一般来讲,只有当原有营销渠道基本丧失功能或旅游市场发生重大变化、旅游企业战略发生重大调整时,才能考虑弃旧建新。对旅游企业来讲,整个营销渠道的变革往往关系重大,旅游企业需慎重决策。

【项目训练】

训练设计:选择市中心一家旅游企业(可以是旅行社、酒店、旅游交通公司、景区景点等)进行市场调查,并分析以下问题。

1. 该旅游企业采用的是什么类型的营销渠道?
2. 调查汇总该旅游企业的所有营销渠道。
3. 你认为该旅游企业的渠道模式在市场竞争中存在哪些优势和问题?
4. 根据你的分析,请为该旅游企业制订具体、有针对性的渠道改进措施或方案。

成果形式:某旅游产品的营销渠道设计方案

某旅游产品的营销渠道设计方案

一、企业背景

二、营销渠道设计的目标

三、影响渠道设计的主要因素

市场、产品、企业自身、竞争者、中间商、环境

四、营销渠道结构设计

画出流程图

五、营销渠道的选择和开发

针对不同的消费群体选择具体的分销渠道

六、营销渠道的管理

奖惩措施、冲突管理、应急调整对策等

任务五　促销实施

　　旅游促销实质上是一种信息的沟通,是旅游企业通过各种营销手段,向旅游者传递旅游产品与服务有关信息的一种有效手段。结合旅游企业实际及市场环境,选择合适的促销策略与工具,以实现旅游产品生产市场与消费市场的有效沟通,控制、维持、刺激旅游者的需求,从而达到扩大产品销售的目的,是旅游企业营销人员的必备技能。本任务将从广告、营业推广、人员促销、公共关系等四个方面全面讲述旅游市场营销的促销策略。

【任务导图】

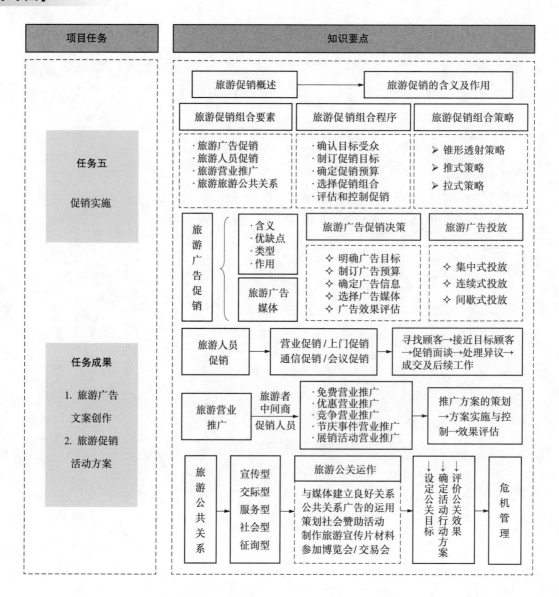

【案例导入】

揭秘"铂爵旅拍"的成长要素

资料来源:一点资讯

问题导入:你认为铂爵旅拍的成功源于什么? 你还了解哪些成功的促销方式? 其促销和铂爵旅拍相比做得怎么样?

一、什么是旅游促销?

(一)旅游促销的含义

不论旅游产品多么完美,如果不被旅游消费者所知晓,那么该产品则无异于不存在。在同类可替代产品大量存在的今天,特别是在市场竞争激烈的情况下,某一产品及其所提供的顾客利益能被消费者所了解无疑是该产品能获得关注的必要前提。旅游企业希望通过旅游消费者自然的口碑传播来实现广阔的销路是远远不够的,必须主动地对市场进行不断的刺激。

在学会如何开展旅游促销之前,首先要明白什么是旅游促销。一般来说,旅游促销实质上是一种信息的沟通,是旅游营销者将有关旅游企业、旅游目的地及旅游产品或服务的信息,通过各种宣传、吸引和说服的方式,传递给潜在消费者,促使其了解、信赖并购买自己的旅游产品,以实现旅游产品生产市场与消费市场的有效沟通,控制、维持、刺激旅游者的需求,从而达到扩大产品销售的目的。

旅游促销的含义:

(1)旅游促销的核心是沟通信息。

(2)旅游促销的目的是引发、刺激消费者产生购买行为。

(3)旅游促销的方式有人员促销和非人员促销两大类。

在促销中,实现旅游促销的方式和途径是多种多样的。比如说,旅游营销者可以发布各类广告信息,向潜在购买者传播与旅游产品相关的信息;或者可以开展各种营业推广活动,向潜在购买者传递短期刺激购买的有关信息;或者也可以采用各种公关手段,树立或改善旅游企业在公众心目中的形象;还可以派遣一些促销人员,面对面地与潜在购买者进行沟通交流,了解其需求,及时改进并完善旅游产品或服务,从而拓宽产品市场。

【课堂互动 4-17】

材料背景:营销大师米尔顿·科特勒博士在谈到旅游营销时,曾这样感慨:"世界上只有中国一个国家在等待旅游者前来发现自己,中国至今仍未在西方市场上为自己的旅游产业促销。促销就是叫旅游者现在就掏钱买票去中国! 中国所拥有的不仅仅是悠久的传统和历史遗迹,它同时也富有欢乐以及物美价廉的商品和服务,足以吸引大批身家富有且热衷于购物、娱乐的旅游者。但是这些地方在西方都没有任何促销活动。"他认为只要资源出众,就不怕旅游者不来!

对每一个旅游地或旅游企业来说,总有游客会"寻寻觅觅"过来,问题是,这个"寻觅"的过程需要多久?想要缩短这个过程,唯一的答案就是大胆地"毛遂自荐",积极地去开展旅游促销。

讨论问题:如何帮助旅游企业在市场营销中"异军突起",顺利地引导旅游者前来"下单"？你们认为什么才是旅游促销？

组织方式:5～7人一组,就以上问题进行10分钟的头脑风暴,各组选择一名代表分享本组的观点。

(二)旅游促销的作用

对于旅游地和旅游企业来说,适时开展有效的旅游促销活动,对整体的旅游营销工作有着重要的作用。具体来说,旅游产品促销的作用主要表现在以下四个方面:

1. 传递旅游信息、调节供需关系

旅游促销活动如同一座桥梁,它是旅游企业和旅游者交互的信息渠道。它的开展,可以使旅游者更好地了解各类旅游产品和服务的信息。同时,也可以使旅游目的地和旅游企业更加了解旅游者对其产品或服务的意见和建议,及时改进其产品或服务,从而达到卖者卖其所有、买者买其所需的目的。这不仅能使消费者了解产品销售的情况,为企业建立良好的声誉,从而为企业产品销售的成功创造条件;而且旅游企业也可以根据市场需求状况调整供求关系,不断改进产品,找到更合适的市场定位。

【同步案例4-44】

雨伞,请您自由取用

日本大阪新电机日本桥分店,有个独特的广告妙术:每逢暴雨骤至之时,店员们马上把雨伞架放置在商店门口,每个伞架有三十把雨伞,伞架上写着:"亲爱的顾客,请自由取用,并请下次来店时带来,以利其他顾客。"未带雨伞的顾客顿时愁眉舒展,欣然取伞而去。当有人问及,如果有顾客不将雨伞送回怎么办？经理回答说:"这些雨伞都是廉价的而且伞上都印有新电机的商标。因此,即使顾客不送回也没关系,就当作是做广告也是值得的。这对我们店来说,是件惠而不费的美事。"

2. 引导游客需求、刺激旅游消费

我们都知道旅游产品属于弹性需求的商品,具有弹性大、波动性强的特征,旅游企业可以在营销工作中充分利用这个特征,针对消费者的心理动机,通过开展各种生动、形象、活泼、多样的旅游促销活动,来吸引更多的旅游者了解、认识甚至喜欢其旅游产品或服务,从而达到引导和刺激消费的最终目的。此外,通过企业的促销活动还可以创造需求,发现新的销售市场,使市场需求向有利于企业营销的方向发展。比如,澳大利亚银梭集团曾与中青旅合作在北京开设了中国第一家"大堡礁旅游专卖店",并以"专卖店"为营销中心专门为中国游客赴澳大利亚旅游提供高质量的服务和咨询,起到了很到位的促销作用。

3. 突出产品特色、增强竞争能力

随着社会经济的发展,旅游目的地、旅游产品不断涌现,旅游市场竞争越来越激烈,旅游产品之间的同质化问题也较严重,大部分旅游消费者往往不易察觉这些产品的微细差别。尤其是在争夺同质客源市场的情况下,如何凸显同类型旅游产品之间的细微差异,让旅游者辨认和选择就显得很困难。此时,就需要增加旅游产品对旅游消费者的吸引力,通过适当的促销活动,突出宣传本产品区别于同类竞争产品的特点,展示其特有的优势和给消费者带来的独特的体验价值,才能加深旅游者对产品的了解和信任,才能真正提升旅游企业的竞争能力。

4.塑造旅游形象、巩固市场地位

旅游是一种高层次的消费与审美活动,通过生动而有说服力的旅游促销活动,往往可以塑造友好、热情、周到以及人性化的旅游服务形象,赢得更多潜在旅游者的喜爱。旅游市场受环境影响较大,瞬息万变,一旦出现有碍发展的不利因素时,旅游目的地或旅游企业就可以通过一定的宣传促销手段,减少或改变旅游消费者对其的消极印象,重塑自身的有利形象,以达到恢复、稳定甚至扩大其市场份额的作用。恰当的促销活动可以树立良好的企业形象,使消费者对企业及其产品产生好感,从而培养和提高用户的忠诚度,形成稳定的用户群,不断扩大市场份额,巩固企业的市场地位。

【同步案例4-45】

"四川依然美丽"大型公益活动

2008年5月12日,四川发生8.0级大地震,山崩地裂、江河呜咽,曾经秀美山川满目疮痍,骨肉同胞伤亡惨重。汶川地震是新中国成立以来影响最大的一次地震! 地震中69 229人遇难,直接严重受灾地区达10万平方千米,直接经济损失8 451亿元人民币。面对这场突如其来的灾难,中华民族举全国之力,同心同德,以伟大的凝聚力,抗击这场震惊世界的大劫,而恢复重建是更大的挑战,灾区人民需要持续的鼓励和关爱。

为向世界全面展示现代四川新形象,感恩全国人民、社会各界、国际社会对5·12汶川特大地震灾区的援助,展示四川抗震救灾和灾后恢复重建所取得的巨大成就,介绍四川人民战胜自然灾害、重建美好新家园的经验,中共四川省委宣传部、中共四川省委对外宣传办公室、四川依然美丽公益活动组委会、中国电影家协会、中国曲艺家协会、中国广告协会等单位于2009年起联合开展了"四川依然美丽"大型公益活动。

活动组委会邀请国内众多有爱心的著名影视导演和演员共同拍摄《四川依然美丽》公益广告片、MTV音乐作品、电视剧、电影、纪录影片等艺术作品,展现中国人民自强不息的精神,给予灾后重建工作更加有力的支持,鼓舞全球华人逆境拼搏,歌颂伟大祖国的繁荣富强! 并将活动过程拍摄制作成大型纪录片电影《四川依然美丽》(《5·12》),谨以此纪念地震中罹难的骨肉同胞,感谢在抗震救灾中奉献爱心书写温情的人们。2010年上海世博四川活动周,主题宣传"四川依然美丽",开展学习唱响《四川依然美丽》,表达四川人民的坚强和感恩。

通过"四川依然美丽"公益活动,更好地在全社会弘扬了中华民族无所畏惧、团结一致的伟大精神,鼓励更多的爱心企业和个人承担社会责任,激励灾区人民自强不息,重建家园的信心和力量,隆重纪念5·12特大地震。同时,也重建了四川省旅游业在全国游客心中的形象,展示了四川旅游业强大的生命力。

二、旅游促销组合

(一)什么是旅游促销组合?

旅游企业要想充分发挥促销的作用,就必须首先重点关注各种促销方式的特点和专长,才能够灵活运用多种方法进行组合,找到一种能适合企业自身的组合策略,从而产生优势互补、事半功倍的效果。

旅游促销组合,是一种组织促销活动的策略思路,主张旅游企业根据旅游产品和服务的特点和营销目标,综合各种影响因素,对广告、营业推广、公共关系、人员促销四种基本促销方式进行选择、编配和运用,将其组合成一个策略系统,使企业的全部促销活动相互配合、协调一致,最大限度地发挥整体效果,从而顺利实现企业目标。(图4-14)

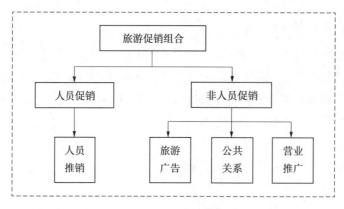

图4-14　旅游促销组合

（二）旅游促销组合的要素

促销组合是促销策略的前提,在促销组合的基础上,才能制订相应的促销策略。因此,作为旅游市场营销人员,我们首先需要了解并熟悉旅游促销组合四大要素,即旅游广告、公共关系、营业推广和人员促销的概念、特点及优缺点,在充分认识其特性的同时,灵活有效地组合运用促销策略,为旅游企业的营销工作出谋划策。旅游促销组合要素的优缺点见表4-5。

表4-5　旅游促销组合要素的优缺点

促销方式	优点	缺点
旅游广告	宣传面广,传递信息快,节省人力,形象生动	只能与消费者进行单向信息传递,效果不能立即体现,有时投入较高
人员促销	与消费者直接面对面交流,有利于了解消费者特点和需要,互动性强,便于与顾客形成长期的关系	人员需求大,推销力量不易改变,费用高
营业推广	容易吸引消费者注意力,作用快速,刺激性强	效果通常是短期的,适用于一些短期促销行为
公共关系	对消费者来说真实、可信,容易接受,有利于树立企业形象	活动牵涉面广,并非旅游企业可自行控制

1. 旅游广告

旅游广告一般是指旅游部门或旅游企业通过一定形式的媒介,公开而广泛地向旅游者介绍旅游产品、提升旅游品牌的一种宣传活动。它能广泛地宣传和推广旅游产品,有效地推动旅游产品的销售,从而帮助旅游企业获得经济利益以及品牌价值。

旅游广告具有以下特点:

（1）传播面广而高,利于实现快速销售;

（2）可反复出现同一信息,利于提高被传播对象的知名度;

（3）形式多样,表现力强,通过对文字、音响及色彩的艺术运用,利于提高被传播对象的知名度;

（4）对于地域广阔而分散的消费者而言,平均广告成本费用较低,但电视这样的媒体一次性收费较高;

（5）说服力较弱,不能因人而异,难以形成即时购买力。

2. 公共关系

旅游公共关系是指旅游目的地管理部门或旅游企业利用各种传播媒体,同各方面的公众沟通思想情感,建立良好的社会形象和营销环境的活动。树立形象比推销产品重要,就是公关促销。

公共关系的特点是:

(1)有第三者说话,可信度高,有情节性、趣味性、可接受性;

(2)最可能赢得公众对企业的好感;

(3)影响面广,影响力大,利于迅速塑造被传播对象的良好形象;

(4)活动设计难度大,且组织工作量大;

(5)不能直接追求销售效果,运用限制性大。

【同步案例4-46】

非典之后,三亚旅游开展"清凉一夏·三亚度假"旅游大促销

资料来源:中新社.2009年7月10日

3.营业推广

旅游营业推广,指的是旅游企业在某一特定时期与空间范围内通过刺激和鼓励交易双方,并促使旅游者尽快购买或大量购买旅游产品或服务而采取的一系列促销措施和手段,又称为销售促进。

营业推广具有以下特点:

(1)针对性强,能把顾客直接引向产品;

(2)刺激性强,激发需求快,能临时改变顾客的购买习惯;

(3)有效期短,如持续长期运用,则不利于塑造产品形象;

(4)组织工作量大,耗费较大,而影响面窄。

4.人员促销

旅游人员促销是指由旅游企业派出促销人员直接与消费者接触,传递旅游产品信息,以促成购买行为的活动,是旅游促销活动的重要组成部分。旅游人员促销是最古老的一种传统促销方式,同时也是现代旅游企业中最常用、最直接、最有效的一种促销方式。

人员促销的特点是:

(1)个人行动,方式灵活,针对性强;

(2)易强化购买动机,及时促进交易;

(3)易培养与顾客的感情,建立长期稳定的联系;

(4)易收集顾客对产品的反馈信息;

(5)费时费钱,传播效率低,往往成为平均代价最高的促销手段。

【课堂互动4-18】

背景材料一:成功的促销个案——迪士尼乐园

谈到美国的旅游景区,许多人可能不知道尼亚加拉瀑布或科罗拉多大峡谷,但是恐怕没有人会不知道迪士尼乐园。早在1964年,美国总统约翰逊在授予公司创始人沃特·迪士尼国家自由勋章时,就曾赞许道:"作为一名艺术家,沃特·迪士尼在旅游娱乐业领域,已经创造出了一个美国大众文化的奇迹。"如今,迪士

尼与可口可乐、麦当劳、玛利莲·梦露一起,被称为美国娱乐消费的"四大天王"。

迪士尼取得成功的原因在于:

(1)通过电影树立品牌形象

(2)浪漫而奢华的童话王国

(3)服务营销,沟通无限

(4)迪士尼形象遍地开花

迪士尼频道全天24小时放映卡通及儿童电影大片,有效传播迪士尼信息。迪士尼公司找到了欢乐的四项要素:安全、礼貌、优美和效率。并由此升华出"迪士尼礼节",围绕这四项要素的要求,迪士尼斥巨资训练员工以提供优良的服务,并专门成立了迪士尼大学。公司还在整个组织机构中统一服务绩效;通过顾客建议和投诉系统等了解顾客的满意情况,力求以服务创造市场。

背景材料二:失败的促销个案——"告别三峡游"

1997年,海外旅行商为了给已经经过1992年、1996年两次炒作后的轰动效应再添一把火,推出了"告别三峡游"的促销主题。作为一种市场销售主题,它在当时的情况下提出,虽然存在着极大的不科学性,但从商业炒作的角度看,确实起到了很好的促销效果。但在大江已经截流的今天看,它不可避免地产生了一系列负面效应:一方面人们对"告别游"的理解产生了歧义,以为大江截流后三峡就没有什么可看的了。时至今日,这种观点的影响仍然存在。另一方面,爆发性的轰动效应给长江三峡沿线的接待能力以突然袭击,最终损害了游客的利益和长江三峡的整体形象。导致长江三峡旅游业出现了大幅度整体下滑,旅游景点门可罗雀,90%的游船待泊港中。

讨论问题:成功的促销策略能造就迪士尼这样的王国,而失败的、短视的促销却会使最好的旅游资源无人问津。那么应该如何策划促销活动? 在促销中最重要的应该是什么?

组织方式:5~7人一组,就以上问题进行10分钟的头脑风暴,各组选择一名代表分享本组的观点。

(三)旅游促销组合的程序

1.确认目标受众

目标受众是指接受旅游促销信息的人群。在制订促销组合策略时,首先应该考虑促销组合主要针对的人群是哪些,以便选择需要传递的信息、确定信息传递的方式以及传递信息量的大小,以此来保证旅游产品的目标受众能及时、准确地收到信息,做出相应的购买决策。

2.制订促销目标

促销目标包括要解决的问题以及预期旅游者的反应。旅游促销的实质是信息的沟通,但沟通过程并不是总能够顺利进行,比如派不懂业务的促销人员往往会导致沟通的失败,因此必须明确促销要解决的关键问题,才能选择合适的促销组合以达到最终的营销目标。

(1)扭转负面认知

旅游消费者对旅游产品不了解或接受了错误的信息而对产品产生误解,使双方信息沟通失败,此时的目标就应该是扭转消费者对产品的负面认知。比如,一些媒体的负面报道影响了消费者对旅游产品的正确认识,旅游企业则应通过合适的促销组合手段来解决这些问题。

(2)关注消费者感知

同样的信息对不同的人会产生不同的感觉;同样的信息由于促销的方式不同,也会使旅游消费者产生不同的感觉。如果旅游消费者对旅游产品的市场形象、价格等不感兴趣或不喜欢,则可能会引起一些反感,还可能会让这种反感继续蔓延和传播。此时,旅游企业需要关注消费者的不同感知,做出不同的促销组合。比如,旅游企业为树立形象而发布一些公益广告,有的消费者认为旅游企业关注公众事业,值得肯定;但也会有部分消费者认为这是企业在哗众取宠。所以,在进行促销时旅游企业应关注不同客人的感觉,尽量使产品的市场形象、价格等方面的信息客观、真实。

（3）分析消费者不买账的原因

旅游消费者对旅游产品已经了解,也不反感,但却没有采取任何消费行为,由于造成不购买行为的因素很多,因此在解决此类问题时,应该首先分析消费者不为所动的原因,再根据不同的原因采取不同的组合策略。

3. 确定促销预算

一般来讲,主要有以下三种常用的旅游企业确定促销预算的方法:

（1）量入为出法

此种方法是旅游企业根据特定时期内的收入进行促销预算。一般是根据旅游企业的营业额或者利润的百分比来确定。这种方法的问题在于,导致了促销费用的不确定性,给长期的营销规划的制订带来了一定困难。比如常出现的问题是,在资金较少时造成促销效果不好,资金充裕时又造成资源的浪费。

（2）竞争对抗法

竞争对抗法是参照竞争者的促销费用来决定自己的促销预算。这种方法运用原理很简单,但实际上,许多企业认为这种方法没有考虑旅游企业的实力以及具体情况,具有很大的盲目性,同时也很去难判断主要竞争者的预算是否科学、合理。

（3）目标达成法

此种方法是根据旅游企业具体的促销目标和促销方式而确定所需的预算方法。目标达成法的促销效果最好,但是制订难度较大。它要求旅游企业尽可能详细和功能化地将促销目标描述清楚,完成目标的工作也必须确定下来,然后结算出完成这些工作所需要的成本,以此来做出促销预算。

4. 选择促销组合

不同的促销工具在性质上有很大的差别,因此在设计促销信息时,应充分考虑到促销工具的影响。确定促销组合就是要确定各种促销方法的运用程度。在某种情况下,各种促销方法是可以互换的。

5. 评估和控制促销活动

在促销活动实施过程中,需要不断地评估旅游企业的促销效果,以此来控制促销活动的重点和方式,保证促销目标的顺利实现。

【同步案例 4-47】

1 000 元一天的网约导游,约吗?

2018 年国庆小长假里,一位名叫胡娜娜的 90 后"网约导游"火了。1990 年出生的她,从 2010 年就开始从事导游工作,刚开始做的是传统导游,后来随着电商平台的发展,娜娜在两年前成了一名网约导游,游客不需要通过旅行社,直接在网上预约讲解就可以。娜娜凭借自己的人格魅力和丰富的导游经验,如今的服务费一天可以达到 1 000 元,从做网约导游开始已经服务了 632 次,费用从 500 元涨到了 1 000 元,而且游客对她的评价非常高。

什么是网约导游？

三五名旅客"预订"一个当地人带着玩，没有甩团、宰客、强制购物，这个当地人就是你预订的网约导游。在手机上与客人交流、接单，每天只服务一个订单，几个人，主要服务对象是家庭、情侣。如果是金牌网约导游，不仅工作时间自由，还有不低的收入。而且2018年的国庆节，携程旅游当地的"向导平台"注册人数达到了平时的10倍，也就是说，如今的网约导游有点吃香。

西安有一向导，在平台上已经收获5 000+好评，他设计的西安抖音"网红"线路超火；北京一向导设计宫廷线路爆红网络，如《延禧攻略》《如懿传》等热播影视剧旅游线路也火了起来。

网约导游是否靠谱？

来自携程的统计数据表明，2018年国庆，西安、北京、西宁、杭州、张家界、成都、乌鲁木齐、厦门、稻城、上海，这10个地方的网约导游最热。人均每日费用大多为300~500元，网红向导最高达千元。

针对全国9 000多名网约导游，携程出了最严的"规定"：①根据点评、销量打分；②违反平台规则，下线惩罚；③出现欺诈、强迫行为，立即清退；④投诉维权，先行赔付。

平台相关负责人说："对于提交资质作假、强制客人点评、带游客去购物店，对客人造成不良影响的行为将直接清退并追究相关责任。"如果你想预约一个导游，那么可以在平台上去查看个人的相关评论，看评价再预订是比较保险的方式。

网约导游实现了导游、领队透明化，游客可以根据自己意愿选择导游，导游也能根据自身特点为游客提供相应服务，二者各取所需能够实现双赢。对于游客而言，"网约导游"就好像是旅游界的"滴滴"。以携程旅游为例，游客一旦确定好目的地，就可以在平台上查找当地向导，导游的照片、服务特色及评论等信息一目了然。"网约导游"跟网约车一样有其方便之处，也有其风险。规避风险的方法就是要提高"网约导游"的注册门槛，并且要有一套监督和管理体系。

（四）影响促销组合的因素

在整个促销过程中，旅游企业必须根据所处的内外部市场环境和企业本身的营销条件，灵活地选择，从众多的组合方案中选出最佳组合策略。一般情况下，在选择旅游促销组合策略时，会受到以下几个方面因素的制约和影响。

1.促销目标

促销目标是影响促销组合决策的首要因素。每一种促销方式都有各自独有的特点和成本差异，相同的促销方式用于不同的促销目标，其成本效益也会有所不同。不同的促销目标也会针对不同的市场对象，消费者或中间商。针对旅游消费者的促销组合应该有较大的影响范围，而针对中间商的促销组合应主要着重激励中间商，体现给中间商的优惠和让利程度。

在旅游促销活动开展前，旅游企业需要明确此次促销的目的是什么。是为了短期内提高销售量？还是为了处理产品库存？还是为了让旅游新品上市促销？这些促销目标都是影响选择促销组合策略的重要因素。

2.产品因素

旅游产品的性质和所处的生命周期不同，旅游消费者的行为动机也存在着较大的差异，所以旅游企业采用的促销组合方式也应该有所不同。

首先，在旅游产品性质方面，不同性质的旅游产品，旅游者购买的需求不同，购买的动机和习惯也不同，因此需要不同的促销组合。如购买价格昂贵、风险较大的旅游产品，旅游消费者往往不满足于一般广告所提供的信息，而更倾向于理智购买，希望能得到更为直接可靠的信息来源，此时人员促销、公共关系往往就是重要的促销手段。而对于购买频繁、价值不高以及季节性较强的旅游产品,旅游消费者则倾向于品牌偏好,因而选择广告作为促销手段其效果就较为突出,如一些民俗节庆旅游产品、餐饮产品等。

其次,旅游产品所处的生命周期阶段是设计促销组合时应考虑的重要因素。旅游产品处于不同的生命周期阶段,需要采取不同的促销组合。

在旅游产品的导入期时,促销要以宣传为主,让目标客户知道该产品的存在。一般而言,广告和公共关系都可以让目标市场群体认识某种产品类别或品牌,提高其对该产品或品牌的关注度,同时还可以用销售促进方式作为辅助,鼓励游客尝试性购买。

在旅游产品的成长期,仍然可以大量使用旅游广告来进行宣传,但可以减少销售促进,因为此时的旅游消费者不再需要太多的刺激就会购买。此时,促销策略的重点应该放在产品与竞争对手的产品之间的差异化优势上,突出产品或品牌的优势,建立和维护旅游消费者对企业品牌或产品品牌的忠诚度。

当旅游产品进入成熟期时,竞争对手日益增多,市场竞争十分激烈。在这一阶段,大部分的旅游消费者对产品已有所了解,销售促进也逐渐起着重要作用,可再度刺激消费者的购买欲望。

当旅游产品进入衰退期时,旅游企业应相应地降低促销规模,旅游广告也仅起到提示作用,保持顾客的记忆就可以,公共关系、人员促销等方面可减至最小规模,但销售促进可继续开展,保证旅游产品的继续销售。

3.市场因素

不同的旅游市场,由于它的市场类型、市场规模、旅游消费者分布范围和数量的不同,因而应采用不同的促销组合。市场状况这一因素主要决定促销地点的和具体时间的选择。

当旅游市场中潜在消费者较多时,应采用旅游广告促销,以利于更大范围地开拓市场;当潜在消费者较少时,则可利用旅游公共关系或人员促销的方式,深入接触游客,巩固现有的旅游消费者。同时,市场规模小、消费者分布集中、地域较狭窄的市场则可以以人员促销为主;规模大、消费者分布分散的市场则可以以旅游广告宣传为主。此外,旅游市场还受每一区域的社会文化、风俗习惯、经济政治环境等因素的影响,选择促销组合的策略时,应与它们相适应,以达到最佳促销效果。

4.促销预算

促销预算的多少又影响着促销方式的选择。各种促销方法所需费用是不相同的,企业应使用尽可能少的花费取得尽可能大的促销效果,提高促销效率。一般情况下,在旅游企业预算较少的情况下很难制订出令人满意的促销策略,而只能采取简单的促销方式。在旅游企业预算比较充足时则可以有较多的资金进行充分的市场调查,必要时还可以委托专业的营销中介公司,以达到最佳的促销效果。

5.企业状况

旅游企业的状况主要是指企业的资金、规模、声誉、知名度、市场覆盖率等,其差别决定了促销组合的差别,进而会影响促销组合策略的制订。比如中小型酒店或旅行社往往会限于资金,经营目标往往以接待小型旅游团体为主,促销组合往往以人员促销为主。

【同步案例4-48】

促销不是一指禅,而要打组合拳

（五）旅游促销组合策略

旅游企业在开展旅游促销时,既要实事求是讲究科学性,还需要敢于创新讲究艺术性,这就需要旅游营销人员基于促销要素,同时结合旅游企业的情况、旅游产品的分布情况来进行有机灵活的组合使用。

图4-15表示旅游促销组合策略,四种因素的组合和综合应用就是促销组合策略。

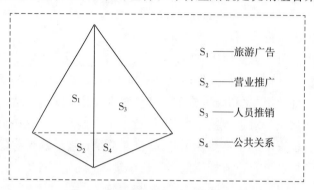

S_1——旅游广告

S_2——营业推广

S_3——人员推销

S_4——公共关系

图4-15　旅游促销组合策略示意图

旅游促销组合策略的类型主要有锥形透射策略、推式策略、拉式策略等三个方面的具体形式。

1. 锥形透射策略

锥形透射策略是指旅游企业或旅游目的地的多种旅游产品排列成锥形阵容,以最有招徕力的内容为锥尖、层层推进,提高旅游企业和旅游目的地的知名度,然后分阶段地层层推出丰富多彩的旅游产品,进一步巩固目标市场的策略。这种策略的运用主要有以下三个方面的步骤。

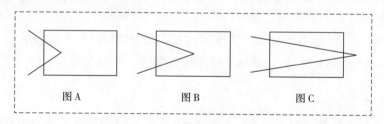

图A　　　　　　图B　　　　　　图C

图4-16　锥形透射策略示意图

第一步:旅游企业以自己的拳头产品开路,集中主要力量大力宣传本区域唯我独有的、综合接待条件较好的旅游热点产品,比如我国在最初向世界推介我国的旅游市场时,选择了万里长城、秦始皇兵马俑等作为精华产品,极大地提高了中国旅游在国际旅游市场的知名度,如图4-16中图A所示。

第二步:当旅游产品进入竞争市场后,要抓住时机,及时推出二线旅游产品及各类专项旅游产品及服务、活动,丰富旅游产品的组合,这样促销内容才可能多样化、特色化、个性化,如图4-16中图B所示。

第三步:此时,需要把旅游产品进一步向客源市场纵深发展,旅游企业可以深入市场(即我们的旅游客源国或地区)进行一对一的精准促销,如图4-16中图C所示。

2. 推式策略

推式策略,又可以称为鼓动式宣传,也是将重点放在人员销售上的策略(图4-17)。一般是指,旅游经营者采用人员促销的方式,积极地将旅游产品推销到批发商手上,批发商又积极地将产品推销给零售商,零售商再将产品推销向旅游消费者。推式策略的关键是做好旅游企业及产品的形象,提高其在旅游客源市场中的知名度和美誉度,促使潜在消费者能够做出倾向性的选择。

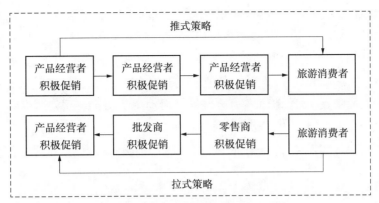

图 4-17 推式策略及拉式策略示意图

3. 拉式策略

拉式策略,又可以称作推销型宣传,是把重点放在非人员促销的广告活动上的策略(图 4-17)。一般是指,旅游企业花费大量的资金采用旅游广告、促销活动等手段,引起旅游消费者对自己品牌或产品的注意,刺激消费需求,进而吸引消费者自行前往零售商处购买产品。如果该策略有效,旅游消费者会向零售商要求购买该旅游产品,于是拉动了整个营销渠道系统,零售商会主动向批发商要求购买该产品,而批发商又会主动向生产经营者要求购买该产品。

这种促销模式主要是针对那些已经有意向选择自己产品的旅游者,旅游企业可以为其提供详细的销售计划、旅游线路、交通、目的地的食宿、旅游景点等信息,促使其进行购买决策。

一般而言,旅游产品大都采用推式策略与拉式策略相结合的策略。通过促销活动,旅游企业可以及时地把旅游产品信息传递给旅游者,引起旅游者的兴趣,刺激、强化旅游者的需求,引导旅游者购买,同时还能扩大旅游企业及其产品的知名度,塑造旅游企业及其产品在公众心目中的良好形象,从而为旅游企业长远的发展创造有利的条件。

【同步案例 4-49】

天纯果品:巧抓高考促销之机

三、旅游广告促销及应用

(一)旅游广告概述

1. 旅游广告的含义

广告是最常见的一种促销方式,它的对象是广大消费者。一般来说,广告都是利用大众媒体有计划地向目标对象传递有关产品和劳务信息。广告是必不可少的促销手段,做生意要适当地利用广告这种手段来达到提高销售的目的。但是,广告能不能达到促销目的,关键要看广告的质量。广告是广告主有计划地通过一定的媒体,将商品和劳务信息传递给大众,而起到促进销售作用的一种非人员促销和大众传播手段。

旅游业是一种事先看不见、摸不着,出售风景、出售文化和出售服务的特殊产业,广告更有着不可估量的地位和作用。作为促销手段的旅游广告,则是指旅游目的地国家和地区、旅游组织或旅游企业作为发起者,以公开付费的做法,以非人员的任何形式,通过各种传播媒体向目标市场的公众传播有关旅游产品或旅游企业的有关信息,以扩大影响和提高知名度、树立旅游形象的一种促销形式。旅游广告促销具有传播面广、表现力强和吸引力大的特点,并因此而成为旅游促销活动中最活跃、最常用的手段,被旅游企业广泛采用。有人做过统计,每一个人一周大约要接受一百条以上的广告信息。但是一周下来,给你留下印象,对你产生影响的广告并不多。所以对旅游企业来讲,要想做广告,必须做好广告,这样才能真正达到有效促销的目的。

2. 旅游广告的优缺点

(1)旅游广告的优点

一是旅游广告的受众面广。旅游广告是一种高度公开的信息沟通方式,其信息覆盖面相当大,可以使旅游企业及其产品在短期内迅速扩大影响。

二是指旅游广告属于间接传播。旅游广告是通过传播媒体进行宣传介绍、广告主与广告的接受者不直接见面,广告的接受者不会受到人员解说的心理威胁和压迫,信息可多次重复。

三是旅游广告具有强烈的表现力和吸引力。旅游广告的内容和方式对旅游广告效果的影响极大,由于在利用声音、色彩、影像等艺术和技术手段方面广告具有得天独厚的优势,因而与其他促销形式相比,旅游广告具有更强的表现力和吸引力,同时可树立威望,给人留下深刻印象。

四是指旅游广告的单位成本低,投放后可长时间使用。

(2)旅游广告的缺点

旅游广告与其他方式相比,也有一定的缺点:

一是旅游广告不能立即实现及结束销售成交。

二是旅游广告的播放时间相对固定,传递的信息很容易被消费者忽视。

三是对旅游广告来讲,市场反馈相对较慢。

四是旅游广告效果并不是立竿见影的,它往往要在一个较长的时间段内才能得以充分体现。

【同步案例 4-50】

武夷旅游广告语汇总

3. 旅游广告的类型

根据广告的沟通对象和销售目标的不同,旅游广告可分为告知型、引导型、提醒型三种类型。

(1)告知型

告知型旅游广告以介绍和宣传功能为主,是一种以向目标游客提供信息为主的广告宣传方式。告知型的广告一般用于新产品或服务项目,或新市场开拓阶段,有利于激发潜在消费者的初步需求,此外还可以宣传旅游地或旅游企业的市场地位及对旅游消费者采取的便利性措施,以树立良好的市场形象。这种类型的广告的宣传重点在于介绍旅游新产品及其特色、通告旅游产品的价格变化、宣传旅游地或旅游企业对旅游者采取的便利措施等。

比如武夷山的旅游广告语"大红袍的名片,丹霞山的请柬——中国武夷山",以及"山仁水智忆朱子,岩韵茶魂品武夷。登天游之巅,游九曲风光,观万亩茶园,访朱子故里",这两句广告语就属于告知型广告,面向广大旅游者推介宣传武夷山景区。

（2）引导型

引导型广告一般用于与同类旅游产品展开竞争的阶段。在旅游产品进入成长期时,由于此时竞争者不断增加,因此广告就要力求突出旅游产品与旅游企业的特色,使其明显地区别于其他同类产品,以便于培养旅游者对该旅游产品的偏好,同时也可以改变旅游消费者对本企业和旅游产品的不利印象,可以表现为进攻型,也可以表现为防守型。

"进攻型"引导广告着重于突出旅游产品的优势特征和利益满足诉求,从而激发旅游消费者的选择性需求,鼓励其偏向于本企业旅游产品的购买。比如海南曾经的旅游广告语"天涯海角,南国风情",就属于进攻型引导广告。

"防守型"引导广告则是着力于改变和消除旅游消费者对旅游产品或服务的不利印象,抵消或削弱竞争对手的广告影响。比如由于部分城市里的雾霾天越来越多,某旅行社推出了几条旅游线路,其旅游广告语是这样设计的——"无霾之城,你若愿意,挑一个便去,这一趟清肺之旅,定不负你的期许。"

（3）提醒型

提醒型广告一般是指通过不同的内容和信息呈现方式来促使旅游者保留对某种旅游产品的记忆,主要用于旅游产品的成熟期,随时提醒旅游消费者保持对本旅游地或旅游企业及旅游产品或服务的记忆,以不断强化旅游地或旅游企业及其旅游产品在旅游者心中的形象,以获得本企业尽可能高的知名度。比如乌镇曾经的宣传广告语"乌镇,来了便不曾离开",就属于此种类型的广告。

提醒型广告往往用于旅游产品进入成熟期时,作用在于使旅游者确信自己的选择正确,并刺激老顾客重复消费的欲望。提醒型广告的重点在于适时提醒旅游消费者记住购买的时机以及购买的地点,以促使旅游消费者完成购买行为。

4. 旅游广告的作用

（1）传播旅游信息、刺激消费

广告最基本的作用就是传播信息。旅游广告把有关旅游信息、资料提供给旅游者,能够帮助旅游消费者了解旅游企业的产品质量、功能、特点以及购买时间、地点、价格等信息,从而帮助旅游者对各种旅游产品、旅游线路进行了解,为其购买提供参考,影响其购买心理过程,刺激其购买行为。

（2）创造旅游需求、开拓市场

旅游市场上相关旅游产品种类繁多,并且以买方市场为主,所以旅游消费者的购买弹性较大、可选择性的产品很多,而在他们选择旅游产品的过程中往往会参考各类旅游信息。通过旅游广告,可以使潜在消费者了解旅游产品的特点,提高他们的购买兴趣和欲望,唤起旅游者新的消费意识,引导或创造消费者的旅游需求,从而开拓市场,增加销售。

（3）树立旅游形象、提高竞争力

旅游企业和旅游目的地不仅要树立产品形象还要在公众心目中树立起品牌形象。这种形象的最终形成,除了要借助旅游体验等实质性手段外,还要依赖于沟通性手段的运用。通过广泛的旅游广告宣传,可以在一定程度上赢得客户及各类公众的认知、认同和赞誉,从而不断培育和强化旅游企业及产品的形象,提高市场竞争力。

【同步案例 4-51】

"讲故事"朋友圈广告——夏天的回忆、冬天的故事

（二）旅游广告媒体

广告媒体的类型繁多,对旅游企业来说,传统的媒介如印刷类的报纸手册和杂志,电子类的如电视、广播电台,再如户外墙体广告等仍然是旅游企业进行信息沟通的主要媒介形式。但蓬勃发展的各种网络媒介和新出现的抖音、微信公众号等自媒体也已经被越来越多地应用于旅游广告。总的来讲,可应用于旅游行业的广告媒体可分为印刷媒介、电子媒介、户外媒介、网络媒介、实物媒介等。

1. 印刷媒介

一般来讲,印刷媒介是旅游线路、旅游交通等产品信息传播的主要渠道,如《中国旅游报》《中国旅游地理》《时尚旅游》《旅行者》等知名报纸杂志都属于这个类型。虽然人们的阅读习惯在不断变化,但是传统的印刷媒体依然被酒店和旅行社等旅游企业所广泛采用。

报纸广告的受众面主要集中在城市城镇,读者群相对稳定,主要受众正是旅游产品主要的消费者或潜在消费者,它是旅游企业投放销售类广告的首选。一般旅行社推出新的旅游路线,航空公司或酒店推出新的优惠活动等都可以成为广告的内容。

杂志广告也被广泛应用于旅游企业,如飞机上的《中国民航》《东方航空》等各类航空杂志,以及酒店、餐厅和会议中心的宣传册等,集广告的艺术性、故事性及可读性于一体,以鲜明的个性主张和悦目的色彩吸引着游客的注意力。

2. 电子媒介

一般来讲,电子媒介是旅游城市、旅游目的地形象宣传推广的重要表现形式。电视和广播电台是目前中国最普遍、最主流的媒体。对旅游企业来说,电视媒体往往是树立品牌、提高知名度或推行新理念的主要方式。对任何一个旅游地来说,电视广告的感染力强,信任度高,是旅游目的地形象宣传的最佳表现形式。广播电台则可以面向任何景点、酒店、旅行社等旅游企业,是发布旅游信息的有效手段。现阶段,广播电台的广告目标市场更容易确定,比如是向自驾车游客做宣传的最佳媒体。

运用 30 ~ 60 秒的旅游宣传片在电视频道上对旅游目的地进行概括性的形象宣传,是较为常见的旅游推广方式,可以从视觉上生动地展现旅游目的地的风貌和特征。比如,山东省曾在中央电视台新闻频道投放《文化圣地、度假天堂——好客山东》的旅游宣传片;安徽省也投放了《难忘安徽》的旅游宣传片,获得了很好的推广效果。

当然,除了优美的自然风光展示外,"明星效应"也是旅游目的地用来增强广告效果的重要方式之一。如上海,在 2016 年选用胡歌作为形象代言人,拍摄了一部全新的上海城市旅游形象推广 MV《我们的上海》旅游宣传片,引爆市场。在 MV 中,胡歌化身帅气导游,带观众们游遍上海滩。

除了常见的旅游地形象广告片以外,还有旅游专题片、旅游专题节目、旅游电视杂志等多种电视广告形式。这种广告通过节目主持人或参与者的亲身体验,向受众展现旅游目的地的"食、住、行、游、娱、购"各大要素,形象地将游记与旅游文化相结合,模糊了传统电视广告劝服性的特点,在一定程度上达到了亲切互动的效果。

【同步案例 4-52】

新疆旅游形象宣传片精彩亮相央视

自 2017 年 1 月 16 日起,由新疆维吾尔自治区旅游局投放的新疆旅游形象宣传片在中央电视台综合频道和新闻频道《新闻联播》前黄金时段播出。在 15 秒的时间里,宣传片集中展示了新疆浩瀚沙漠、苍茫戈壁、葱郁绿洲、广袤草原、逶迤雪山、湛蓝湖泊、丝路古道、民族风情、历史文化等丰富的旅游资源优势。

"在中央电视台黄金时段播放新疆旅游形象宣传片,将加大新疆旅游的宣传推介力度,依托中央电视台的品牌传播力和影响力提升新疆旅游的知名度,在国内外叫响'辽阔疆域,无限风光,新疆是个好地方'的总体形象品牌。"自治区旅游局旅游促进处相关负责人说。

此外,从 2017 年 1 月 16 日开始,自治区旅游局在携程网上举办了"新疆十大优秀旅游线路及九大代表景观"评选活动,将通过线路征集、网民参与评选,最终确定十大精品旅游线路。然后利用北京、上海、深圳 3 个宣传推广服务中心进行对外发布,不断扩大新疆旅游资源的宣传推广。此次活动持续到 2017 年 2 月 21 日,参与活动的网民非常踊跃。

自治区旅游局切实贯彻落实自治区党委大力发展旅游业的精神和安排部署,大力发展旅游业,特别是加大了宣传推介力度。加快建立完善"政府、媒体、企业、中介"四位一体的宣传体系,形成多部门、多层次联合协作的强大合力。在国内主要客源地挂牌成立了新疆旅游宣传推广服务中心,在韩国、俄罗斯、哈萨克斯坦等国设立了 7 个新疆旅游海外营销中心,提升旅游宣传、营销的本土化、常态化。今年,自治区旅游局还将在传统媒体、新媒体上加大旅游宣传力度,让"辽阔疆域,无限风光,新疆是个好地方"叫得更响、传播得更远。

3. 户外媒介

旅游户外广告媒介,一般是指在露天或公共场合通过广告表现形式,同时向许多游客进行诉求,并且能达到推介旅游产品目的的物质。常见的户外广告形式有路边广告牌、条幅广告、建筑物外广告、霓虹灯广告、高立柱广告牌、LED 看板、张贴广告等,甚至还有升空气球、飞艇等先进的户外广告形式。旅游广告经常采用户外广告媒体作为媒介,比如高速公路两侧的广告路牌、城市公交车和出租车的车身、公交站台、机场行李推车等都是宣传旅游产品的最佳平台。此外,机场行李传送带和旅客过道通常也是投放旅游广告不错的选择。

图 4-18　魅力武汉路牌灯箱广告

如图4-18所示,魅力武汉路牌灯箱广告竖立在进出武汉的高速口。旅游户外媒介广告这种方式到达率高、视觉冲击力强、发布时段长,是很多旅游企业、旅游目的地推广都在采用的方式。

4.网络媒介

网络媒介是新媒体时代最佳的旅游广告形式和发展趋势。互联网的普及和信息技术的发展正在深刻地改变着人们的生活方式和消费观念,也改变了旅游企业传统的营销模式。和传统大众传播媒介相比,网络媒介有着许多独特的优势,如互动性等,而这些优势又恰恰符合了旅游广告传播的特殊要求。借助网络,很多中小旅游企业、旅游目的地也可以在传播中发挥其价值。

网络广告通常有两种形式。第一种,也是最常见的形式,通过传统媒体、网络媒体向潜在顾客发布一些促销信息,并通知他们访问某个网站、微信公众号、APP以得到更多的资讯,这些专业的网络媒介可以提供高品质的图片、影像、音乐、信息查询系统、预订服务等。第二种形式的网络广告需要提供描述旅游目的地或产品的关键词。如度假酒店、景点等,让旅游者自行在网络媒介上搜索需要的相关信息。

【同步案例4-53】

抖音带火网红旅游景点,你都去过哪儿?

随着抖音在国内的大火,越来越多的年轻人涌入其中。其中就不乏一些旅游爱好者,不能否认抖音对国内旅游经济的大力促进。正是因为抖音里的旅游达人频繁地上传自己在旅游景区的一些所见所闻,才有了越来越多的游客去往这些所谓的网红景点。

下面,我们一起去看看由抖音带火的四大网红旅游景点。

一、华山长空栈道

华山是我国的5A级旅游景区,长空栈道以惊险奇闻名于世。抖音拍摄者最擅长的就是坐在长空栈道上,把两脚悬在空中,下面是万丈悬崖,让你看到都有一种腿软的感觉。长空栈道有700多年的历史,比起现在大火的玻璃栈道来说,它更加纯粹自然。

二、张家界玻璃栈道

张家界从2014年开始,就跻身网红旅游景区,靠着各大社交平台,张家界每年涌入上百万的游客。所以顺理成章地张家界转战抖音社区,也在抖音大火了起来。说实话,这真的是一个非常漂亮的旅游景区。

三、洪崖洞

洪崖洞位于重庆,也是一个网红级别的旅游景区,当然这个景区火起来不完全是因为抖音。它火起来的另一个原因是,它的建筑很像宫崎骏笔下的动漫。洪崖洞位于重庆市的中心商务圈,有着2300多年的历史。虽然目前来说,其只是一个3A级旅游景区,但随着基础设施的逐步完善,其完全有实力上升为4A甚至5A级旅游景点。

四、稻城亚丁

一部《从你的全世界路过》让这个景点彻底大火,自此,稻城亚丁就成了人们心中圣洁的天堂。自然、纯粹,大自然的鬼斧神工给予了这个景点无限的可能,像诗一般美丽。

你都去过哪些美丽的旅游景点呢?

5.实物媒介

实物媒介是指借助实物开展旅游宣传,也是一些旅游企业常用的广告形式,是旅游广告宣传的有益补充。实物材料上通常印有鲜明的旅游企业、产品标识和名称,包括旅游企业的宣传手册、工作人员名片、销售材料、礼品或纪念品、纸杯、手提纸袋等。比如大部分的旅游企业将广告印制在发放给消费者的旅行袋、旅行帽、徽章、纪念品上,期望得到二次传播。旅游酒店往往在提供的一次性用品和客房床品以及餐厅餐具上打上自己企业的 Logo 和名称。

旅游企业在发布广告时,应充分考虑不同媒介在广告宣传上的优劣势,并应注重各种媒介的组合应用,以尽可能向受众提供立体化、多元化的信息。如在经济条件允许的情况下,旅游目的地应尽量借助电视媒体平台,有针对性地选择电视频道;以自助游客、商务游客为目标市场的旅游企业,应高度重视网络这一新媒体;而对于目标市场明确、时效性较强的旅游产品,如旅游线路、旅游节庆活动等,则可利用地方性报纸发布旅游信息。

因此,想要选择恰当的旅游广告媒体并安排合理投放时间,就必须对各种媒体的特点和优缺点有清晰的认识。各类型旅游广告媒体的优点和局限如表4-6所示。

表4-6　各类型旅游广告媒体的优点及局限

媒体类型		优点	局限
印刷媒介	报纸	阅读人群广泛覆盖面大,地理针对性强、及时性强、可信度高,易于传阅	印刷质量较差,产品美感体现性不高,保存性差,旅游者受众针对性有限
	杂志	地理及受众选择性强,发行面广,编辑印刷比较精美,制作质量好、保存期长	出版周期长,实效性较差,费用高,其专业性限制了读者人群和数量
电子媒介	电视	信息到达率高,影音综合刺激,富有感染力,能引起高度注意,触及面广	成本高,广告信息干扰严重,往往会瞬间即逝,观众可选择性差
	广播	大众化宣传,地理和人口方面的选择性较强,成本低、易于被旅游消费者接触	只有听觉效果信息,刺激手段较为单一,宣传时间比较短暂,吸引力不够强烈和刺激
户外媒介		对地区和旅游者的选择性,抓住空白心理,被注意率高;强迫诉求性质强,可多次重复记忆,内容精简,易记,费用较低	可展示的旅游信息容量有限,移动性也差;观众的选择性差,宣传和推广效果难以测评
网络媒介		不受时间、空间的限制,易复制,易于修改和补充,制作和上网费用低,观众选择性强	被动地等待搜索,受电脑和网络普及程度影响,消费者心目中的可信度不高
实物媒介		针对性强,消费者回忆率高,易产生二次流动传播,制作精美,价格相对较低	一般时效性短,信息内容容易过时,信息容量较为有限,用过后容易被旅游消费者丢弃

此外,旅游企业在选择媒体时,还需要考虑影响广告媒体选择的各种因素,比如从目标市场的差异性、旅游产品的特点、旅游广告信息的特点、媒介具体情况、旅游广告费用的高低等角度出发,综合加以运用,力求做到费用适当、宣传范围广、影响力大。

(三)旅游广告决策

旅游广告的决策过程由五个部分构成,即明确广告目标、制定广告预算、确定广告信息、选择广告媒体和广告效果评估。

1.明确广告目标

旅游广告所要达到的目标,必须依据旅游企业市场营销策略和目标市场来确定。旅游广告的目标、目的不同,广告的效果也会不一样,传播的方式也会不同。从旅游广告企业的诉求角度来说,有情感诉求的广告和理性诉求的广告,比如黑芝麻糊、冰糖葫芦的广告,都是属于情感诉求的广告,通过传统的叫卖声来唤起消费者的童年回忆,从情感上达到与消费者心灵相通的效果。当然,理性诉求的广告也不少。在实际的旅游广告中,通常是将两种诉求结合起来。既要给旅游者或潜在旅游者展现出旅游目的地的绝美景观,又要把他们的精神情感需要加进去。

【课堂互动 4-19】

背景材料:情感诉求是指针对消费者的心理或象征性需求,表现与企业产品和服务相关的情感和情绪,通过引起消费者情感上的共鸣,引导消费者产生购买欲望和行动。情感诉求以诉求对象情感反应为目标,不包括或只包括很少的信息,依赖于感觉、感情、情绪而建立。

理性诉求是指基于诉求对象的认知,真实、准确地传达企业产品、服务的功能性利益,为诉求对象提供足够分析判断的信息,促使消费者经过思考,理智地作出判断。理性诉求广告是一种采用理性说服方法的广告形式。这种广告说理性强,有理论、有材料,虚实结合,有深度,能够全面地论证企业的优势或产品的特点。它既能给顾客传授一定的商品知识,提高其判断商品的能力,促进购买,又会激起顾客对广告的兴趣,从而提高广告活动的经济效益。

互动方式:以小组为单位,尝试搜索和分享你们了解的广告,说明它是属于理性诉求的广告还是情感诉求的广告。各组选择一名小组代表在班级内分享交流。

2. 制定广告预算

大部分的旅游广告是要付费的,而且一般的广告费用还很高。对于一个旅游企业来说,投入在广告宣传中的财力和人力、物力等费用必定有限。在资源有限的情况下,如何利用这些资源做出好的广告来,科学、合理的广告预算,就显得非常重要。广告预算的制定,取决于多方面的因素。首先,产品所处的生命周期不同,广告预算也会不同。其次,广告预算还要根据市场竞争状况随机应变,市场竞争激烈,广告投入就大。此外,影响企业广告预算的因素还有产品的市场占有率、可替代性等。旅游广告预算费用一般包括:市场调研费、广告设计费、广告媒体租金、广告机构办公费及人员工资、广告公司代理费等项目。

3. 确定广告信息

一个好的广告,一定要创造出很有说服力的广告信息,这是所谓"好"广告的基本元素。只有创作出具有说服力的广告信息,才能产生好的广告效应。随着旅游广告投放的大幅度增长,单纯以景制胜的广告已很难打动消费者。因此,旅游广告不但要注重广告本身质量,力求突出目的地的优势资源和个性特征,还应加强创意功力,使之从众多广告中脱颖而出。而朗朗上口的广告语,对一则旅游广告能起到画龙点睛的作用。

旅游宣传口号是旅游广告信息的一种重要表达方式,一般是一句简洁、生动、易识、易记、朗朗上口的话,可以在旅游目标市场中树立独具魅力的旅游形象。旅游口号往往与旅游标志一起使用,提出言简意赅、生动形象的口号,突出主题,增加感染力。比如世界各国对外宣传时提炼出的特色口号:埃及——"历史的宝库";西班牙——"阳光普照西班牙";瑞士——"世界的公园";意大利——"露天博物馆"等。

【课堂互动 4-20】

有没有一句广告语,戳中你的小心脏?

组织方式:4 人一组,就以上问题进行 10 分钟的头脑风暴,各组选择一项最有趣或吸引力的广告语在班级内分享。

任务要求:找到视频,在课堂内播放后,简述广告创意并评述。

4.选择广告媒体

旅游企业选择恰当的媒体和安排合理的投放时间,才能起到有的放矢,事半功倍的广告效果。选择媒体,要根据广告受众来定。受众不同,选择的媒体就不一样。如果是大众化的受众,可以用大众化的媒体;如果促销的是儿童产品,最好是利用儿童类娱乐节目,或利用家长喜欢看的节目来影响儿童和家长。比如携程,就灵活地采取了广告+全方位植入的方式,得到消费者关注和热议,进而引发了亲子游产品的热卖。广告能否产生积极的效应,合理地安排投放时间也非常关键。广告投放时间的安排,主要是根据受众群体的不同来确定的,意在确保广告正好能让相关受众在适宜时间里看到。

【同步案例4-54】

广告是说服的艺术,说什么很重要、怎么说更重要!

广告文案是有助于完成广告目标的一切文字或语言,有这样一个故事,一位盲人乞丐在街头乞讨,但是施舍的行人寥寥无几,可当一位女士修改了他面前求助的文字后,路人纷纷开始解囊。

可你知道她写了什么吗?

纸板的第一面写着:

I'm blind, please help!

纸板的另一面写着:

It's a beautiful day and I can't see it.

5.广告效果评估

旅游企业投放广告是以追求效益为目的,一个广告是否成功,最终要通过广告效果的评估来做出判断。企业花费大量的投资进行广告宣传,都希望这些投资能通过产品销售、品牌提升等形式得到应有的资金或社会效益的回报。否则,企业进行广告宣传就失去了意义。因此,对旅游企业的广告效果进行评估,不仅可以让企业明确所做广告的前景,而且可以有助于企业对涉及的广告宣传是应该继续、放弃还是应该调整、改进等重大问题进行决策。

通常在广告投放结束后,旅游企业可以通过第三方的广告监测系统,看到广告投放效果的相关数据,如果建有数据库,还可以收集到详细的用户信息。通过这些数字,结合广告投放费用,就能精确计算出广告投放效果。广告的效果评估可分为传播效果的评估和销售效果的评估。衡量广告的传播效果旨在揭示广告是否发挥了作用,这个过程可以在广告印制或播发之前或之后进行;而销售效果的衡量则比较困难,销售量的提升除了会受广告影响之外,还会受其他很多因素的影响。

【同步案例4-55】

黑龙江旅游局自媒体首秀——这里不仅有冰天雪地

（四）旅游广告投放

在旅游广告决策中，我们还需要决定广告在什么时间投放、投放时间长短和频率等方面的问题，也就是所谓的旅游广告投放策略。最常见的广告投放策略主要有以下三种。

1. 集中式投放

集中式投放是指在特定区域、特定时刻及特定媒体总量的限制之下，广告投放能产生一种"挤出效应"。也就是说在广告版面或每天广告时间既定的前提下，某一家旅游企业占用量越大，其他企业对广告资源的占用量自然越小。

比如每当"十一""春节"长假、"五一""端午""中秋"等小长假到来之前，各大旅游目的地和旅游景区会纷纷使出浑身解数，在中央电视台3套、8套、13套等电视频道、《人民日报》海外版、凤凰卫视、湖南卫视、东方卫视等省级卫视以及一些重要客源地的地方媒体上"集中火力"投放旅游宣传信息，这样的做法是典型的集中式广告投放策略。

集中式的广告投放并不适合所有的旅游产品推广，只有当旅游产品的信息相对透明、市场上同类产品竞争激烈、小广告投放很难见效的情况下，才可以考虑使用此策略。

2. 连续式投放

连续式投放是指整个促销活动期间没有什么大的变动而匀速地投放广告的行为。通过旅游广告的持续投放，不间断地累积效果，维持广告记忆度，持续刺激消费动机，旅游广告的投放涵盖整个购买周期。此种方法一般适用于季节性和时间性不明显的旅游产品。

比如国内一些高端酒店喜欢在目标客户群体偏好的杂志上，如《东方航空》杂志，一年四季连续性地投放各式广告，有目的、有步骤地把酒店产品信息及品牌传达给相关的客户群，并利用这些媒体的影响，提升产品的形象与知名度，为下一步市场推广铺平道路。

连续式投放策略的优势在于细水长流般地将产品或者品牌渗透进消费者脑海中，使他们对产品的印象与好感持续增加。当然，这种投放策略需要旅游企业大额度的资金支持，做较长远的广告预算。

3. 间歇式投放

旅游广告投放除了传递信息和塑造形象两大功能外，还承载着一个非常重要的功能，那就是旅游者情感唤醒的功能，这就需要旅游企业适度运用间歇式的广告投放策略。这种间歇式的广告投放策略其目的显然不再只是将旅游产品本身的信息进行传达，更是负担着唤醒旅游消费者与旅游产品之间的情感沟通和维系。从消费者的大脑记忆与情感遗忘程度曲线上看，在没有任何提醒的情况下，每隔三个星期的时间，消费者对产品与品牌的记忆度与情感度就会下降2~5个百分点。

比如杭州、上海、厦门、成都、西安等旅游发达城市，游客基础良好，绝大部分的旅游消费者都耳熟能详，而且，其旅游吸引力、号召力也非常强。但是，我们还是能够时不时地在许多宣传媒介上看到这些旅游目的地的广告信息，如旅游宣传片、户外广告等。

从市场推广的角度看，间歇式的投放策略适合产品的高度成熟期，消费者对旅游产品的记忆与好感只需间隔性地提醒，而无须密集地接触。而广告投放的间歇期的长短，则要依据市场竞争的激烈程度而定。

合理的旅游广告投放策略有助于提高旅游广告促销效果，在投放旅游广告的过程中应针对旅游促销的目的和内容，策略性规划广告发布的时间和频度。对于新开发的、季节性强的旅游产品、旅游线路、节庆活动，如温泉、漂流等，可采取集中投放策略；对一些资金雄厚的大型或高端旅游企业则可采用持续性的投放策略；而旅游城市或旅游目的地的形象广告，则可采用间歇式投放策略。但在旅游广告形式和内容上应力求创新和创意，使旅游广告受众对旅游产品和形象始终保持新鲜感。

【同步案例 4-56】

再小的力量也是一种支持——农夫山泉助力申奥

四、旅游人员促销及应用

（一）旅游人员促销概述

1. 旅游人员促销的概念

可以说,自有销售以来,人员促销就已经出现了。商贩走街串巷推销自己的商品,就是最简单的人员促销。它虽然是一种传统而古老的促销方式,但直到现在,它仍然是企业不可或缺的重要促销方式。而旅游人员促销,也在现代旅游企业中得到了广泛认可和应用。

旅游人员促销就是指旅游企业从业人员直接与旅游消费者或潜在消费者接触、洽谈,以宣传介绍旅游产品或服务,促使其购买的活动过程。旅游人员促销是一种人与人沟通的方式,是旅游促销人员说服旅游者购买旅游产品的过程。在此过程中,实现旅游产品由促销人员向旅游消费者的转移,达到既做成交易、销售产品,又能满足旅游者需求、帮助他们解决问题的双重目的。

旅游企业的销售工作并不仅仅是营销部人员的工作,实际上是全体员工共同努力销售的结果,尤其是那些与顾客接触的一线员工或那些"营销大使",比如酒店前台接待、旅行社导游和餐厅服务员等。

【课堂互动 4-21】

让你印象深刻的人员促销方式有哪些?

组织方式:4 人一组,就以上问题进行思考与讨论,各组选择一项最有趣或吸引力的人员促销方式在班级内分享。

2. 人员促销的特点

（1）人员促销具有很大的灵活性

在促销过程中,买卖双方当面洽谈,易于形成一种直接而友好的相互关系,通过交谈和观察,促销人员可以掌握消费者的购买动机,有针对性地从某个侧面介绍产品或服务特点和功能,抓住有利时机促成交易。同时也可以根据消费者的态度和特点,有针对性地采取必要的协调行动,满足顾客需要,有时还可以及时发现问题,进行解释,解除消费者对企业或产品的疑虑,使之产生信任感。

（2）人员促销具有选择性和针对性

人员促销往往长时间的准备工作就是为了短短几十分钟的真正促销时间,即与顾客面对面交流的时间相对较少,而大部分时间都用来做准备工作及跟进工作。在每次促销之前,可以选好具有较大购买可能的顾客进行推销,并有针对性地对未来顾客作一番研究,拟订具体的推销方案、策略、技巧等,以提高促销的成功率。促销人员还可以倾听消费者对产品的意见和建议,这对企业改进和完善产品大有好处。

（3）人员促销具有完整性

促销人员的工作是从寻找消费者开始的,再到接触、洽谈,最后达成交易。除此以外,促销人员还可以担负其他营销任务,如了解顾客的需求变化、顾客使用之后的反馈等。人员促销能够及时了解消费者内心的潜在需求,一般是促销者和消费者面对面直接接触,消费者有什么需求,可以在第一时间与促销者进行沟通、交流,从而使促销者了解消费者的潜在需求。

【同步案例 4-57】

日本被尊称为"推销之神"的原一平认为,一个杰出的推销员在与准顾客见面之前,对他一定要了如指掌,以便在见面时,能够流利地述说他的职业、家庭状况,甚至他本人的故事。只有句句逼真亲切,才能很快拉近彼此的距离。

他本人通常只用5%的时间与顾客进行面对面的推销,而用95%的时间去了解和研究顾客。因为在进行具体交易过程中谁掌握的信息多,谁就占据交易过程的支配地位。推销员在推销的过程中,或者企业在进行营销策划的过程中,怎样向消费者输入新的、有序的、持续的信息将是旅游营销成功的最根本因素。

(4)人员促销具有公共关系的作用

一个经验丰富的促销员为了达到促进销售的目的,可以使买卖双方从单纯的买卖关系发展到建立深厚的友谊,彼此信任,彼此谅解。这种感情增进有助于促销工作的开展,实际上起到了公共关系的作用。日常经营活动中很多旅游企业倾向于将人员促销用于能产生大量销售额的团体销售,如酒店针对会议团体、旅行社、航空公司等进行的人员促销或旅行社针对企业进行的奖励销售。人员促销也是很多餐饮公司获取新客户的主要方式。

(5)人员促销的成本高昂

人员促销是一种非常昂贵的营销方式,成本包括销售人员的工资、培训费、差旅费、娱乐费以及办公设备费等。企业在采用人员促销时,需要根据所要促销的产品和服务以及产品的销售对象等具体情况,做出慎重选择。有些促销,即使成本较高,也一定要采用人员促销的方式,比如面对合作企业之类的重点对象,人员促销就必不可少。人员促销虽然成本高昂,但仍然是企业促销中最有效的一种手段。

【同步案例 4-58】

以销售汽车创下四项金氏世界纪录

(二)旅游人员促销的方式

旅游行业一般采用的人员促销方式有营业促销、上门促销、通信促销、会议促销等,旅游企业可以根据实际市场需要采取任意组合方式。

1.营业促销

营业促销是指旅游企业中提供旅游产品各个环节的从业人员,在为旅游者提供服务的同时,促销旅游产品的活动。旅游企业的从业人员直接与旅游者接触,也可以向旅游者介绍和展示旅游产品,解答疑问,促成销售,担负着同专职促销人员一样的职能。这是一种非常普遍的"等客上门"式的推销方式。这种推销方式有两个主要特点:一是旅游者寻求旅游产品,主动地向推销员靠拢;二是营业场所的产品线路和服务种类繁多,花色、式样丰富齐全,便于旅游者挑选和比较。

旅游企业可以组织宣传推介会活动,在主要目标市场客源地联合当地有关部门机构,共同举办旅游形象推广及产品展示会,邀请本地相关的政府部门、旅行社、旅游企业和新闻媒体参与。定期或不定期安排促销专员对目标市场城市的专业团体,如记者协会、教育工会、大型企事业单位,进行日常电话拜访、登门拜访,共同商议团体旅游、会议旅游、团体个人奖励旅游等合作事宜。

【同步案例 4-59】

西班牙旅游交易会上中国展台大放异彩

2. 上门促销

上门促销是指旅游企业派专职促销人员携带旅游产品说明书、宣传材料及相关资料走访客户进行促销的方式。这种方式适用于促销人员不太熟悉或完全不熟悉促销对象的情况下,即时开展促销工作,它要求促销人员有百折不挠的毅力、良好的沟通能力与谈话技巧。这是一种主动出击式的"蜜蜂经营法"。犹如哪里有鲜花(消费者),哪里就有蜜蜂(推销员)。

这种最为古老、最为熟悉的推销方式,被旅游企业和旅游消费者广泛地认可和接受。这种推销方式的特点主要体现在促销人员主动向旅游者靠拢。因此,推销员与旅游者之间的感情联系尤为重要,要求促销人员既要有百折不挠的毅力,还要掌握寻找推销对象、把握恰当的推销时机、学会交谈艺术等推销技巧。

3. 通信促销

通信促销是旅游企业的促销人员通过电话、微信、QQ 或邮件等方式与旅游者进行沟通,最后直接或间接达到销售目的的促销方式。通信在旅游企业销售人员进行促销时充当了极为重要的角色。利用即时通信工具与潜在消费者交谈,销售人员可以发现理想的促销对象,确定他们的旅游消费能力和出游倾向。这种推销还可以用来做上门推销的预约,了解有关的背景情况,及时答复旅游者提出的有关问题,确认旅游者有关的细节等。

旅游企业使用通信促销的另一个重要方式是接受问讯和预订。利用电话、微信、QQ、E-mail 等方式接受信息查询和预订已经成为目前旅游企业进行销售的重要的方式。让旅游者通过拨打官方电话查询有关旅游产品和服务信息也是国际旅游业通行的服务方式。这就要求旅游企业加强对相关工作岗位员工的培训,让他们学会如何巧妙地利用电话向旅游者传递相关信息。

4. 会议促销

除了以上三种促销方式外,会议促销也是目前很多旅游管理部门、旅游企业常用的人员促销方式。会议促销是指旅游企业通过各种会议介绍宣传本企业旅游产品的一种促销方式,比如各种旅游交易会、旅游博览会、旅游订货会等。会议促销是较为常见的促销形式,它的特点是促销集中,接触面广,成交量大。

【同步案例 4-60】

常用的促销技巧有哪些？

（三）旅游人员促销的过程

1. 寻找顾客

旅游促销人员需利用各种渠道和方法寻找旅游消费者,包括现有的和潜在的旅游消费者,了解潜在消费者的需求、支付能力和购买权力等,做出购买资格评价,筛选出有接近价值和接近可能的目标顾客,以便集中精力进行促销,提高成交比例和促销工作效率。

2. 接近目标顾客

旅游促销人员在进行促销之前,必须进行充分的准备。这些准备包括:尽可能多地了解目标市场群体的情况和要求,确立具体的工作目标,选择接近的方式,拟订推销时间和线路安排,预测推销中可能产生的一切问题,准备好所有促销材料,如景区景点及饭店设施的图片、说明材料、价目表、套餐旅游产品的介绍材料等。准备就绪后,促销人员需要用电话、微信、邮件等形式向访问对象讲明访问的事由、时间、地点等,与目标顾客进行事先约见。

旅游促销人员经过充分准备和约见,就要与目标顾客进行接洽。接近顾客的过程往往比较短暂,在这极短的时间里,促销人员要依靠自己的才智,根据掌握的顾客材料和接近时的实际情况,灵活运用各种接近技巧引发和维持消费者对访问的兴趣达到接近顾客的最终目的。

3. 促销面谈

接近与面谈是与顾客接触过程中的不同阶段,两者之间没有明显的绝对界限,本质区别在于谈话的主题不同。接近阶段多侧重于让顾客了解自己,有利于沟通双方的情感交流和创造良好的促销气氛,而面谈阶段往往集中在推销旅游产品、建立和发展双方的业务关系、促使顾客产生购买欲望。

通常,促销面谈需要促销人员利用各种面谈方法和技巧,向潜在消费者传递旅游企业及产品信息、展示顾客利益、消除顾客疑虑、强化购买欲望,让顾客认识并喜欢所促销的旅游产品和服务,进而产生强烈的购买欲望,最终实施产品购买行为。

4. 处理异议

面谈过程中,消费者往往会提出各种各样的购买异议,比如需求异议、价格异议、产品异议、服务异议、购买时间异议、竞争者异议、对促销人员及其所代表的企业的异议等,这些异议都是消费者的必然反应,它贯穿于整个促销过程之中,促销人员只有针对不同类型的顾客异议,采用不同的策略、方法和技巧,有效地加以处理与转化,才能最终说服消费者,促成交易。

5. 成交及后续工作

成交是整个促销工作的最终目标。优秀的促销人员,要密切注意成交信号,把握最后的成交机会,采取灵活、机动、有效的措施和技术,帮助旅游消费者做出最后决策,促成交易,并完成购买手续。

达成交易后,促销人员应着手履行各项具体工作,做好服务,妥善处理可能出现的问题。应着眼于旅游企业的长远利益,与旅游消费者保持和建立良好的关系,树立消费者对旅游产品与服务的安全感和信任感,促使他们连续、重复购买,利用购买者的间接宣传和辐射性传导,争取更多的新顾客。

【课堂互动 4-22】

情境模拟:假设某位旅游者经过促销员的推介,已经将旅游纪念品买了回去,但是商品现在出现了一些小问题,这位消费者找上门来,讲了一大堆对该旅游商品的不满,促销员的任务是帮助这位顾客解决这些问题,提高顾客的满意度。

组织方式:选择 2 组同学进行此项模拟训练。推介的旅游商品尽量选充当推销员角色的同学熟悉的商品,推销地点不同,接近方法也不同,具体地点由 2 位同学自己商定,并设计促销过程。

训练目标:提高促销过程策划能力,灵活应变能力,沟通表达能力,情绪控制能力。

五、旅游营业推广及应用

(一)旅游营业推广概述

1.旅游营业推广的概念

旅游营业推广是指在一个比较大的目标市场中,旅游企业在某一特定时期与空间范围内,通过刺激和鼓励交易双方即促销人员与消费者,并促使旅游者尽快购买或大量购买旅游产品或服务而采取的一系列促销措施和手段。由于它直接围绕提高营业额进行促销,所以称为营业推广,通常精心组织的营业推广能够起到很好的宣传作用。

旅游营业推广最大的特点是它强烈的呈现和特殊的优惠。强烈的呈现能够让消费者感知感受到,特殊的优惠能够起到强烈的刺激作用,这是旅游企业营业推广最常使用的手段。由于旅游营业推广具有强烈的刺激性,比较容易获得旅游消费者的快速反应,因而会产生立竿见影的效果。它属于辅助性的促销工具,是广告和人员促销的补充措施,同其他促销方式结合起来,会有明显的促销效果。

【同步案例 4-61】

美国"波浪谷"石岩景观被列入美国自然保护区,美国政府规定每天只能发放 20 个进入许可证,通过网上申请和现场申请各 10 张,全球不分国家、种族、信仰、贫富,机会均等。该办法实施后,申请参观者人满为患,很多人因为申请不到参观资格而倍感遗憾,这一手段却使得"波浪谷"的知名度空前提高,成为美国生态旅游的招牌性景点,而且使稀缺资源得到了切实保护。

同样,我们国家的邻国不丹,严格限制外来旅游人数,以前每年只允许 3 000 人入境旅游,目前放开至6 000 人,而且必须由当地旅行社组团接待,每天的最低消费费用至少 200 美元。这样严苛的规定,使能够到不丹旅游的人屈指可数。不丹也因此被誉为人间的"秘境"。

2. 旅游营业推广的特征

（1）非常规性

与经常性的有计划的广告活动不同,营业推广多用于一定时期、一定任务的短期的特定推销。

（2）灵活多样性

推广对象可以是消费者、中间商、推销员;促销方式可以是业务培训和进修提高、为企业营销人员提供必要的旅游宣传品、发奖金和组织推销竞赛等。

（3）强刺激性

旅游企业应用营业推广这一促销手段,激励自己的促销人员和旅游中间商扩大推销和鼓励旅游消费者作出购买决策,所以在具体实施过程中采取的很多措施明显要强于平时,以此吸引消费群的注意。

（4）短程高效性

企业在营业推广期的较短时间内,会集中较大的力量进行推广,所采取的措施也是非常规可比的,所以可以实现在短期内的高效性。

3. 旅游营业推广的职能

（1）加速新产品进入市场的进程

旅游产品与服务在投入旅游市场的初期,大多数的旅游者或目标消费者对其还没有足够的认识和了解,不可能立即产生积极的反应和强烈的消费欲望。然而通过一些必要的促销措施,能够在短期内迅速地为旅游新产品销售开辟通路。如免费旅游、特价优惠旅游、特价美食节、新旧产品搭配出售以及退款优待等营业推广方式是行之有效的措施。

（2）抵御竞争者的推广促销活动

当竞争对手大规模地发起营业推广促销活动时,企业若不及时采取相对有效的促销措施,常常会大面积地损失已有的市场份额,坐以待毙。因此,营业推广是旅游市场竞争中对抗和反击竞争对手的有效武器。如采用免费赠品、折扣优惠、服务促销、联合促销等方式来增强旅游产品对旅游者的吸引力,以稳定和扩大消费购买群体,抵御竞争者的侵蚀。

（3）增加产品和关联产品的销售

运用旅游营业推广促销手段,既可以通过购买馈赠、交易补贴、批量折扣、经销竞赛等方式来劝诱中间商更多地购买,并同企业保持稳定、良好的购销关系,促使其制定有利于旅游企业的经营决策。同时又可以加强对旅游消费者的刺激与激励。如通过提供赠品、类别顾客折扣、旅游者竞赛与抽奖等方式,提高旅游者对该旅游产品的注意与兴趣,从而增加旅游产品的消费,提高整体产品的销售额。

【同步案例 4-62】

精彩纷呈的青岛啤酒节

青岛啤酒节始创于 1991 年,最初是由青岛啤酒厂主办,后由青岛市人民政府组建专门的机构主办,该活动是以啤酒为媒介,融旅游休闲、文化娱乐、经贸展示于一体的大型节庆活动,每年 8 月的第 2 个周末在青岛开幕,为期 16 天,是国内规模最大的酒类狂欢活动,在国内外具有较广泛的知名度和影响力,被誉为亚洲最大的啤酒盛会。

青岛啤酒节期间会举办系列推广活动,比如在德国皇家伯爵啤酒主题日会举办中心舞台演出活动、竞技类比赛、趣味比赛、艺术巡游、公益活动等。

活动类别	活动内容
中心舞台演出活动	18:30—20:30"刘老根大舞台"专场演出 20:30—21:30"海马汽车杯"全球饮酒大赛
竞技类比赛项目	个人吹瓶、1 500毫升大杯速饮、1分钟速饮
趣味比赛项目	男女双人吸管、青岛之夏
艺术巡游	18:00—20:00吉祥物展演、巴西桑巴展演、民俗鼓乐展演
公益活动	残疾人代表发言、爱心节活动 参观啤酒城、观看演出、游玩嘉年华

(二)旅游营业推广的对象

1.对旅游者的营业推广

针对旅游消费者的营业推广,目的是使有购买意愿的消费者尽快作出购买决定。包括鼓励现有消费者购买本企业的新产品,吸引更多的潜在消费者的购买兴趣,或争夺竞争对手的市场份额等。常采用的推广方式有赠送优惠券及各类小纪念品、有奖销售、会员金卡制、附赠礼品等。

2.对旅游中间商的营业推广

针对旅游中间商的营业推广,目的是调动中间商的积极性,鼓励中间商大量购进并出售本企业的产品。常采用的推广方式有编制小册子、开展销售竞赛、提供让利折扣、给予推广津贴、举办和参加国际旅游展览会或博览会等。

3.对旅游促销人员的营业推广

针对本企业的促销人员的营业推广,目的是调动旅游促销人员的工作积极性,鼓励促销人员多销售、开拓更多的潜在市场。常采用的推广方式有奖金激励、开展推销竞赛、组织奖励旅游、免费提供人员培训及技术指导等。

(三)旅游营业推广的主要方式

1.免费营业推广

免费营业推广,是指旅游消费者免费获得旅游企业的某种产品或服务与利益。例如一些旅游景点,经常在某个特殊的日子,如5月19日中国旅游日期间免收门票或赠送游客有关该旅游景点介绍的VCD光盘、旅游宣传彩页等。这种营业推广方式的刺激和吸引强度大,对于一般的散客很有吸引力。

【同步案例4-63】

2017年,中央第六次西藏工作会议明确提出,要把西藏建成世界级旅游目的地。西藏自治区在2018年初召开了新闻发布会,向外界宣布:西藏将于2018年2月1日—4月30日开展"冬游西藏·共享地球第三极"活动,全区所有A级旅游景区免费对所有旅游者开放。

目前,西藏共有 A 级旅游景区 116 家,除了大家熟知的布达拉宫、大昭寺、珠峰等景区,还有更多其他偏小众的景区也全部免费。这就意味着,2018 年 2 月 1 日—4 月 30 日入藏的游客将节省数额不小的门票费用,这对部分游客来讲,这无疑是一个好消息。事实上,这种营业推广方式对旅游者具有极大的刺激和吸引力,西藏的这一旅游营销举措也确实使得进藏旅游的人数猛增。

2. 优惠营业推广

优惠营业推广,是指旅游企业以低于市场正常水平的价格,使旅游消费者、旅游经销商可以购买到特定的旅游产品,一般采取折扣、赠品、特殊 VIP 服务、销售奖励等办法,通过让利的促销方式,让旅游者和经销商获得实惠,从而扩大分销商的盈利空间,巩固和发展旅游目的地与渠道商的营销联盟。这种方式在现实中应用得十分广泛,尤其是在酒店业中的应用更加普遍。

【同步案例 4-64】

陪你到世界尽头 飞猪推出"南极专线"你心动吗?

看过北极光,就想去世界的另一端探一探,如今,这样的梦想已经离旅行者不再遥远。阿里巴巴旗下旅行品牌飞猪将"南极专线"的广告铺遍各地报纸。

飞猪官方介绍显示,"南极专线"将于 2018 年 1、2 月分四期出行,每期行程长达 17 天,共有约 2 000 个席位供国内游客选择。与以往"南极游"动辄数十万的出行价格不同,飞猪此次专线主打普惠概念,优惠售价为 49 999 元,这个价格涵盖从国内出发到南极度假再回到国内的全部行程。

事实上,飞猪南极专线曾在 2016 年"双 11"期间进行试水,抢先发售仅持续两周便吸引了 204 人预订,广大旅行爱好者对南极的热情可见一斑。

据飞猪"南极专线"项目负责人嵝山介绍,之所以具备这样的价格优势,是因为飞猪直接和挪威有着百年历史的游轮运营商"海达路德"合作,极大压缩了中间商层层转包、加价的空间。值得一提的是,总部位于挪威的船务公司"海达路德"专营南北极的游轮业务,是 IAATO 成员,创造了 123 年来零事故的航行奇迹,为南极游的安全系数加分。飞猪也希望通过这样的合作,让更多去往南极的旅行者加强对生态环境保护的切身感受。

出境游的井喷,也影响着飞猪的海外布局。自 2017 年北极光专线开始,飞猪确立了度假 IP 战略,选取标杆目的地进行资源直采,将价格大幅度下探到普惠水平,针对未来的消费主力人群推出高端市场普惠出游。

3. 竞争营业推广

竞争营业推广,是指在旅游企业事先控制好的促销预算约束下,利用人们好胜、竞争、侥幸和寻求刺激等心理,通过举办竞赛、抽奖等推广活动,吸引旅游者、中间商和促销人员参与,从而达到扩大销售量的目的。

这种营业推广方式被我国的很多旅游企业普遍采用,也是应用堪称"火热"的一种方式,它是通过竞争让消费者得到额外惊喜,从而刺激消费欲望的一种营销策略。需要注意的是,竞争营业推广一定要根据消费者的特点、产品的特点,合理设立奖励的产品,合理设立奖励幅度。如何设计奖品需要旅游企业认真研究。

【同步案例 4-65】

旅游答题第一家:iGola 骑鹅旅行《百万旅行家》

2018 年春节期间,国际机票比价预订平台 iGola 骑鹅旅行,在其 APP 端推出了首档旅行类互动问答游戏——《百万旅行家》,成了在旅游垂直细分领域吃螃蟹的撒币玩家。《百万旅行家》不和众多答题活动拼奖金多少,而是从"为旅行花的钱都能赚回来"的角度去回应"读万卷书不如行万里路"这句老话,深度契合品牌想要传递的价值观——"世界是我们的游乐场"。

《百万旅行家》的所有题目设置都和旅行有关,然而又十分考验参与者的知识面。从机票、护照、签证知识到旅行目的地风土人情、法律法规,再到天文、地理及艺术,iGola 围绕热点话题、企业产品、行业领域等向大众输出知识内容,并设置门槛保障了真正的"旅行家"能够瓜分可观的现金。

国际机票比价预订提供的是较低频的服务,iGola 越来越注重用有趣的旅行内容和用户保持互动,以此激活老用户,同时吸引更多新用户了解 iGola。据悉,《百万旅行家》为 iGola 骑鹅旅行带来了 20 W+下载量。

4. 节庆事件营业推广

节庆事件营业推广,是指利用某些节日或某些特殊事件进行营业推广活动的方法。旅游企业通过具有创新性的活动或事情,使自己成为大众关心的话题,从而吸引媒体的报道和消费者的参与,从而达到提升旅游企业形象以及销售旅游企业产品的目的。例如:各地的旅游节、世博会、青岛啤酒节等。这种营业推广方式影响力大,效果明显。比如,2010 年 5 月 1 日—10 月 31 日,第 41 届世界博览会在中国上海举行,其主题是"城市,让生活更美好",吸引了全世界 200 个左右的国家和国际组织参展,吸引了海内外 7 000 万人次的游客前来参观。

【同步案例 4-66】

有趣的西班牙西红柿节

西班牙西红柿节始于 1945 年,每年 8 月的最后一个星期三举行,在世界上的知名度很高。2002 年被列入西班牙国家文化遗产。据传说,有一天,该城里一个小乐队从市中心吹着喇叭招摇过市,领头者更是将喇叭翘到了天上。这时,一伙年轻人突发奇想,随手抓起西红柿向那喇叭筒里扔,并且互相比试,看看谁能把西红柿扔进去,这就是西红柿节的由来。

每年的这个时候,来自世界各地的游客就聚集在布尼奥尔镇上,和当地居民一道庆祝这个别具特色的节日。在这里,西红柿给人们带来的不只是丰收的喜悦,还有狂欢的快乐。

西班牙西红柿节期间,当地民众以及来自世界各地的游客 3 万多人用 100 多吨西红柿作武器展开激战,使整个市中心变成了"西红柿的海洋"。游戏规则是西红柿必须捏烂后才能出手。

5. 展销活动营业推广

展销活动营业推广,是指旅游企业在某一段时间针对多数预期消费者,以实际销售为目的,通过开展旅游展销会的模式进行的展示销售活动。展销活动的时间一般为 1 天或 1 周,在展销现场各旅游管理部门或旅游企业向参展游客与企业提供有关旅游企业及旅游产品的相关信息,并有专人进行讲解与示范。比如,久负盛名的"广交会"就是典型的一种展销活动营业推广。旅游企业不仅通过交易会、博览会展示他们的产品,展示企业的服务,传达企业的经营理念、服务宗旨、销售渠道等信息,而且还通过交易会、博览会,汇聚了老顾客,也广泛接触到了新的顾客。显然,这种营业推广方式,对于促进旅游企业与旅游中间商的合作效果十分显著。

【同步案例 4-67】

丝绸之路(敦煌)国际文化博览会,简称敦煌文博会,是"一带一路"建设的重要载体,是丝绸之路沿线国家人文交流合作的战略平台,承载着重要的国家使命。经党中央、国务院批准,从 2016 年起,丝绸之路(敦煌)国际文化博览会将在甘肃省每年举办 1 次。

2016 年 9 月 20 日,首届丝绸之路国际文化博览会在敦煌成功举办。同年,甘肃省接待游客 1.9 亿人次,实现旅游综合收入 1 220 亿元,甘肃年度旅游综合收入首次跨入千亿元大关。"文博会"带火了甘肃旅游,一时间"游敦煌观文博"成为旅游新热潮。有效地加深了各地游客对甘肃文化的认同感,提升了甘肃旅游的知名度和影响力。

(四)旅游营业推广的过程

1. 旅游营业推广方案的策划

首先,需要确立旅游营业推广目标,即要回答"向谁推广"和"推广什么"两个问题,应针对不同类型的目标市场,拟订不同的旅游营业推广目标。其次,需要选择实现目标的手段和措施。旅游营业推广的方式多种多样,每种方式都有其各自的特点和适用范围,一个营业推广目标可以由一种推广方式实现,也可以由多种推广方式优化组合实现。再次,如表 4-7 所示,需要制订旅游企业具体营销任务的旅游营业推广方案。

表 4-7　旅游营业推广方案的制订步骤

步骤	具体内容
选择营业推广对象	旅游企业可以对目标市场的每个人施以刺激,也可以选择对某些群体施以刺激。目标范围的大小,直接影响到方案的制订和促销效果
选择营业推广媒介	媒介的选择主要是确定通过何种途径向消费者传递信息,如广告、直邮、宣传单等。各种推广途径所需费用不等,信息传达范围不同,旅游企业需要权衡利弊,进行费用与效益比较,选择最有效的推广途径
确定营业推广时机	时机的确定主要包括开始的时点和推广期的长短。时点的选择多根据市场销售情况确定,通常在淡季。推广期长短应该适中。过短可能无法实现重复购买;过长又会引起开支过大,给消费者长期降价的印象
分配营业推广预算	旅游营业推广是一项较大的支出,事先必须进行筹划,拟订推广预算。可以先确定推广方式,再计算总费用;也可以按一定时期内推广预算占总促销预算的比例来确定

2. 旅游营业推广方案的实施与控制

在旅游营业推广方案的实施与控制中,应注意和监测市场的反应,并及时对促销范围、强度和重点等进行必要的调整,保持对促销方案实施的良好控制。因此,旅游企业要尽可能地进行周密的策划和组织,预测实施中可能产生的问题,并预先做好解决所有突发性事件的准备与安排。

3. 旅游营业推广效果评估

对旅游营业推广活动的效果进行评估,是检验推广促销活动是否达到预期目标的唯一途径。评估效果既包括短期效果,也包括长期效果。但在很多情况下,长期效果的衡量,只能采用定性或定量的预测方法来判断估计,而且结果也较粗略。目前普遍采用的一种方法是把推广之前、推广期间和推广之后的销售情况进行比较,短期销售量的变化幅度是衡量旅游营业推广效果的最好依据。

【同步案例 4-68】

"好客山东"旅游攻略大赛

六、旅游公共关系促销及应用

(一)旅游公共关系概述

1. 旅游公共关系的概念

旅游公共关系又简称为"旅游公关",是指旅游目的地或旅游企业为了取得广大旅游消费者的信任和支持,在现有的内外部环境条件下,通过传播沟通、塑造形象、平衡利益、协调关系、优化社会心理环境的方式影响旅游者行为,为自身发展创造最佳的社会关系环境的科学和艺术。现实中旅游企业和旅游目的地在开展旅游公关时都纷纷借助热点新闻、焦点事件、影视作品等非广告形式与旅游者进行沟通,进而吸引了大众眼球。

旅游公共关系促销与其他促销方式最大的区别在于,广告往往是直接推销商品,而公关宣传是旅游企业利用各种传播媒体,同各方面的公众沟通思想情感,建立良好的社会形象和营销环境的活动。中央财经大学张云起教授说:广告是让人买我,公关是让人爱我。当一个旅游企业在游客心目中树立起良好形象时,自然而然也会对旅游企业产品的销售大有裨益。

旅游公共关系的实质并非自我吹嘘式的自卖自夸,而是借助于"第三方力量"来诉说每一个旅游产品的美,并通过媒体的"推波助澜"把这种传播效应无级放大。稻城亚丁凭借着《从你的全世界路过》蜚声中外;湖南的凤凰古城凭借着沈从文的小说《边城》扬名天下;北京的慕田峪长城因为冯小刚的电影《非诚勿扰》而名声大噪。

2. 旅游公共关系的含义

(1)其着眼点是树立良好的企业与产品形象

旅游企业开展公共关系活动,一般不直接推荐产品,不以立即促成购买行为为目标,而是通过积极参与各项社会活动,宣传旅游企业的经营宗旨和理念,着眼于实现良好的公共关系状态,形成和谐的社会舆论,扩大企业的知名度,树立良好的形象,以赢得社会各界的好感,从而提高社会公众对企业及产品的认同感与接受程度。

(2)其对象是各种社会关系

旅游企业在其日常生产经营活动中,要与旅游供应商、中间商、合作者、竞争者、消费者、政府部门、新闻界人士、社会团体等发生复杂的社会关系。一个企业的公共关系实际上就是该企业赖以生存、发展的整个社会关系网络。旅游企业通过有关的活动,建立良好的公共关系,不仅有助于产品销售,而且对企业的整个生存发展都是至关重要的。所以,旅游公共关系的对象不仅仅是旅游企业产品的购买者,而是旅游企业面临的各种公共的社会关系。

(3)其基本方针是着眼于长远

旅游企业与社会公众之间的良好关系,不是一朝一夕可以建立起来的,公共关系所需要的是长期的、有计划的、持续不懈的努力。为了长远的利益,旅游企业要舍得付出眼前代价,要通过点点滴滴的营销工作去建立、维护、调整和发展与公众之间的良好关系。

(4)其原则是真诚合作、互利互惠

"与自己的服务对象一同发展"是公共关系的重要原则。一个旅游企业的公共关系对象都是与企业有着一定的利益关系,对企业的生存发展具有一定的制约力的组织或个人。这种以一定的利益关系为纽带的双方关系特别强调平等相待、互利互惠。如果旅游企业只顾自身利益而不择手段、不顾后果,就毫无公共关系可言。

【同步案例4-69】

"好客山东"输给青岛一只虾

2015年的国庆长假,朋友圈被以下三则发生在青岛的新闻刷屏了。它们分别是,38元天价大虾,吃蟹先拔腿,记者暗访打车遭倒卖。

事件一:2015年10月4日,肖先生携妻女来青岛旅游,在"善德海鲜"店吃饭。正赶上店里的朱先生一桌与老板发生争执,原来38元/份的蒜蓉大虾在结账时变成38/只。肖先生点餐时已问过两位店员大虾是按份卖,对方是明目张胆的欺诈。按这个算法,朱肖两家人分别消费2 175元和1 338元。不服气的两家人选择报警。民警来了之后说这属于价格纠纷,110管不了,建议找物价局。物价局值班人员又说太晚了,还是放假期间,建议找110协调。经二次报警后,派出所协调,让饭店先把钱给人家。最后,肖先生支付了800元,朱先生也支付了2 000元。

随后,肖先生21岁的女儿用微博曝光此事,38元/只的青岛大虾立刻火了。各大门户纷纷转发这一消息,网友们的跟帖也刷爆。经媒体报道,青岛市物价局立刻责成市北区物价局根据有关法律法规予以立案处理。2015年10月6日下午,青岛市北区物价局做出行政处罚事先告知书,根据《中华人民共和国行政处罚法》第31条的规定,拟对市北区善德海鲜烧烤家常菜作出9万元罚款行政处罚,并责令其立即改正价格违法行为。

事件二:宁夏网友爆料:"在青岛旅游时,点了只帝王蟹,店家称重之前直接把螃蟹腿都拔掉,称完后七斤多,且称了就必须买,吃过后结账,两个人花了近三千元。"

事件三:据齐鲁网报道,记者近日在青岛火车站暗访,上出租车后,司机极力诱导去其极地世界,记者答应后又在途中被赶下车,去非正规售票点买票,190一张,司机拿30元一位回扣。随后记者又被面包车多次转运才至景点,其间还遭领队恐吓威胁。

"38元天价大虾"等事件在7天假期里,经过社交媒体的病毒式传播,引发全民大讨论,段子手更是演绎出无数新段子,用各种手段调侃青岛,调侃吃海鲜。毫不夸张地说,几乎是一夜之间,不仅让青岛丢了人,也毁了"好客山东"的形象。正如一位网友评论的那样:一只大虾毁了青岛这座城,更毁了山东省旅游系统数亿元砸出来的"好客山东"品牌。

3.旅游公共关系的重要作用

(1)对旅游企业营销的促进作用

旅游公共关系是企业营销的润滑剂,对企业营销具有很大的促进作用。诸如此类的情况很多,如我们熟知的企业的大型赞助型活动。赞助型活动和一般的广告不一样，它实际上是一种支持社会事业发展的公益性活动。公益活动往往有不少公众参与其中，也会引起社会各方面的广泛关注。企业参与和赞助公益事业，自然也会引起大家对企业及其经营理念，甚至是对企业产品的关注。通过公益活动，让公众了解企业，有助于塑造良好的企业形象，为企业营销打下坚实的社会群众基础。

（2）对旅游企业营销的救助作用

在企业的发展过程中，总是不可避免地发生这样那样的问题，这是不以人的意志为转移的。在企业所面临的各种问题中，大量的是一般性的问题，这类问题只需要按日常程序处理就可以正常避免或解决。还有一些问题则是突发性的危机事件。遇到此类问题，若采取一般性应对措施是很难挽回局面的。这时，旅游企业就需要策划专门的公共关系活动来应对。公共关系堪称是企业营销的救心丸，当企业遇到危机事件的时候，公共关系的这种救助功能就凸显了出来。

（二）旅游公共关系的类型

1. 宣传型公共关系

宣传型公共关系，是指旅游地或旅游企业运用各种传播媒介，如报纸、杂志、电台、电视等向社会公众展示自己的发展成就与公益形象，从而形成有利于本组织发展的社会印象与舆论环境。这类公共关系所传播的信息具有新闻性强、可信度较高、影响面宽、推广效果快的特点。宣传型公共关系对内一般借助内部刊物进行宣传。

2. 交际型公共关系

交际型公共关系，是指由公关人员通过各种社会交往活动，建立广泛的横向联系，以沟通信息和塑造旅游企业形象的一种公共关系活动方式。这类公共关系可以通过直接的个人交际和团体交际方式，联络感情、协调关系和化解矛盾，从而建立公众对旅游企业的了解与信赖。

3. 服务型公共关系

服务型公共关系，是指旅游企业为社会公众提供热情、周到、方便的优质服务，赢得公众的好感，从而树立良好形象的公共关系活动。这类公共关系要求旅游企业树立以顾客为中心的服务理念。

4. 社会型公共关系

社会型公共关系，是指通过与有关社会团体建立联系，参加发展社会计划项目，举办各种社会性、文化性或公益性的活动来树立旅游企业声誉的公共关系活动。这类公共关系一般以参加与旅游有关的大型文化与体育活动影响最为显著。

5. 征询型公共关系

征询型公共关系，是指通过收集信息、舆论调查、民意测验、设立公众监督电话等方式，为旅游企业的经营管理决策提供客观依据，以不断完善企业形象的公关活动模式。这类公共关系有助于旅游企业了解影响潜在顾客购买的障碍性因素，有利于旅游企业改进与完善营销工作中的不足之处。

【课堂互动4-23】

背景材料：毛姆是英国著名的作家，他一生著书颇丰，享有世界声誉。可是一开始并不是这样，他写了很多作品,虽然很好,但就是销路不畅。他很着急,就开动脑筋想办法。一天,他突然想到一个好办法,在一家发行量大的报纸上登了一则征婚启事:"本人是一位年轻有教养,爱好广泛的百万富翁,希望找一位与毛姆小说中的女主角一样的女性结婚。"这个启事一登出来,毛姆的小说被抢购一空,一版再版。而毛姆也一夜之间全国皆知,家喻户晓。

组织方式:小组讨论并分析,此案例中的营销策略。

分析要点:

1. 促销必须讲究促销艺术,要根据具体情况,因时、因地、因人、因事制宜地运用促销的艺术手段和形式,才能取得出奇制胜的促销效果。

2. 抓住了人们的好奇心理。人们都想看看这位百万富翁找的是什么样的女性,万一运气好,说不定能喜结良缘。从而激起了人们的购买欲望,达到了促销目的。

3. 采用侧向思维促销法。从一个出乎他人意料的侧面来促销。如果直接宣传书本身的价值,很可能吃力不讨好,而一个百万富翁征婚的广告,则能引起人们的兴趣。这位百万富翁究竟想要找位什么样的女性,买本小说看看就知道了,于是,人们纷纷被吸引去看他的小说。

(三)旅游公关关系的运作

1. 与新闻媒体建立良好关系

新闻是开展旅游公关的最主要工具,而演讲、记者招待会或新闻发布会能迅速提高旅游企业或旅游地的知名度。企业都希望通过与大众媒体的合作,自己企业的正面信息能够被大众媒体报道,并为广大公众所认可,从而达到树立企业良好形象的目的。

其中,新闻发布会,是旅游企业为公布重大新闻或解释重要方针政策,邀请新闻记者参加的一种特殊会议。它是旅游企业广泛传播信息、吸引新闻界客观报道、搞好与媒介关系的重要手段,有利于旅游企业与新闻界朋友的充分交流和双向沟通,对建立良好的舆论环境有着重大促进作用。旅游企业都非常重视与媒体建立良好的和经常性的互动关系,以便使企业的信息能够得到及时、准确的报道、传播。

【同步案例 4-70】

开往春天的列车——坐着高铁去云南

2. 公共关系广告的运用

旅游企业也经常使用公共关系广告来达到宣传企业,助推促销的目的。从中央到地方的各种媒体上,经常能见到这种类型的广告。比如中央电视台的"广而告之",是很多企业提供赞助所做的公益性广告。宣传公益的同时,无形中也宣传了赞助企业。再如 2017 年由中央电视台财经频道和盈科旅游联合制作的大型城市文化旅游品牌节目《魅力中国城》的联合赞助商就是小米公司。可以说,小米公司正是借助《魅力中国城》的"魅力"扩大了企业品牌的声名。

【同步案例 4-71】

3.策划社会赞助活动

赞助社会活动或公益活动也是旅游企业建立社会公众形象的一种重要工具。在使用这种工具时,旅游企业最佳的主题选择有教育、环保、体育、健康事业等方面的内容,其效果亲切自然,易于被广大旅游者接受。它实质上是一种商业性及功利性不明显的软广告,并且沟通对象面广量大、有针对性。虽然不能直接带来产品的销售,但从长远看,它会改变人们对企业的看法,间接地促进品牌的声誉、形象以及销售等。

一般来讲,常见的赞助活动类型有:赞助教育事业;赞助出版物;赞助旅游展览会和知识竞赛活动;赞助体育活动;赞助福利事业、慈善事业;赞助学术研究;赞助节日、庆典活动;赞助社区建设与活动。旅游企业通过参与社会赞助活动,既让公众及旅游者了解了企业,强化了企业在公众心目中的良好形象,形成良好的社区关系,同时也增强了旅游企业的社会责任感,可谓一举多得。

【同步案例 4-72】

藏区师生来沪体验梦想之旅,携程打造公益游学活动

4.制作旅游宣传片或宣传材料

旅游企业还会通过自己制作的专题片、宣传片等形式进行自我宣传,这也是企业公关促销的一个重要渠道。一般而言,企业都有自己的宣传机构,还有大量可供自己应用的自媒体。充分利用企业自身资源和优势,进行有效宣传,也是企业扩大自身影响,树立良好形象必不可少的渠道。同时,这也是企业一切公关促销的基础。

5.参加旅游博览会/交易会

旅游博览会或交易会是通过展台方式展示旅游资源、旅游线路和旅游设施及服务的一种公关专题活动。参加旅游博览会或交易会时,可利用各种宣传手段,如通过印刷类宣传品、图片、实物、模型、录像、工艺品制作和文艺表演等方式宣传推广旅游产品,同时也可进行旅游业务咨询、旅游业务洽谈等活动。

【同步案例 4-73】

"快乐"与"刺激"——可口可乐的体育精神

思考一下:试分析可口可乐的体育赞助对企业经营的影响。我们旅游企业应如何借助体育活动来开展营销活动?

（四）旅游公共关系决策

1. 设定公共关系目标

确定旅游公共关系活动的目标，与旅游企业的整体目标及调查研究中所确认的问题紧密结合起来，使之具体化，具备可操作性。

2. 确定活动行动方案

一般来讲，旅游公共关系活动主要包括确定公共关系活动的组织者、考虑合作方式、选择公共关系和宣传的技术手段及宣传的媒体、确定公共关系的时间分期等，这就要求旅游企业运用相应的策略加以指导。

3. 评价公关效果

在公关活动实施后的一定时间内，要对公共关系成功与否进行评价，如表4-8所示，主要评价指标包括以下三种。

表4-8　公关效果的评价指标及方法

评价指标	评价方法
曝光率	最容易衡量公关活动效果的方法是总结媒体上的曝光次数。旅游企业可以自己或者委托相关公司搜集关于本公司曝光行动的调查报告，展示所有的媒体报道及总结
知晓度、理解度、态度的变化	知晓度、理解度、态度的变化是对公关活动所引起影响的一种更好的衡量方法。通过调查有多少人记得新闻内容，有多少人把它告知别人，有多少人在听说这一消息后改变想法，可以更直观地评价公关效果
销售—利润—贡献	评价一次公关活动对销售和利润产生影响的程度，是最理想的衡量评价方法。但是，一次计划周全的公关活动常常是构成综合促销活动的一部分，因此很难评估公关活动的单独影响力

（五）如何进行危机管理？

对旅游企业而言，公共关系的危机管理显得非常重要，利用公关手段，可以起到救助企业于危难之际的作用。它可以在第一时间，回应公众的关注，也在第一时间把企业的信息传播出去。这样做的最大好处是在释放企业善意的同时，避免谣言的产生，使事件的发展朝着有利于企业的方向转变，从而为企业采取进一步的弥补措施争取时间，并打下良好基础。

1. 不同类型危机的预防办法

在危机管理中，作为旅游企业的营销人员，应该更多地关注管理和沟通问题而不是危机本身。

危机一般分为两大类：突发性危机和隐患性危机。突发性危机是指那些毫无警示而突然降临的危机，例如：地震与洪水等自然灾害、经营场所内的暴力事件、爆发食物中毒以及火灾等。隐患性危机是对事件处理不当致使事态逐渐恶化而引起的危机，例如：违反安全规定导致罚款或法律诉讼，以及违反健康法规、违反防火条例等。

对于突发性危机，企业应该能够有所预测。危机管理是一系列不断进行的、相互关联的评估活动，或是对各种危机和可能对企业造成重大问题的各种力量的检查活动。旅游企业需要确认哪些危机可能会发生并制订出计划以防万一。

隐患性危机在发生前就有一定的预警,常常可以通过良好的管理来消除。比如由于产品的质量问题或因质量问题而引发的危机,一般可以通过严格的质量检查与管理在产品上市之前解决。

【同步案例4-74】

顺丰小哥受辱,顺丰总裁王卫化身"霸道总裁"

2.危机发生之后的处理办法

一般来讲,当危机确实发生时,与新闻界的良好沟通可以降低负面宣传的影响。借鉴国内外众多旅游危机公关方面的案例,可以从中总结出一些应对危机的重要原则。

(1)及时快捷地跟媒体展开沟通

某一事件之所以被称为危机,并非事件本身的影响而是事件经过媒体传播以后引发的后续风波让旅游企业的经营者难以招架。特别是随着网络的普及,事件影响传播速度和传播范围大幅度递增。在传统的新闻周期中,截稿时间决定了旅游景区何时管理危机传播,但这种情况已经不复存在。现在,博客和网络新闻的传播速度比传统媒体要快很多,大幅缩短了旅游企业的回应时间。

鉴于此,相关旅游企业必须在事件发生后的第一时间做出回应,必须通过多种媒体来表明态度。传统的信息通道正在日益从博客或网络日记上获取新闻线索。最好的办法就是将企业的回应发布在官网上,并且允许新闻人、普通公众进行转载,传统的媒体会紧随其后。在非常时期,为了保持对网络信息的快捷反应,旅游企业可以考虑成立一个危机信息监控小组,全天候监测各类媒体上的相关信息反馈,以便于企业迅速制订回应措施。

(2)有诚意地道歉

一般出了问题,自然需要致歉,任何恢复声誉的关键点就在于道歉必须是可信的、有诚意的。有三个关键因素可以确保道歉发挥真正的作用:第一是必须由旅游企业负责人或旅游地旅游主管部门领导出来发布道歉信息;第二是必须及早拟订双方都能接受的问题解决方案;第三是为利益受到损害的游客提供必要的补偿措施。在道歉中旅游企业尽量不要表现出过于自我保护和推脱责任,需要直接面对,承认并平息问题,并且进行适度补偿。当然也要根据错误的程度来做出回应,同时考虑到补偿和游客情绪上的反应。

(3)平时注重信誉累积和形象保护

危机公关中有一个重要的经验,如果企业事先拥有良好的信誉,在事实未经证实之前会被认定为没有过错;反之如果事前公司声誉很差,那么在事实未经证实之前就会被认定有错。根据这一经验,我们可以发现平时"逐步积累大量的信誉"对于旅游企业经营而言非常有益。虽然目前旅游业并未建立任何相关实验数据,但是多参与公益活动如常常实施希望工程捐赠、组织员工献血等公益行为,在一定程度上确实有助于预防危机。

【同步案例4-75】

如何抓住旅游企业的公关点?

以上是关于旅游促销组合策略的这四种方式:旅游广告促销、旅游人员促销、旅游营业推广和旅游公共关系。这些方式虽然各有千秋,也能够独自成为一种促销形式,但现实中它们往往是结合在一起使用的。对不同的旅游产品来说,采取的方式也会有所侧重。如果我们做的是消费品,那么旅游广告促销、旅游营业推广可能使用得多一些;如果我们做的是生产资料,旅游人员促销、旅游公关促销可能使用得多一些。

除此之外,还要根据旅游产品所在的生命周期的不同,采用不同的促销方式。如果是导入期,可能更多地利用一些旅游广告进行宣传;如果是成熟期,那么采用旅游公关促销会多一些。企业为了争夺市场,在进行产品促销时,还有要看市场的竞争强度,采取不同的策略。如果市场竞争很激烈,竞争的对手采用的是强有力的广告策略,我们不妨换一种方式,采用人员促销,或者是人员推广等其他方式。

总之,旅游企业采取怎样的促销方式,一定要根据产品特点、市场变化及竞争者的策略等要素,针对性地采取不同促销策略,或几种策略配合使用、组合使用,发挥各种促销方式的综合效应,从而达到整合促销效应的目的,这也正是旅游促销的组合运用。

【项目训练一】

训练设计:2~3分钟旅游宣传片剧本创作

内容要求:

1.需要有画面背景描述、画外音、对话、画面情境描述。

2.广告的起始或落款要有主题广告语。

3.3~5首背景音乐的名称。

4.可参照广告剧本范例。

5.字数参照:3分钟,全语音需要600字的画外音。

成果形式:旅游广告创作文案

范例一:历史遗产类创意广告宣传片——以桥之名(兰州中山桥)

兰州文理学院　2016级旅游管理本科1班　贾文杰、李思齐等

范例二:iPhone创意广告

范例三:兰州市城市形象宣传片——兰州人的一天

兰州文理学院　2016级旅游管理本科2班　张子扬等

【项目训练二】

训练设计:旅游促销活动方案设计。

成果形式:某旅游企业或产品促销活动方案策划书。

任务要求:

一、内容要求

不同市场、不同目标、不同促销方式决定了促销活动内容的多样性和差异性。一般而言,正式的旅游促销活动方案策划书的正文应包括以下内容:

1.市场分析:活动背景分析、市场竞争环境分析、组织状况分析。

2.促销目标:这里的目标包括市场目标和财务目标两方面。

3.促销方案的具体设计:促销活动的主题、对象、地域、方法和媒介。

4.促销方案的实施步骤:促销活动人员、物资等的配置。

5.促销预算计划:确定促销活动的总预算和各分类预算,包括管理费用、销售费用、附加利益费用以及预算使用的原则和管理方法等。

6.效果监控和评估:预测本次促销活动是否能够达到预期的目标,并且对投入产出比进行分析,以便活动结束后与实际情况进行比较,并从促销的时机、促销推广的区域、刺激强度和推广媒介等方面进行评估。

7.意外防范:在促销活动中,难免会出现一些意外,例如旅游消费者的投诉、天气变化导致户外活动无法进行,因此对于各种有可能出现的意外事件作出各方面的防范预备是非常有必要的。

二、写作要求

作为旅游企业营销活动的一种指导性文案,在撰写促销活动策划书的过程中需要遵循简明扼要、表述准确、逻辑清晰、图文并茂四个原则。

1.简明扼要:把问题讲清楚即可,文风朴实,切忌行文啰唆或有意卖弄文笔。

2.表述准确:营业推广策划书所涉及的概念、表述、数据、结论要准确,令读者感到可信。

3.逻辑清晰:在写策划书时,要讲究清晰的逻辑,否则会使得读者感到混乱,缺乏说服力。

4.图文并茂:图表比文字更加直观和形象,尽量使用各种图表,以提高策划书的说服力,让读者更容易理解。

三、基本格式

1.封面

旅游促销活动方案策划书的封面应当含有以下内容:

(1)策划书具体且完整的名称,如:××旅行社春节折扣活动策划书。

(2)策划者的姓名。

(3)策划书完成的时间。

现实中,如果促销策划书内容重要且保密程度高,策划书还应当标注"秘密""机密""绝密"等字样。

2.目录和摘要

当旅游促销活动的策划内容繁多复杂时,应当加入目录以方便读者阅读。摘要则是对正文的概括性说明,使读者能够对整个促销活动有大致的认识。

3.正文

正文部分要求思路清晰,方法得当,表达上要简洁明快、图文并茂。

4.附录

附录包括了促销调查的原始资料、参考文献、宣传文案、数据来源以及其他说明等,附件应完整,附件内容较多时应制作附件目录,便于查看。

【思维拓展】

为什么"小鲜肉"营销"横行霸道"？

资料来源：新浪看点

除了霸屏影视综艺，"小鲜肉"还霸占了广告圈。让我们数数"鲜肉IP+广告"的案例：井柏然代言了楚楚街、驴妈妈、欧莱雅；鹿晗代言了达令、美丽说、韩束、一叶子面膜、Gap、肯德基；李易峰代言了蘑菇街、泰格豪雅、美特斯邦威、特步、植村秀；杨洋代言了苏宁易购、爱奇艺、森马、百草味、娇兰、飘柔，并且营销活动在天猫玩得很嗨；张艺兴代言了天猫国际、华为等。

2018年7月25日，易烊千玺唱响《丹青千里》，《千里江山图》主题曲上线QQ音乐。QQ音乐携手故宫博物院、腾讯NEXT IDEA，共同打造的全新文创项目——"古画会唱歌"音乐创新大赛，首次用音乐"解锁"故宫典藏的十幅古画。由QQ音乐联合AI人工智能、唱作歌手及原创音乐人，以《清明上河图》《韩熙载夜宴图》《步辇图》《洛神赋图》等在内的十幅千年名画为灵感进行歌曲创作，旨在鼓励年轻人以音乐为触点，共同探索通过现代音乐"活化"传统文化的创新方式，也让更多年轻人生动感知传统文化IP的魅力。

虽然这样的"小鲜肉"明星营销异常火爆，但也一直存在着争议。部分网友认为，一些"小鲜肉"无论在年龄、气质还是咖位上，都和某些品牌不太匹配。但无论怎样，奢侈品牌代言人、大使年轻化已经成为一个不可逆的大趋势。从90后到00后，从体育品牌到奢侈品牌，再到更多样化的品牌，"小鲜肉"营销正在强势蔓延中。

一、品牌原有核心消费群"老龄化"，吸引新需求

无论是哪一个品牌，它的顾客也终会"老化"。当初那批70后、80后的成熟消费群体，有一部分可能成了品牌的忠实粉丝，而有一部分则会随着年龄的增长，心态的变化而选择其他竞争者品牌。而这一次转战娱乐圈的小鲜肉，也许就是为了抢占90后、00后的市场。作为新一代的消费主力军，一批批90后、00后像雨后春笋般涌向消费市场。要吸引这些"小鲜肉"的目光，就要用"小鲜肉营销"去迎合年轻人的个性、张扬、趣味。

二、利用"小鲜肉"的流量和年龄优势，增强市场渗透力

既然市场选择了"小鲜肉"，那么小鲜肉本身肯定存在一定的市场价值。一方面，"小鲜肉"的流量能为品牌带来很多明星粉丝，利用粉丝对偶像的追崇来增强品牌黏性。像TFboys，在国内有几千万粉丝，尤其是在青少年当中，有着强大的号召力，同时还特别招"妈妈粉"。另一方面，年轻就是优势，市场倔强地选择了年轻。"小鲜肉"的年龄与新的消费主力军年龄相当，这种"共同成长之感"能拉近品牌与青少年的距离，使之拥有更强的认知率和市场渗透力。

三、"小鲜肉"不够,需要内容来凑

无可否认的是,"小鲜肉"在综艺、广告市场上有着一定的营销价值。但是在看演技的影视剧中,其流量价值就因人而异了。当"演技不够颜值来凑"的制作大行其道,口碑却屡屡扑街之时,一些影视作品则专心内容创作,实行"鲜肉不够,内容来凑",且获得很好的口碑。所以说,为了保住影视剧的口碑,为了留住广告商的广告投入,内容升级还是关键。

现在,无论是影视剧还是广告片,内容升级是必然之路。与其坐等"小鲜肉"的流量,还不如主动出击多寻一条长远发展之路,专心内容的创作。

分析与讨论

1. 分析并总结为什么"小鲜肉"营销"横行霸道"。

2. 你认为在营销中,我们该如何做好内容升级?

3. 请你评析故宫博物院与QQ音乐、腾讯NEXT IDEA合作共同打造文创项目"古画会唱歌"音乐创新大赛这一营销事件,同时想一想该如何开展传统文化资源的创意开发和再创作。

4. 从"内容+连接",再到"科技+文化",旅游企业开启了"新文创"之路,未来我们该如何利用新媒体、新科技,做好旅游市场营销?

【自我提升】

能力训练:高效率完成目标任务

作为营销人员,在工作中,时间观念、工作效率非常重要,必须在规定的时间内,高水准完成自己的工作任务,通过成就导向高效率完成目标任务。不过值得注意的是,成就导向必须与影响力和人际理解力达到良好的平衡,否则可能会产生负面效果。

能力要点	自我提升计划
1. 为自己设定具有挑战性的,并且可以达到的目标; 2. 能够积极有效地安排和利用时间完成目标任务; 3. 对于周期较长的营销活动,善于敏锐地感知与抓住潜在的利润机会。	1. 为自己的学习和生活设定明确的内容安排计划,详细到每个年度、每个月、每一天; 2. 经常观察其他人的学习和工作方法,在学习与生活中,不断体现自己的效率和价值感。

模块五

营销实践——遇见互联网

在网络时代背景下,互联网成了各种信息传播的载体,新媒体已经成为旅游市场营销的主阵地,"互联网+旅游""服务+旅游""文化+旅游"也成了营销创新的突破口。本模块将从服务营销、网络营销、文化营销三个方面讲述如何在新媒体环境下创新发展、塑造经典,让人们持续关注旅游,购买旅游产品及服务。

【学习任务】

任务一　旅游服务营销
任务二　旅游网络营销
任务三　旅游文化营销
任务四　营销策划方案创作

【实践任务】

1. 某旅游企业服务营销策略分析报告;
2. 国内外网络营销成功案例的分析报告;
3. 以文化元素为基础设计景区文化营销方案;
4. 某旅游企业营销策划方案撰写。

【能力要求】

1. 能够综合运用各种调查方法,对具体的旅游企业进行服务营销的调查和分析,并撰写分析报告;
2. 能够灵活掌握服务、网络、文化和营销之间的内在关系,能够对旅游企业的营销策略进行准确的分析与判断;
3. 能够通过调查、研究、总结国内外知名旅游企业的营销策略模式及成功之处,寻找其规律性和可复制性;
4. 能够从文化元素入手,为具体的旅游企业设计其文化营销策略;
5. 能够与团队成员进行合理的分工与协作,完成一份关于旅游企业或旅游产品的完整营销策划方案。

【开篇案例】

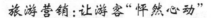

旅游营销：让游客"怦然心动"

经过数月的酝酿，爱尔兰旅游局于 2018 年 12 月正式向全球推出了全新宣传口号——"怦然心动爱尔兰"，这不只是一句口号，而是搭配了相应的旅游体验融合而生。爱尔兰旅游局一并推出了相应的全套旅游推广广告和策划。整个推广所采用的技术和创意在整个行业中实属首创，所有的内容都是基于两位游客的心率数据创造而成的。

爱尔兰旅游局邀请了一对已婚夫妇到爱尔兰岛旅行。他们是真正的普通游客，而且以前从未到过爱尔兰岛。在整个旅行过程中，爱尔兰旅游局为他们定制了可穿戴的高科技设备，这些设备能够实时追踪到他们在旅行途中心脏的生理变化。而这些数据与他们头戴的微型摄像头相连，心跳加速的反应会及时传送给摄像头，从而启动拍摄，抓拍到最令他们心动的美景。

结果，最令人"怦然心动"的时刻发生在爱尔兰西海岸的阿基尔岛划皮划艇（Achill Island）的时候，发生在探索北爱尔兰德夫尼什岛的修道院遗址的时候，发生在攀登西北海岸上的欧洲最高海崖斯里文利哥山的时候……整个爱尔兰岛，从技术上被证明，拥有着令人心跳加速的美景。

爱尔兰此次将数据和创造力结合在一起，真实地展示了爱尔兰岛是如何让游客"怦然心动"的。这样的旅游营销让很多游客心动，甚至很多人憧憬以后也可以穿戴高科技设备游爱尔兰。

不同城市、不同景区都制订了不同的宣传语，旅游宣传语正在成为一个地方旅游营销的标配。孔孟之乡的山东近年来以"好客山东"广为人知，这 4 个字也正是山东的旅游宣传语。"大美青海"同样用简洁的 4 个字，邀请大家前去领略浩瀚无垠的青海湖、蜿蜒曲折的三江源、巍峨耸立的雪山冰川和无边无际的山峦草原，更是引领了一股"大美"的宣传潮流。浙江的"山水江南，诗画浙江"这 8 个字，精炼地概括了浙江的自然风貌和人文特色，其中蕴含的厚实的人文底蕴，让人一看就联想到谢灵运的山水诗、王羲之的《兰亭集序》。

当我们的足迹还没有走向四面八方的时候，我们渴求的是能够有机会看看外面更大的世界，那时候，一句响亮的口号便能勾起我们对远方的向往；当我们走过的地方越来越多，我们不再只是满足于踏上更多的土地，而是希望能够享受旅行的整个过程，更深入地了解一个并不熟悉的地方。有人到海南旅游，不仅只是想享受海南冬日的阳光，也想逛逛当地的海鲜市场，过一天当地人的生活。

2019 年初，故宫凭借夜间开放再次刷屏。曾经的故宫，买票要排队一两个小时，如今，这里设置了 32 个售票窗口，是全世界售票窗口最多的博物馆；曾经，游客只能坐在石头上、屋檐下、御花园的栏杆上休息，如今，用故宫博物院院长单霁翔的话说，大家在故宫可以有尊严地休息了。故宫的改变，是在凌晨 3 时 45 分最后一名观众离开时的陪伴，也是给观众送茶水和方便面时的温暖。如此走心的服务，让故宫的口碑越来越好。

中国的很多城市正在慢慢进入世界的视野。如何能吸引更多外国人前来旅游，"知己知彼"同样重要。

是什么吸引了海外游客将中国作为旅行目的地呢？是历史和文化遗产，消费性价比，美食与物产，还是热情友好的人文环境？对于游客来说，美景美食不可或缺，但"人美"更为重要。何为"人美"，即是让游客在这里体验到旅游服务的用心，品尝到当地人日常生活的滋味。要做到这一点，的确需要下足功夫。

旅游营销也好，景区管理也罢，早已不再处于简单喊口号的时代，越来越需要配合为游客提供用心的服务和体验。只有真的用心，游客才会"怦然心动"，以"心"相许。

资料来源：

[1] 网易旅游．

[2] 搜狐旅游．

[3] 人民日报海外版 2019 年 2 月 21 日．

任务一　旅游服务营销

　　细节决定成败,旅游者对服务品质的追求日益增长,服务行业的竞争也愈加激烈,旅游企业之间无时无刻不在进行着激烈的营销大战。旅游产品因为可复制性高而使得针对产品的竞争已无生命力,唯有独特而精致的服务无可替代。本任务将从服务营销的科学解释、服务营销与传统营销的区别、顾客关注、案例剖析等方面系统地讲述旅游服务营销。

【任务导图】

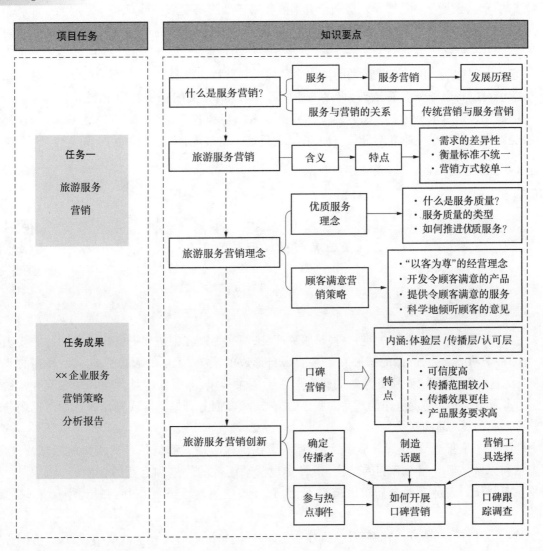

一站式服务开创经营新模式——潜水"走红"旅游市场

资料来源：界面新闻/蔡洛冰、张漾

问题导入：从消费者角度来看，美娜多一站式的潜水服务都包括哪些？它们的服务营销又是如何开展的？

一、什么是服务营销？

（一）服务

"服务"的概念，营销学者一般是从区别于有形的实物产品的角度来进行研究和界定的。菲利普·科特勒认为，服务是一方提供给另一方的不可感知且不导致任何所有权转移的活动或利益。它的产生可能与某种有形商品联系在一起，也可能毫无关系。显然，服务是指为他人做事，并使他人从中受益的一种有偿或无偿的活动，它不以实物形式而以提供劳动的形式满足他人某种特殊需要。

通常，我们可以将服务分为有偿的、直接的或间接的、提供方便的经济性劳动服务。作为旅游营销人员，首先应考虑顾客的需求是什么？顾客期望体验到什么？与顾客交往时，该用什么样的方式让顾客感受到尊重，感受到服务的品质？服务不仅是一种活动，而且是一个过程，还是某种结果。

星巴克何以成为星巴克？

（二）服务营销

现实生活中，服务可以分为两大类：一种是服务产品，产品为顾客创造和提供的核心利益主要来自无形的服务；另一种是功能服务，产品的核心利益主要来自形成的成分，无形的服务只是满足顾客的非主要需求。与服务的这种区分相一致，服务营销的研究形成了两大领域，即服务产品营销和顾客服务营销。服务产品营销的本质是研究如何促进作为产品的服务的交换；顾客服务营销的本质则是研究如何把服务作为一种营销工具促进有形产品的交换。

无论是服务产品营销，还是顾客服务营销，服务营销的核心理念都是顾客满意和顾客忠诚，通过取得顾客的满意和忠诚来促进相互有利的交换，最终实现营销绩效的改进和企业的长期成长。因此，服务营销是企业在充分认识满足消费者需求的前提下，为充分满足消费者需要在营销过程中所采取的一系列活动。

作为服务营销的重要环节，"顾客关注"工作质量的高低，将决定后续环节的成功与否，影响服务整体方案的效果。实施服务营销首先必须明确服务对象，即"谁是顾客"。找准顾客，根据顾客需求进行精准的营销，通常会让营销成功概率更高。

【同步案例 5-2】

圈粉整一代人的"海尔兄弟"

（三）服务营销的发展历程

西方学者从 20 世纪 60 年代就开始研究服务营销问题。直到 20 世纪 70 年代中后期，美国及北欧才陆续有市场营销学者正式开展服务市场营销学的研究工作，并逐步创立了较为独立的服务营销学。时至今日，服务营销学的发展大致经历了以下阶段：

1. 起步阶段（20 世纪 60—70 年代）

服务营销学于 20 世纪 60 年代兴起于西方。1966 年，美国拉斯摩教授首次对无形服务同有形实体产品进行区分，提出要以非传统的方法研究服务的市场营销问题。1974 年由拉斯摩所著的第一本论述服务市场营销的专著《服务营销》面世，标志着服务市场营销学的产生。在这一阶段，已经开始涉及"服务"这一概念，不过重点集中在服务的相关内容、服务与商品的区别以及服务的准确定义方面。例如，人们普遍认识到服务行业的持续增长，探讨了服务与商品之间的主要区别，认为服务是一种过程，其主要收益是通过服务过程所创造的。这一阶段服务营销研究的主要问题是：服务与有形实物产品的异同、服务的特征、服务营销学与市场营销学研究角度的差异等。

2. 探索阶段（20 世纪 80 年代）

美国亚利桑那州州立大学成立了"第一跨州服务营销学研究中心"，标志着对服务营销理论探索的深入。这一阶段主要探讨服务的特征如何影响消费者购买行为，尤其集中于消费者对服务的特质、优缺点及潜在的购买风险的评估。在这一阶段，服务营销的重心开始转移到服务质量的测量上，不仅产生并开始强调服务质量这一概念，而且已经开始将其作为服务企业的主要挑战。其中，比较典型的代表就是应用最为广泛的差距服务质量模型和 SERVQUAI 测量体系。同时，也有学者强调服务接触是服务质量管理的核心，并提出了"真诚瞬间"的概念，诸如关键实践法和服务蓝图法等工具应运而生。

3. 挺进阶段（20 世纪 90 年代）

这一阶段研究的成果，一是探讨服务营销组合应包括哪些因素；二是对服务质量进行了深入的研究；三是继续深化了有关"服务接触"的理论；四是服务营销的一些特殊领域的专题研究，如服务的出口战略，现代信息技术对服务产生、管理以及市场营销过程的影响等。这一阶段，服务营销的重心逐渐转移到服务的生产或服务运营上来。企业开始越来越关注服务的收益率和服务成本，在剖析服务生产过程中的投入与产出关系的基础上提出了服务生产力的概念，并开始探讨如何基于对服务要素的分析与管理，来提高服务生产力。同时，在这一阶段，也开始关注服务技术、服务人员和内部营销实践以及顾客的参与。

4. 全新阶段（21 世纪）

在 21 世纪初，服务营销的重心则转移到服务价值上来。企业在进行有形产品营销时，服务已成为销售的重要手段，成为企业间进行市场竞争的焦点，并日益成为产品市场竞争的主角。企业营销及市场竞争不仅需要市场营销学作为理论基础,而且需要服务营销学作为行动指导。其中,一个非常重要的概念就是顾客感知服务价值,即通过顾客视角来分析服务企业为顾客所创造的价值。同时,学者和管理者也开始关注顾客能够给企业带来的价值,顾客终身价值和顾客资产的概念开始受到越来越多的关注。在 21 世纪的今天,服务营销在强调服务价值的同时,更是强化了对顾客知识的管理,诸如顾客抱怨、顾客参与、服务补救和顾客创新管理等主题,正日益受到普遍的关注。

【课堂互动 5-1】

游客在旅游时有哪些需求需要被满足？如果你是服务人员,你会如何做以让顾客满意？

组织方式:以小组为单位,开展 5 分钟的思考与讨论,每一组用金字塔的方式将游客在旅游时的需求从低到高绘制出来。请每个小组派一名代表上台与大家分享讨论结果。

（四）服务与营销的关系

1. 服务与营销相互作用

服务是一个产业,而营销是一个行业,这是两者性质不同。在整个旅游市场营销的过程中,服务穿插于其中。从旅游产品和服务的生产商到经销商,从经销商到零售商,再到最终消费者,在这个营销链中,卖方的服务质量及效率直接影响着营销的效果。如果营销环节的设置合理,又会使良好的服务发挥到极致。因此,两者又是相互作用、缺一不可、相互促进的。

【同步案例 5-3】

2. 服务与营销促进作用

服务和营销从字面上来看它们似乎不发生链接,但是从实际发生的效益来看,好的营销服务是基础,成功的营销又将服务发挥到了极致。因此,在这种情况下,我们可以认为服务即营销,营销即服务。服务和营销相辅相成、相互促进、缺一不可。

【同步案例 5-4】

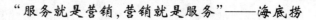

"服务就是营销,营销就是服务"——海底捞

3. 服务三个层面与营销的关系(图 5-1)

（1）基本服务与营销的关系

基本服务是指只有初步的服务意识,基本满足客户最基础的需要,没有任何附加值。比如,在酒店入住,所有顾客都可以享受到的清扫服务、叫醒服务、洗衣服务等,都属于此类基本服务,它与营销之间的关系可以说是无营销且缺乏营销意识。

（2）满意服务与营销的关系

满意的服务在基本服务基础上增加了附加值,服务及时周到,硬件设施条件较好,人们基本对服务感到满意。它与营销产生的链接是完成了基本营销,有意识地营销产品。

（3）惊喜服务与营销的关系

惊喜服务是在及时周到的服务基础上,有了微笑服务和额外的附属产品,触动到了客户情绪情感,给客户带来了积极的情绪体验。那么惊喜服务带来的营销效果即成功营销,就需要投入大量的时间和精力从细节入手,将服务做到极致,实现成功营销。

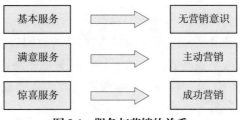

图5-1 服务与营销的关系

【同步案例5-5】

（五）传统营销与服务营销的区别

1. 传统营销

传统的旅游市场营销是一种交易营销,强调尽可能多地将旅游产品和服务提供给尽可能多的旅游消费者。经过长期的发展,已经形成比较扎实的理论和实践基础,消费者也已经习惯这种固定的模式。

2. 服务营销

服务营销中,旅游企业营销的是服务,旅游消费者购买了产品仅仅意味着销售工作的开始而不是结束,旅游企业关心的不仅是产品的成功售出,而更注重的是旅游消费者在享受旅游企业通过旅游产品所提供的服务,以及在服务的全过程中的消费者感受和体验。

【同步案例5-6】

"环西部火车游"展现个性化服务

2018年4月26日,中铁兰州局集团有限公司推出的"环西部火车游"旅游专列上,色香味俱全的西北美食,中国传统非遗剪纸、刺绣、纺织,智能引路机器人、KTV、按摩椅等个性化服务一并展现,让旅客在旅途中开启新体验,享受多样化服务。

此次推出的"环西部火车游"旅游专列,将地面传统服务模式与列车相融合,分别由旅游班列、火车驿站、火车主题公园、火车民宿等四大新型主题产品构成,可为游客带来全新的出行体验。列车以地域文化特色为主题,精心打造嘉峪关方特火车驿站、敦煌月牙小镇火车酒吧、铁路火车主题公园、沙都驿站火车民宿等,为游客提供休闲、创意和乡野体验。

兰州局还将联合地方政府、大型企业,全面构建旅游"大格局",打造全新"列车+"旅游新模式,开行旅游专列,谋划开行"众筹旅游专列",深度开发沿线车站商业,构建集"吃、住、行、游、购、娱"为一体的经营产业链,打造"环线相接,版块联动"的新时代铁路旅游平台,吸引八方游客乘火车饱览西部风光名胜,感受丝路历史文化,畅享"慢火车、悠生活",以旅游流带动客运量,以旅游流拉动消费增长,充分发挥行业优势,在响应国家扶贫"三大攻坚战"、助推西部地区精准脱贫新征程中展示作为。

3.两者的区别

同传统的营销方式相比较,服务营销是一种新的营销理念,旅游企业营销的是服务。而在传统的营销方式下,消费者购买了旅游产品意味着交易的完成,虽然它也有产品的售后服务,但那只是一种解决产品售后维修的职能。随着社会的进步,旅游消费者需要的不仅仅是某项旅游产品,更需要的是这种旅游产品所带来的特定或个性化的旅游服务体验,从而有一种被尊重和自我价值实现的感觉。服务营销是营销行业发展的一种新趋势,更是社会进步的一种必然产物。

(1)服务营销理念不够深入

很多旅游企业在强调很重视服务,可是他们并没有意识到,在为旅游消费者提供服务的时候,服务始终是从属地位。由于传统的营销观念对旅游企业仍有深刻的影响,他们对服务营销的理解还停留在表面,没有对服务进行系统化的规范和全面管理。

(2)服务质量水平有待提升

很多旅游企业在实施服务营销的过程中,由于对服务特点模糊、认识不够,服务管理不到位,造成最终的服务效果不佳。比如,部分企业普遍缺乏必要的服务技能培训,造成了服务不规范,服务质量水平不高,无法为消费者提供满意的服务。有时,企业并没有充分地理解和重视员工的情绪和感受,很容易使员工把对企业的不满情绪带到工作当中,严重影响其服务的质量,从而无法达到消费者的满意度,引起消费者对企业的不满情绪,而最终导致企业的形象受损。通常情况下,由于服务质量的评价标准难以度量,企业会将消费者所感知的服务质量作为服务营销成功的标准。

(3)服务营销缺乏创新

很多旅游企业的服务一般只跟促进销售有关,包括产品的信息服务、包装服务、售后服务、人员服务等,而如更高要求的改善体验环境、双向沟通、便捷性服务、电子商务等先进的现代服务方式较为缺乏,且不能开展创新服务,导致很多旅游企业的服务同质化现象很严重。

【课堂互动5-2】

你如何看待服务与营销? 服务与营销之间的关系你还可以深入地解析吗?

组织方式:以小组为单位展开谈论,运用头脑风暴的方法,请各小组罗列出服务与营销的关系,也可以举例说明。最后,请一名同学板书,把每一组同学总结的内容都写在黑板上。注意重复的只写一遍。

二、什么是旅游服务营销?

(一)旅游服务营销的含义

由于旅游产品的特殊性,对旅游企业来讲,服务营销尤其重要。旅游服务是以人为核心,整个服务过程即游客同旅游工作人员接触的互动过程,游客对旅游服务过程的参与,使得服务的效果不仅取决于服务者的素质,还与游客的个人行为密切相关。因此,人成为旅游服务产品的核心。再者,同有形产品相比,服务产品更多表现为努力、行为和绩效等内涵。因此,在旅游行业,游客对旅游服务产品的感知和消费效果判断则需要广泛地依赖于旅游服务的项目设计、人员态度、设施及环境等相关因素。

旅游服务营销是服务营销理论在旅游业中的应用,它是指旅游服务提供者为满足游客的异地体验需求或提高游客满意度而展开的一系列营销活动和内容。由于服务作为无形产品有着自己的特点,所以,与有形产品的旅游市场营销相比,其营销活动附上了强烈的人性化色彩,旅游服务人员和游客群体便成了旅游服务营销的两个重要的营销主体,他们与旅游企业能否恰当地开展旅游服务营销有着密切的联系。

【同步案例5-7】

迪士尼的服务营销——我们创造快乐!

思考一下:你还知道迪士尼乐园的哪些营销手段和方法?他们的营销赢在了哪里?

(二)旅游服务营销的特点

1.需求的差异性

旅游服务的需求者会因各自所处的社会环境和各自具备的条件不同而形成极大的需求差异。同时,旅游服务需求受外界条件影响大,如季节的变化、气候的变化、科技发展的日新月异等,都会对信息服务、环保服务、旅游服务、航运服务的需求造成重大影响。因此,旅游服务营销的需求弹性是服务业经营者最棘手的问题。

2.衡量标准不统一

旅游服务者的技术、技能水平直接关系着服务的质量和效果。旅游消费者对各种服务产品的质量要求也就是对旅游服务人员的技术、技能、技艺的要求。旅游服务者的服务质量不可能有唯一的、统一的衡量标准,而只能有相对的标准,且一般来讲凭购买者的感觉和体会来决定。

3.营销方式较单一

一般来讲,有形产品在市场上可以经多次转手,如经批发、零售多个环节才使旅游产品到达消费者手中。而对旅游服务产品而言,生产与消费的统一性造成了旅游服务营销方式的单一性、直接性,这在一定程度上限制了旅游服务市场规模的扩大,也导致了旅游企业很难在更多市场上出售自己的旅游服务产品,这给旅游服务产品的营销带来了一定的困难。

【同步案例5-8】

思考一下:服务与营销之间到底是怎样的关系呢?

三、旅游服务营销理念

先进的服务营销理念能够指导旅游企业营销人员提供更好的服务产品,更有效地拓展市场。如优质服务理念和顾客满意理念是旅游企业开展服务营销的行动指南,是旅游企业制订营销规划的基本出发点和依据。

(一)优质服务理念

要做好旅游服务营销工作,旅游企业必须为消费者提供优质服务。什么是优质服务?这首先涉及"服务质量"是什么。

1.什么是服务质量?

服务质量可以被定义为消费者对实际所得到服务的感知与对服务的期望之间的差距。因此,服务质量是一个主观范畴,它取决于消费者对服务的预期质量和消费者实际感知到的服务质量之间的对比。一般来讲,在旅游消费者体验质量达到或超过预期质量时,他们就会满意,从而认为对旅游者的服务质量较高;反之,则会认为旅游企业的服务质量较低。

2.服务质量的类型

通常,旅游消费者感知的服务质量包括技术质量和功能质量两个方面。

技术质量是指在旅游服务过程中的产出,即游客在旅游服务中所得到的实质内容,如为游客提供的安全、舒适、愉快的旅游行程体验。它也包括服务过程中使用的技术性方法、设施、器械、电脑化系统等硬件要素。技术质量可以通过比较直观的方式加以评估,旅游者也容易感知,从而成为消费者评价服务好坏的重要依据。

功能质量则是指服务的技术性要素是如何传递的,也就是旅游服务的生产过程,它包括旅游服务人员的态度与行为、旅游企业的内部关系、旅游服务人员外貌仪表、旅游企业员工与旅游者的接触等软件要素。有些服务,消费者无法感知其功能质量,比如餐馆的采购、加工、烹饪过程,因消费者并不参与这些作业过程,所以就只能感知其结果,即技术质量。

旅游产品与一般的物质产品相比有很大的不同。质量强调的是产品的形态、功能、可靠性、耐用性等技术标准;品质关注的是产品的文化内涵、文化表现形式和传递给旅游消费者的方式;而服务是旅游产品的核心要素,传达的是旅游目的地管理者和当地居民、旅游企业的经营者和服务人员的素质、理念、境界、服务意识和服务水平。

3.如何推进优质服务?

优质服务,即让旅游消费者体验到高质量的服务水平。一般可以从以下五个方面入手,为旅游消费者提供优质的服务体验。

【同步案例 5-9】

"零缺陷"思想

菲利普·克劳士比被誉为当代"伟大的思想家""零缺陷之父""世界质量先生",终身致力于"质量管理"哲学的发展和应用。

"零缺陷"思想包括以下内容：

（1）第一次就把工作做对总是比较便宜的；

（2）"零缺陷"就是缺陷预防的呐喊，它意味着"第一次就把事情做对"；

（3）所谓第一次做对，是指一次就做到符合要求，因此，若没有"要求"可循，就根本没有一次就符合"要求"的可能了；

（4）我们基本的工作哲学便是预防为主，坚持"第一次就把事情做对"的态度，使质量成为一种生活方式。

（1）注重市场调研，准确把握服务需求

旅游企业经营者应该对旅游消费市场的需求变化趋势拥有敏锐的反应及洞察力，并准确结合自身定位，将旅游消费者对服务营销的新需求融入到产品的开发和设计中去。

（2）重视员工的服务过程

旅游服务基本上是通过旅游服务人员的日常工作完成的。因此，每一位服务员工的工作表现都与服务质量，以及旅游消费者的服务体验密切相关。旅游企业在进行服务营销时，应注意吸取一线旅游服务人员的意见和建议，鼓励员工参与旅游服务营销的全过程。

（3）通过奖励激发服务人员热情

行为学家认为，认可是改变或加强根深蒂固的行为的重要工具。当服务人员觉得自己不受赞赏时，他们的士气和动力会受到消极影响。旅游企业必须关注员工，通过有效的培训、激励手段，提升其服务技能，激发其服务热情，才能让旅游消费者得到更好的服务体验。

（4）个性化服务与标准化服务相结合

旅游服务人员与旅游消费者之间面对面的交往是旅游服务的核心，旅游企业的经营者应该重视这种面对面的服务。比如通过员工培训，加强在旅游过程中旅游服务人员服务技能的标准化，在此基础上根据不同的消费者设计不同的个性化服务，做到个性化服务与标准化服务的有效结合。

（5）做到实事求是的服务营销

实事求是的服务营销对于一家旅游企业、一个旅游品牌进入新的市场是必要且必需的，言过其实的夸大宣传只能适得其反。对旅游消费者的"承诺"与"兑现"之间是否产生差距，是旅游企业诚信经营的标尺，这不仅与旅游消费者的服务感知密切相关，而且也是旅游企业树立良好社会形象、打造企业美誉度的关键因素之一。

【同步案例5-10】

优质旅游服务让海南更美

资料来源：海南日报

（二）顾客满意理念

旅游企业通过取得旅游消费者的满意和忠诚来促进相互有利的交换，可以最终实现其营销绩效的改进和企业的长期成长。

1. 什么是顾客满意

在现代社会,旅游企业要想赢得长期顾客,就要创造顾客满意。顾客满意是一种心理活动,是顾客的需求被满足后的愉悦感。菲利普·科特勒指出:"满意是指一个人通过对某一产品和服务的可感知的效果与他的期望值相比较后历形成的感觉状态。"

因此,旅游企业的全部经营活动都要从满足顾客的需要出发,为其提供满意的产品和服务,使顾客满意成为企业的经营目的。

2. 顾客满意的营销效应

顾客满意对旅游企业来讲至关重要。研究表明,顾客满意能够产生积极的营销效应,如促进顾客重复购买、影响顾客保留与忠诚、提升企业市场份额与获利能力等。

(1)顾客满意与再购买意愿

顾客满意会带动再购买行为。从顾客的角度讲,满意将意味着顾客会减少再次消费的风险和不确定性。由于顾客在购买或消费后有第一手资料评价自己的满意程度,这对于顾客是否再次购买或消费起着关键性作用。

(2)顾客满意与顾客忠诚

当顾客面对许多选择时,只有最高等级的满意度才能加强忠诚度。对旅游企业来讲也不例外,尤其对于酒店的选择,大部分消费者会在两到三次体验后,选择确定某一品牌而持续购买。

(3)顾客满意与顾客保留

在一般的市场环境下,没有顾客满意,很难有顾客保留的可能性。如果忽略已有顾客的利益,而只将运营重点放在吸引新顾客上,必然会导致公司利润的下降和市场份额的降低。菲利普·科特勒认为,保持顾客的关键是顾客满意。而一个满意的顾客则会购买得更多,对产品"忠诚"更久,对价格不敏感等。

【同步案例 5-11】

神秘顾客

为了提高顾客满意度,在连锁商业、电信、银行、零售、餐饮、汽车、服务等行业出现了一种新的调查方法——"神秘顾客访问"。神秘顾客是经过严格培训的调查员,在规定或指定的时间里扮演成顾客,对事先设计的一系列问题或者现象逐一进行评估或评定的一种调查方式。由于被检查或需要被评定的对象,事先无法识别或确认"神秘顾客"的身份,故该调查方式能真实、准确地反映客观存在的实际问题。

神秘顾客的作用如下表所示:

作用	主要内容
提高商业流程运作的规范性	提供最前线的商品、服务质量和顾客满意度的信息反馈 发现产品运作中的缺陷,进一步完善产品 监测设备使用情况、设备的维护 客户与竞争对手各项指标的优劣势分析
提高员工的服务水平和工作热情	让员工认识到服务质量对争取顾客的重要性 利用有效的激励机制提高员工的工作积极性 寻找需要进一步培训的地方 改进雇员培训的方案

续表

作用	主要内容
提高顾客满意度和忠诚度,增加顾客重复购买	监测和衡量服务的表现,提高顾客忠诚度 确保顾客与前线员工的关系保持良好 保证产品/服务传递的质量
增加产品和品牌的价值,提高产品销量	补充市场调研的数据 提供竞争对手数据,分析市场的竞争环境

3.顾客满意营销策略

旅游企业采用顾客满意的服务理念开展市场营销时,在于提高旅游消费者对旅游企业生产经营活动的满意度,而要真正做到这一点,则必须切实可行地制订和实施如下关键策略。

(1)塑造"以客为尊"的经营理念

"以客为尊"的企业服务经营理念,是服务顾客最基本的动力,同时它又可以引导决策,联结企业所有的部门共同为顾客满意的目标奋斗。比如,麦当劳成功的要素就是它始终重视顾客,千方百计让顾客满意,它的整体价值观念是质量、服务、卫生和价值。

(2)开发令顾客满意的产品

顾客满意要求旅游企业的全部经营活动都要以满足顾客的需要为出发点,把顾客需求作为旅游企业开发产品和服务的源头。旅游企业必须熟悉并了解旅游消费者,分析他们的购买动机和行为、能力、水平,研究他们的消费习惯、兴趣和爱好,科学地顺应旅游者的需求走向,确定产品的开发方向。

(3)提供令顾客满意的服务

热情、真诚为顾客着想的服务能带来顾客的满意。旅游企业要以便利顾客为原则,不断完善服务系统,用产品具有的魅力和一切为顾客着想的体贴去感动顾客。比如,对旅游企业来讲,售后服务是接近消费者直接的途径,它比通过发布市场调查问卷来倾听消费者呼声的方法要有效得多。

(4)科学地倾听顾客的意见

旅游企业应该学会用科学的方法和手段去检测旅游消费者对产品和服务的满意程度,及时反馈回旅游企业管理层,改进工作,及时、真正地为满足顾客的需要服务。比如,通常会有一些游客不满意部分产品或服务而选择沉默,决定不再进行二次消费。很多旅行社针对此种情况,对行程结束的游客在一周之后进行电话回访,对其在旅途中的感受进行了解,以弥补游客旅游中的遗憾,极大地提升了游客的满意度。

【同步案例5-12】

服务营销中的顾客关注

四、旅游服务营销创新——口碑营销

旅游服务营销的理念要顺应时代的发展而不断创新,只有新理念才能产生新的行动。口碑营销作为一种新的服务营销方式,发挥着日益重要的作用。

(一)什么是口碑营销?

菲利普·科特勒将口碑传播定义为:由生产者以外的个人通过明示或暗示的方法,不经过第三方处理、加工,传递关于某一特定或某一种类的产品、品牌、厂商、销售者,以及能够使人联想到上述对象的任何组织或个人信息,从而导致受众获得信息、改变态度,甚至影响购买行为的一种双向互动传播行为。

消费经验一般分为直接经验和间接经验。直接经验是指旅游消费者真正体验某项服务的过程中所获得的经验。间接经验则是指从别人那里获得经验,这不仅节省时间和金钱,而且不用冒风险直接体验新服务。二者相比,人们更倾向于获得间接经验。因此,更多的消费者愿意采取口碑的方式来传播产品或服务信息。

对旅游行业来讲,口碑营销是旅游供应商有意识或无意识地生成、制作、发布口碑题材,并借助一定的渠道和途径进行口碑传播,以满足旅游者需求、实现旅游产品交易、赢得游客满意和忠诚、提高旅游企业和品牌形象为目的,而开展的计划、组织、执行、控制的管理过程。

一般来讲,口碑的内容包括三个层面:首先是体验层,即公众对企业或组织相关信息的认识、态度、评价;其次是传播层,即传播过程中的事例、传说、意见、好恶、熟语等传播素材;最后是公众对其的认可层面,即满意、颂扬。

(二)口碑营销的特点

1.可信度高

口碑营销其中一个最重要的特征就是可信度高。大多数的消费者认为企业刊登的服务信息广告,有夸大其词的嫌疑;销售人员的推销也是因为企业雇用了他们并给予他们佣金。只有口碑传播,是自然地将信息传播给他人,是既不被企业雇用又不自卖自夸的独立的第三方传播。

2.传播范围较小

在一般情况下,口碑传播都发生在朋友、亲戚、同事、同学等关系较为密切的群体之间。在口碑的传播之前,他们之间已经建立了一种长期稳定的关系。相对于纯粹的广告、促销、公关、商家推荐等而言,传播范围较小,但影响力较大。

3.传播效果更佳

相对于大众传媒,人际传播不仅可信性强,而且富有活力,便于记忆,因而对消费者影响较大,传播效果更佳。特别是对于那些营销资源有限的中小企业或弱势品牌,口碑营销是他们市场制胜的有力法宝。

4.对产品和服务的要求更高

正面的口碑营销对旅游企业的产品和服务推广来讲,会起到良好的效果,但负面的口碑对一个企业来讲将是一场灾难。因此,旅游企业应该重视自身企业形象及旅游产品质量,规范企业行为,以防陷入营销困境。

【同步案例 5-13】

打好营销持续战——2018 安徽旅游营销 TED 式分享会

（三）如何开展口碑营销？

1. 确定口碑的传播者

旅游企业首先需要考虑的是，谁会主动形成口碑并开始传播？一般来讲，是旅游产品的消费者、媒体、员工、供应商和经销商。口碑营销往往都是由产品或服务的使用者发起，比如很多旅游企业会将新产品以试用的方式，让更多的消费者了解并推广。

2. 制造话题

制造话题，也就是给公众一个谈论某个产品和服务或某次事件的理由。其实，口碑营销就是一个寻找话题的过程，总要发现一点合乎情理又出人意料的噱头让人们，尤其是潜在的消费者来评论，如产品、价格、外观、活动、形象代言人等。比如，网易云音乐曾经与杭州地铁联合营销的音乐主题车厢，一度成为网络话题，吸引了很多消费者前往乘坐、观看。

3. 营销工具的选择

如何帮助旅游企业的口碑信息更快更有效地传播，是一个重要问题。比如网站广告、微电影、热点文章、微信公众号推文、论坛等，都可以成为旅游企业可选择的营销工具。此外，信息的监测也是一个重要的环节，比如网络舆情监测等，口碑营销的价值需要一些定量数据来支撑。

4. 参与热点话题

旅游企业要善于发现一些社会热点及旅游消费者们关心的话题，并主动参与到热点话题的讨论。比如，中青旅曾经利用电影战狼的火爆，在微博平台发布持中国护照出境旅游的话题，取得了良好的传播效果。其实，从来不稀缺话题，关键在于旅游企业如何寻找到和自己产品价值和企业理念相契合的接触点，也就是接触点传播。

5. 口碑跟踪调查

口碑跟踪调查是旅游企业的事后监测环节，利用一些软件和工作，发现哪些人在讨论和关注自己的企业或产品，寻找消费者们的关注内容和意见。但更为关键的是，当知道公众在谈论或者准备谈论自己时，旅游企业的营销者该怎么办？是参与他们的话题讨论？还是试图引导讨论？抑或置之不理？旅游企业需要根据关注者的关注点和方向做出决策。

【项目训练】

训练设计：选择一家旅游相关企业，通过调查，全方位了解它的服务营销理念、手段、方法、活动等，并对它的服务营销策略进行分析与总结。

成果形式：某旅游企业服务营销策略分析报告

任务要求：

1.可选择服务营销较为知名的星巴克、海底捞火锅、宜家、喜来登酒店等旅游相关企业，也可以选择中国航空、东方航空、故宫景区、柏联温泉等曾经体验过服务的旅游相关企业，将其中一个或两个作为研究对象。

2.调查方式可以是实地走访、企业官方渠道网络调查，也可以是针对原有顾客群体或企业工作人员的调查与采访。

3.报告内容需包含企业概况、主要采用的服务营销模式、方法与手段、企业服务营销策略分析等内容，若企业目前的服务营销存在一些问题，也可有针对性地提出一些自己的看法或意见，或者其他优秀企业经典做法的借鉴。

4.以小组为单位，团队完成作业。

任务二 旅游网络营销

网络技术和4G服务的出现,让新媒体成为旅游消费者获取信息和反馈体验的重要平台,网络营销方式的逐渐成熟,也使得消费者对网络营销从刚开始的怀疑与不接受逐渐变成了信赖与喜爱。本任务将从网络营销的类型、特点、策略及经典案例四个方面讲述旅游网络营销。

【任务导图】

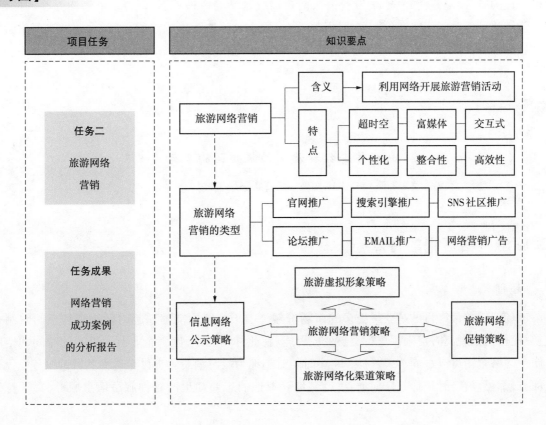

【案例导入】

世界上最好的工作

问题导入:你如何评价昆士兰旅游局的这则招聘广告?

一、什么是旅游网络营销?

网络营销是以现代信息技术为基础,借助互联网、计算机通信技术和数字交换式媒体,来满足消费者需求,实现企业目标的一种营销方式。随着互联网技术的成熟以及网络的普及,互联网开始遍布全球的企业、组织和个人,这使得信息的交流更加便利,网络营销也开始成为很多旅游企业的热门选择。那什么是旅游网络营销?

旅游网络营销存在广义与狭义之分。广义的旅游网络营销是指各类与旅游业相关的组织、机构,利用计算机网络开展的一系列与旅游业相关的活动。狭义的旅游网络营销则是指旅游企业利用服务网络、电脑通信和数字交互式多媒体来开展以销售旅游产品为中心的营销活动,从而帮助旅游企业实现营销目标,其实质是以计算机互联网技术为基础,通过与潜在旅游者在网上直接接触的方式,向旅游者提供更好的旅游产品和服务的营销活动。旅游网络营销是在传统营销基础上产生的新的营销方式,是利用网络这种手段来实现营销。

值得一提的是,网络营销并非"虚拟营销",而是传统营销的一种扩展,即传统营销向互联网的延伸,所有的网络营销活动都是实实在在的。网络营销作为旅游企业整体营销战略的一部分,是为实现旅游企业营销目标,以互联网为基本手段,营造网上经营环境,实现旅游企业营销策略的各项活动。

【同步案例 5-14】

新媒体营销释放山西旅游品牌新活力

资料来源:中国旅游新闻网

二、旅游网络营销的特点

(一)超时空

旅游市场营销的最终目的是获得更多的市场份额。由于互联网能够超越时间约束和空间限制来进行信息交换,使得营销脱离时空限制进行交易变成可能,在此种情况下,旅游企业有了更多的时间和空间进行营销。旅游网络营销可以每周 7 天、每天 24 小时随时随地为旅游消费者提供全球性的营销服务。无论旅游者身处何方,都可以在任何时间、任何地点,顺利地获取他们想要知道的各种旅游信息服务,真正打破了时空限制。

(二)富媒体

网络传播已经演变成可以集中文字、声音、图像等各种媒体传播方式并存的富媒体传播形式。利用目前的 3D、VR、AR 技术,甚至能创造出虚拟旅游环境,为网络客户端、移动客户端前的广大旅游消费者提供身临其境般的视觉感受,大大突破了传统传播媒介的局限性,使得旅游营销信息以更加多样的方式呈现在广大旅游者面前。旅游网络营销使得为达成交易进行的信息交换能以多种形式存在和交换,并且可以充分发挥营销人员的创造性和能动性。

（三）交互式沟通

互联网的存在拉近了旅游企业和旅游消费者之间的"距离"。无论是旅游企业和旅游团体，还是自助旅游者，都可以自由地发布和寻找信息，自由地在网络上开展交互式的沟通。旅游企业通过互联网可以展示旅游产品图像，通过资料库提供相关产品和服务的信息查询，可以与游客进行在线双向沟通，还可以进行旅游新产品测试和满意度调查等活动。随着如博客、社区、SNS、电子杂志等的普及和应用，每一个旅游消费者都可以成为信息的发布者和传播者。旅游网络营销兼具直接营销、目标营销、双向互动营销、参与式营销的特点。

【同步案例5-15】

黄山区旅游营销开启"抖音"新玩法

新年伊始，黄山区旅游营销在"传统玩法"的基础上，又新增了《今日头条·抖音》"新玩法"，将全区旅游资源暨冬季特色旅游产品搬上"抖音"短视频平台，向众多网友晒出黄山区独特的"年味·年俗·冬韵"，区旅委官方抖音号——"健行渐美黄山区"同步开通上线。

正值冬游高峰到来之际，为了进一步宣传推广黄山区冬季特色旅游产品，黄山区旅委联合《今日头条·抖音》安徽区域，策划推出《风味黄山区——冬天的味道》主题推广，通过视频、音频等展现黄山区冬雪温泉、房车露营、民宿体验、美食年货等冬季旅游特色，塑造更为直接清晰的黄山区全域旅游形象。

（四）个性化

旅游消费者通过网络平台可以在线浏览旅游信息甚至直接预订产品线路，通过在线支付直接完成旅游交易，可以在线填写旅游反馈，乃至旅游投诉等。从消费者终端来看，网络营销是一对一的、理性的、循序渐进式的、消费者主导的，而非强迫性的，通过网络营销开展的旅游销售中，旅游消费者具有极大的自主性。因此，网络营销是一种低成本与人性化的促销，避免推销员强势推销的干扰，并通过信息提供与交互式交谈，与消费者建立长期良好的关系。

（五）整合性

借助旅游网站开展网络营销，在一定程度上可以帮助旅游企业"一揽子搞定"营销工作，网络营销可由旅游产品信息发布至旅游售后服务，几乎具有传统分销渠道成员的所有功能，并且可以减少营销渠道的流通环节，是一种全过程的营销渠道。旅游网络营销不仅可以节省与中间商之间的沟通时间与资金成本，还可以节省一定的物流成本，使得旅游企业有可能以较低的价格向消费者出售其旅游产品，同时还加强了旅游产品生产者对其产品的控制力。

（六）高效性

互联网的特点是信息量大、精确度最高、更新最快、传递最迅捷。借助网络开展旅游营销，几乎可以不用顾忌媒体的信息容量瓶颈问题，而且也无须顾忌信息发布后的更新和修改，它可以帮助旅游企业或旅游目的地以最快的传播速度、最大的信息容量和最精确的信息内容实现营销信息传递。同时，旅游网络营销能及时有效地了解并满足顾客的需求，显示出了传统媒体无法达到的高效率。

【同步案例5-16】

网络营销岗位描述

岗位	岗位描述	主要工作
网络市场调研员	网上调研就是通过在线调查表或电子邮件等方式，完成网上市场调研。它具有高效率、低成本的特点，是网络营销的主要职能之一	(1)根据企业经营需求制订市场调研计划 (2)根据调研任务选择合适的调研方法并设计调研问卷 (3)利用有效的方法实施网上调研 (4)分析整理信息并撰写市场调研报告
网站推广员	利用网络营销的方法来扩大站点的知名度，吸引用户的访问量，从而达到宣传企业和企业产品的效果	(1)熟悉网站推广流程，撰写网站推广策划书 (2)熟悉各种网站优化技术和方法 (3)熟悉通用的网络推广方法
网络促销员	网络促销就是将企业的产品通过互联网进行销售，熟练运用网络及其他宣传媒介进行网站的宣传推广	(1)分析网络信息的接收对象，合理制订促销计划 (2)制订网络促销方案 (3)对市场促销推广活动进行效果评估
网络贸易员	网络贸易就是利用网络为载体或传播媒介，对产品、服务进行宣传推广。网络贸易较传统贸易形式快捷，不受地域限制，容易提高经营效率	(1)负责在线商品的询盘、还盘、订货、交货、运货、退货等各项业务工作 (2)掌握网上购物的流程和操作步骤 (3)熟悉网络销售的交易 (4)负责网上单证的业务处理
网络广告员	网络广告是向互联网用户传递营销信息的一种手段，是网络营销主要的方法之一	(1)能够使用常用工具软件策划、制作并发布产品宣传广告 (2)撰写网络广告文案 (3)熟练应用多种网络工具发布商务信息
在线客户服务员	在线客户服务是利用网上服务工具FAQ页面向顾客提供有关产品、公司情况等信息，运用Email工具使网上企业与顾客进行交流与沟通，实现双向互动	(1)能够制订网站客户的服务流程 (2)制订不同类型的客户关系管理策略 (3)运用多种在线服务工具回复客户问题 (4)处理各种表单反馈的信息 (5)熟悉整个交易流程，了解售前、售中、售后过程中可能出现的问题及解决方法

三、旅游网络营销的类型

（一）官网推广

网站是一个开展网络营销的阵地，如果旅游企业还没有建立自己的专用网站，又如何能让游客通过网络来了解信息。建设网站是开展网络营销的第一步。当然，随着移动互联网技术的发展，官方微信公众号、官方旅游APP、淘宝旗舰店等的建设也变得异常重要。在设计制作网站或公众号时，过于华丽的动画效果也许并不是最好的选择，这意味着消费者需要等待更长的时间。而把旅游信息以"人性化"的方式亲切而简明地展示出来，是最佳的展示方式。故宫博物院的官方网站就是网络推广设计的典范。

（二）搜索引擎推广

基于旅游消费者的网络使用习惯，仅有自己的官网推广还不够，还需要借助一定的方法让广大旅游者在网络海量的信息中尽快发现相关信息，这就需要借助搜索引擎来实现旅游网络营销和推广。以百度、搜狐、网易、Google、Yahoo 等为代表的搜索引擎是近年来较为流行的网络营销平台。旅游企业可以通过了解各类搜索引擎如何抓取互联网页面、如何进行索引以及如何确定其对某一特定关键词的搜索结果排名等技术，来对网页进行相关的优化，使其提高搜索引擎排名。这就需要设定精准的关键词，并定时根据搜索引擎的统计结果适当调整。此外还有一些专业的旅游搜索引擎如去哪儿、马蜂窝等，再如携程、途牛等提供商业服务的行业网站，都是旅游企业可选择的营销平台。

（三）论坛推广

随着新一代社交网络的发展，以知乎为代表的论坛发帖也成为现实中非常有效的网络营销手段。由于论坛在用户中的认可度较高，互动性好，费用低，且易引发后续的搜索和购买消费行为，比较适合用于"认知型"和"活动型"的旅游营销内容。但是这种旅游网络营销方式对技巧的要求比较高，对内容的控制性比较差，需要借助于口碑传播模式来开展。论坛推广的关键在于分析各种论坛的特性，投其所好，区别对待。

（四）SNS 社区推广

随着 Facebook、开心网、人人网、QQ 空间等 SNS 社区网络的风靡，部分旅游企业开始意识到此类社区网站具有互动性强，会员关系密切，地域特征明显的优点，用户基数非常大，是网络营销绝不可放过的重要平台。SNS 社区推广的形式为转帖、投票、分享、建群等，也可以理解为是基于互联网的关系网络，以用户关系、互动为核心，旅游企业可以利用 SNS 社区的这种社会网络性，将自己的产品和服务推广出去。此外，还可以采用植入式广告的方式，在 SNS 社区网络的小游戏中植入旅游企业的产品信息或旅游地的场景信息，实现线上和线下旅游营销交相辉映的良好效果。

【同步案例 5-17】

（五）Email 推广

凡是给潜在消费者或者是现实消费者发送电子邮件都可以被看作电子邮件（Email）营销。只要你拥有足够多的 Email 地址，就可以在很短的时间内向数千万目标用户发布广告信息，营销范围可以是中国全境乃至全球。但是，随着互联网竞争的不断加剧，旅游企业也在探索新的邮件推广方式，并不是每个企业都能通过电子邮件营销抓住客户，还应该注意很多的问题和细节。比如结合线下营销，将消费者细分，通过发送精美的产品 PPT 和活动链接宣传信息等，重点培养客户群，始终保持和消费者的联系。

（六）网络营销广告

网络营销广告是旅游网络营销的重要内容，旅游企业可通过投放广告来开展营销和推介。一般来讲，网络广告的形式包括网页广告、流媒体视频广告、网络软文等。相比传统媒体广告，网络广告的投入费用较低，可以通过高覆盖率和频次帮助旅游企业迅速树立品牌。但是另一方面，正是由于网络广告投放的费用较低,网络上充斥的各种网络广告太多,容易引起消费者的负面情绪。比如农夫山泉曾经超出常规思维的广告设计"农夫山泉提醒您:此广告可免费关闭"就获得了广大消费者的认可。

除了上述旅游营销方式以外,旅游企业和旅游目的地还可以借助 QQ 群等 IM 通信工具等开展网络营销,方式的选择必须和目标客户群体的网络使用习惯有密切关联,这样才能取得较好的网络营销效果。

【同步案例 5-18】

四、旅游网络营销策略

互联网时代下,人们旅游出行多半会先从网络进行搜索和了解。所以,网络营销应当作为旅游企业的重点营销手段,通过图文描述来宣传和扩大影响。现代旅游行业的竞争愈发激烈,各种旅游公司纷纷成立,如何在竞争中占得先机,取得竞争的胜利,网络营销是绝佳的手段。旅游企业需要在旅游网络营销的过程中采取相应的销售策略,从而取得更大的影响力和更好的宣传效果。

(一)旅游虚拟形象策略

旅游产品的特点是其产销同地、主体无形,旅游者在购买前是触摸不到旅游产品实体的。旅游网络营销虽然不能改变旅游产品的这个本质属性,但是却能赋予旅游产品独特的形态——虚拟产品形象。因此,在旅游网络营销中,首推旅游产品虚拟形象策略。旅游企业可充分利用旅游网络的多媒体功能,将旅游产品的虚拟形象立体化、仿真化地在旅游网站上展示出来,使旅游消费者在网络空间中看到旅游产品的形象,认识旅游产品的价值,甚至可以通过虚拟网络旅游感受旅游产品的魅力。比如,在旅游网站上设置旅游者专栏,开辟"旅游者意见区""网上旅游咨询区""旅游自我设计区"等,通过这些网页了解旅游者的需求,征求旅游者对旅游产品的意见和建议,特别是旅游者对旅游产品的开发设计建议,从而开发设计出符合旅游者需要的旅游产品。此外,网站建设的专业化程度、个性化风格等也直接影响着旅游企业的网络品牌形象。

【同步案例 5-19】

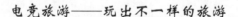

电竞旅游——玩出不一样的旅游

(二)信息网络公示策略

旅游产品的特点是其成本模糊性和价格集合性,旅游者在购买旅游产品前总是要通过比较性价比来判断产品的价值。旅游企业和旅游目的地的网络营销可利用这些特点,推行旅游产品的信息网络公示策略。如利用旅游网络的媒体功能和互动功能,将各个旅游企业的旅游产品内容及价格,以及相似产品的内容及价格组合列表公示,使旅游消费者可以在旅游网络空间中同时看到大量同类旅游产品比较分析结果,认识旅游产品的价值所在,并可以通过网络的实时性,开展网络互动优惠,让旅游消费者拿到自己满意的旅游产品和服务。比如,在一些点击率高的门户网站或者是专业的旅游网站,阶段性、连续地向消费者推送产品价格变动状态,以及产品内容的变动信息,以此来吸引消费者的注意力,增加旅游产品的成交概率。

【同步案例5-20】

开启浙江文旅数时代　打造旅游营销新模式

资料来源:浙江在线

（三）旅游网络化渠道策略

旅游网络销售是旅游网络营销最具革命性的部分,它将旅游产品的虚拟化展示、虚拟化消费、旅游咨询、旅游订购集于一身,并在跨时空的状态下让旅游者与旅游产品销售商甚至旅游产品生产者在同时期进行交易活动。旅游网络化渠道策略是以大型专业旅游网站为营销中心,建立覆盖目标市场区域的网络化销售渠道,以便24小时向所有旅游消费者群提供最新、最快捷的服务。此外,还可以建立旅游企业或目的地自己的网络营销系统,广泛支持各种传统的推广、营销和销售应用,与传统旅游营销模式达到很好的融合。

（四）旅游网络促销策略

通常,网络促销策略主要是从网络公共关系、网络广告宣传、网络营销活动三个方面开展具体的营销活动。网络公共关系的建立主要通过网上旅游爱好者沙龙、旅游俱乐部、虚拟旅游社区等方式,不断举行丰富多彩的网上联谊活动来吸引旅游者参与,培养旅游爱好,推广旅游产品和服务,加深旅游者对旅游企业的印象,激发旅游者的消费欲望。旅游网络广告则需要根据旅游产品的季节性、消费人群、消费习惯等,有针对性地制作和投放。比如,可直接发布各种规范的旅游企业与旅游产品信息,通过形、影、声、色等立体形象构成的旅游产品橱窗展现在网络用户的面前。此外,也可以通过设计具备知识性、信息性、趣味性的电子贺卡、热点话题等开展网络促销。

发展旅游网络营销是一个需要技术、资金和设备的巨型高科技工程,又是一个需要观念、人才、智慧的系统经济工程。无论是一个旅游企业还是一个旅游目的地,都要站在全球战略的高度充分认识旅游网络营销、抢占旅游网络信息市场的必要性和紧迫性,抓住发展旅游网络营销的战略重点,重拳出击,尽快建立起一套初具形态的旅游网络营销体系。

【课堂互动5-3】

案例分析:旅游网络营销的成功之处?

组织方式:以小组为单位进行讨论和案例搜集,总结分析同步案例5-17和5-18,并回答以下几个问题。

1. 峨眉山与安吉县营销的成功之处体现在哪些方面?

2. 据你了解到的峨眉山和安吉还有哪些成功的营销手段?

3. 和大家分享网络营销更多的成功案例。

【项目训练】

训练设计:以小组为单位,通过课后查找资料、实地调查,以及网络搜索,寻找国内外旅游相关企业的网络营销成功案例,展开系统的讨论、分析与总结,并完成调查报告。

成果形式:国内外网络营销成功案例的分析报告

任务要求:

1.调查 3 个以上的旅游企业或营销事件。

2.字数要求:2 000 字以上文本。

3.内容要求:包含研究目的、研究对象、研究方法、研究结果、营销启示等内容模块。

4.通过总结分析,提出自己的意见与看法。

5.尝试以市内及周边旅游企业为例,浅谈网络营销策略的应用设想。

任务三　旅游文化营销

旅游是一种经历的获取,更是对文化的体验和消费,游客的喜好不断改变,唯有文化长盛不衰。本任务将从文化营销的概念、类型及特点、资源运用及运作模式四个方面讲述旅游文化营销。

【任务导图】

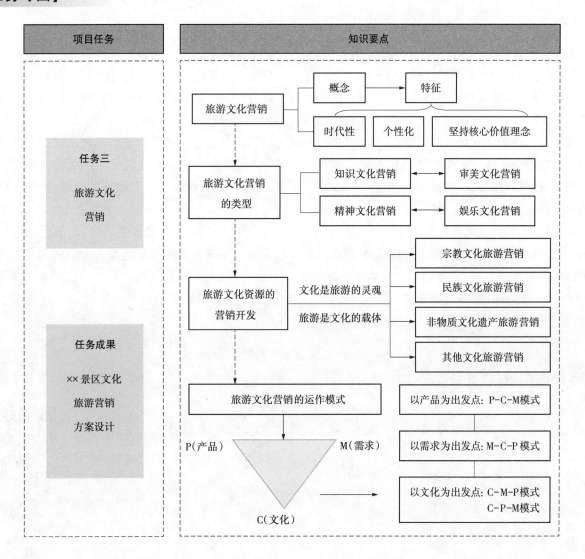

项目任务	知识要点

【案例导入】

文化营销——让年味儿更浓

资料来源：光明网

问题导入：今年春节，让你印象最深刻的营销案例有哪些？案例材料给你关于旅游文化营销的启示是什么？

一、旅游文化营销的概念及特征

（一）旅游文化营销的概念

旅游文化营销是指旅游经营者运用旅游资源通过文化理念的设计与创造来提升旅游产品及服务的附加值，在满足和创造旅游消费者对真善美的文化需求中，实现市场交换的一种营销方式。从市场需求角度讲，文化是指其深层结构意识部分，即由价值观念、审美情趣、行为取向等所构成的旅游者的文化心态；从产品角度讲，文化指的是产品的文化内涵与文化特征，是旅游产品的核心属性。

旅游文化营销是一种营销战略，它一方面通过对文化需求的把握来实现旅游消费者最高层次的文化满足；另一方面，又通过对旅游产品文化内涵的挖掘和包装，实现旅游产品价值的最大化。从这种意义上来说，旅游文化营销是在对旅游者的文化满足与旅游产品的文化价值的双重创造和促进过程中，达到高度和谐的文化体验。

一般来讲，旅游文化营销会围绕本土文化、特色产品、核心市场这个三个角度去思考，旅游营销与文化特色、产品优势相结合，和客源市场相结合，以此来进行的品牌定位和营销决策会更有力度。尤其是对旅游目的地的品牌营销来说，只有和当地的本土文化有密切关系的营销，才让广大游客认可，比如"晋善晋美""老家河南""好客山东""诗画浙江""大美青海""七彩云南"等，很恰当地在旅游品牌营销中展现了文化内涵。

【同步案例5-21】

徽烟雅唱——"徽商、徽烟、徽文化"有机融合的文化营销

资料来源：东方烟草报

（二）旅游文化营销的特征

1. 时代性

旅游文化营销作为一种价值性活动，总是反映和渗透着文化旅游企业的时代精神，体现出时代的新思想和新观念。每一个时代都有其时代的精神文化特征，旅游市场的需求也随着时代精神文化的特征而演进

着。旅游文化营销只有不断适应并追随时代的变化,才能把握住市场机会,才能赢得消费者,否则就会被时代所淘汰。

2.个性化

美国旅游权威专家麦金托什曾说,"文化是决定旅游地区总体魅力的唯一因素,其内涵极其丰富并充满多元化特点。一个地区的文化元素是极其复杂的,它能够反映人们生活、工作和娱乐方式"。旅游产品项要有特色、有个性,让游客对其有地方感,就必须向游客提供某种独特的旅游体验。这种旅游体验若能与地方文化相结合,则能显示旅游企业或目的地独特的创新性,并能通过关联性和辨别性让旅游消费留下深刻的印象。

3.坚持核心价值理念

传统的营销方式基本上是以有形产品为中心的,旅游企业营销人员的目的仅仅在于让消费者了解其特性,对产品中凝聚有多少文化因素和与消费者的价值观念等一般没有涉及。文化营销从某种角度上说,是通过发现、培养或营造某种核心价值观念来达成旅游企业营销目标的一种新型营销方式。现实社会中存在一些以不健康的心态来解读文化的消费者,企业在营销中应坚持自己的文化品位,不可一味地迎合一些低俗需求,而失去未来的可持续发展。

二、旅游文化营销的类型

(一)知识文化营销

随着经济发展和社会文明程度的不断前进,旅游消费者的需求层次逐级提升,即使是低层次的需求也出现了与高层次需求融合的趋势。人类的本性是好奇的,一般会通过学习来了解陌生的周围世界,学习是一种本能也是一种生存方式。将知识含量贯注于旅游产品的内涵中,使旅游者在消费旅游产品的过程中体会到自我成长、自我实现的需要,将成为未来旅游市场的一个独特的市场卖点。从长远看,独具特色的知识文化营销方式作为企业较高层次的经营手段,还有助于提升公民素质,以至加强全社会的文化建设。通过旅游,游客可以了解不同地方的传统风俗习惯、大都市的现代风情,同时还可以增长知识,了解世界的不同文化,真正实现在旅游中提升和实现自我。

【同步案例5-22】

三星酒店缔造五星级的艺术殿堂

(二)审美文化营销

审美文化营销就是运用戏剧、绘画、书法、故事、诗歌、传说以及文学和艺术等审美素材,赋予营销活动以美的意义,使营销成为一种审美创造活动,让旅游消费者在美的艺术熏陶氛围中欣赏与体验,最终接受旅游产品和服务。审美创造可以贯穿旅游文化营销活动的整个过程,从产品设计、销售环境、广告传播等环节都体现真、善、美。比如旅游文化产业中的文化表演、旅游纪念品等都具有体现审美的文化营销内容。

【课堂互动 5-4】

舌尖上的美味：民以食为天——美食文化营销小互动

背景材料：还珠格格之做菜（紫薇 vs 小燕子）

紫薇：燕草如碧丝、秦桑低绿枝、凤凰台上凤凰游、万绿丛中一点红。

小燕子：狼心狗肺、要头一颗、要命一条、脑袋开花。

组织方式：以小组为单位，就以下问题进行思考与讨论，各组推举一名代表在全班范围内分享本组的讨论结果。

1. 分享一个你曾经体验过的美食文化营销方式；

2. 尝试为红色旅游、生态旅游、探险旅游、古镇旅游等主题景区设计一项美食文化体验产品或一次营销活动。

（三）精神文化营销

精神文化营销即通过向社会消费者倡导和传播有关的思想意识和价值观念所开展的旅游文化营销运作模式研究活动，尤其是其中所表现的思想道德观念更是精神旅游文化营销的核心和灵魂。其中旅游项目中的红色之旅、宗教之旅等体现了人们对宗教信仰及缅怀革命先烈的精神方面的需求。

【课堂互动 5-5】

头脑风暴接龙游戏：能满足各层次需求的产品都有哪些？

背景材料：马斯洛的需要层次理论

美国心理学家亚伯拉罕·马斯洛于 1943 年在《人类激励理论》论文中所提出，人类需求像阶梯一样从低到高按层次分为五种，分别是生理需求、安全需求、社交需求、尊重需求和自我实现需求。

组织方式：以小组为单位，就以下问题进行 1 分钟的头脑风暴，然后在全班进行接龙游戏，每一组需说出能满足一种需求的产品或服务，不可重复。

（四）娱乐文化营销

旅游是使人快乐的事，而现代社会竞争的快节奏更使人们时刻处于紧张的状态中。因此，消费者一旦获得了旅游的机会，自然首先想到的是通过旅游获得娱乐和放松。比如，基于体育明星和娱乐明星的形象代言已成为现代社会的一种特定的文化营销现象，大型体育赛事、文化演艺活动和旅游之间的关系也越来越紧密，已经成为旅游文化营销的重要载体，文化旅游产品营销的外延也在不断地拓展与创新。

旅游文化营销各种的类型在实际营销过程中是相互渗透又相互交融的，有时在同一个营销活动中会同时运用多种文化营销手段。旅游文化营销的分类有助于我们更深刻更直观地理解旅游文化营销的"文化"意义，有助于我们打开"文化"思路，多角度、多层次地策划开展旅游文化营销实践活动。

【同步案例 5-23】

"金张掖号"——和老艺人交流民俗工艺

剪纸、刺绣、荷叶香包，在兰州开往张掖的 Z6207 次"金张掖号"列车上，这些手工精益、惟妙惟肖的特色手工艺品,全部出自80岁老人田淑芝之手。作为民间优秀手工艺传承人,她被邀请到列车上,现场制作了许多特色工艺,灵巧的双手把"陇南巧手馆"搬上了火车。很多旅客围在田淑芝身边,不到半个小时,一个"金鸡报晓"窗花就剪好了,惟妙惟肖的图案赢得了热烈掌声,大家纷纷直呼"高手在民间"。同时,书法艺术家挥毫泼墨,引来书法爱好者请教学习,探求自己中意的墨宝。

为使旅客感受"乘火车、赏春色"的别样体验,"金张掖号"列车还专门举办"张国臂掖之春"为主题的摄影作品展和文化交流活动,列车征集了70多张河西走廊沿途春景照片悬挂在车厢,让旅客在列车上直观感受瑰奇壮丽的西部风光。此外,列车上还专门配备了彩色打印机,可以将旅客拍摄的沿途风景图片打印出来参加现场评比。一位来自天祝的马先生,他的《北国之春》摄影作品被大家一致评为优秀作品,拿着列车赠送的精美礼品,马先生笑得合不拢嘴。

三、旅游文化资源的营销开发

如表5-1所示,文化是旅游的灵魂,旅游是文化的载体,二者之间存在着相辅相成的影响和作用。因此,在开展文化旅游营销之前,我们首先要充分认识文化旅游资源都有哪些? 我国的文化旅游资源按照大的类别划分主要有宗教文化旅游、民俗文化旅游、非物质文化遗产旅游和特殊的文化旅游。

表5-1 旅游与文化的关系

旅游对文化的影响	文化对旅游的影响
大众化旅游给现代社会生活造成了强大的冲击,使某些生成于现代生产方式、生产关系条件下的反传统意识得到了有效支持	文化是旅游的本质特征,是以精神、文化需求和享受为基础的,涉及经济、政治、社会、国际交流等内容的综合性大众活动
旅游使旅游者获得实地知识,丰富对客观世界的认识	文化是一个国家旅游业保持自身特色的决定因素
旅游活动有助于不同文化群体的相互了解	文化蕴藏着巨大的经济潜能
旅游作为一种行为方式,丰富了文化的外延	文化是提高旅游竞争力的法宝

(一)宗教文化旅游

宗教文化旅游是一种以宗教朝觐为主要动机的旅游活动。它的主要内容包括道教文化和佛教文化等。如道教名山青城山借助道教文化,将其文化旅游形象口号设计为"问道青城山",形成了良好的传播效应。再如,佛教名山河南嵩山,旅游企业针对5—18岁人群,设计并推出了7天少林禅武体验营文化旅游产品,让旅游消费者深度体验嵩山的武术文化。

(二)民俗文化旅游

民俗文化旅游是指旅游消费者专门从常住地到异地去体验当地民俗文化,具有独特性与不可替代性,属于高层次的旅游形式。如民俗节庆、民族地区的博物馆、民俗文化演艺活动等,都属于民俗文化类旅游产品。针对此类产品,其营销应更加注重内容的营销,凝练民俗文化特色于营销活动之中,注重游客的体验和感受。如内蒙古的那达慕大会,依托少数民族文化,将代表性的赛马、摔跤、射箭、棋艺、歌舞等作为营销主体,能够迅速引发游客的旅游动机。

【同步案例 5-24】

拉萨雪顿节

拉萨雪顿节是西藏所有节目里最隆重、规模最大、节目内容最丰富的节日之一。雪顿,意为酸奶宴,在藏语中,"雪"是酸奶的意思,"顿"是"宴"的意思。雪顿节同时又叫"藏戏节""展佛节"。它的节日活动内容主要有展佛、跳藏戏、过林卡等。

每逢藏历 6 月 30 日(阳历在每年八月下旬左右)天不亮,人们纷纷披星戴月从四面八方徒步聚集在西藏最大的寺庙哲蚌寺山下等待着雪顿节开幕式的第一项——展佛。雪顿节的第二个节目就是跳藏戏,演员们身着色彩缤纷的演出服装,戴着各式各样的面具汇集在罗布林卡内,作为时一周的表演。此外,藏族老百姓总是全家出动,亲朋好友聚集在林卡里搭帐篷过林卡。过林卡,在汉语里的意思就是野炊。每到夏季来临,藏族同胞总是喜欢三五成群,在有水有树的地方搭上帐篷,铺上卡垫,摆上青稞酒、酥油茶,围在一块唱歌、跳舞,尽情娱乐。

旅游与文化的结合,可以充分地凸显一个地域的特色,通过文化带动旅游,通过旅游发展文化。

(三)非物质文化遗产旅游

以全方位吸引游客参与体验非物质文化遗产为主要动机的旅游活动,可以称为非遗旅游产品。发展非物质文化遗产旅游的前提是要做到活态分级保护,其核心层是对"传承人的保护",中间层是对文化空间的保护,外围层是对文化生态环境的保护。对旅游营销来讲,其关键是对活态演绎的传承和体验。这样的以文化,特别是以非遗技艺等作为主导的营销活动,具有浓郁的文化气息和文化色彩,能够通过非遗文化来带动旅游发展,从而达到旅游宣传和营销的效果。

【课堂互动 5-6】

观看视频《华阴老腔一声吼》。

背景材料:"非物质文化遗产"包括以下几方面:

(1)口头传统和表现形式,包括作为非物质文化遗产媒介的语言;

(2)表演艺术;

(3)社会实践、仪式、节庆活动;

(4)有关自然界和宇宙的知识和实践;

(5)传统手工艺。

组织方式:以小组为单位,思考以下几个问题。

1.听过《华阴老腔一声吼》吗?网络搜索了解华阴市旅游营销在春节联欢晚会前后有哪些变化。

2.你的家乡有哪些非物质文化遗产?它们的保护级别是什么?

3.它们现在发展得怎么样?你的家乡有针对非物质文化遗产做文化营销吗?具体的营销手段是什么?

4.如果是你,你会怎样开展非遗文化的营销工作?

(四)其他文化旅游

其他文化旅游包括茶文化旅游、历史文化旅游等。茶文化旅游是指在休闲、放松的旅程中,细细品味茶的文化、内涵,体味茶的风俗、礼仪,鉴赏茶叶的品质并参与其间的能陶冶旅游者身心的一种特色旅游项目,具有休闲娱乐性和文化性。历史文化旅游如万里长城、秦始皇兵马俑、故宫、西安碑林等,人文旅游资源是人类创造的,历史越悠久,旅游价值就越大,其营销的影响力也会越大。通过文化来完成旅游营销,能够使这些别具特色的旅游文化资源吸引更多的游客前去进行旅游消费与体验。

四、旅游文化营销的运作模式

(一)旅游文化营销的结构关系

旅游文化营销受两个基本因素的影响,第一个是市场,第二个是需求。旅游文化营销的根本任务就是连接市场和需求这两个端点。此外,具有文化理念和要素的大文化是旅游文化营销的第三个端点,同时这种具有文化理念和要素的大文化又影响着需求和产品的双向性质。如图 5-2 所示,在这种关系中,产品(P)、需求(M)与文化(C)呈倒三角的关系,是旅游文化营销的外在构架。这三个要素构成了旅游文化营销的全部过程。

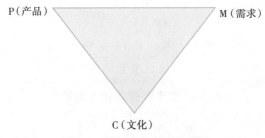

P(产品)　　　　　M(需求)

C(文化)

图 5-2　旅游文化营销的框架

新形势下因市场营销有着不同的流向和出发点,旅游文化营销的运作模式主要分为四种:第一种是以产品为出发点,整个营销运作以市场为核心,同时兼顾"文化推销",在这一过程中是以旅游产品为出发点,先考虑产品,其次是文化,最后是需求,即 P-C-M 模式;第二种模式是首先考虑旅游者的需求,产品在其次,最后是文化,即 M-P-C 模式;第三种则是以文化为出发点,然后考虑产品,最后是市场,即 C-P-M 模式;第四种则是以文化为出发点,市场在其次,最后考虑产品,即 C-M-P 模式。

【同步案例 5-25】

文旅营销新模式:音乐文创 IP+旅游

资料来源:搜狐旅游

(二)旅游文化营销的模式选择

每一种营销模式的出发点和核心层的结构顺序都不同,正是这些不同的结构顺序决定了营销模式的性质和效果。以 P-C-M 模式为例,居于中间地位的 C(文化)是连接产品与需求的中间点。旅游产品就是借助文化的这种媒介作用将自己推向市场,满足需求。文化在旅游营销过程中完成自己的使命的时候并不去改变产品的文化属性,而是一种营销与文化的融合。

在旅游营销过程中,文化的力量已经超出了营销手段的力量,旅游产品的文化属性特别明显,也足够强大。旅游产品的文化属性不会因为营销手段的加入而有所改变。如果要改变旅游产品的文化属性,那需要营销主体投入相当大的成本,还有可能入不敷出。因此,在这种情况下以文化为核心,突出文化的作用是比较理性的。这种模式也契合了"文化营销"的本质,营销旅游文化就是让某种文化名扬四海,而文化是依附于旅游产品而存在的,因此,文化的传播也必然能够带动产品的推销。

在旅游文化营销中可以加大对文化的推广和宣传,例如采用展览会、学术讲座、节庆文化活动等形式,利用现代化的传播技术,不断扩大文化的影响力和辐射范围。将消费者与市场需求之间的隔阂,通过宣传与推广不断消除。从另一个方面来讲,旅游文化营销走的是情感路线,它首先是博得旅游消费者的情感认同,使消费者对某种文化产生情感认同,进而通过文化将他们带到旅游产品面前,实现产品的价值。因此,对旅游文化的深入把握和研究是旅游企业做好营销工作的首要前提。旅游企业只有对自己产品的文化属性有深入的了解才能保证旅游文化营销更具针对性和实效性。

从服务营销、网络营销,到文化营销,旅游营销和每个主题营销之间都存在着密切的关系,旅游市场营销镶嵌在服务中,也隐藏在文化中,更是通过网络营销而飞速发展。总之,想要有成功的营销就必须从细节入手、从创新入手,作为旅游企业的营销人员,只有多思考、多创新,才能在未来的工作中创造旅游市场营销的奇迹。

【项目训练】

训练设计:课后通过查找资料、实地调查了解一家5A级旅游景区,分析对比该景区近几年的营销策略以及营销方式,取得的营销效果怎么样。尝试从文化营销的角度设计一份营销方案。

××景区文化旅游营销方案设计

一、景区资源及文化要素分析

二、近五年客源市场分析

(一)游客年龄结构及出行的主要方式

(二)游客的地域分析

(三)游客的旅游偏好分析

三、景区营销策略分析

(一)近五年景区营销策略与手段概述

(二)营销消费对比分析

四、景区文化旅游定位分析

五、景区文化旅游营销方案设计

成果形式:××景区文化旅游营销方案设计

任务四　营销策划方案创作

　　在旅游市场中,营销策划是竞争的利器,而营销策划方案是整个营销工作的基础,与营销策划方案打交道是每位旅游营销人员都无法回避的问题。一份好的营销方案,对营销人员的成长与发展非常关键。本任务将从营销策划方案的创作原则、撰写技巧、方案结构、内容体系等四个方面进行详细的阐述。

【任务导图】

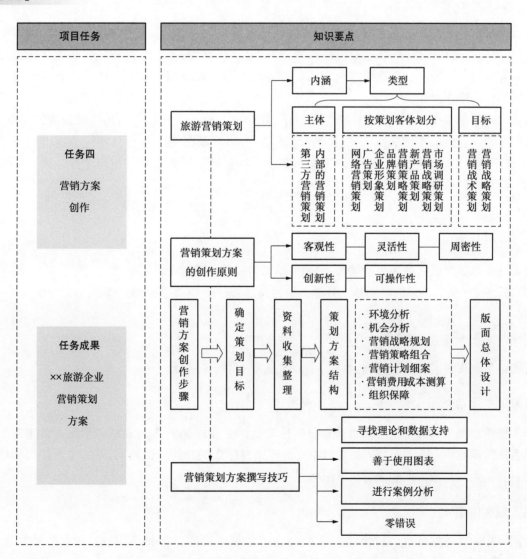

【案例导入】

与时俱进，创新融合"老家河南"借助新媒体推进全域旅游营销

中国旅游报：王雪冰、孙晓强

问题导入：从"好客山东"到"老家河南"，关于旅游市场营销，案例材料给你的启示是什么？

一、什么是旅游营销策划？

（一）旅游营销策划的内涵

营销策划是市场营销活动的主体，是策划者以消费者满意为目标，寻找企业与目标市场顾客群的利益共性，同时根据企业的整体战略，在企业内部条件和外部环境分析的基础上重新组合和优化配置企业所拥有的和可开发利用的各种人、财、物资源和市场资源，精心构思与设计营销因素，从而高效率地将产品或服务推向目标市场的操作程序。

旅游营销策划是指在对旅游企业内外部环境予以准确的分析，并有效地运用经营资源的基础上，对一定时间内的旅游企业营销活动的行为方针、目标、战略、策略以及实施方案与具体行动做出精心设计和计划，其目的在于让旅游企业运筹帷幄、决胜千里。旅游市场营销策划方案则是旅游企业开展市场营销活动的蓝本，其重要性不言而喻。

【课堂互动5-7】

请说出一个你曾经遇到的棘手问题，并说明你是如何妥善处理这个问题的。
组织方式：4人一组，展开对此问题的分享与讨论，每组选择一名学生代表分享成功案例。

（二）旅游营销策划的类型

旅游营销策划覆盖了广阔的领域，根据不同的角度可以进行不同的划分。

1. 按策划主体划分

根据营销策划的主体可将旅游营销策划分为针对旅游企业内部的营销策划和第三方营销策划。旅游企业内部营销策划是由企业营销部人员针对不同的营销目标而展开的营销策划；第三方营销策划则是由企业聘请第三方策划机构来帮助企业解决营销问题。

2. 按策划客体划分

按营销策划的客体划分，可将旅游营销策划分为市场调研策划、营销战略策划、新产品开发策划、营销策略策划、品牌策划、企业形象策划、广告策划、网络营销策划等。

3. 按策划目标划分

按营销策划的目标划分，可将旅游营销策划分为营销战略策划和营销战术策划。营销战略策划内容涉

及企业战略发展方向、战略发展目标、战略重点等。营销战术策划则更注重企业营销活动的可操作性,是为实现企业的营销战略所进行的战术、措施、项目和程序的策划,如产品策划、价格策划、渠道策划和促销策划等。

【同步案例5-26】

吴必虎:中国进入旅游目的地营销时代

资料来源:品橙旅游

二、营销策划方案的创作原则

(一)客观性

营销策划方案是一份执行手册,营销人员必须以务实的态度去进行创作,使方案更符合旅游企业条件的实际、员工操作能力的实际,以及市场环境变化和竞争格局的实际。因此,在设计旅游策划方案时,在制订目标、选择方法、创新策略时,一定要坚持实事求是的科学态度,从实际和客观入手,而避免自以为是和先入为主,用科学的方法、发展的观点去进行创作。

(二)灵活性

在信息和技术高速发展的时代,市场瞬息万变,策划方案虽然是在科学的市场调查和研判的基础上提出的,但它毕竟与现实和未来存有一些差距,在实施过程中难免会遇到一些突如其来的矛盾、意想不到的困难。因此,营销人员在制订策划方案时需要留有余地。如果发生资金未到位,人员没配齐,物资不齐全,时间更改,地点转移,环境变化等特殊情况,就需要立即对既定方案进行修改和调整。因此,策划方案需要灵活制订,以面对市场及环境的变化。

(三)周密性

旅游企业开展市场营销策划工作,一般都需要制订出周密的营销计划,并作出精心的安排。如果计划不周密,安排与实施不到位,就会出现一些问题。通常情况下,在营销方案中,要对时间、地点、人物、主题、原因、如何做等,从细节入手进行周密的设计与构思。因此,营销人员要根据各种可预见的情况变化事先制订相应的预防措施,确保营销策划的正常实施。

【课堂互动5-8】

如果你有机会把某件任务重做一遍,你的做法会有什么不同?

组织方式:以小组为单位,展开对此问题的思考与讨论,每组选择一名学生代表在班级内分享讨论结果。

(四)可操作性

旅游市场营销策划是一项十分具体的工作,营销策划方案一定要具体可行,才可能成为旅游企业营销活动的行动指南。比如在营销策略的制订中,"营销成本是多少?""运作周期是多长?"都需要经过科学的判断和预测,提升方案的可行性。因此,在写旅游市场营销策划方案时,一定要注重可操作性,结合外部环境的变化和企业自身的状况,因地、因人、因时制宜,做到量力而行,使方案中的分析客观正确,以保证营销策划方案切实可行。

(五)创新性

营销和创新是企业永恒的主题,旅游市场营销策划不仅是一项十分复杂的系统工程,而且要求具有很强的创新性。旅游企业的营销策划方案应该是一个"金点子",即与众不同、新颖别致,表现手段别出心裁,给人以全新的感受。因此,在策划方案的创作过程中,要始终重视不断推陈出新,通过奇妙的构想、别致的手法、周密的计划和精心的安排,达到出其不意的效果。

【课堂互动 5-9】

你知道《绝地求生》这款游戏吗?它为什么那么火爆?它有哪些营销亮点值得我们去借鉴?

组织方式:5~7人一组,可通过网络搜索来了解《绝地求生》这款游戏的发展始末,并对此问题展开思考与讨论,每组选择一名学生代表在班级内分享本组的答案。

三、营销策划方案的创作步骤

(一)确定策划目标

通常,旅游企业在进行旅游市场营销策划前都会有一个基本的目标,比如提高品牌知名度,增加下一年度销售量和营业利润,提升市场占有率等。但是,具体目标的确定还需要旅游企业针对性地开展内外部市场环境调查、研究和分析。前期市场调研的对象一般包括本企业、竞争对手、消费者、行业管理者、行业及相关专家等。通过调查研究,可利用思维导图描述营销策划的总体构想,将旅游企业的核心问题、内外部市场环境因素,以及将要解决问题的主要思路清晰地展示出来。

(二)资料的收集与整理

旅游企业需要将调查获得的所有资料按照营销策划方案的总体框架顺序进行整理、分类、总结,做好策划前的准备工作。通常,在进行资料整理前要进行充分的市场调研,把握好市场最新消息,并保证资料的客观性,让策划更具说服力。通常进行策划前期调研的方法有访谈法、现场观察法、数据分析法、问卷调查法等。

(三)营销策划方案的结构

通常,营销策划方案的具体内容包括以下部分:

1.封面

封面是营销策划方案的脸面,对策划内容的形象定位起辅助作用。封面的设计原则是醒目、整洁,策划方案的封面可提供以下信息:呈报对象、文件种类、方案名称、策划机构或策划人的名称、策划完成日期及本策划适用时间段、策划文件编号及总页数等。

2.目录

目录的作用是使营销策划方案的结构一目了然,同时也使决策者能方便地查询营销策划方案的内容。

有时,为了展示策划文案的细节,可将目录细化至三级标题。

3.前言

前言一方面是对策划方案内容进行高度概括性表述,另一方面在于引起决策者的注意和兴趣。前言的文字以不超过一页为宜,字数可以控制在1 000字以内,其内容可以包括开展策划的目的和意义,进行策划的原因和必要性,以及对策划过程的概略介绍和策划实施后要达到的理想状态。

4.概要提示

为了使决策者对营销策划的内容有一个非常清晰的概念,使其能立刻清楚理解策划者的意图与观点,作为总结性的概要提示是必不可少的。概要提示不是简单地列举策划内容,而是要单独构成一个系统,简明扼要。概要提示在策划正文前事先确定或者在策划正文结束后事后确定均可。

【同步案例 5-27】

旺季所使用的营销方案,还能够用到淡季去吗?

5.营销策划方案的正文

一份完整的营销策划方案的主要内容提纲包括以下几个方面的内容:

(1)环境分析

环境分析是营销策划的依据与基础,应在外部环境与内部环境中抓重点,描绘出环境变化的轨迹,形成令人信服的依据资料。需要注意的是,环境分析要符合客观实际,不能有太多的主观臆断。通常,在旅游市场营销策划方案的写作中会运用到PEST分析方法,即对旅游企业的政策、经济、社会、技术等环境展开分析。

(2)机会分析

机会分析通常是在环境分析的基础上,对旅游企业展开关于其优势与劣势、机会与威胁的分析,即旅游企业SWOT分析法。在确定了旅游企业的优势与劣势、机会与威胁之后,基本可以把握市场消费趋势和状况,就可以基本确定旅游企业营销机会。

(3)营销战略规划

策划者在撰写这部分内容时,必须非常明确地提出旅游企业的营销目标和营销战略,即市场引爆点、市场布局、主导操作思路、运作模式、市场进入与运作思路及设计等。一般来讲营销战略规划可以从目标市场战略、竞争战略、品牌战略三个角度展开规划与设计。

(4)营销策略组合

营销策略组合是营销策划方案的重要内容,主要包括对旅游企业将要进行的产品策略、价格策略、渠道策略、促销策略几个方面的组合运用。创意性、可操作性是衡量此部分内容的主要标准。

(5)营销计划细案

此部分的撰写需要制订总体的行动计划时间表,明确各个营销策略具体的实施时间、实施计划、实施内容等,使策划方案更具可信度和可操作性。

(6)营销费用的成本测算

保障旅游营销策划方案完成的成本测算不能马虎,要有根据。如报纸广告、场地租赁等的推广费用等还需列出具体价目表,以示准确。在列成本时还需要区分不同的项目费用,也可用列表的方法标出营销费用,一目了然。

(7)组织保障

在方案写作中,还需要明确写出保障方案顺利实施的管理方法与措施,主要包括人员、物资等方面的内容,以便对营销方案进行有效的控制,保障旅游企业营销决策的组织与施行。

(四)版面总体设计

通常,策划者在完成旅游营销策划方案后,还需要对策划方案进行美化,即版面的总体设计。旅游营销策划方案的视觉效果在一定程度上影响着策划效果的发挥。版面安排包括打印的字体、字号、字距、行距以及插图和颜色等。比如,需要确定策划方案版面的大小,每页标题的位置,版面中的图片及文本的排放位置,页码的位置与设计、目录的设计排列等。良好的方案版面可以使策划方案重点突出,层次分明,牢牢抓住决策者的注意力。

【同步案例 5-28】

深度揭秘栾川旅游的营销策划逻辑

四、营销策划方案的撰写技巧

(一)寻找理论和数据支持

营销策划方案是一份指导企业实践的文件,其可行性和可靠程度是旅游企业决策者首先要考虑的问题。若想提高策划内容的可靠性,并使决策者接受,就要为策划者的观点寻找理论和数据支持。需要注意的是,任何一个论点均要有依据,可以是理论依据,也可以是行业数据,但均需说明出处,以证明其可靠性。

(二)善于使用图表

在策划方案中,运用图表有助于使旅游企业决策者快速理解策划的内容,同时,图表还能提高策划方案的美观性。图表有着强烈的直观效果,还能够调节阅读者的情绪,从而有利于决策者对策划方案的深刻理解,比如用图表进行一些比较分析、概括归纳、辅助说明等都非常有效。因此,在旅游营销策划方案中应较多地运用图表、图片、插图、曲线图以及统计图表等,并辅以文字说明,增加策划文本的可观性。

(三)进行案例分析

在营销方案的创作中,创作者还可以通过正反两方面的案例分析来证明自己的观点。在策划文案中,适当地加入成功与失败的案例既能起到调节结构的作用,同时还可以增强文案的说服力。尤其选择一些国内外先进的经验与做法,或失败的教训,以印证自己的观点是非常有效的做法。

(四)零错误

对于旅游营销策划方案来说,细节是非常重要的。如果一份营销策划方案中错字、漏字连续出现,决策者很可能会放弃该方案。因此,策划方案完成后,营销人员还需要反复阅读和检查,特别是对旅游企业、中间商、渠道、平台、产品和服务项目,以及营销活动的时间、人物等内容进行仔细的检查,以"零错误"来严格要求自己。

【项目训练】

训练设计:结合模块一至模块五的所有训练任务,小组成员进行分工合作,按照旅游市场营销策划方案的结构(包括环境分析、机会分析、营销战略规划、营销策略组合、营销计划细案、营销费用的成本测算、组织保障),完成一份完整的策划方案。

成果形式:××旅游企业××旅游营销方案设计

任务要求:

1. 以小组为单位,经过网络访问、实地调查、文献查阅等方式,在组内进行讨论,选定感兴趣的旅游企业和产品,并确定小组的策划主题。每个小组选定一个策划主题。

2. 确定创作主题和方向后,开展关于旅游企业及某个旅游产品或服务项目的补充调查,同时可搜索国内外相关主题的策划创意,寻找灵感。

3. 根据策划主题,按步骤进行策划构思,首先对选定的研究对象展开市场营销环境 SWOT 分析,并为旅游企业制订具体的营销策略组合,产品、价格、渠道及促销。

4. 选择其中一项策略,进行细节策划,具体到策略的实施时间、地点、人物、内容等。

5. 按照营销策划方案的结构,完成封面、目录、前言、概要提示、版面设计等环节的所有内容。

范本:兰州市旅游形象设计与营销方案

兰州文理学院 2015 级旅游管理本科 2 班 刘晋组

【思维拓展】

"未来已来——千禧世代目的地营销战略"论坛

西安市文化和旅游局

世界文化旅游大会峰会分论坛——"未来已来——千禧世代目的地营销战略"于西安浐灞锦江国际酒店一楼欧亚大宴会厅举行,环球旅讯创始人李超作为嘉宾主持此次论坛。

此次论坛可谓群贤毕至,各展所长,让小编姿势大涨,一起来看看这些行业翘楚都说了些什么?

长隆集团助理总裁兼市场总经理熊晓杰在主题为"景区娱乐营销的品牌标杆效应"的演讲中认为,时代的最强音就是现在的社交媒体的音量,最强的能力是"内容力"和"话题力",每个企业在做营销方面,都应该有一个"中央厨房",通过生产优质内容,专题策划宣传,在社交媒体进行传播,达到最好的营销效果。随后,他通过一系列长隆集团话题新颖、题材多元的营销案例,为与会嘉宾们带来了一场视听盛宴,同时,也让大家了解了"快视频""慢视频""MG"等一系列新颖的宣传手段。

携程集团目的地营销区域总经理张旭以"携程目的地营销的数字科学与人文思考"为主题的演讲中,他以一组高铁出行大数据为切入点,分析高铁出行的现状和发展前景,认为高铁出行将大幅度促进旅游产业的高速增长,拉动客源半径,带动旅游产业整体发展。

张旭认为,现在的旅游模式已由以前的"慢旅快游"转变为现在的"快旅慢游",以此为导向,携程已衍生出了智慧城市、美丽乡村频道等 IP 产品,在满足深度游和高端游需求的同时,助力全域旅游发展和旅游产业帮扶。

海外传媒经验丰富的久其数字传播副总经理、PandaMobo CEO 邓晨,分享了"扎硬寨、打巧仗——流量那么贵,旅游怎么推"主题演讲。他就流量越来越贵,花钱买不来游客的关注,及内容越来越趋同,难有亮点和引爆点的两大痛点,结合大数据与数字传播的关系等内容向参会者进行了分享。

邓晨讲到,"未来的物联网时代是一个增量时代,我们需要解决的是流量、内容与交互的关系,巧用流量才能真正发挥城市魅力。在这个过程中,把握游客做出决策的那一瞬间是决胜的关键点。"对如何扎硬寨、打巧仗,化解重复购买和难转化的问题,最终制胜旅游营销方面做了详细阐述。

"桂林山水甲天下",桂林市旅发委副主任张志红在题为"国家历史文化名城如何打造文化旅游产品"的演讲中,以"山水文化"入题,从近年桂林"山水文化"的发展与展示及营销方面进行了分享。同时也将目前存在的如"文化旅游融合"等问题进行了剖析。她指出,桂林将始终以"山水文化"为核心,用体验打造可触摸的文化产品,用文创延长文化旅游产品的生命链。

现场还有多位业界的专家和行业翘楚也分别进行了极具知识性和参考价值的演讲和座谈,可谓干货满满。

此次"未来已来——千禧世代目的地营销战略"的成功举办,更是为 2018 世界文化旅游大会增色不少,众多专家在大西安齐聚一堂,就目的地营销战略方面纷纷建言献策,更是为西安建设国际一流旅游目的地城市在策略和方法上提供了宝贵的建议和意见。

分析与讨论

1. 千禧世代是指哪一个群体? 他们有什么特征?

2. 结合拓展材料中的内容,谈一谈你认为什么是旅游目的地营销,它应该包括哪些内容。

3. 拓展材料中的各方观点你最认可或欣赏的是哪一个? 为什么?

4. 你认为旅游目的地营销应该如何开展? 你的关键词是什么? 请选择一个营销案例来支撑你的观点。

【自我提升】

能力训练:营销者的成就导向

成就导向对帮助营销人员实现高绩效非常重要。成就导向必须与自信心建立、信息搜集能力、分析式思考能力、高效率完成目标任务等自我训练达到良好的平衡,否则可能会产生负面效果。每个人其实就像品牌一样,需要通过不断地完成一个个既定的目标与任务,完成对自我价值的认同和再现,才能形成自己的核心竞争力。

能力要点	自我提升计划
1. 有自己执着的追求,能够对喜欢的事情持之以恒,不断追逐自己的梦想; 2. 有好的学习与工作安排计划,能够合理并有效地利用时间,能够按计划高标准高效率地完成某项任务或事件,每个时间段知道自己做什么,怎么做; 3. 对于较长周期的营销,善于敏锐地感知与抓住潜在的市场机会。	1. 为自己设定阶段性的具有挑战性的可以达到的目标,可以是一周、一月、一季、一年的任务,也可以是某项任务、某件事情的高标准; 2. 在完成某项任务时,思考它的意义和目的,这样再完成时才会更容易努力和坚持,完成后才会有更大的成就感与自我认同。

参考文献

[1] 谢彦君,梁春媚.旅游营销学[M].北京:中国旅游出版社,2008.

[2] 林南枝,黄晶.旅游市场学[M].3版.天津:南开大学出版社,2010.

[3] 郭英之.旅游市场营销[M].2版.大连:东北财经大学出版社,2010.

[4] 李天元.旅游市场营销[M].北京:中国人民大学出版社,2013.

[5] 李光瑶,石斌.旅游市场营销[M].北京:清华大学出版社,2013.

[6] 吕汝健,刘俊丽,等.旅游市场营销实务[M].北京:清华大学出版社,2014.

[7] 舒伯阳.旅游市场营销案例实训[M].北京:清华大学出版社,2015.

[8] 马勇.旅游市场营销[M].5版.大连:东北财经大学出版社,2015.

[9] 刘晓明.旅游市场营销[M].2版.上海:上海交通大学出版社,2015.

[10] 赵西萍,等.旅游市场营销学——原理·方法·案例[M].北京:科学出版社,2017.

[11] 张存明,陈超,李娟.市场营销策划[M].北京:清华大学出版社,2018.

[12] 曲颖,李天元.旅游市场营销[M].2版.北京:中国人民大学出版社,2018.

[13] 陈丹红.旅游市场营销学[M].北京:清华大学出版社,2019.

[14] 廖钟迪.旅游市场营销[M].武汉:华中科技大学出版社,2020.

[15] 吴旭云.旅游市场营销[M].上海:上海交通大学出版社,2020.

[16] 赵西萍.旅游市场营销学[M].3版.北京:高等教育出版社,2020.

[17] 伯克,雷斯尼克.旅游产品的营销与推销服务营销(全球版)[M].北京:电子工业出版社,2004.

[18] 莫里森.旅游服务业市场营销[M].4版.北京:中国人民大学出版社,2012.

[19] 菲利普·科特勒(Philip Kotler)等.旅游市场营销[M].6版.北京:清华大学出版社,2017.

[20] 克里斯托弗·洛夫洛克,约亨·沃茨.服务营销[M].8版.北京:中国人民大学出版社,2018.